北京古籍叢書

春明夢餘錄

[清] 孫承澤 著　王劍英 點校

上册

北京出版集團公司
北京出版社

圖書在版編目（CIP）數據

春明夢餘録：共3册 /（清）孫承澤著；王劍英點校．— 北京：北京出版社，2018. 2

ISBN 978-7-200-13529-9

Ⅰ．①春… Ⅱ．①孫… ②王… Ⅲ．①北京—地方史—史料—明代 Ⅳ．① K291

中國版本圖書館 CIP 數據核字（2017）第 267060 號

項目策劃：安 東　　項目統籌：許 可
責任編輯：喬天一 張 帥　　責任印製：宋 超
裝幀設計：郭 宇

北京古籍叢書
春明夢餘録
共3册
[清]孫承澤 著 王劍英 點校

出　版　北京出版集團公司
　　　　北京出版社
地　址　北京北三環中路六號
郵　編　一〇〇一二〇
網　址　www.bph.com.cn
總發行　北京出版集團公司
經　銷　新華書店
印　刷　北京京華虎彩印刷公司
開　本　八八〇毫米×一二三〇毫米　三十二
印　張　四四
字　數　七〇四千字
版　次　二〇一八年二月第一版
印　次　二〇一八年二月第一次印刷

書號　ISBN 978-7-200-13529-9
定價　198.00 圓（共 3 册）
如有印裝質量問題，由本社負責調换
質量監督電話　010-58572393

前言

一　孫承澤與《春明夢餘録》

《春明夢餘録》七十卷，明末清初人孫承澤著。

孫承澤字耳伯，號北海，又號退谷、退谷逸叟、退翁、退道人，祖籍山東青州府益都縣。明永樂五年三月，徙山西平陽等府、山東青州等府民五千户實京畿，隸上林苑監，牧養、栽種。孫承澤先祖明善在徙户之中，於是隸籍上林苑。萬曆二十年壬辰（一五九二年），孫承澤生于順天府上林苑采育，今北京市大興縣采育鎮。崇禎三年，中順天府庚午科舉人，四年，中辛未科第三甲第一百四十五名進士，時年三十九歲。歷任河南陳留知縣，調祥符縣，以卓異授刑科給事中，歷陞户、工左右給事中，刑科都給事中。清軍入關，仕清，補吏科都給事中，歷陞太常少卿、翰林院提督四譯館、通政司左右通政、大常寺卿、大理寺卿、兵部左右侍郎、吏部左侍郎管右侍郎事。順治八年，年六十，藉重聽以都察院右都御史、太子太保乞身引退。康熙十五年（一六七六年），病歿，年八十四歲。生平事蹟見王崇簡《光禄大夫太子太保都察院右都御史吏部左侍郎孫公承澤行狀》（載錢儀吉《碑傳集》卷十）、《清史列傳》卷四十七。

孫承澤引退後，營退谷於西山卧佛寺後水源頭旁，閉門著書二十餘年，歲有成帙。據《欽定四庫全書總目》、《增訂四庫簡明目録標注》、《清代禁燬書目》、《清代禁書知見録》、《清史稿藝文志》、《清史稿藝文志補編》、《孫公承澤行狀》、康熙《大興縣志》、《中國叢書綜録》、《中國善本書提要》、《北京圖書館善本書目》、《販書偶記》、《販書偶記續編》記載，孫承澤先後著作四十三種，分類統計列表於後：

種數	已刊印者	有傳抄本者	不詳者	收入四庫者	列入存目者	列入禁書目者
經部一〇種	三	三	四	〇	五	〇
史部一八種	五	五	八	一	八	一
子部一四種	六	六	二	三	九	〇
集部一種	〇	一	〇	〇	〇	〇
共四三種	一四	一五	一四	四	二二	一

各書目所記書名略有出入，如四庫存目《九州山水考》，《清史稿藝文志》作《九州山川考》，《行狀》《禹貢考》當系同書異名；《四庫總目》、《清史稿藝文志》《元朝典故編年考》十卷，當爲《行狀》《元、明典故編年考》之一部分；四庫存目《藤陰劄記》，《販書偶記續編》云：「又名《硯山齋集》」；四庫有《研山齋雜記》，存目有《研山齋墨蹟集覽、法書集覽》、《研山齋圖繪集覽》，此亦當爲《研山齋集》，等等。

孫承澤的衆多著述中，於記述考訂明代朝章典故用力最勤，對萬曆、天啓、崇禎三朝尤爲着力。《行狀》敍述孫承澤著述的背景與狀況説：「明史未有成書，久或失實，纂述《春明夢餘録》、《（畿輔、四朝）人物志》、《山書》、《（天府）廣記》、《元、明典故編年考》、《典制紀略》、《寰宇志略》、《山居小箋》、《研山齋集考》等書。」此外，尚有《烈皇勤政記》、《思陵典禮記》等。其中以《春明夢餘録》一書最爲突出。朱彝尊《天府廣記序》云：「北海孫退谷先生博學鴻覽，多識軼事，初著《春明夢餘録》，歷載先代典制景物，刊行傳世，幾使洛陽紙貴。復有《天府廣記》，搜採廣羅，文獻彰著，洵爲藝林之大乘，考核家藉此以爲據信也。……余修輯《日下舊聞》，……引用成書千有餘種，……皆不若退谷……致之盡而羅之廣也。」

孫承澤在他的《庚子銷夏記小序》裏説：「庚子（順治十七年，一六六〇年）四月之朔，重訂所著《夢餘録》」，因此，《春明夢餘録》一書很有可能就是在這一年或稍後定稿的。《天府廣記》自署「都門八十老人孫承澤著」，則當康熙十年辛亥，則又過了十年左右。《廣記》一書已於一九六二年整理、校訂、標點後在北京出版社出版。

粗略對照《春明夢餘録》與《天府廣記》兩書目録，大同小異，稍稍瀏覽一下内容，也都差不太多，似乎並無多大差别。但是，稍加比較，就會發現兩書在編排上、内容上、性質上有着明顯的差異。

從形式上看，成書於後的《天府廣記》編排次序有了調整，項目有所删簡，卷數作了壓縮歸併。宫闕八卷僅保留宫殿一卷，略述梗概，正殿、殿門、文華殿、文華傍室、武英殿、仁智殿、文淵閣、皇史宬等具體項目及有關典制記述，除朝儀、中宫朝儀、冠服之制、宫官之制、内侍之制、宫禁移入禮部外，其餘全部删簡；壇廟九卷，合併爲四卷，未敍太廟、社稷壇；内閣、六部等官署四十卷，合併爲二十三卷；全書除新增原無的人物、詩、賦共六卷二十萬字不計外，雖内容互有詳略，但由于大加删削，字數僅剩《夢餘録》原書十分之六。如《夢餘録》卷四十一《金登科記》全文、卷四十六《奏建節慎庫疏》全文，《廣記》均删存片言數語；卷二十三、二十四内閣「先正模範」下票擬宜密、代言不易、任用宜擇、行政事宜、治平要務、以去格主、封還上疏、舉賢報效、國是宜定、遇災引罪、閣員宜推、卜輔于天、起用舊輔、特召密對、辭召不赴、不傳首相、閣試票擬、御試閣員、同事水火、特用閣員、聞驚求去、會推三變、綸扉藥石各目及所録奏疏二十二篇，則全部删簡。

從内容、性質上看，《夢餘録》多載明代掌故、奏疏，《廣記》則增補歷代沿革，下及所屬州縣，大量删簡奏疏，增加人物、詩、賦，性質上已成爲志乘之作，與《夢餘録》有了明顯的變異。但是，《天府廣記》的基本内容，仍然是《春明夢餘録》的摘要，有些部分還材料各異，互有詳略。如：《吏部》，《夢餘録》分冢宰、徵聘、保舉、資格、内外、久任、陞除、考課、附載等名目，詳敘典故，《廣記》則録胡世寧《官人則例》（系《知人官人疏》的一部分）；《禮部》，《夢餘録》列禮制、樂音、律尺、大祀、正祀典、章服、宗室、僧道、淨身男子、正士習、貢舉、恩例、謚法、喪制、戒奢、拜禮、肩輿、薦新芽茶、外藩、貢院、科場變異名目，《廣記》除移入卷六、七、十一有關條目外，列設科之制、學校之制、鄉飲酒禮、官民房屋之制等等，全不相同重複；《刑部》，《夢餘録》爲明代按朝雜録，《廣記》則爲《歷代刑制》，明代刑制則分類雜録；《都察院》，《夢餘録》列都御史、總督巡撫、《西垣筆記》、監察御史、巡城要領、各差建置、提刑按察使等目，多收奏疏，《廣記》則爲總憲設置、總憲責任、督撫設置、停止推遣、事宜、附載、御史、憲綱、各差、巡按事宜、事典、按察司等目。兩書雖然「吏部」、「禮部」、「刑部」、「都察院」等名目完全相同，而内容相同重複的不多，可以互相補充的材料卻很不少，貌相似而實相異，可以共讀，並存不廢。

二 「二朝掌故實多賴是書以存」

孫承澤自崇禎十一年起，歷任六科給事中、都給事中，佇身朝堂之上，于國事朝政多所見聞，且勤於筆記。卷七《策士》《上御大殿記》，是一篇「以户科左給事中導駕侍班」的實況記録；卷四十八《都察院》《召對王副憲紀》，記録副都御史王志道爲糾内臣口含天憲越職劾輔臣被召對答實況，《召對劉總憲宗周紀》，記録爲封疆事壞公議督撫去留處分時，劉宗周以申救熊開元、姜埰被斥，諸臣力救的實況，都是罕見的、極爲詳盡、十分生動的君臣口語對答的現場實録。《春明夢餘録》卷七記敍的朝制、章服、鹵簿、御樂、朝服、班次、賜宴，卷九文華殿經筵、日講，卷十東宫、諸王讀書等等，與《明史》《禮志》、《樂志》、《儀衛志》、《輿服志》等互有詳略，而入朝路線、行式、班位及其變更，與卷十一宫女服，更爲《明史》所缺載。卷六《宫殿額名考》敍述額名更名沿革、上扁額、拆遷、拆燬年月，遠比劉若愚《酌中志·宫殿規制》齊備；卷十二記内府刊刻書目、書名、本數、卷數、次序短缺，亦與《酌中志·内板書數》略有出入；卷六《内官監》較《酌中志·内府職掌》爲詳，而《宫官》六局（尚宫、尚儀、尚服、尚食、尚寢、尚功）一司（宫正）則爲《酌中志》所不及。重修《大明會典》刊行於萬曆十五年（一五八七年），茲後近六十年明朝後期的典章制度、文物、故實再無官方正式修纂的政書通制記載。私人編撰者，陳仁錫《皇明世法録》亦止於萬曆間，朱健《古今治平略》則刊於崇禎十二年，均不及《夢餘録》齊全詳備。《四庫全書簡明目録》云：《春明夢餘録》「所述明代典故，頗爲詳悉，足備考核」；《四庫全書總目》云：「於明代舊聞，采摭頗悉，一朝掌故，實多賴是書以存。且多取自實録、邸報，故考勝國之軼事者多取資焉。」卷八、十三、十四、十六、十七、十八、二十六各卷所録各組《西垣筆記》多爲雜記朝章典故，卷二十六《西垣筆記》有「丁酉（順治十四年）六月晒書，……退谷手記」字樣，亦當是孫承澤任職六科時及其後的筆記。

孫承澤不僅留心朝章典故，還勤於手抄筆録。康熙四年八月己巳，上諭官民之家送「開載明季時事之書」，孫承澤即「檢舊日抄存」，輯成《山書》十八卷上呈史館，崇禎一代章奏事實賴以存者不少。①《夢餘録》共收明人奏疏二六三人，四五五篇，又内閣、六部等公疏二三篇，明以前人及未以奏疏名收入者尚未計算在内，而崇禎十一年選輯的編選時間最晚、搜集文集奏疏最多、卷帙最大的明代總集《皇明經世文編》僅收録了其中的九八人，一九五篇。《夢餘録》所收的夏言、張璁、張居正、王家屏、高攀龍、葉向高、沈鯉等人的奏疏，大部甚至全部未被收入；孫承宗、魏大中、蔣德璟、黄道周、倪元璐、南居益等人的文集奏疏則未及收入《文編》；至於朱國楨、王嘉謨等絶大多數未有文集著録者，多賴《夢餘録》引録而傳世，即如所録孫承澤本人奏疏十四篇，以未刊文集，亦賴《夢餘録》以保存傳世。《明經世文編》所未及收入的一六五人，基本上都是啓禎時代的人。因此，豈止「一朝掌故實多賴是書以存」，崇禎一朝的奏疏亦多賴是書以存。

---

①《山書》亦稱《崇禎事蹟》，列爲全燬禁書，未曾刊印，僅存幾個罕見抄本珍藏傳世。一九八七年，浙江古籍出版社以浙江圖書館藏嘉業堂抄本爲底本，整理印行。

非但如此，孫承澤身居六科，「章奏出入咸畢經由」，凡稽查號件，封駁章奏，抄參發部，改注錯字加印，檢查注銷，都是六科的職掌，「實兼前代諫議、補闕、拾遺之職」（見卷二十五《六科》）。因此，孫承澤不但能抄録到《文編》所未能搜輯到的奏疏，而且都直接抄録自第一手的原件，可用以校補《明經世文編》所録奏疏的脱誤。①

《春明夢餘録》中還保存了大量極有價值的珍貴資料。例如：卷四十六《工部·鐵廠》載工部奏疏：「遵化鐵廠，……正統間……林木茂盛，柴炭易辦，經今建置一百餘年，山場樹木砍伐盡絶」；《易州山廠》載：「山廠之設，專以燒薪炭，供應内府，……八府五州分治。……然昔以此州林木蓊鬱，便於燒採，今則數百里内山皆濯濯然。」敍述了今北京東邊燕山地區、西邊太行山地區原來覆蓋着大片茂密的原始森林，由於明朝時候冶鐵和燒薪炭供應内府，林木遭到嚴重破壞的情況。卷三十六《户部·畿輔屯丁》載郝敬疏云：「永樂年間，我成祖文皇帝靖難功成，剩精兵四十八萬，内將一十二萬選入十二團營，餘三十六萬給賜屯田牧地種納子粒馬價，分置七十八衛於順天府所屬各州縣地方安插，……今二百餘年，生齒繁衍，游手坐食，與民混雜。」《屯田》載總理屯務僉都御史方孔照疏：「今畿甸之民，差徭太繁，鉗羅又密，……每畝約納糧一百七八十文，雜差多至三四百文，思避無門，惟有投獻，而小民之當户差，重疊而無告矣。卽聖恩蠲緩，而催徵自如，邦本若斯，何能泄泄。」敍述了明初安插在順天府境内的三十六萬精兵，經二百餘年到萬曆時候，已「生齒繁衍」、

①如卷三十九《禮部》倪岳《正祀典疏》、卷四十六《工部·黄河》王鏊《記劉大夏安平治水碑》等，《明經世文編》均有大量删節。其他奏疏，文字亦略有删節改易。

「與民混雜」的演變，以及明末京畿「小民」以差徭繁重，不得不將田地「投獻」到享有優免一切差徭特權的豪紳勢宦之家名下的情景。

卷四十二《兵部・閩省海賊》載崇禎十三年王家彦疏，以及傅元初《論開洋禁疏》，全面具體地反映了明末福建沿海走私貿易所以興旺的背景和情況，呼吁朝廷解除「洋禁」，發展正常的海外貿易，是極爲重要的具有代表性的珍貴史料。

卷五十五《府學・提督學校官敕諭》載桂蕚疏言：「非獨教之，將有以養之也；非獨養其德性，亦將養其身體，固其壽命，而堅強其血脈也。故聲音以養其耳，采色以養其目，降登疾徐以養其血脈。今之教者，嚴課程，急記誦，以傷其魂；強所不能，苦其思索，以損其魄，而教與養胥病矣。」這是一篇發表於四百多年前的主張德、智、體、音、美全面發展，反對單純傳授知識、加重學生負擔和死記硬背的極爲光輝的教育思想篇章。

此外，如卷四十六《工部・皇木》載《按運圖説》、《蜀中採木記》，具體形象地記敍伐木、運木艱難辛苦等等資料，全書中還有不少。

總之，孫承澤身居六科，於朝政國是親所聞見，奏章出入咸必經由，所著《春明夢餘録》詳悉紀載明代典故，尤以思宗一朝未修實録，所録奏議大多散佚，崇禎一代掌故奏疏實賴是書以存，爲研究明代典章制度、社會歷史和北京歷史所不可缺少的重要參考資料。

三　乾隆貶「貳臣」對孫承澤盛名的影響

孫承澤自稱：「幼爲諸生，老爲經生，已爲厚幸」，並在《易》、《書》、《詩》、《禮》、《春秋》各方面都寫作並刊印了一些著作，但後人特别推崇的卻並不是他的經學，而是他的熟習明代掌故和精於書畫賞鑑。孫承澤《行狀》説他「平生無聲色之好，嘗貯古器及名人書畫，與客談經史之餘，出以爲娱。」所著《庚子銷夏記》八卷，以所藏晉、唐至明書畫真蹟與古石刻「各爲敍述始末，考證異同」，「鑒裁精審，敍次雅潔」，最爲後代所推崇。《四庫全書總目》卷六十三《國朝人物略》提要評價説：「蓋承澤所長在於習掌故，精賞鑑，故所撰《春明夢餘録》《庚子銷夏記》諸書皆考證詳明，」是公允適當的。

余集《庚子銷夏記跋》説：「先生爲勝國遺老，滄桑後屏棄一切，獨留情於書畫」；鮑廷博《庚子銷夏記目録跋》：「退谷先生滄桑之後，杜門卻軌，日以書畫自娱，名蹟燦然」；孫承澤本人《庚子銷夏記小序》也説：「家居已久，人鮮過者，然亦不欲晤人。」其實並非盡然，僅爲相對於車水馬龍而已。就《天府廣記》所録詩賦來看，交往相游者即有胡世安、吴偉業、王崇簡、潘宗海、陳路若、朱錫鬯（彝尊）、李武曾（良年）、王鐸、錢牧齋（謙益）、王敬修等人。孫承澤病歿前告子孫：「宗伯王公敬哉（崇簡）、處士顧子甯人（炎武）、陸子翼王（元輔，康熙十八年舉博學鴻詞）知吾仕學之本末，質之足矣。」故盧文弨《庚子銷夏記序》云：「退谷負當世盛名，居輦轂之下，四方士大夫多樂從之游。」

孫承澤逝世一百年後，清王朝已達到鼎盛時期，不再需要前代人才來支持它安邦定國，從鞏固長遠統治的需要出發，轉而以「忠臣不事二主」的忠君思想來要求臣下忠于清朝的統治。《清高宗實録》乾隆四十一年（一七七六年）十二月庚子：「命國史館編列明季《貳臣傳》，諭：……在明已登仕版，又復身仕本朝，其人既不足齒，……若而人者，皆以勝國臣僚，乃遭際時艱，不能爲其主臨危授命，輒復畏死倖生，靦顔降附，豈得復謂之完人。即或稍有片長足録，其瑕疵自不能掩。……朕思此等大節有虧之人，不能念其建有勳績諒於生前，亦不因其尚有後人原於既死。」《貳臣傳》共載明朝降清大臣一百二十人，孫承澤即在其中。此時，正值纂修《四庫全書》，於是，「其人可薄，其書未可薄也」；「承澤雖人不足道，而於書畫、古器則好事賞鑑，兩擅其長」等等帶有貶斥之辭的評價就散見於孫承澤各種著作的提要之中，極大地影響了他的「盛名」。

《四庫全書總目》卷十八《詩經朱傳翼提要》：「承澤初附東林，繼降闖賊，終乃入于國朝，自知爲當代所輕。」關於孫承澤任李自成農民軍官職的事，各書記載頗有出入：《明季北略》、《甲申核真略》、《燐火録》、《小腆紀年》等載授「防禦使」，《李闖小史》作「四川防禦使」，《甲申傳信録》作「順慶防禦使」；近人柳義尚《李自成紀年附考》永昌元年三月《大順職官表》並無「順慶防禦使」或空名「防禦使」一職，四川防禦使則爲他人，並據陳濟生《再生紀略》列孫承澤爲「户諫議」。按《甲申傳信録》卷五《闖設僞官》謂「六科更諫議」，而六科諫議則獨缺漏「户諫議」，又記孫承澤「原官刑部主事」，系「刑科都給事中」之誤。同卷《槐國衣冠》云：「諸縉紳先生見用於闖者，……非必願仕之臣。」孫承澤屬「豈皆不知進退」，「一時罣入仕籍者。」《天府廣記》卷三十四《人物二》成德傳後附記：「余亦於玉晁堂自縊，爲家人輩所持，復乘間同子道樸投井，後爲家人救出。然未午入井，及出已未，不死，豈非天哉！豈非天哉！」附《跋》記敍更詳：「余……出井，吐血水斗餘，死而復甦。僞紀功司差人舁至蘇州衚衕。余求速死。僞司李姓河南人，温言慰藉，公有德敝鄉，口碑尚新，不忍害公也。閉之空室。看守者僞錦衣衛粱姓，日以飲食餽送。……僞司上本求寬北顺天諸紳，李自成怒，以入城時京紳無一人迎見者，夾僞司幾死。余死亦在旦夕，幸皇清大兵入關，逆賊宵遁，余潛回上林，養痾村落。上林丞郭公永泰報部，起送至京，……補吏科都給事，……余上《大讐未報受職不安》一疏，……諭：卽日受事。荷蒙再生，以至今日，……慚愧欲死。」説明農民軍進京後，孫承澤一直被「閉之空室」，並未赴任就職，亦未提《燔火録》記載的向他「借銀充餉」的事，但投靠清朝則是事實。孫承澤臨終前與同鄉知交王崇簡説：「惟時當多事，未能恝然」；殁前一日賦詩云：「進退死生兩大事，孤心留取照幽墟。」始終以未能殉節勝國爲憾。

四　關於點校的説明

《春明夢餘録》始刻於内府，爲乾隆間敕輯《古香齋袖珍十種》之一，係利用武英殿刊刻諸書之「梨棗餘材」，「爰仿古人巾箱之式」刻成。「古香齋」係乾隆爲皇子時讀書處的額名，卽欽安殿西乾隆舊邸重華宫的東廡葆中殿。「古香齋」刊本小字九行，行二十二字，版口高十厘米，寬八厘米，故稱「袖珍」。目録及每卷首尾均刻有《古香齋鑒賞袖珍春明夢餘録》，書口則僅刻《古香齋春明夢餘録》。書中避諱至弘曆，爲乾隆時刻本。同治、光緒間南海孔廣陶翻刻《古香齋袖珍十種》，標明《内本重鐫古香齋春明夢餘録》，「孔氏三十有三萬卷堂藏版」。又目録末頁篆刻「皇清光緒辛巳冬、壬午孟冬南海孔廣陶總校重鐫」，則重刻時間爲光緒七、八年。

《春明夢餘録》還有幾種抄本：一是乾隆三十年敕輯的《四庫全書》本；一是乾隆三十八年于敏中等輯的《摛藻堂四庫全書薈要》本。以上兩種抄本，均據内府刊本鈔録。此外，北京圖書館還藏有一個宋賓王校並跋的抄本。

此次點校，以乾隆内府原刻本爲底本，同時對照光緒南海翻刻本。翻刻本僅有如卷四十黄道周疏言「温清不寧」誤「清」爲「清」等極少差别外，其餘文字包括異體字、俗體字、錯别字等幾乎與原刻本完全相同。

點校時，凡遇引文，盡可能核對原文，用得最多的是中華書局影印的《十三經注疏》、《明經世文編》，還比較了《天府廣記》排印本等等；遇到疑難之處，則翻覆查對，比較考核，如有所獲，予以勘誤、更正、存異、補漏於括號之中，而不擅改原文，以保存原著的本來面目。這樣，即使點校有誤，仍能看得到原文。通過點校，發現《春明夢餘録》内府刊本存在着不少錯别字和一些漏字，其中大多數很可能是出於刊誤，但有一部分肯定是撰者本人的疏漏或失誤。現分類舉例略述如後。

經書、經文　如：卷九羅喻義疏：「夏書序言湯伐夏」，誤書名組成部分《商書》爲《夏書》；卷二十九宗人府引《周禮·少宗伯》，篇名係《小宗伯》之誤，等等。

錯别字　天文，如卷四十四洪武定律令「貫係七星」係《星經》「貫索九星」之誤。

神祇，如誤「地祇」爲「地祇」；誤「高禖」爲「高禖」等等。

地理，如卷四《畿甸》按語誤「三輔」爲「三府」；卷五十三《茶馬》楊一清疏誤「金城」爲「京城」；卷六十九《川渠》誤「漯水爲澤水」等。

年號，如卷四十一《禮部·貢院》：「元大都會試，仁宗始于皇慶四年二月」，應爲延祐二年二月。

年月，如卷二十九《削除》：「漢王高煦，宣德九年，并世子、諸王俱削爵，錮西内」。「九年」應爲元年。

姓名，如卷四十六《黄河》李三才疏：「宋尚書開新河百四十里」，考《明史·河渠志》，「宋尚書」係工部尚書朱衡之誤。

書名，如卷一《建置》記封召公於燕，云「《地里志》曰……」，乃《漢書·地理志》之誤。

官爵名，如誤關内侯爲關中侯、行人爲刑人、員外郎爲員外部等等。

文義，如卷三十九《宗室》馬文升疏：「請王於書堂内講讀習禮，王子、王孫亦要講讀習禮，」《馬端肅公奏疏》作「請王……講讀經史」，標準高於王子、王孫，於理爲順；卷五十二高拱《議補譯字生疏》：「議得世業子弟……但取其精通門路，易於學習而已」，《天府廣記》作「稍通門路」，符合實際，「精通」則用詞不當，言之過分。

此外，如誤刺史爲剌史，干將爲千將，奴隸爲如隸，敕爲教，毋爲母等等，不勝枚舉。

漏字　如目録卷十五漏列「地祇壇」；卷三十九屠勳疏：「景帝親桑」，「帝親」後「桑」之前漏「耕，后親」三字；卷四十六《溝洫》夏原吉疏：「吴淞江口袤二百餘里」，據《夏忠靖公集》，「二百」後漏「五十」兩字等等。凡漏字用［　］號補入，個别有衍字者，則用【　】號删去。

異體字、俗體字　如泰作泰，雁作[illegible]，兗作究，派作泒等等。凡異體字、俗體字則逕改。

避諱字　原刻避聖祖諱玄燁，改字缺筆爲元曄，世宗諱胤禛爲胤，高宗諱弘曆爲弘歷，現逕改回原字，以便認讀。

清代對胡、虜、夷、狄、戎、韃等字眼是十分忌諱的，因此，《春明夢餘録》中均已删改，如：

改「胡元」爲「元人」，「以討夷虜」爲「以討四裔」，「甚於夷狄」爲「甚於兵戈」等等。現一律保持原貌，不予回改。帶有汚辱少數民族之字眼，如「⿰犭囘」，則逕改爲回。

錯簡　據《天府廣記》，卷五十七呂復《羣經古方論》：「《本草》三卷，舊稱《神農本經》。……今之所存，有此三卷」，在「有此三」之後，「卷」之上，竄入後文《玄珠密語》十卷「師事玄珠之而號啓玄」以下「者皆妄也」起，至《中藏經》八卷《竊意謂」止，共二百八十七字，已移後至「號啓玄」後至「論非普輩不能作」之前復原。

卷六十七《石刻》石鼓文部分是標點最困難的部分。書中所録石鼓文係明正德年間楊慎的今文僞本。標點時考慮到既要保持原貌，又要正確一些，就利用明錫山安國十鼓齋所藏北宋拓本《中權本》以及明嘉靖時《先鋒本》《後勁本》中保存的殘字，參照王國維《兩周金石文韻讀》、羅振玉《石鼓文攷釋》、郭沫若《石鼓文研究》的韻讀、考釋，進行復原和標點，改正楊慎的僞文。但己鼓（第六鼓、《作原》）殘缺，不能得其韻，庚鼓（第七鼓、《而師》）、辛鼓（第八鼓、《馬薦》）無韻可讀，就只好標點闕如，保持原狀了。

原書目録僅有總目，過於籠統，現增列細目，另編爲新目。新目中有［　］號者係原書漏列，但正文中未予增補。又版口排印卷數、目録，以便查檢。

《春明夢餘録》一書是一九四九年我在燕京大學上研究院時侯仁之老師向我介紹的，後來我研究明初營建北京歷史和明中都時經常參考它。因此，這次北京出版社請我點校《春明夢餘録》，我樂於接受這項工作。從一九八五年冬開始，經過整整兩年，到一九八七年冬才點校完畢。接着，爲寫《前言》，又化了將近半年時間。

我雖然希望點校過的《春明夢餘録》能成爲一個比較好的本子，但才疏學淺，難免錯漏，請讀者指正，以便再版時更正。

王劍英

一九八九年十月於北京

春明夢餘録目録

卷一 …… 一
建置
卷二 …… 一四
形勝
卷三 …… 一八
城池
卷四 …… 二九
畿甸
卷五 …… 三五
城坊
卷六 …… 三九
宮闕附載宮殿額名考　大内　世廟　南城（内）　河東　萬歲山　大高玄殿等處　西苑　羊房夾道　大光明殿等處
宮禁誡勅
宮官

内官監承運等庫局附　附載　禮儀房奶口　後市附　登聞鼓院附
卷七……一〇三
正殿朝制　章服　鹵簿　御樂　朝服　班次　賜宴　策士
卷八……一二一
殿門御門常朝荅旨　常朝御史糾儀載風憲事宜　西垣筆記
卷九……一二七
文華殿張居正進日講儀注　神宗遺事
卷十……一四五
文華傍室
卷十一……一四九
武英殿
仁智殿鹵簿　冠服　命婦冠服
卷十二……一五三
文淵閣附記内府刊刻書目
卷十三……一六一
皇史宬唐修史例　宋史　宋、遼、金三史　金史　元史　明史　三朝要典　光宗實録　西垣筆記　国本　妖書　挺撃
紅丸

卷十四……………………一九一
天壇 慎配享 告祭 齋期 祭器 省牲 脫舄 戒飾 世宗更制 元郊祀考
祈穀壇 祈穀紀
齋宮 附
神樂觀 辨大司樂之誤 西垣筆記
犧牲所
卷十五……………………二一七
山川壇
神祇壇
地祇壇
太歲壇
先農壇 明宗伯蔣德璟耤田考 考先農 考祭與耕同日 考不用亥 考壇制 考耕所 考穀種 考勞酒 考大蜡
旗纛廟
卷十六……………………二三二
地壇 西垣筆記
朝日壇
夕月壇

卷十七……二四一
太廟寢殿神主　祧殿神主　宗廟薦新品物　寢廟器用　脱舄　裸灌　西垣筆記
卷十八……二六一
奉先殿帝后忌辰祭期　每月供獻　西垣筆記
景神殿
玉芝宫崇先殿
卷十九……二七一
社稷壇
先蠶壇
高禖臺
西海神祠
卷二十……二八三
帝王廟
卷二十一……二八七
文廟廟主　褒崇　廟制　釋奠　從祀
卷二十二……三一五
三皇廟

都城隍廟
漢壽亭侯廟
宋丞相文信國祠附載
于少保忠肅祠
卷二十三……三二六
內閣一 閣門聖諭　列輔起家考　文淵典故　先正模範
卷二十四……三六〇
內閣二
卷二十五……三八八
六科科道互改
卷二十六……四一六
尚寶司西垣筆記　煎熬寶色法
卷二十七……四二二
光禄寺寺中典故
卷二十八……四二九
中書科誥勅　各中書考　附記
卷二十九……四三四

卷三十……四五四
宗人府帝系 二祖公主 御定名次 封建 削除 宗籍 宗例 崇禎帝系 萬曆實録 泰昌實録初録
卷三十一……四六二
五軍都督府封拜考 衛所之制 附記
卷三十二……四七九
戎政府營基 營制 團營 十二營 設立戎政 京營事例 附記
卷三十三……五〇九
翰林院翰苑考 經筵 制誥 史職 庶吉士 附記
卷三十四……五二六
詹事府附記
吏部冢宰 徵聘 保舉 資格 内外 久任 陞除 考課 附載
卷三十五……五六五
户部一田土户口 賦役 經費 内供 附記金花銀 賦役全書 查奏舊餉 撙節 魚鱗册 一條鞭 鈔關 鹽法 茶法
卷三十六……六〇〇
户部二屯田 畿輔屯丁 陝西之屯 墾荒 畿輔墾田 限田 蘆田 預備倉 本計
卷三十七……六三八
户部三

卷三十八……六六五
倉場漕額　倉支　漕河　漕運　總漕　漕總　漕軍　漕船　漕倉　倉耗　輕賫　漕規　恤軍　海運　倉支
户部四
寶泉局户部尚書侯恂條陳鼓鑄事宜　錢法　寶鈔局
卷三十九……六八五
禮部一禮制　樂音　律尺　大祀　正祀典　章服　宗室　僧道　淨身男子
卷四十……七四四
禮部二正士習　貢舉　恩例　謚法　喪制　戒奢　拜禮　肩輿　薦新芽茶　外蕃　附高麗統系
卷四十一……七九一
禮部三
貢院科場變異
卷四十二……八〇二
兵部一兵制　九邊　河套　安南　江防　海防　緬酋　雲南　貴州　閩省海賊　浙省海寇　流賊　内禍　儲邊才
重將權　武舉　軍職貼黄　軍官比試　軍屯　驛遞
卷四十三……八五二
兵部二輿圖考　營陣
卷四十四……八八四

卷四十五……九一六
刑部一 大明律令 律制 律意 論令 論誥 洪武 建文 永樂 洪熙 宣德 正統 天順 景泰 成化 弘治 嘉靖 萬曆 崇禎
刑部二 慎刑 讞理 明刑
卷四十六……九六一
工部一 都邑 溝洫 治漕 水泉 水櫃 總河 總漕 黄河 開膠萊新河 節慎庫 税科 織造 屯田 鐵廠 樹植 易州山廠 皇木
卷四十七……一〇〇五
工部二
寶源局 鑄錢則例
卷四十八……一〇一五
都察院 都御史 總督 巡撫 西垣筆記 監察御史 巡城要領 各差建置 提刑按察使
卷四十九……一〇六二
通政使司 附載
卷五十……一〇六七
大理寺
卷五十一……一〇八〇

太常寺
卷五十二……一〇八五
四譯館
卷五十三……一〇九一
太僕寺苑馬寺　茶馬　南太僕
卷五十四……一一〇二
國子監國子師　監規　生徒　納粟　監例
卷五十五……一一一九
府學諭旨　提督學校官勅諭　武學
卷五十六……一一三三
首善書院
衍聖公府
卷五十七……一一四七
太醫院
卷五十八……一一七一
欽天監一回回曆　韓苑洛論天文　邢雲路曆　西洋曆　歲差考
卷五十九……一二〇二

欽天監二
觀象臺　附記（郭守敬）
卷六十……一二一七
鴻臚寺
卷六十一……一二一八
行人司
卷六十二……一二二〇
上林苑監
卷六十三……一二二三
錦衣衛
卷六十四……一二三八
名蹟一
卷六十五……一二五〇
名蹟二
卷六十六……一二六八
寺廟
卷六十七……一二八二

石刻
卷六十八　巖麓附退谷小志　附記西山高隱……一二九八
卷六十九　川渠……一三三一
卷七十　陵園　附載……一三四九

春明夢餘録卷之一

建置

昔黄帝建都於涿鹿，卽京師地。史稱帝都涿鹿之阿，往來遷徙，以兵爲營衞。蓋燕地在漢以前，通名爲涿，至漢高帝六年，始分燕置涿郡。水經注引應劭云：涿水出上谷涿鹿縣。按涿水自涿鹿東注㶟水，㶟水東南逕廣陽郡與涿郡分水，涿郡受其稱矣。今保安州西南九十里有涿鹿山，黄帝破蚩尤於此。州東南四十里有軒轅城。堯建都於冀。燕，冀地也。古者中國之地，分爲九州，大河以北爲冀。堯都平陽，此其甸服也。及舜卽位，以冀地太廣，始分冀東恒山之地爲并州，東北醫無閭之地爲幽州，又分遼東等處爲營州，皆冀也。漢末，曹操領冀州牧，又統名爲冀。昌平有漢人張純碑，稱冀州從事，循古稱也。

周禮職方：東北曰幽州。釋名曰：在北幽昧之地，故曰幽也；又曰：燕之爲言，燕也，其氣内盛而燕宛也。爾雅曰：兩河間曰冀；又冀，近也。

周封召公奭於燕，封堯之後於薊。史記註云：薊，今涿郡薊縣是也，卽燕國之都。水經注：薊城西北隅有薊邱，故以名之。猶魯之曲阜，齊之營邱。

燕有二國：一稱北燕，姬姓，召公所封；一稱南燕，姞姓，黄帝之後。地理志曰：東郡燕縣，南燕國，無世家，不知其君諡號。惟魯隱公五年，衛人以燕師伐鄭，杜云南燕國；莊公二十年，鄭伯和王室，不克，執燕仲父。杜云：南燕伯，見傳耳。此據左傳及註疏之文，是以北燕爲召公所封，南燕爲黄帝之後也。按史記：武王未及下車而封黄帝之後於薊，註今涿郡薊縣是也，卽燕國之都。孔安國、司馬遷皆云：燕國召公，與周同姓。黄帝姓姬，君奭蓋其後也。或黄帝之後封薊者，滅絶而更封燕郡乎。

秦始皇二十三年，滅燕以爲廣陽郡。漢高祖封盧綰爲燕王。漢光武封叔父良爲廣陽王。其城有萬載宮、光明殿。王莽改曰廣陽縣。

廣陽，水名。水經注云：廣陽水東南至陽鄉縣，右注聖水。聖水又東南逕陽鄉城西。縣，故涿之陽亭也。志云：陽鄉城，在今府治西南二十五里。

京西南有盧王屯，在安次縣常道鄉二十五里，漢燕王盧綰屯軍與劉賈夾攻燕者，今名盧綰屯。

按常道鄉在耿就橋西，去安次縣五里。唐貞觀中縣治也。魏燕王宇子奐封常道鄉公，卽此。

幽州在唐爲范陽郡，置盧龍軍節度使。石晉天福元年，割山後十六州賂契丹，燕土遂淪異域。至金天輔五年，以燕京及涿、易、澶、順、景、薊六州還宋。宋宣和四年，改燕山府爲永清軍。郭藥師叛金，金人復取之，地復歸金。先是，顯德中，周世宗親策兵復瀛、鄚諸州，將抵幽，病還。宋太祖置封樁庫曰：晉割幽燕以遺契丹，使一方限於境外，朕甚憫之。俟庫滿，則以此酬之。不然，散滯財，募勇士，以圖攻取。然終宋之世，未能復也。

宋太宗垂拱中，吏部尚書宋琪請復幽燕疏，其言幽燕情形甚悉。疏略曰：大舉精甲，以事討除，靈旗所指，燕城必降。但徑路所趨，不無險易，必若取雄、霸路直進，不免更有陽城之圍。蓋界河之北，陂淀坦平，北路行師，非我所便。況軍行不離於輜重，賊來莫測其淺深。欲望回轅，西適山路。令大軍會於易州，循孤山之北，淶水以西，挾山而行，援糧而進，涉涿水，並大房，抵桑乾河，出安祖砦，則東瞰燕城，裁（纔）及一舍，此是周德威收燕之路。自易水距此二百餘里，並是沿山，村墅連延，溪澗相接，採薪汲水，我占上游。東則林麓平岡，非戎馬奔衝之地，内排槍弩步隊，實王師備禦之方。而於山上列白幟以望之，戎馬之來，二十里外可悉數也。從安祖砦西北有盧師神祠，是桑乾出山之口，東及幽州四十餘里，趙德鈞作鎮之時，欲遏西衝，曾塹此水。況河次半有崖岸，不可輕（徑）度。其平處築城護之，守以偏師，此斷彼之右臂也。仍慮步奚爲寇，可分雄勇兵士三五千人，至青白軍以來山中防遏，此是新州、嬀川之間，南出易州大路。其桑乾河水屬燕城北隅，繞西壁而轉。大軍如至城下，於燕丹陵東北横堰此水，灌入高梁河，高梁岸狹，桑水必溢，可於駐蹕寺東引入郊亭淀，三五日瀰漫百餘里，即幽州隔在水南。王師可於州北繫浮梁以通北路，賊騎來援，已隔水矣。視此孤壘，浹旬必克。初宋太祖欲取幽薊，以地圖示趙普。普曰：圖必出曹翰。帝曰：然。又曰：翰可取否？普曰：翰可取，孰可守？帝曰：以翰守之。普曰：翰死，孰可代？帝不語。久之，曰：卿可謂遠慮矣。帝自此絶口不言伐燕。及太宗平河東，出討幽薊，久未班師。普手疏極諫，甚謂陛下信邪諂之徒，又謂望陛下精調御膳，保養聖躬。其言極切。帝報曰：將帥不遵成算，往復勞弊，爲遼人所襲，此責在主將也。朕踵百王之末，粗致承平，蓋念彼民陷於異地，將救焚而拯溺，匪黷武以窮兵，卿當悉之也。疆埸之事，已爲之備，卿勿爲憂。遂罷進取之兵。而宋之弱，實基於此。

遼會同元年，立爲南京。開泰元年，號燕京。金海陵貞元元年，以燕乃列國之名，不當爲京師號，稱中都。元太祖於貞祐乙亥平中都，金主奔汴。至至元四年，城京師，稱大都。

燕之稱京，不始於遼也。宋人方回曰：燕將臧荼王燕，都薊。今燕京大興府東北有薊縣。又曰：陶淵明詠荆軻曰提劍出燕京，蓋燕之名京久矣。按燕京易州西北乃金坡關，即紫荆關；昌平之西乃居庸關；順州之北乃古北口；景州東北乃松亭關；平州之東乃榆關，即山海關。自後唐屬契丹，阿保機都於此。其地平州，爲要害。至遼天祚時，其將張瑴守平州，以平州降宋。金人取之，並擒天祚，而遼亡。時宣和七年乙巳也。至紹興二十年，金主亮以上京僻在一隅，城燕京，徙居之。改析津府爲大興府，號中都。以中京會寧府爲北京，汴京開封府爲南京，而舊遼陽府爲東京、大同爲西京如故。元世祖問劉秉忠曰：今之定都，惟上都、大都耳，何處最佳？秉忠曰：上都國祚短，民風淳；大都國祚長，民風淫。遂定都燕之計。

明洪武元年，改大興府爲北平府。二年，立北平行中書省。三年，封燕王。九年，革行省，設承宣布政使司。初欲建都於此，以修撰鮑頻力諫而止。永樂元年正月，禮部尚書李至剛言：北平布政司實興王之地，宜遵太祖中都之制，立爲京師。制曰：可。其以北平爲北京。上雖臨御，猶稱行在。十八年，宫殿成，去行在之號。洪熙元年，復稱行在。正統六年，復去之。以應天府爲南京。

洪武元年改北平府詔：一海宇以安人心，正國統而君天下，理勢所在，古人皆然。自羣雄乘亂以來，四方思治惟切，元綱已隳，疆土遂分。孰拯斯民，以定於一？顧予菲德，造此丕圖。荷上天眷祐，臣鄰翊贊，肇基江左，平定中原。睠惟幽薊，實彼根本。命將北伐，列郡皆順。已於洪武元年八月初二日克取燕城，兵無犯於秋毫，民不移於肆市。捷音來奏，殊副朕懷。今改燕城爲北平府，命官屯守。海宇既同，國統斯正。方與生民共享安平之福，尚賴内外臣僚夙夜公勤，匡朕不逮。

永樂十八年建北京詔：開基創業，興王之本爲先；繼體守成，經國之宜尤重。昔朕皇考太祖高皇帝受天明命，君主中華。創立江左，以肇邦基。肆朕纘承大統，恢弘鴻業，惟懷永圖。眷茲北京，實爲都會。地勢雄偉，山川鞏固，四方萬國，道里適均。惟天意之所屬，實卜筮之攸同。乃倣古制，狥輿情，立兩京，置郊社、宗廟，創建宫室。上以紹皇考太祖高皇帝之先志，下以開子孫萬世之弘規。且於巡狩駐守，實有便焉。爰自營建以來，天下軍民樂於趨事，天人協贊，景貺駢臻。今工已告成，選以永樂十九年正月朔旦，御奉天殿，朝百官，誕新治理，用致雍熙。於戲！天地清寧，衍宗社萬年之福；山河綏靖，隆古今全盛之基。

永樂十九年北京御朝詔：朕荷天地祖宗眷祐，繼承大統，撫馭萬方。夙夜祗勤，率遵成憲。乃者紹皇考太祖高皇帝之志，效成周卜洛之規，建立兩京，爲子孫帝王萬世之基。爰自經營以來，賴天下臣民殫竭心力，涉寒暑，冒風霜，趨事赴工，勤勞匪懈，朕心眷念，拳切不忘。今宫殿告成，朕已御正朝，祇祀天地、祖宗、社稷，懋圖治理，嘉與維新。重懷寬恤之仁，用廣好生之德，大赦天下。

史記天官書云：中國山川東北流，其維首在隴蜀，尾没於勃碣。唐書天文志云：箕、尾（尾、箕），析木津也。初尾七度，餘二千七百五十，秒二十一少。中箕五度。終南斗八度。自渤海、九河之北，得漢河間、涿郡、廣陽及上谷、漁陽、右北平、遼西、遼東、樂浪、玄菟、古北燕、孤竹、無終、九夷之國。尾得雲漢之末派，龜、魚麗焉，當九河之下流，濱於勃碣，皆北紀之所窮也。

京師地最高，去通州四十里，地高五丈，河中置十閘，始可行舟。去上都一千里，地高四十丈。

洪武初，定淮甸，得馮國用，問以定天下大計。國用對曰：金陵龍蟠虎踞，真帝王之都。願先渡江，取金陵，置都於此。然後命將出師，掃除羣寇，倡仁義以收人心，天下不難定也。上曰：吾意正如此。及克太平，召陶安問之，對如國用。且曰：據長江之險，出兵以臨四方，何向不克。此天所以資明公也。上嘉納之。遂定計取金陵，擒元將陳埜先等，入其城，遂置都焉。其後，既定中原，復以汴梁爲北京，以臨濠爲中都。逮平陝西，欲置都關中，後以西北重地，非自將不可。議建都於燕，以鮑頻力諫而止。金陵北阻長江，南挹吴會，雖稱華麗，然風氣之厚，形勢之雄，終不如西北扼天下之喉而拊其背爲最勝。昔孫吴、東晉，以迄宋、齊、梁、陳，皆偏安江左，迭興迭廢，何能爲帝王。孔明所云鍾山龍蟠，石城虎踞，真帝王之都者，蓋當時欲與孫吴結好，姑爲此言，以廣其意，未必然也。其後，成祖改都燕京，而以金陵爲南京，爰致太平垂三百祺，可謂善繼先志矣。建文初，户部侍郎卓敬密奏曰：燕王智慮絶人，酷類先帝。夫北平者，强幹之地，金、元所由興也。宜徙燕南昌，以絶禍本。夫萌而未動者，幾也；量時而爲者，勢也。勢非至勁，莫能斷；幾非至明，莫能察。建文不能用。夫使卓司農之説行，寧有靖難之事乎？其後，徙寧王於南昌，及其叛也，滅之不旋踵，文皇蓋陰用其言也。郭子章都論：古今論形勢之都，曰秦，曰洛。而洛不如秦，則自漢以來言之。婁敬説漢高曰：洛陽，天下之中，有德易以興，無德易以亡。秦地被山帶河，四塞以爲固。案秦之故地，搤天下之吭而拊其背也。張良曰：洛陽，四面受敵，非用武之國；關中，左殽函，右隴蜀，阻三面而易守，敬説是也。漢竟都關中，二百年而王莽篡。宋藝祖欲都長安，晉王諫曰：在德不在險。藝祖曰：吾將西遷者，欲據山河之勝，而去冗兵。都汴，不出百年，天下民力殫矣。宋竟都汴，百五十年而徽、欽擄。議者謂洛不如秦，似矣。顧辟雍之詩曰：考卜維王，宅是鎬京，維龜正之，武王成之。則周之都鎬，卜也。周書曰：我卜河朔黎水，我乃卜澗水東、瀍水西，惟洛食我，又卜瀍水東，亦惟洛食。則周之都洛，亦卜也。夫周卜鎬，西東南北，無思不服矣。而復惓惓營洛者，豈知其子孫終東遷耶？鎬距秦咫尺，當其時，何不卜秦，而卜洛耶？舍秦營洛，周公未爲無見，不徒專恃其德已也。周歷八百，都洛五百，豈洛之王氣或加於鎬秦耶？微獨周也。都秦者，西漢二百餘年，唐二百八十年。秦、隋俱二世亡，其長短之數可睹。已都洛者，東漢百九十五年，魏、晉百年，唐末徙洛至宋靖康在汴洛間二百二十年，拓跋、完顔又百年，其長短之數又可睹已，則洛何以不如秦哉？夫秦，天下之首也，洛，天下之腹也，首之爲體尊，而腹之受大，其可以都，一也。明興，定都金陵，似若循六朝之舊。洪武初，營汴爲北京，則亦周公意也。末年，東宫營秦，則亦婁敬、張良、藝祖意也。而卒不果，豈天將以待燕耶。成祖之營燕也，當時臺諫交口不便，主事蕭儀言之尤峻，豈不以燕爲金、元故都，非中原之都乎？豈不以金祚僅百年，元祚不盈百年，非宜都乎？蓋未識上意所屬也。成祖曰：北平之遷，吾與大臣密計數月，而後行。今其所密計者，卽不得聞。以愚度之，其説有四：燕非金、元始也。周爲召公封國，由召公傳丹喜，歷四十三世，九百餘年，睎周歷且過之。宜遷一。古享國長久者，靡不遷都。商始亳，遷耿，遷相。周始鎬，遷洛。漢、唐始秦，遷洛。宋始汴，遷杭。然皆迫於兵戈，旣於戎狄，不得已而後去。故靖難之後，因而遷徙，亦以爲子孫長久計耳。宜遷二。西漢起漢中，都秦。東漢起南陽，都洛。唐起太原，都秦。宋起宋州，都汴。元起開平，都燕。明太祖起鳳陽，都吳。成祖曰：吾起燕，都燕耳。宜遷三。天下之禍，莫烈於鹵（虜），吾令子孫自當之，庶幾四海豪傑，輻輳都下，足與鹵（虜）角。宜遷四。成祖密計，或不出此四者。彼書生之見，豈足以達英雄之略哉！雖然，狂鹵（虜）隔一邊垣，正統己巳之變，嘉靖庚戌之突，可鑒也。漕河僅一衣帶水，元人海運之制，脱脱水田之議，當講也。果兵足以制鹵（虜），食足以自固，則太行、易水之間，卽國家億萬禩無疆之宅也，又何必問秦、洛之强弱哉！

李時勉北京賦：惟皇明之受天命也，我太祖皇帝首仗義師，以平暴亂。豪傑景從，聲振江漢，削除僭竊，拯民塗炭，定鼎金陵，撫綏萬邦，乃睠兹土，實雄朔方。倣成周之卜洛，欲並建而未遑。逮我聖上，繼明重光，握乾御極，一遵舊章，仁聲洋溢乎遐邇，恩澤汪濊於八荒。既致治於太平，遵皇衢以省方。仰先志之未遂，度弘規以作京，羌經營之伊始，徧夷夏其懽騰。曰惟北都，在冀之域，右挾太行，左據碣石，背疊險兮重關，面平原兮廣澤。宗恒嶽其巍巍，鎮醫閭而奕奕，冠九州之形勝，實爲天府之國。是以軒轅邑之以分州，唐堯階之以爲帝，擴神化以宜民，大勳德之光被，鬱王氣之所鍾，於今兹而有待也。於是仰瞻析木，俯測地靈，龜筮兆吉，天人叶應。神祇獻珍，而山石自出；河嶽效靈，而神木自行。民子來兮相續，期不日而功成。爾乃懸水樹臬，識景表營。方位既正，高下既平。羣力畢舉，百工並興。建不拔之丕址，拓萬雉之金城。引天泉於西阜，環湯池而鏡清。九衢百廛之通達，連甍邃宇之縱横。顧壯麗其若此，非燕逸而娱情，蓋所以强幹而弱枝，居重以御輕。展皇儀而朝諸侯，遵先軌而播風聲者也。若乃四郊砥平，王道正直，視萬國之環拱，適居中而建極。其南，則萬流宗海，平林蔽天，攬邯鄲、鉅鹿之廣衍，馳平疇沃野之綿延。溏、淤、恒、衞經其野，濡、磁、洓、桑匯其前。界以大陸、廣阿之弘壤，扼以大茂、井陘之連山。包絡趙、魏，襟帶齊、魯。膏腴之地，綿亘三千餘里，而極於黄河、伊潁之川。其水陸之所産，卓犖繁盛，蓋莫得而計焉。其址（北），則疊嶂嵓嶢，層巒蔽虧。長城矗乎雲表，百泉湧乎山隈，壯天關而設險，守一夫而莫開。偉左盤而右顧，宛鳳舞而龍飛，實磅礴而鬱積，粤擁衞於邦畿。包狼山、上谷之阻，據野狐、獨石之危，掩祖山、木葉之離立，連白登、紫塞之逶迤。控女真而極乎洮河之北，鎮朔漠而逾乎瀚海之湄。氊裘之類，犬羊之羣，畏威懷德，相率而來歸。其東，則潞河通漕，控引江、淮，肥如灤、洓，灌注縈迴。連峯片石之隘，首陽、崆峒之崖，玉田白璧，神仙璚臺，超無終而越金山，跨遼瀋而逾鴨緑。至於暘谷，日出之涯，固已遐哉，邈乎，而莫不在乎綏懷。環以大海，衆水所歸，洪濤巨浪，洶湧崔嵬，蓋不知其幾千萬里。而蠻商番舶，帆檣隱天，上下不絶而往來。又有蓬、瀛、方壺、鳳麟、聚窟，十洲三島，靈異非一。流精之闕，瓊華之室，墉城岧嶢，金臺岑嵂，紫氣丹青，景雲矚日。靈囿、偓佺、安期、羨門之倫，相與從游於其間，出入隱見而慌惚。瞻帝京其伊邇，庶可見其驂鸞駕鶴之髣髴。其西，則崇山鬱翠，高挹泰岱，北接居庸，南首河内，奇峯擁關，龍門阻隘，玉泉垂虹，青烟浮黛，上巘㠑兮倚空，下蟠據而際海。其麓則有渾河湯湯，西湖泱泱，鹽溝、琉璃、桑乾、廣陽，雪波泛湧，灝漾汪洋，一瀉千里，會流帝鄉。又有上林禁苑，種植、畜牧，連郊踰畿，緣邱彌谷，澤渚川匯，若大湖瀛海，渺瀰而相屬。其中則有奇花珍果，嘉樹甘木，禽獸魚鱉，豐殖繁育，颮颮籍籍，不可得而盡録。

固可以因農隙而校田獵，選車徒以講武事，乃遵國風，稽王制，詔期門，簡將帥，乘玉輅，擁翠蓋，出天關而雷轟，轢芳郊而雲會，非所以威戎誇狄，娛樂騁意，蓋將取不姙而除菑害，狩無擇而順殺氣，謹大易之用於三驅之時，騐騶虞之仁於一發之際，水衡、虞人之容與，武夫、壯士之奮厲。皆知夫仁者之爲勇，而投石超距之足鄙，亦何必殄夷禽獸，割鮮野食，而以俛仰極樂之爲貴也？若夫其宮室之制，則損益乎黄帝合宮之宜，式遵乎太祖貽謀之良。居高以臨下，背陰而面陽。奉天凌霄以磊砢，謹身鎮極而峥嶸，華蓋穹崇以造天，儼特處乎中央。上倣象夫天體之圓，下效法乎坤德之方。兩觀對峙以嶽立，五門高矗乎昊蒼。飛閣屼以奠乎四表，瓊樓嵬以立於兩旁。廟、社並列，左右相當。東崇文華，重國家之大本；西翊武英，嚴齋居而存誠。彤庭玉砌，璧檻華廊，飛簷下啄，叢楹高驤。闢閶闔其蕩蕩，儼帝居於將將。玉户粲華星之炯晃，璇題納明月而輝煌。寶珠焜燿於天闕，金龍夭矯於虹梁。藻井焕發，綺窗玲瓏。建瓴聯絡，複道迴衝。軼霄漢以上出，俯日月而盪胸。五色炫映，金碧晶熒，浮輝揚耀，霞彩雲紅。其後，則奉先之殿，仁壽之宫，乾清、坤寧，眇麗穹窿，掖庭椒房，閨闥閎通。其前，則郊建圓邱，合祭天地，山川壇壝，恭肅明祀。至於五軍庶府之司，六卿百僚之位，嚴署宇之齊設，比館舍而並置列。大明之東西，割文武而制異。至於京尹赤縣之治所，王侯貴戚之邸第，辟雍、成均，育賢之地。守羽林而掌佽飛者，至九十而有四衛，莫不井列而碁布，各雄壯而偉麗。其岩廊之上，則有臯、夔、稷、契之倫，元凱、俊乂之輩，相與賡虞廷之歌，談義農之際，罄補袞之能，懷忠貞之志，考禮文於大備，贊聲樂之盡美。是以朝無缺政，德教漸暨，薄海内外，均陶至治。幸其有作，聿來趨事，成此大功，忘其劬勩。人和既極，休徵滋至。慶雲瑞靄之覆於闕庭，素鳥玄菟之獻於丹陛，醴泉屢出，甘露數墜，麒麟騶虞之珍，馴獅天馬之類，紛紜雜遝，莫能殫記。於以見天眷之益隆，而聖德之純備者也。於是正月上日，工既訖功，爰告成於天地，肆紹美於祖宗。清心凝慮，齋沐肅雍，粢盛既潔，牲牷既豐，芬郁郁以旁達，靈繽繽其來降。錫嘉貺之穰穰，介景福於帝躬，將順應於昌期，趾盛美於無窮。乃服袞冕，御帝座，開九重之深宫，受萬邦之朝賀。内侯甸而要荒，外殊方而異俗，胥近悦而遠來，紛詖舞而匍匐，方物溢以充庭，奓絢燦而駭矚，率舞蹈於階墀，效華封之三祝。爾乃浹和會，昭景鑠，鏗鯨鐘，奏雅樂，韶光禄以開筵，合百辟而燕樂，饌珍玉兮芳馨，罍瓊漿以斟酌，聯貂蟬兮夾陛，雜蠻夷之荒服，莫不酣暢而飽德，咸頌歌而踴躍，越填城而溢郛，藹歡聲於寥廓。斯可以媲太古之無爲，慶華胥而蹈栗陸，顧皇上之謙抑，視至治爲未足。於是降德音，播嘉惠，省刑罰，薄賦税，汰冗濫，旌廉吏，舉賢才，擢俊乂，發倉廩，賑貧匱，尊高年而禮有德，慎防禦而修武備，貴爵重賞以厲廉恥，厚往薄來以馭夷裔。蓋欲使人知所本，士知所勵，四方萬國，無一民之失所，窮陬僻壤，無一物之不遂，舉陶於春風和煦之中，而樂於雍熙、泰和之治。此蓋堯舜兢業之心，文王敬止之意，所以紹鴻業，繼先志，益宏遠而有偉，故不勞而甚易，冠絶乎前古，垂休於後世，固可必聖子之與神孫，益昌盛而無替。小臣微陋，忝職文字，願賦帝都之盛槩，揚國美於萬禩。復爲之歌曰：煌煌帝都兮逾鎬豐，阻山帶河兮壯以雄，天開日明兮王氣所鍾，穹隆造天兮惟帝之宫。廓氛祲兮開溟濛，鎮夷夏兮宣皇風。王道平平兮四方來同，願皇圖之鞏固，歷萬世兮無窮。

元人檇李顧淵白嘗入京獻燕都賦，翰林元復初不喜，曰：今大朝四海一統，六合一家，燕蓋昔時戰國名，何燕之稱。

春明夢餘録卷之二

形勝

幽燕自昔稱雄，左環滄海，右擁太行，南襟河濟，北枕居庸。蘇秦所謂天府百二之國，杜牧所謂王不得不可爲王之地。楊文敏謂：西接太行，東臨碣石，鉅野亘其南，居庸控其北。勢拔地以峥嶸，氣摩空而崱屴。又云：燕薊内跨中原，外控朔漠，真天下都會。桂文襄云：形勝甲天下，扆山帶海，有金湯之固。蓋真定以北至於永平，關口不下百十，而居庸、紫荆、山海、喜峰、古北、黄花鎮險阨尤著。會通漕運便利，天津又通海運，誠萬世帝王之都。

太行自西來，演迤而北，綿亘魏、晉、燕、趙之境，東而極於毉無閭。重岡疊阜，鸞鳳峙而蛟龍走，所以擁護而圍繞之者，不知其幾千萬里也。形勢全，風氣密，堪輿家所謂藏風聚氣者，兹地實有之。其東一帶，則汪洋大海；稍北，乃古碣石；稍南，則九河既道所歸宿之地。浴日月而浸乾坤，所以界之者又如此其直截而廣大也。況居直北之地，上應天垣之紫微。其對面之案，以地勢度之，則泰岱萬山之宗正當其前也。夫天之象，以北爲極，則地之勢，亦當以北爲極。易曰：艮者，東北之卦也，萬物之所以成終而成始也。艮爲山，水爲地之津液而委於海。天下萬山皆成於北，天下萬水皆宗於東。於此乎建都，是爲萬物所以成終成始之地，自古所未有也。前乎元，而爲宋，宋都於汴。前乎宋，而爲唐，唐都於秦。在唐之前，則兩漢也。前都秦，而後都雒，然皆非冀州境也。雖曰宅中圖治，道理適均，而天下郡國乃皆背之而不面焉者。孔子曰：爲政以德，譬如北辰，居其所而衆星拱之。易曰：離，萬物皆相見，南方之卦也。聖人南面而聽，天下嚮明而治。夫以北辰爲天之樞，居微垣之中，而受衆星之所向，則在乎南焉。今日京師，居乎艮位，成始成終之地，介乎震坎之間，出乎震而勞乎坎，以受萬物之所歸。體乎北極之尊，嚮乎離明之光，使夫萬方之廣，億兆之多，莫不面焉以相見。則凡舟車所至，人力所通者，無不在於照臨之中。自古建都之地，上得天時，下得地勢，中得人心，未有過此者也。

朱文公熹曰：冀都，天地間好個大風水，山脉從雲中發來，前面黄河環繞，泰山聳左爲龍，華山聳右爲虎，嵩山爲前案，淮南諸山爲第二重案，江南五嶺諸山爲第三重案。故古今建都之地，皆莫過於冀都。蓋指今之京師地也。

唐趙德鈞爲幽州節度使，於幽之南六十里城閻溝而戍之；又於幽之東五十里城潞縣而戍之。二城，乃幽州之門户也。閻溝，卽今良鄉；潞縣，卽今通州。

京師瀕大海。在秦始皇時，起黄腄、瑯琊之粟，轉輸北河。秦時海運固已通于兹矣。唐杜甫謂：漁陽豪俠地，擊鼓吹笙竽，雲帆轉遼海，粳稻來東吳。又云：幽燕盛用武，供給亦勞哉，吳門持粟帛，汎海淩蓬萊。唐時已通吳之粟於此矣。

京東至山海關，西至黄花鎮，爲關寨者二百一十二，爲營堡者四十四，爲衞二十二，爲守禦所三。設分守參將五于燕河營、太平寨、馬蘭峪、密雲縣、黄花鎮，以管攝營堡，謂之關。設守備都指揮五于山海、永平、遵化、薊州、三河，以管攝衞所，謂之營。設總兵官一員于三屯營，以總鎮焉。關設於外，所以防守；營立於内，所以應援。其制可謂密矣。此所以控御其形勢者也。

劉基云：元氏入主中夏，佐以姚、劉、許、[耶]律諸君子，雖因其邇于陰山以定都，而地形之强，實甲天下。撫據全盛，幾將百年。一時文章，亦頗有奇氣，未必非山川、形勝、風氣之觀感，或有以助之也。至於元季，四方鼎沸，而國都固猶晏然自若也。蓋其東連滄海，西接晉、冀，前有瀰瀦大陸之利，北有重關天險之固。若非天命有歸，其主自遜於荒，而以勢利相持，雖引百萬之兵，頓之堅城之下，歲月之間，成敗利鈍，未知其勢孰爲得失也。

劉基燕都龍虎臺賦：猗歟！太行之山，呀雲豁霧，結元氣而左蟠；於赫！龍虎之臺，摩乾軋坤，魁羣山而獨尊。其背則崔嵬突嵂，森岡巒而拱衞；其勢則崑崙駿駛，仰星辰之可捫。白虎敦圉而踞峙，蒼龍蜿蜒而屈盤。仗昂首以奮角，恍飈興而雲屯。其北望則居庸巀嵲，烟光翠結，攢峰列戟，斷崖立鐵，踆烏飛而不度，古木樛以相掣。其下視則漲海沖瀜，飛波洗空，風帆浪舶，往來莫窮，想瀛洲之密邇，睇三山之可通。彼呼鷹戲馬，適足彰其陋；而眺蟾望烏，曷足逞其雄？豈若兹臺之不事乎版築，而靡勞乎土功也！想其嶔岑碕礒，曼衍迤邐，形高勢平，背山面水，巨靈獻其幽秘，歸邪護其光晷，何嵩華之足吞，豈岱宗之可擬，此所以通光道於上都，揭神京之外壘，匪松喬之敢登，差乘輿之攸止也。至若四黄既駕，鹵簿既濟，方玉車之萬乘，蔚翠華之萋萋。載雲罕與九旂，光彩絢乎虹霓。山祇執警以廣道，屏翳洒雨以清埃。朝發軔於清都，夕駐蹕于斯臺。明四目以遐覽，沛仁澤于九垓。眇軒轅之梁甫，屑神禹之會稽。雄千古之盛典，又何數乎方壺與蓬萊！慨愚生之多幸，際希世之聖明。雖未獲睹斯臺之壯觀，敢不慕乎頌聲。遂作頌曰：瞻彼神臺，在京之郊，金城内阻，靈關外包。上倚天倪，下鎮地軸。太行爲臂，滄海爲腹。崇臺峩峩，虎以踞之。羣山寵嵸，龍以翼之。於鑠帝德，與臺無窮。於隆神臺，與天斯同。崇臺有偉，鑾駕爰止。天子萬年，以介遐祉。

春明夢餘録卷之三

城池

舊幽州城在今城西南。唐藩鎮城，卽遼、金故城也。隋之天寧寺，舊在城中，今在城外矣。憫忠寺有舍利記，唐景福元年建，其文曰：大燕城内，地東南隅，有憫忠寺，門臨康衢。憫忠寺舊在城中東南，今在城外西南僻境矣。

銅馬門，在舊燕城東南隅，卽古薊城門。城有十門，此其一也。昔慕容儁得奇馬，名赭白，歷三世四十九歲，而駿逸不減，銅範其像，立門外，因以名門。

東唐遷營州於薊，樓館甚盛。今二土阜尚存，所謂薊門也。閻城在京西南，古城基二石獸尚存。

陽鄉城在京西南，漢舊縣，晉改長鄉，今地名古縣。

君子城卽舊薊城，晉載記：石勒每破一城，必簡别衣冠，洎平幽州，擢荀綽、裴憲等居之，號君子城。

遼太宗於南京建城。方三十六里，崇三丈，衡廣一丈五尺，敵樓戰櫓具。八門：東曰安東、迎春，南曰開陽、丹鳳，西曰顯西、清普，北曰通天、拱辰。

金海陵天德二年，命張洪等增廣燕城。門十三：東曰施仁、宣曜、陽春，南曰景風、豐宜、端禮，西曰麗澤、顥華、彰義，北曰會城、通玄、崇智、光泰。

元人玉堂嘉話云：燕展築南城，係金海陵天德二年。見蔡無可大覺寺碑。史記不載蕭何修未央宮事，此非細事，司馬遷漢史而不見書，何謂？又云：燕城西南門曰端禮，有大定末劉無黨所撰左丞相唐括安禮碑。

元至元四年，城京師。城方六十里，里二百四十步，分十一門：正南曰麗正，右曰順承，左曰文明；北之東曰安貞，北之西曰健德；正東曰崇仁，東之右曰齊化，東之左曰光熙；正西曰和義，西之右曰肅清，西之左曰平則。

按元之南城，周圍五千三百二十八丈，即金之故基也。金之遺址尚在，所謂土城關是也。人呼崇文門爲海岱，宣武門爲順承，阜成門爲平則，仍元之舊也。

明洪武元年戊申，八月庚午，徐中山達取元都。丁丑，命指揮華雲龍經理故元都，新築城垣，南北取徑直，東西長一千八百九十丈，高三丈五尺五寸。至永樂十八年，遣營繕司郎中蔡信爲工部右侍郎重修，益加宏壯。正統四年，命内臣阮安重修。安，交趾人，一名阿留，刻有營建紀。至十年，又以内面用土，恐易頽毁，乃命成國公朱勇等甓之，與外面等。凡九門：南曰正陽，南之左曰崇文，右曰宣武；北之東曰安定，西曰德勝；東之北曰東直，南曰朝陽；西之北曰西直，南曰阜成。嘉靖三十二年十月，京師外城成。先，二十一年七月，邊報日至，御史焦璉等請修關廂墩塹，以固防守。都御史毛伯温等復言：古者有城必有郭，城以衛民，郭以衛城，常也。若城外居民尚多，則有重城。凡重地皆然。京師尤重。太祖定鼎金陵，既建内城，復設羅城於外。成祖遷都金臺，當時内城足居，所以外城未立。今城外之民，殆倍城中，宜築外城，包絡既廣，控制更雄。且郊壇盡收其中，不勝大幸。從之。下户、工二部議覆。以給事中劉養直言時當匱乏，諫止。至二十九年，兵事益急，議築正陽、崇文、宣武三關廂外城，不果。三十二年三月，給事中朱伯宸復申其説，謂：臣嘗履行四郊，咸有土城故址，環繞如規，周可百二十餘里。若仍其舊貫，增卑培薄，補缺續斷，事半功倍，良爲便計。通政使趙文華亦以爲言。上問嚴嵩，嵩力贊之。因命平江伯陳圭等，並欽天監官，同閣臣相度形勢，擇日興工。上是之。然慮工費浩大，成功不易，屢以問嵩等。嵩等請自至工所視之。隨上手劄言：臣等今日出視城工，時方修築正南一面，自東及西延長二十餘里。詢之各官，云：前此難在築基，必深取實地，有深至五六尺、七八尺者，今築基皆已出土面，其板築土有纔起一二板者，有築至四五板者，其一最高，至十一板。蓋地有高低，培墊有深淺，取土有近遠，故工有難易。大抵上板以後，漸見效矣。上曰：城工必果，持久方可，但土質恐未堅，或且先作南面，待財力都裕之時，再因地計度，以成四周之制。可同圭詳計之。於是嵩會圭遵上旨，議將見築正南一面城基東折轉北，接城東南角，西折轉北，接城西南角，併力堅築，刻期完報。其東西北三面，候再計度以聞。上允之。于是年十月工完，計長二十八里。命正陽外門名永定，崇文外門名左安，宣武外門名右安，大通橋門名廣渠，彰義街門名廣寧。内外兩城，計垛口二萬零七百七十二，垛下砲眼共一萬二千六百有二。

劉定之游梁園記：梁氏園，在今京師西南五六里，其外有舊城。舊城者，唐藩鎮、遼、金別都之城也。元遷都稍東，于是，舊城東半遂入于朝市間，全無跡可見；而西半猶存，號爲蕭太后城，卽梁氏園所在也。蕭太后者，遼后，皆以蕭爲姓。有子爲帝，則太后別居宫城，統部屬。故其亡也，末帝淳之妻猶得獨存，稱太后，以主其國，踰年乃滅也。或謂此雖遼、金都城，而非唐藩鎮城。不然也！唐時此爲范陽藩鎮，安史反後，改名盧龍，而所治幽州薊縣不改。今移薊以名州，移盧龍以名衞，各去此數百里。其實唐之盧龍與薊在此也，烏得非唐藩鎮舊城乎？遼、金不因藩鎮以爲都，而曷因乎？其城僅存土，而甓皆爲人取去。今取猶未已。其土皆真黄土，人取之和煤。亦猶有卽之作墓者，以其高堅也。

城河，其源出昌平州白浮村神山泉。通榆河，會一畝、馬眼諸泉，匯爲七里門。東流，環繞都城，曰玉河。由大通橋而下，至通州高麗莊入白河，與盧溝河合，長一百六十餘里。元都水監郭守敬所鑿，賜名通惠河，又名大通河，卽潞河也。又西山玉泉，從水關，經越橋，俗謂銀錠橋，流入西苑，遶宮禁，自玉河橋出，入城河，合流至大通橋入漕。玉河橋凡三：一跨長安東街，一跨文德坊街，一近城垣。

崇禎己卯二月，内監曹化淳議京城外開河以通漕糧。自是年三月十九日起，至辛巳六月，所開河：自土城廣渠門起，至大通橋運糧河北岸，挑河長三千八百六十二丈；又東直門外關帝廟，挑月河長二百七十丈；關虎營至關帝廟大石橋，挑河長三千一百五十一丈。命内監于躍爲河工總理，而以兵部司官輪督班軍。共用班軍二百三萬二千餘名，五城兩縣募夫二萬九百餘名。兵部侍郎吴甡視工，以爲勞費無益，且傷地脈，抗疏止之。尚有一萬三千五百丈未完。總理者侵冒不貲，而震、巽方之地勢大傷矣。

南城三里河，元時運河，名文明河。在天地壇前，去通州五十里，地形高通州六丈九尺，置二閘，可行舟，今鐵閘尚存。

南城外有減水河，與天壇後河相通。又城之東南有兩水磨，永樂九年工部尚書吴中奏請修治。

海子在府西三里，舊名積水潭。聚西北諸泉，流入都城，而匯於此。

南海子，在京城南二十里。舊爲下馬飛放泊，内有按鷹臺。永樂十二年，增廣其地，周圍凡一萬八千六百六十丈，乃育養禽獸、種植蔬果之所。中有海子，大小凡三。其水四時不竭，汪洋若海。以禁城北有海子，故别名曰南海子。

楊士奇都城勝覽云：正統四年，重作北京城之九門成。崇臺傑宇，巋巍弘壯。環城之池，既浚既築。堤堅水深，澄潔如鏡。焕然一新，耆耋聚觀，忻悦嗟嘆，以爲前所未有。蓋京都之偉望，萬年之盛致也。於是少師建安楊公，少保南郡楊公，偕學士諸公，以暇日登正陽門之樓而縱覽焉。高山長川之環固，平原廣甸之衍迤，泰壇清廟之崇嚴，宫闕樓觀之壯麗，官府居民之鱗次，廛市衢道之棊布，朝覲會同之麇至，車騎往來之坌集，粲然明雲霞，滃然含烟霧，四顧畢得之，而胸次軒豁，趣與景會，樂哉游也。南郡公有詩，諸公皆倚和之，綴輯成卷。是時僕以賜告南歸，不及與游。既獲覩羣什，而歆艷焉。皆所謂登高能賦之大夫也，諷詠之餘，因慨嘆凡事之成，各有其時。太宗皇帝肇建北京，既立郊廟、宫殿，將及城池，會有事，未暇及也。已而國家屢有事，久未暇及。皇上嗣大位之五年，仁恩覃霈，海宇乂寧，始及於斯，而不日成之，豈非得其時者乎！夫得其時，而不得其人，猶未也。蓋嘗聞命下之初，工部侍郎蔡信颺言於衆曰：役大，非徵十八萬不可，材木諸費稱是。上遂命太監阮安董其役。取京師聚操之卒萬餘，停操而用之。厚其既廩，均其勞逸。材木諸費，一出公府之所有。有司不預，百姓不知，而歲中告成。蓋一出安之忠于奉公，勤于恤下，且善爲畫也。謂事之成，非繇於人乎！嗟夫，一事之成，猶必得人，則於爲國家天下之重且大，不可推見乎。

詞臣張四維京師新建外城記：皇上臨御之三十二年，廷臣有請築京師外城者。參之僉論，靡有異同。天子迺命重臣相視原隰，量度廣袤，計工定賦，較程刻日。於是京兆授徒，司徒計賦，司馬獻旅，司空鳩役，總以勳臣，察以臺諫，與夫百司庶職，罔不祗嚴。迺遂畫地分工，授規作則，制緣舊址，土取沃壤。賫藩輸鏹以贊工，庶民子來而趨事。曾未閱歲，而大工告成。崇卑有度，瘠厚有級，繚以深隍，覆以磚埴，門墉矗立，櫓樓相望，巍乎焕矣，帝居之壯觀也。夫易垂設險守國之文，詩有未雨桑土之訓，帝王城郭之制，豈以勞民？所以固圉宅師，尊宸極而消姦伺者也。國家自文皇帝奠鼎燕畿，南面海内，文經武緯，細大畢張，而外城未建者，非忘也。都城足以域民，而外無闤闠，邊氛時有報急，而征馬未息，故有待於我皇上之纘緒而觀揚之耳。夫以下邑僻陬，卽有百家之聚，莫不團練垣塞，守望相保。況夫京師天下根本，四方輻輳，皇仁涵育，生齒滋繁，阡陌綺陳，比廬溢郭，而略無藩籬之限，豈所以鞏固皇圖，永安蒸庶者哉？故議者酌時勢之宜，度民情之便，咸謂外城當建。夫亦思患豫防順時之道當然耳。昔宋中葉，武備弛矣，而汴京平衍，又非形勝之區，其謀臣范仲淹議洛陽之城非可後者，乃不見用。我國家方當全盛，將帥如雲，重關外峙，而控山帶海，又非汴京者比，外城之緩急可知也。我皇上一聞廷臣之議，卽命共工建兹丕業，是豈羣臣之見越於仲淹？實我皇上軫念民瘼，憂廑國體，其視宋君之忽於忠計者，萬萬不侔也。以隆王者居重之威，以奠下民安土之樂，以絶姦宄覬覦之念，豐芑貽謀，苞桑定業，不亦永世滋大也哉！嗚呼！此固聖人因時之政，不得不然者耳。要我皇上之心，固將率土爲城，寰海爲池，怙冒八荒，而無此疆彼界者，豈一外城之建，能爲限量者哉！臣謹記。

孫承宗重修都重二城碑記：維文皇奠鼎燕畿，以建都城，扼吭拊背，維萬世之安。我世宗肅皇帝念生齒滋繁，比廬溢郭，重毖庚戌之役，詔從侍郎臣邦瑞議築外郛于三門，凡以固圉宅師，尊宸極，消姦萌也。今皇帝甲辰夏恒雨，壞民廬舍無算，城有圮於是秋七月朔。工部尚書臣某以災異上聞。若曰：天不忘根本，肆不輯於兩城，而釁於雨。夫衆心爲城，外頹中陷，是且有土崩之象，將無彌縫其闕，而固吾圉也。其何變之能圖？蓋時報圮者，方三百丈，未甚也。又旬日雨，溢渠，計圮都城且七百七十七丈有奇，重城亦三百三十丈有奇，而埤堄亭舍不與。於是臣某再以數上聞。若曰：災不可玩，備不可弛。玩災弛備，不可以寧。是時，皇上方以帑金十萬理民廬舍，疏入，不卽問。乃臣某再以修葺上聞。若曰：刻期，我惟築，無寧狥，故嘗而不慮事以授。豈其不秋防是虞？若猶是，枕纍而不以聞也。則少不逞，卽剟户而逸者，四走無際，它其誰捍禦之？其若掌故，何定鼎來是墉是壑，有基勿壞，方今千丈之瑕，秋防之候，卽三旬而成，尚虞窺予，况其平板，幹稱畚築，非卒辦也。而繕司困憊，曾餱糧之不具，則登登之築，無寧泄泄也。於是天子下其議，停一切小修。若曰：上天示儆，恒雨壞垣，尚亟修之，固我保障，毋怠無玩。乃以繕部郎中臣某，同員外郎臣某，實專料理；而科臣某，臺臣某，實專巡察。時以行築者飭其不勉者，蓋以八月趨事，明年某月告成功。曰：發丁男若干，金錢若干，天子重念勞人，陞賞各有差。且詔臣某爲之記。臣以爲：城以盛民也，我皇上先民居而後兩城，其以鞏皇圖，綏蒸庶，意深遠矣。然威靈遐鬯，夷裔率服，方且極覆爲城，極載爲池，豈其介在藩籬，是豐芑之謀，不藉爲大耳。不然，百家之聚，尚勤藩垣，豈其根本天下，而不以備？然臣竊有警也。昔我肅皇帝建永定外郛，而難其守。臣謂守在城郭者危，守在四夷者安；守在民力者疎，守在民心者密。今天下浚膏實之，而罷力築之，則民不堪。暵溢災之，而築鑿苦之，則天且若甚忍於民。夫民不堪將生心，而天不忍或其未忘也。我皇上惕于生心，而幸是未忘，必且以祖宗之德，澤維法度，而上爲百姓守法，下且爲朝廷守國，頃所爲慎重，而不輕用民，意在斯乎！夫慎重而不輕用民，先王之所以爲天下也。臣謹稽首頓首，而爲之言。銘曰：皇明御宇，奄有萬方。燕畿奠鼎，拊背扼吭。文經武緯，細大畢張。是憑是式，繫于苞桑。泰有茹彙，城有復隍。天子曰吁，其固我防。乃度廣袤，乃察相翔。司徒計賦，乃芻乃粻；司馬獻旅，乃彀乃揚；司空鳩役，乃飭乃奬。萬臿雷奮，萬雉雲長。悦以忘勞，迄可大康。天子曰都，惟爾衆襄。詞臣載筆，俊蹟用章。小臣稽首，曰惟帝光。匪城不易，惟守未遑。過城則傾，恃城則亡。於鑠帝賚，比於金湯。惟帝念功，無怠無荒。億萬斯年，民悦無疆。

魏大中濬濠疏：邇自瀋遼潰陷，京都震聳。仰廑聖慮。嚴諭濬濠，刻期畢事。維時工部尚書王佐，侍郎王永光、姚思仁，劄屬何玉成等，畫地分任，自東便門始。而科臣霍守典、臺臣蘇述先事而司監察之役，迄臣大中、臣文龍代受巡閲。而玉成等先後報竣，暨磨算，有成數矣。而臣時榮，復與臣文龍代，夫以一百五十萬八百一十九名計，匠以一千二百八十九名計，班軍積日以三萬三千一十二名計；費水衡金錢六萬一千六百二十八兩九錢一分四釐八毫七絲五忽，司農銀一千七百三十三兩一錢三分；米三千三百一石二斗，諸樁木、灰、磚、繩、斗、百物及運價咸具，而鍬钁不與焉。鍬钁以歸監督，盔甲廠主事沈棨收爲甲械之需，而後受直，于官否者，不敢以冒。此一役也，工有詳畧，費有多寡，而時有後先，土有燥濕，天有晴雨，餽給有遲蚤，勢亦與爲難易焉。易者以程工，行其節用；難者以惠使，鼓其子來。要無不拮据瘏痛於暑雨之中，而臣等今日藉手而告成於皇上者也。其有未盡者，邊烽告急，經始倥傯，而濠之源未求也。源出玉泉山，而佃農分以爲灌溉，豪右壅以爲園池，其波及於濠者，特其餘也，濠之勢未審也。水自高梁橋抵都城西北，而派爲二：一循城之左，而東而南；一循城之右，而南而東。宜接舊閘，爲地形之高下，而次第布之，未可以丈尺槩也。而分界任官，各營其目前之咫尺，於全濠灌輸深淺之宜，容有未協者矣。更都城勘水，獨德勝門。而西濠水南奔入關，迤衍沿洄，周行大内，以出玉河。而今且北淤而南涸也，則其脈未疏也，濠之支亦未達也。嘉靖庚戌，築重城以爲附，則濠之深廣，宜準都城。而地勢既高，有掘未及泉而止者，更廬井安堵，而一旦議恢其故，不無遷析之虞。且班軍非可以水部之官督也。異日者國有暇時，庫有餘積，大司空董其屬以治濠，清其源，審其勢，疏其脈，達其支，而總匯於大通橋。大通而下，又理葺諸閘，以妙節宣蓄洩之宜，而後濠有全功也。以壯金湯，亦以固風氣也。若其源壅而不輸，其流瀉而不收，雖濬，奚益矣！然此時就濠而論濠也，非所論于四夷之守也。臣等以與有監察之責，諸有事於濠者，各以其文移會，謹綴其總數，開具以聞，而并及之如此。

崇禎十二年四月，給事中夏尚絅請停河工疏：京城創自成祖皇帝，建都經野，從來未有之勝。使河須再求深廣，則當年物力極盛之時，必先爲之。嘉靖庚戌之役，始增外樓七座。臣愚以爲益其上者，有崇墉之固，故世宗皇帝毅然爲之而有餘；浚其下者，不無穿鑿之煩，故列聖仍之而不改。至于地脈來龍，關係尤重，桑麻廬舍，毀損非少。昔春秋書莒潰，明城惡者，棄險之非也；書浚洙，明勞民者，非固本之道也。若不察户口殷耗，歲時豐歉，而遽勤民興作，使濬之而河流通，猶慮所損已多。矧又河高流淺，盈涸不時，斥土粗疏，旋淤旋壅，究無當于險阻之用乎？臣愚謂商理財之道于今日，議生必不如議節，而節之最大而最得已者，莫如此河工。商防患之道於今日，地利不如人和。而地之不足爲利，徒以疲民耗財者，亦莫如此河工。疏上，不納。以操其議者，大璫也。

春明夢餘録卷之四

畿甸

京師地屬順天府，其府治卽元大都路總治舊署也。先是，遼升爲京，立幽都府，又改爲析津府。至金，爲大興府。元初，爲大都路，號大興府。官署爲宗正所據，官吏辦事佛寺中。至大中，監路平章政事莫吉奏請以錢四萬二千五百緡買靈椿里周氏地，計十九畝，建爲公署。永樂定鼎於此，遂因其署，而爲順天府。歷朝來皆爲京兆重地，在元，所轄州九、縣二十有三，今領州五、縣二十二。洪武中微有不同。據天文分野書載，北平府支郡四：涿州、通州、霸州、薊州，親領縣十一：大興、宛平、良鄉、永清、昌平、密雲舊州、東安舊州、固安舊州、順義舊州、香河舊州、懷柔，新立。涿州親領縣一：房山。舊有范陽縣，附郭，後裁。通州親領縣四：三河、武清、寶坻、漷縣舊州。舊有潞縣，附郭，後裁。霸州親領縣三：文安、大城、保定。舊有益津縣，附郭，後裁。薊州親領縣四：遵化、豐潤、平谷、玉田。舊有漁陽縣，附郭，後裁。

大興、宛平，在元同爲赤縣。畿内郡縣，親領於六部，故曰直隸。而順天府在輦轂下，與内諸司相頡頏，不以直隸稱。漢之京兆，宋之開封，其權極重。開封牧至以皇子領之。

舊制：三品衙門用銅印，順天府印用銀，誠重之也。其職：掌京府之政令，宣化和人，勸農問俗，均貢賦，節徵繇，謹祭祀，閲實户口，糾治豪猾，賑恤窮困，清録罪囚，務察知百姓之所疾苦，而時撫摩之。歲攢實徵，十載造黄册。凡賦役，皆按册丁産而均適之。歲貢府學一人，三歲合試圻府生而貢士焉。月朔奏，老人坊廂聽宣諭。歲立春，迎春進春耕耤田，奉青箱播種以從，覈勳戚家人。季終，引造帳上。國有市易，平其價，召商而時給之。凡學校、軍匠、積貯、牧馬、柴炭、河渠、堤涂、僧道、醫藥之事。宣德中，令所屬地方每丁種桑棗百株，官擇耆老勸督。天順中，令於宛、大二縣各設養濟院，以處貧者。成化六年，府尹閻鐸以歲飢，坐視民患，不能賑濟，降衢州府知府；府丞而下，並巡城御史，加罰有差。

府堂懸宣宗皇帝御製箴：奕奕京師，四方所瞻。京尹之職，民庶事咸。周之内史，漢之三輔，不輕畀人，擇賢以付。國家因之，有尹有丞，亦有庶僚，用贊厥成。茫茫區域，輦轂其本。王者施仁，篤近舉遠。爾體予懷，務勤以周。情必上通，澤必下流。冰清玉剛，準平繩直。毋憚豪右，毋縱奸慝。趙、張、邊、延，顯顯有規，毋愧古人，祇我訓辭。

按府尹，卽秦漢内史之職，掌治京師。漢景帝分置左、右内史。武帝更名右内史爲京兆尹，左内史爲左馮翊，又更所謂都尉者，名曰右扶風，共爲三輔，治長安城中。唐京兆府置牧一人，以親王爲之。五代置開封尹。宋牧尹不常置，太宗、真宗皆常尹，後設權知府一人以待制，以上充。典司轂下，爲要劇之任。

順天二字，乃史思明僭位於燕之年號。宋熙寧中發地，得大錢三十餘千文，皆順天得一，蓋順天乃其僞號，得一則其錢名耳。然則固不若北平二字之爲得也。

萬曆二年，户部題：順天府宛平、大興孤貧張禄等四千五百九十四名口，支領冬衣，甲字庫發給布四千五百九十四疋。

京師古薊門。宋沈括曰：余奉使至契丹界，大薊茇如車，其地名薊，恐其因此也。如揚州宜楊，荆州宜荆之類。荆或爲楚，楚亦荆木之别名也。

雷禮順天府題名記：京師古設内史，漢改置京兆尹，服銀章青綬，佩水蒼玉。其地居轂下，憑城社者類横恣抗法，加之五方胡貊湊集，緣爲奸市難格。風靡所及，爲萬國取則。故唐宋以來，選遣皆人望。尹或以親王爲之。小事專決，大事則稟奏。受成旨者，刑部、御史臺無輒駁異。蓋肅清京師，鎮撫畿甸，必隆重其任有若此。我聖祖定鼎金陵，稽古設應天府，置尹、丞等官司輦轄。至我文皇，龍飛北平，遷都，改北平布政司爲順天府。於永樂六年，先置尹丞等官，如應天。以後，遂爲都輦重職。延今百有五十三年，典守定於聖謨者，赫然具在。而年久法弛，事變叢生，一切徵派、和買之類，干沸中禁，出於繩限，部臺往往以勢下諉，而一二養望自全者凜不敢詰，積爲民蠹。間有挺節廷諍，以肅清鎮撫爲己任，則云生事沽名。九原可作，安得起國初名京兆與之論職守也哉？確山受齊劉公總尹務，鈞陽穎谷馬公以丞副之，慨然有槩於中，思法前修表京師，因閲碑刻多訛逸，復蒐輯增次，具其姓名、籍貫，及歷官大略，鐫之於石，請記於余。余惟古之圖容貌，表室廬，記官氏，使善者知思而慕之，因以久其善；惡者知指而譙之，因以久其惡，凡以示懲勸，策事功也。況自昔京兆行事得失，載之史籍，萬世可鏡，又不徒爲一時四方取則而已。唐人諺云：前尹赫赫，具瞻允若；後尹熙熙，具瞻允若。言敷政寬嚴不同，其以治稱，一也。又云：前尹舉其綱而太簡，次尹綜其目而太密，後尹毁常法，而取一時之聲。言寬嚴失宜，均之爲世所譏。今二公坦易相符，政不務苛細，而繩檢截然，人方以赫赫熙熙並譽。迺又卽其前刻於石者，時觀省焉。孰爲秉忠勵世，戢豪右於黎庶，如趙、張在漢，吴、許在唐，包、范、歐陽在宋，毅然思齊，如摳衣侍教於一堂，則彈壓所加，奸慾歛縮，而仁惠沾濡，民若更生，自足以重，京輦則四方矣。達之畿輔，相與歌頌，曰：前有某公，後有二公，固不待睹石刻知名，而聲稱不朽，將與古名京兆並傳。彼愒時巧宦，如仲方黎幹之脂媚，尹丞不輯，如行餘棲楚之相訕，不無其人，而重以爲戒，獨非成事之師也哉。愧予前尹順天，不足爲後人景法，而附紀於此，亦竊載名之榮云。

葉向高順天府題名記：令甲三歲一計吏治，自岳牧以至尉史，鱗集於闕庭。而京兆實攝郡事，綱紀之意，蓋云維兹郡吏，其式化於王畿，故郡吏之視京兆，不啻望表赴鵠。夫内備列卿，而外倡九牧，秩尊而於民親，則無如京兆者。二百年來，名公鉅卿，多由兹奮。確山劉公嘗刻其名於石，而司空豐城雷公爲之記，歲久石溢。今尹廣陵錢公、少尹關西劉公礱石續紀，而以記屬余。夫司空嘗官京兆，宜能言京兆。余越俎而譚，非其任矣。然余有職於掌故，不能辭。則嘗取司空言讀之，若慨然有慕於國初諸臣之豐裁，而惆切於年來因循叢蠹之非是。其爲京兆規不啻詳矣。余惟國家初造，耳目雖新，聲靈震乎遐陬，而功令肅於庶府。京邑翼翼，四方之極。奉職順流，亦可以爲理，故其治易也。其後，襲恬承熙輦轂之下，日膏沐涵濊於太平之休，澤寖以窳惰，而五方殊技，輻凑灌輸，奔命於上國。都市之政，雜而多端，奸日萌生，治稍難焉。又其後，則恬熙益深，耗蠹愈甚。九閽之聽既高，而豐蔀之勢易壅。郊圻之内，若隔萬里。勢家寺人，作奸犯科。官府之憲令，閡軹而不行。因循則虞偷，操斷則虞掣。繩墨周密，日不暇給。京兆之難治，遂爲天下最矣。蓋嘗總郡國之政論之，其在開創，則外難而内易。何者？依日月者，愈近而愈易爲光也。其在承平，則外易而内難。何者？憑城社者，愈近而愈易爲蠹也。方司空時，去國初纔百五十年，度事揆勢，已異昔日。馴至於今，又數十年矣，職京兆者，其感慨歎息，當抑又甚焉。弊久則窮，窮則復思其始。今日之京兆，亦起弊反始之一時已。在漢以賢京兆稱者，則趙、張、三王，然大都皆以精嚴爲理，而治行第一之黄次公，一受事而輒謝去，此何以故？本始、元康而後，漢當極盛，宦戚漸滋，五陵豪少，夤緣恣睢，浸不可問。如史所稱吏民懈弛，桴鼓數鳴，廑縣官憂此。其時亦稱難治。而次公一切以郡國寬和之法行之，宜其格矣。故夫勢有宜乘，化有宜更，難易之形，殊不可以一術操也。要於補偏苴漏，酌緩急之施，疏宣底滯，無所壅閼，惠京師以綏四國，斯惟尹之任，而稱乎，其爲羣吏表已。今天子神聖，加意三輔，赫然有願治之思。而錢公、劉公皆當世名臣，協力同心，以理京兆，將見畿甸太和，百度咸修，寧復有如司空之所慨也者。夫數之相禪，貞下起元，彈冠振衣，猶從其新，而況躬奉寵靈，爲郡國首者乎！是名之新題，或亦事之適相符者，予故樂爲之記，以請於二公。若夫建置之由，事權之重，寬嚴忠佞之不同，足以鑒往詔來，語具司空記中，在事者業稔聞之矣。

春明夢餘録卷之五

城坊

京師雖設順天府兩縣，而地方分屬五城。每城有坊。中城曰：南薰坊、澄清坊、仁壽坊、明照坊、保泰坊、大時雍坊、小時雍坊、安福坊、積慶坊；東城曰：明時坊、黄華坊、思城坊、居賢坊、朝陽坊；南城曰：正東坊、正西坊、正南坊、宣南坊、宣北坊、崇南坊、崇北坊；西城曰：阜財坊、金城坊、鳴玉坊、朝天坊、河漕西坊、關外坊；北城曰：崇教坊、昭回坊、清泰坊、靈椿坊、登祥坊、金臺坊、教忠坊、日中坊、關外坊。每城設御史巡視。所轄有兵馬指揮使司，設都指揮、副都指揮、知事。後改兵馬指揮使，設指揮、副指揮，革知事，增吏目，選於吏部。昔宋以四廂都指揮巡警京城。神宗置勾當左右廂公事，民間謂之都廂。元設警巡院三，至元四年，省其一，止設二院，分領坊市民事，即今之巡城察院也。

王瓊京師捕盗事宜議：竊議得京師内外，先年設立五城兵馬指揮使，職專禦風火，察姦盗及錦衣衛官校巡警夜禁，緝捕盜賊；監察御史巡城，禁革姦弊；在外通州、良鄉等處，各設有軍衛，委官巡捕。其後，通州等處又設分守；涿州、良鄉又設守備；又三年一次，差御史、錦衣衛官分路巡捕。弘治元年，爲因盜賊生發，奏准於三千營選撥官軍一百員名，於彰義門外義井兒，及良鄉縣，并清河、高碑店四處，每處二十五名，隄備盜賊。正德初年，京城内添設把總官二員，委官八員，各分地方。每委官一員，管領馬軍二十四名，步軍二十五名，共四百員名。京城外添設把總官二員，每員領有馬官軍五十員名，委官七員，每員管領馬軍六十名，共四百二十名。正德十年，會議：京城内每委官一員，各添馬軍二十五名，步軍二十五名，共軍七百九十二名，馬四百匹；京城外每委官一員，各添一百名，共軍一千一百二十名，馬一千一百二十匹。把總并委官，俱一年一换。城外把總該領官軍全給盔甲，每巡馬軍給與一半八十副。今年，又奏差工部右侍郎趙璜專一整飭武備，挑選河間等衛舍餘交與，分守通州都指揮袁傑，及涿州守備崔澄，亦添發官軍，各給與馬匹，嚴謹巡捕。壩上、良鄉等處，正係袁傑、崔澄等該管地方，立法不爲不密，責任不爲不專。但京城内外，人烟湊集，游食者多；壩上、良鄉等處，軍民艱窘，差役繁重。以此，盜賊隨捕隨發，難得盡絶。自去年本部會官議添巡捕官軍數多，定擬條格，賞罰嚴明。又給盔甲、火器、馬匹草料。以此，一年之間，把總官捉獲强盜二百餘名，錦衣衛坐委官校及各該緝事衙門亦皆緝捕數多。奈何世情艱難，財重命輕，致廑聖慮，屢降明旨，著落官軍用心挨拏，未得寧息。今又奉旨，令臣從長議處停當，奏來定奪。臣等愚見，若欲從長計議，處置停當，必先撫恤軍民，輕徭薄賦，人得安生，則盜賊自少。前項節年議處捕盗事宜，已極周密，今若不先撫安，專立嚴法，搜捉擒捕，誠恐法網太密，致有激變。前代漢武帝時，爲因山東盗起，遣官衣繡持節，發兵擊斬至萬餘級，盗賊愈滋，至不可禁。正德四年，添設巡捕御史，帶領家眷，專督捕盗，法網嚴密，賊勢愈熾，兇惡之徒，乘機倡亂，肆行劫掠，至動邊軍入勦，逾年始平，是其明驗。以故捕盗之法，固不可寬縱，亦不可太嚴。今將弭盗根本及先年捕盗事件，開查明白，合無照依弘治元年事例，本部會同錦衣衛并六科十三道掌印官再行計議，應否施行，奏請定奪。正德十一年十二月十三日具題。奉旨：是，這先年捕盗事宜，恁每還會官議處了來説。

左都御史孫丕揚議久御史巡城之任疏：臣觀居重要地，孰五城最哉？巡視御史，故事不專爲喧鬧設者。事有姦弊，依法送理，正統間例也；禁約賭博，緝捕盗賊，坐舖火夫，究問優免，成化間例也；查問九門官吏多勒客商財物，弘治間例也；訪察參奏，打點饋送，嘉靖間例也。至於禁止科歛詐騙，裁抑豪横姦頑，安恤孤獨良善，懲創奢侈遊戲，舉劾兵馬善惡，何莫非御史事哉？臣謂專責成便，御史必用實授，替差必劄一年，憲度必期力舉，務相率而專心城務，以遏此城社之狐鼠，救此輦轂之瘡痍，而又省其外班，以杜請託，立爲歲册，以報滿政，斯都人蝟冗之轂絲，蠶食之輻湊，可冀彈壓之有資矣。

附載元人王惲彈兵馬司文：切見在都兵馬司設馬步軍五百人，係專一警捕衙門。自去年至今年三月終，强竊盗賊計六十餘起，致有殺傷事主，刦掠財物，及本司公廨下爲盗者，蓋當該官兵不爲用心滋多如此。三限不獲，行下取招，並不回報。其都轄上司，縱令滅裂，虚作行移，亦不申明賞罰。是作過之人，無法可畏，教之公行也。都城輦轂之下，庫藏倉廪諸所在，萬一窺竊，深繫利害。又間有敗獲賊徒，除事關權勢，不能歸結者，才方申上，自餘無問輕重，輒便鞫問、斷遣。豈惟侵司越職，竊弄威權，但恐中間姦弊日滋，實爲事害。兼是司自來並無囚繫、鞫問、斷遣之理，今後合無令兵馬司據應獲盗賊，略行取問，卽便解府，歸結施行外，據失盗起數，已獲者賞，未獲者罰。如此，庶望上無縱恣虚行之失，下革違錯自專之弊。賞罰既明，民知所畏，京畿之間，不待歲月，作過之人，將自消弭。據此，合行糾呈。

春明夢餘録卷之六

宫闕

燕中宫闕，古不可考，當自遼始。遼史載其略云：南京析津府，本古冀州之地，高陽氏謂之幽陵，陶唐曰幽，有虞析爲幽州，商復爲冀州，周職方東北曰幽州，武王封太保奭於燕，漢爲燕國、廣陽國，後漢爲廣陽郡，隋爲幽州總管，唐置大都督府，改范陽節度使，晉高祖以遼有援立之勞，割幽州等十六州以獻，太宗升爲南京，又曰燕京。城方三十六里，崇三丈，衡廣一丈五尺，敵樓戰櫓具。八門：東曰安東、迎春，南曰開陽、丹鳳，西曰顯西、清普，北曰通天、拱辰。大内在西南隅。皇城内有景宗、聖宗御容殿二：東曰宣和，南曰大内。内門曰宣教，改元和。外三門曰南端、左掖、右掖。左掖改萬春，右掖改千秋。門有樓閣，毬場在其南，東爲永平館。皇城西門曰顯西，設而不開，北曰子北。西城巔有凉殿，東北隅有燕角樓。坊市、廨舍、寺觀蓋不勝書。其外，有居庸、松亭、榆林之關，古北之口，桑乾河、高梁河、石子河、大安山、燕山，中有瑶璵。府曰幽都，軍號盧龍，開泰元年落軍額。

宋王曾奉使録略曰：自雄州白溝驛渡河，四十里至新城縣，右督亢亭之地。又七十里至涿州，北渡涿水、范水、劉李河，六十里至良鄉縣。渡盧溝河，六十里至幽州，號燕京。子城就羅郭西南爲之。正南曰啓夏門，内有元和殿、洪武殿。東門曰宣和，城中坊門皆有樓。有憫忠寺，本唐太宗爲征遼陣亡將士所造；又有開泰寺，魏王耶律漢寧造，皆邀朝士遊觀。城南門外有於越王廨，爲宴集之所。門外永平館，舊名碣石館，請和後易之。南即桑乾河。

按遼之正殿曰洪武，元之正殿曰大明，是後之國號、年號已見于此，誰謂非定數也。

金宫城　史載海陵煬王遣左右丞相張浩、張通古、左丞蔡松年調諸路夫匠築燕京宫室。皇城周九里三十步，自天津橋之北曰宣陽門。中門繪龍，兩偏繪鳳，用金釘釘之。中門唯車駕出入乃開，兩偏分雙隻日開一門。過門有兩樓：曰文，曰武。文之轉東曰來寧館，武之轉西曰會同館。正北曰千步廊，東西對焉。廊之半各有偏門，向東曰太廟，向西曰尚書省。至通天門，後改名應天樓，高八丈，朱門五，飾以金封（釘）。東西相去一里餘，又各設一門，左曰左掖，右曰右掖。内城之正東曰宣華，正西曰玉華，北曰拱辰。及殿凡九重，殿凡三十有六，樓閣倍之。正中位曰皇帝正位，後曰皇后正位。位之東曰内省，西曰十六位，乃妃嬪居之。西出玉華門，曰同樂園，若瑶池、蓬瀛、柳莊、杏村皆在焉。都城四圍凡七十五里，城門十二。每一面分三門，其正門四［兩］旁又設兩門。正東曰宣曜、陽春、施仁，正西曰顥華、麗澤、彰義，正南曰豐宜、景風、端禮，正北曰通玄、會城、崇智，此四城十二門也。此外有宣陽門，卽内城之南門也，上有重樓，制度宏大，三門並立，中門常不開，惟車駕出入。通天門卽内城之正南門也，四角皆垜樓，瓦皆琉璃，金釘朱户，五門列焉，常扃，惟大禮祫享則由之。宣華乃内城之正東門，玉華正西門也。左掖東偏門、右掖西偏門各有武夫守衛。拱辰卽内城正北門也，又曰後朝門，制度守衛與玉華、宣華等，金碧翬飛，規模宏麗矣。

范石湖攬轡録其略云：興陵見宋使儀衛，戊子，早入見，循東西御廊北行，廊幾二百間，廊分三節，每節一門。將至宫城，廊卽東轉，又百許間。其西亦然，亦有三門。出門，中馳道甚闊，兩傍有溝，上植柳。廊脊皆以青琉璃瓦覆，宫闕門户卽純用之。北卽端門，十一間，曰應天之門，下開五門，兩挾有數如左右昇龍之制。東西兩角樓。端門内有左、右翔龍門，日華、月華門。前殿曰大安殿。使人自左掖門入，北循大安殿東廊入敷德門東北行，直東有殿宇，門曰東宫。直北西南列三門，中曰書英，是故壽康殿，母后所居。西曰會通門。自會通北入承明門，又北則昭慶門，東則集禧門，尚書省在門外。東西則左、右嘉會門。門有樓，卽太安殿後門。之後至幕次，黑布拂廬。待班有頃，入宣明門，卽常朝後殿也。門内庭中列衛士二百許人，帖金雙鳳幞頭，團花紅錦衫，散手立。入仁政隔門，至仁政殿下，團鳳大花氈可半庭。殿兩傍有朶殿，朶殿上兩高樓，曰東、西上閤門。兩廊悉有簾幙，中有甲士。東西御廊循簷各列甲士，東立者紅茸甲，金纏竿槍，黄旗，畫青龍；西立者碧茸甲，金纏竿槍，白旗，畫黄龍；至殿下皆然，惟立於門下者錦袍，持弓矢。殿兩階雜列儀物幢節之屬，如道家醮壇威儀之類。使人由殿下東行，上東階，卻轉南，由露臺北行入殿闕，謂之欄子。金主幞頭，紅袍玉帶，坐七寳榻。背有龍水大屏風，四壁帟幕皆紅綉龍，拱斗皆有繡衣。兩楹間各有焚香大金獅鑾，地鋪禮佛毯，可一殿。兩傍玉帶金魚或金帶者十四五人，相對列立。遥望前後殿屋，崛起甚多，制度不經，工巧無遺力。煬王亮始營此都，規摹出於孔彦舟，役民八十萬，兵夫四十萬，作治數年，死者不可勝計。

金朝北京營制宫殿，其屏扆窗牖皆破汴都輦致於此。汴中工匠有名燕用者，製作精巧，凡所造下刻其名，及用之於燕，而名已爲先兆。

元大都宫殿考：宫城週迴九里三十步，東西四百八十步，南北六百十五步，高三十五尺。分六門：正南曰崇天，左曰星拱，右曰雲從，東曰東華，西曰西華，北曰厚載。舊記曰：南，麗正門。内，千步廊，可七百步，建靈星門，門建蕭牆，週迴可二十里，俗呼紅門闌馬牆。門内二十步有河，上建白石橋三座，名周橋。橋四白石龍擎載，旁盡高柳，鬱鬱萬株，遠與城内海子、西宫相望。及（度）橋可二百步爲崇天門，門外有五總，建闕（闕）樓其上，連内（兩）觀，旁出爲十字角樓。其左有門爲東華，右爲西華，中爲大明門。仍旁建掖門，繞爲長廡，中抱丹墀之半。左右爲文、武樓，與廡相連。中爲大明殿，乃登極、正旦、壽節、會朝之正衙也。殿後連爲主廊十二楹，四周金紅鎖窗，連建後宮，廣三十步，殿半之。後有寢宮，俗呼爲拏頭殿，東西相向。至冬，則自殿外一周皆籠護皮帳，夏則黄油絹幕。内寢屏幛，重覆帷幄，而後裹以銀鼠。席地皆編細簟，上架深紅厚氈，後覆茸單。宮後連抱長廡，以通前門，以貯妃嬪。而每院間必建三楹，東西相向爲繡榻。廡後横亘道以入延春宮，丹墀皆植青松，即萬年枝也。置金酒海，前後列紅蓮牀。其上爲延春閣，後仍爲主廊。東有文思小殿，西有紫檀小殿。寢東有玉德殿，又東有宣文閣，旁有秘密堂，西有鹿頂小殿，前後散爲便門，高下分引而入，更爲别殿，飛甍數座。又後爲清寧宮，宮後引抱長廡，遠連長春宮，其中皆以處嬖幸也。又後爲厚載門，上建高閣。東百步有觀星臺，臺傍有雪柳萬株。臺西爲内浴室，有小殿在前。由浴室而出内城，臨海子。廣可五六里，駕飛橋於海中。起瀛洲之殿後，引長橋上萬歲山。山高可數十丈，東臨太液池，西北皆俯瞰海子。下有故殿基，尚存金主圍棋石盤。山半有方壺殿，又（右）爲呂公洞，洞上數十步爲金露殿。由東而上爲玉虹殿。殿前有石巖如屋。繞層闌，登廣寒殿，内列二十四楹。出爲露臺，繞以白石闌。

道旁有鐵竿數丈，上置金葫蘆三，引鐵練以繫之，乃金章宗所立，以鎮其下龍潭。山下萬柳中有浴室，前有小殿。爲穴，中盤雙龍，昂首共吐一丸於上，注以温泉。自瀛洲外城西度飛仙橋上，入明仁殿，半臨遼河。河流引自瀛洲西，遼地而出，繞延華閣，達於興聖宫，復西折禿樂斯后老宫而出，抱前苑東下於海子，約遠三四里。新殿後有二水晶圓殿，中有修衢、長橋，遠而昇懿德殿。橋傍二石柱，度橋前苑入懿德殿，主廊、寢宫亦如前制，乃建都之初基也。山後仍爲寢宫，連以長廡。廡後西繞遼河東，流水出便門走。繞東北，又繞紅牆，入紅門，可二十步許爲光天門。仍闢左、右掖門，而繚以長廡，中爲光天殿。殿後穿廊如前，但廊後高起爲隆福宫，左右後三向皆爲寢殿。殿東有沉香殿，長廡環抱。又後爲興聖宫，中建小直殿，引遼河分流繞其下，甃以白石，翌爲仙橋，四起鎖（雕）窓，而抱綵樓。樓後東西爲日月殿。後又有禮天臺，高跨殿上。又少東有流杯亭。又少東，出便門，步遼河入明仁殿。後爲延春閣，規制高大，與延華相望，四面皆臨花苑。苑東有端本堂，又東爲棕毛殿。少西，出掖門爲慈仁殿。又後苑中爲金殿，四外盡植牡丹百餘年（本），高可五尺。又西有翠殿，又有花亭毬閣。金殿前有野果，名紅姑娘，外垂絳囊，中空有（如）桃，子如丹朱（珠）。苑外重繞長廡。廡後出内牆，東連海子，以接厚載門。

元世祖思創業艱難，取所居之地青草置於大內丹墀之前，謂之誓儉艸。司農達不花詩：墨河萬

里金沙漠，世祖深思創業難。卻倚闌干望青草，丹墀留與子孫看。

明太宗永樂十四年，車駕巡幸北京，因議營建宮城（闕）。初，燕邸因元故宮，即今之西苑，開朝門于前。元人重佛，朝門外有大慈恩寺，即今之射所。東爲灰廠，中有夾道，故皇牆西南一角獨缺。太宗登極後，即故宮建奉天三殿，以備巡幸受朝。至十五年，改建皇城於東，去舊宮可一里許，悉如金陵之制而弘敞過之。按金陵宮殿作於吳元年，門曰奉天，三殿曰奉天、曰華蓋、曰謹身，兩宮曰乾清、坤寧，四門曰午門、東華、西華、玄武。至洪武十年，改作大內午門，添兩觀，中三門，東西爲左、右掖門。奉天門之左右爲東、西角門，奉天殿之左右曰中左、中右。兩廡之間，左文樓，右武樓。奉天門外兩廡曰左順、右順及文華、武英二殿。至二十五年，建金水橋及端門、承天門樓各五間，長安東西三（二）門。北京宮殿悉倣其制，永樂十五年起工，至十八年三殿工成，十九年辛丑四月初八日庚子災。

新宮既遷舊內，東華門之外逼近居民，喧囂之聲至徹禁禦，宣德七年，始加恢擴，移東華（安）門於河之東，遷民居於灰廠西之隙地。正統五年三月，建三殿兩宮，六年九月工成。嘉靖三十六年丁巳四月十三日，奉天等殿門災。是日申刻，雷雨大作，戌刻，火

光驟起，由正殿延燒至午門，樓廊俱盡。次日辰刻，始熄。三十七年七月，大朝門等工成。四十一年，三殿成，改奉天殿曰皇極殿，門曰皇極門，華蓋殿爲中極，謹身殿爲建極，文樓曰文昭，武樓曰武成，左順門曰會極，右順門曰歸極，東角門曰弘政，西角門曰宣治。又改乾清右小閣曰道心，左門曰仁蕩，右門曰義平。正德九年，兩宮災。萬曆二十四年丙申三月，乾清、坤寧災。二十五年二月重建。是年六月十九日，三殿災。天啓五年二月起工，至七年八月初二日三殿工成，共用銀五百九十五萬七千五百十九兩餘。

皇城外圍牆三千二百二十五丈九尺四寸。其門凡六：曰大明門，曰長安左門，曰長安右門，曰東安門，曰西安門，曰北安門，俗呼曰厚載門，仍元舊也。牆外紅舖七十二。登聞鼓院在長安右門外。

紫禁内城牆南北各二百三十六丈二尺，東西各三百二丈九尺五寸。其門凡八：曰承天門，曰端門，曰午門，卽俗所謂五鳳樓也，東曰左掖門，西曰右掖門，再東曰東華門，再西曰西華門，向北曰玄武門。牆外紅舖三十六。

午門之内曰皇極門，左曰弘政門，右曰宣治門，旁曰歸極門，曰會極門。皇極門内東曰文昭閣，西曰武成閣，上曰皇極殿，中曰中極殿，後曰建極殿，所謂三大殿也。中極滲金圓頂，如穿堂之制。建極殿後曰雲臺門，東曰後左門，西曰後右門，亦名曰平臺。又東則景運門，西則隆宗門，中則乾清門，上則爲乾清宫。崇禎元年八月初四日，題敬天法祖牌。東暖閣曰昭仁殿，西暖閣曰弘德殿。左曰日精門，右曰月華門。曰端凝殿，曰懋勤殿。左小門曰龍光，右小門曰鳳彩。西御憩房，萬曆中更壽安居。乾清宫後披簷，東曰思政軒，西曰養德齋。中圓頂則交泰殿，上則曰坤寧宫，皇后所居。坤寧東露頂曰貞德齋，西露頂曰養正軒，東披簷曰清暇居，北圍廊曰遊藝齋。左曰景和門，右曰隆福門。再北左曰端則門，右曰基化門，便接瓊苑左、右門矣。此中一路之大略也。

乾清宫後，過日精門之東曰崇仁門。稍南則曰奉慈殿。萬曆中，改東裕庫曰弘孝殿，崇先殿改爲神霄殿。日精門往北曰順德北門，則東一長街也。再北向西與龍光門斜對者曰咸和左門，向南者曰景仁宫，其東則東二長街也。南首曰麟趾門，北首曰千嬰門。麟趾門之東曰延禧宫，曰怡神殿。再東曰嘉德左門。再東曰蒼震門。咸和左門之北，向西與景和門相對者曰廣和左門，向南者曰承乾宫，東宫貴妃所居。東二長街之東曰永和宫。廣和左門之北，向西與端則門相對者曰大成左門，向南者曰鍾祥宫，皇太子所居，後改興龍宫。東二長街之東曰景陽宫。千嬰門之北並列者，則乾東之房五所，宫正司六尚局皆在乾清宮之東。此東一路之大略也。

乾清宮後過月華門之西曰遵義門，向南則養心殿，西南則祥寧宮。宮前向北者曰無梁殿，嘉靖中玄修之所。月華門之西南者曰隆道閣，原名道心閣，下曰仁德堂，東曰忠義室。曰仁蕩門，曰義平門，西南則慈寧宮矣。月華門往北曰順德右門，則西一長街也。再北向東與鳳綵門斜對者曰咸和右門，向南者曰毓德宮，原名長樂宮，後又改永壽宮，則西二長街也。北首曰百子門，南首曰螽斯門。西曰啓祥宮，原名未央宮。内二石坊，北曰聖本肇初，南曰元德永衍，蓋興獻帝所生之地也。再西曰嘉德右門，曰隆德殿，祀三清諸神。左有容軒，右無逸齋，配殿左曰春仁，右曰秋義。再西北曰英華殿，有菩提樹二株，北則北角井。再西則咸安宮。咸和右門之北，向東與興福門相對者曰廣和門，向南者曰翊坤宮，西宮貴妃所居。西二長街之西曰永寧宮，後改長春宮。廣和右門[之北，向東]與基化門相對者曰大成右門，向南者曰儲秀宮。西二長街之西曰咸福宮，又後則乾西之房五所。此西一路之大略也。

坤寧宮，所謂中宮也。宮後則爲後苑，欽安殿在焉。曰天一門、萬春亭、千秋亭、對育軒、清望閣、金香亭、玉翠亭、樂志齋、曲流館、四神祠。有假山曰堆繡山，山亭曰御景。池亭二：東曰浮碧，西曰澄瑞，萬曆十一年修。東南曰瓊苑左門，西南曰瓊苑右門。欽安殿後曰順貞門，此外，則玄武門矣。

皇極門之東曰會極門。門東曰文華殿，中懸神宗御書學二帝三王治天下大法十大字。有精一堂、恭默室、九五齋。殿之後曰玉食館，西北曰省愆居。殿之西曰崇本門。殿之後曰刻漏房，銅壺驗時之所。殿東向後開門者曰聖濟殿，御用藥餌之所。再則徽音門，亦曰麟趾門，其内則慈慶宮，又奉宸宮、勗勤宮、承華宮、昭儉宮。麟趾門之東曰關雎左門，西曰關雎右門。再西曰元輝殿。再北朝南者曰寶善門。迤東曰慈慶宮後門。門之外曰奉先殿，即内太廟也。街東則隆祀門，其内則外東裕庫也。又東北並列二門：曰履順、蹈和，則一號殿仁壽宮之門内有巑鸞宮、喈鳳宮，宮妃養老之處。自寶善門亦可通玄武門，其中之門則蓮花門也。皇極門之西曰歸極門，門西曰武英殿。殿西曰大庖，曰尚膳監。東北曰思善門，曰仁智殿。西南曰御酒房，又北曰慈寧門。嘉靖十五年，以仁壽宮故址并撤大善殿建慈寧宮。過慈寧宮，皆内侍直房。再北過長庚橋則玄武門矣。

紫禁内城之外，北安門東曰黄瓦東門街，南曰尚衣監街，北曰司設監。再東酒醋麵局，曰内織染局，曰皮房、紙房，曰針工局，曰巾帽局，曰火藥局。再東稍南曰供用庫，曰番經廠，曰漢經廠，曰司苑局，曰鐘鼓司。再南曰新房，曰都知監，曰司禮監，曰御馬監。再南曰杵子房、北膳房、南膳房，曰熳閣廠，曰明器廠，曰混堂司，曰尚膳監，曰百花房，曰印綬監，曰中書房，曰蹴圓亭，曰内承運庫，曰外馬房。過東上北門，東曰彈子房，曰學醫讀書處，曰光禄寺，曰篦頭房。自東上南門之東曰重華宫，制度如乾清宫。有中路，有兩長街。中路門曰永泰、昭祥、端拱、昭德、重華、廣愛、咸熙、肅雍、康和、麗春，殿曰重華圓殿，閣曰清和，館曰迎春。東長街門曰廣順、中和、景華、宣明、景明，殿曰洪慶。西長街門曰興善、麗景、長春、清華、高明，宫曰寧福、延福、嘉福、明德、永春、永寧、宜春、宜喜、延春。又東則内承運庫。再東南則崇質宫，俗云黑瓦殿，景泰年間英宗居，此所謂南城也。再南則皇史宬，藏貯歷朝宸翰及實録。左右小門曰龤歷，再東則追先閣、欽天閣，嘉靖中御製欽天頌石碑。再南則御作也。皇史宬之西，過觀心殿稍南則嘉樂館，東爲蒼龍門，南爲丹鳳門，中爲龍德殿，左右曰崇仁、廣智。北有橋，玲瓏精巧，來自西域。橋之南北有飛虹、戴鰲兩坊，大學士姜立綱書，東西有天光、雲彩二亭。又北疊石爲山曰秀巖，山上有圓殿曰乾運，其東西二亭曰凌雲、御風。山後有佳麗門，又後爲永明殿，最後爲圓殿，引流水繞之曰環碧。再北則玉芝宫，門曰寶慶，曰芝祥，曰景神殿，曰永孝殿，曰大德殿。其東牆外則觀心殿也。自皇史宬東西有門通河，河上有湧福閣，原名澄輝，稍北則吕梁洪東安橋，再北橋亭曰涵碧。又北曰回（廻）龍觀，其殿曰崇德，觀内海棠每春開如堆繡。

北安門内街東曰安樂堂，内官有疾者移此。再南黄瓦西門之裏則内官監也。過北中門迤西則白石橋、萬法殿、大高玄殿、炅真閣、朙（翊）靈軒、象一宫等處，皆供奉仙道。過北中門之南曰壽皇殿，曰北果園，東曰永壽殿，曰觀德殿，習射處也。南則萬歲山，山高一十四丈，樹木蓊鬱，有毓秀、壽春、長春、翫景、集芳、會景諸亭。山下一洞曰壽明，殿曰觀花，曰永壽，樓曰翫春，閣曰萬福、永康、延寧。山前門曰萬歲。再南曰北上門，左曰北上東門，右曰北上西門。再南過北上門則玄武門。北上西門之西則石作，又西曰乾明門，曰兵仗局，曰袍房，曰舊監庫，曰尚膳外監、甜食房，曰西上北門，其東則西下馬門矣。過西上南門則御用監，又南曰靈臺，曰寶鈔司。自西中門之西則尚寶監、鷹房司，再西出西苑門。迤南向東曰灰池，曰樂成殿，有水碓、水磨。河［池］之西曰昭和殿，曰紫光閣，曰陽德門，曰萬壽宫，曰旋磨臺，卽兎兒山也，曰無逸殿，曰豳風亭。金海橋之北曰玉熙宫，曰承華殿，曰玄禧殿，曰寶月亭，曰清馥殿，曰王媽媽井。橋之東北，金之瓊花島，至元八年賜名萬歲山，俗呼爲蕭太后梳粧樓者誤也。山皆奇石疊成。中三殿、中曰仁智，左曰介福，右曰延和，至其頂爲廣寒殿。左右四亭曰方壺、瀛洲、玉虹、金露。山北有殿臨池曰凝和，二亭臨水：擁翠、飛香。西北有殿，用草，曰太素。後草亭曰歲寒，左軒臨水曰遠趣，前草亭曰會景。西岸南行有亭臨水曰映輝，又南有殿臨池曰迎翠，有亭臨水曰澄波。又西東（有）小山，引泉噴激曰水簾，有殿曰翼然。再南則曰南臺，有殿臨水曰昭和。瓊花島東南曰圓殿，即承光殿，有古松三株。曰金水橋，有坊二：一曰金鰲，一曰玉蝀。再南曰五雷殿，即椒園也，實録成，焚草於此。由金水橋玉熙宫迤西曰欞星門，迤北曰羊房夾道、虎城。再西曰西酒房，曰花房，曰經廠，曰大光明殿，曰大極殿，曰洗帛廠，曰果園廠，曰甲字十庫，曰司鑰庫，曰惜薪司，曰鴿子房，曰西安門。

皇城内河來自玉泉山，經高梁橋，分而爲二：一灌城隍；一從德勝水關滙入後湖，至藥王廟西橋下流入禁地，所謂西苑太液池也。池水又分爲二：一環繞靈臺、寶鈔司，東與護城河合流，過長安右門之北，經承天門前，再東過長橋（安）左門之北，自湧福閣下從巽方流出，經玉河橋與城河會；一自玄武門之西從地溝入，由懷公門過長庚橋、裏馬房橋，經仁智殿、西御酒房東，武英殿前，思善門外，皇極殿（門）前，文華殿西而北而東，自慈慶宫外南從地溝亦至巽方而出，會于玉河橋。

附載宮殿額名考

〔大內〕

中路

大明門扁　長安左門　無扁

長安右門　無扁　承天之門牌

廟街門牌　社街門牌

太廟牌　社稷壇　無扁

端門牌　神廚門牌

社左門牌　闕左門牌

闕右門牌　午門牌

左掖門扁　右掖門扁

左順門更會極門牌　右順門更歸極門牌

奉天門更皇極門牌　東角門更弘政門牌

西角門更宣治門牌　文樓更文昭閣扁

武樓更武成閣扁　奉天殿更皇極殿牌

華蓋殿更中極殿牌　謹身殿更建極殿牌

已上左順門起，俱嘉靖四十一年七月十三日更。

中左門牌　中右門牌

後左門牌　後右門牌

景運門牌　隆宗門牌

乾清門牌　乾清宫牌，殿内敬天法祖牌　崇禎元年八月初四日懸安。

東暖殿　萬曆十一年閏二月添額，名弘德殿。本年四月初七日更昭仁殿扁。

西暖殿　萬曆七年五月十五日添額，名雝肅殿。萬曆十一年四月初七日更弘德殿扁。

日精門牌　月華門牌

端凝殿　嘉靖十四年七月初二日添額。

懋勤殿　嘉靖十四年七月初二日添額。

龍光門牌　鳳彩門牌

西御甜房　萬曆二十二年十月初三日更壽安居，添額。萬曆三十二年正月二十九日去額不懸。

乾清宮後披簷東思政軒扁、西養德齋扁　俱崇禎五年四月二十日安。
中圜殿更交泰殿扁　嘉靖十四年七月初二日添額。
景和門牌　　隆福門牌
方殿　萬曆三十二年正月二十九日添額。萬曆四十年十月二十五日拆方殿，改造壽安殿。泰昌元年十月二十六日拆。
坤寧宮　嘉靖十四年七月初二日添額。東露頂安德齋改貞德齋，崇禎六年四月二十四日安扁。西露頂養正軒，崇禎七年八月二十五日安扁。東披簷清暇居，崇禎五年十月二十三日安扁。北圍廊遊藝齋，崇禎五年十月二十三日安扁。
永祥門　　增瑞門　俱萬曆二十五年二月十一日添額。
基化門牌　　端則門牌
廣運門更坤寧門　嘉靖十四年七月初二日添額。
欽安殿牌　　天一之門　嘉靖十四年四月十一日添牌。
萬春亭牌　　千秋亭牌
已上二亭，嘉靖十五年十二月初一日添牌。
對育軒　嘉靖十四年五月初十日更玉芳軒，添牌。

四神祠牌
觀花殿　萬曆十一年閏二月二十五日拆去。壘垛石山子，券門石扁名堆秀；山子上蓋亭子一座，牌名御景亭；東西兩邊魚池二，池上蓋亭子，東邊牌名浮碧亭，西邊牌名澄瑞亭。已上萬曆十一年三月初二日添蓋。
清望閣牌　金香亭牌
玉翠亭牌
已上嘉靖十五年十二月初一日添牌。
樂志齋、曲流池　萬曆十九年閏三月十九日拆西連房，添蓋扁。
承光門牌　集福門牌
延和門牌
坤寧門更順貞門　嘉靖十四年七月初二日添牌。
東長街
景和門更順德左門牌　迎祥門更崇仁門牌
百福門更咸和左門扁
千祥門更廣生左門扁　長慶門更大成左門扁

長寧門更長寧左門牌　　嘉福門更瓊苑東門牌

已上七門，嘉靖十四年十月初九日更。

長安宮更景仁宮牌　　景仁門牌

惟和亭扁　　從善亭扁

長壽宮更延祺宮牌　　延祺門牌

集瑞亭牌

瑞安左門牌　　瑞安右門牌

永寧宮更承乾宮　崇禎五年八月十二日安牌。

承乾門牌

東配殿　崇禎七年八月二十五日安貞順齋扁。

西配殿　崇禎七年八月二十五日安明德堂扁。

永安宮更永和宮牌　　永和門牌

咸陽宮更鍾粹宮牌　　鍾粹門牌　隆慶五年十一月二十日，鍾粹宮

前殿更興龍殿牌；後殿添聖哲殿牌；後小院添龍德齋扁。

長陽宮更景陽宮牌　　景陽門牌

已上六宮，嘉靖十四年五月初十日更。

怡神殿　萬曆三十九年四月十九日被燬，萬曆四十三年五月初二日拆西城清虛殿連房四添蓋連房。　怡神門　萬曆三十九年四月十九日被燬。

玉食廚牌

東宮門更蒼震門　嘉靖十四年八月二十三日更牌。

嘉德門更嘉德左門　嘉靖十四年十月初九日更牌。

壽春門更麟趾門　慶安門更千嬰門

已上二門，嘉靖十四年八月二十三日更牌。

東頭一所扁　東第二所扁

東第三所扁　東第四所扁

東第五所扁

東二長街

衍福門扁　迎瑞門扁

德陽門扁　履和門扁

西長街

順德門更順德右門牌　廣安門更咸和右門扁

膳廚門更遵義門牌　大成門更大成右門扁

廣生門更廣生右門扁　隆德門更瓊苑西門牌

麗景門更長寧右門牌

已上七門，嘉靖十四年十月初九日更名，各添懸扁額。

螽斯門牌　百子門牌

長樂宮更毓德宮牌　萬曆四十四年十一月十三日更永壽宮。

永壽門牌

未央宮更啓祥宮牌　啓祥門牌

已上三宮，嘉靖十四年五月初十日更名，各添懸扁額。

牌樓

貞源茂始更聖本肇初

慶澤無終更元德永衍

已上二牌樓，嘉靖十七年十一月十四日添額名，四十四年九月十五日更。

萬安宮更翊坤宮牌　翊坤門牌

長春宮更永寧宮牌　萬曆四十三年六月十二日更長春宮。

長春門牌　壽昌宮更儲秀宮牌

儲秀門牌　壽安宮更咸福宮牌

咸福門牌　咸熙宮更咸安宮牌

咸安門牌

已上五宮，嘉靖十四年五月初十日更。

宮西門更長庚門牌　肅禁門牌

太安門牌

景福門　嘉靖十四年十月初九日更嘉德右門牌。

通元門　隆慶元年六月二十日拆。

西頭一所扁　西第二所扁

西第三所扁　西第四所扁

西第五所扁

西二長街

翔鸞門扁　儀鳳門扁

崇禧門扁　長泰門扁
奉先殿牌　奉先門牌
崇先殿更神霄殿牌　萬曆二十七年二月二十七日添蓋左藏庫。
神霄門牌　景雲殿牌
景雲門牌　奉慈殿更東裕庫牌
寶善門牌　文華殿牌
文華門牌　九五齋牌
臨寶室扁　精一堂扁
恭默室扁　省愆居牌
端敬殿牌　端敬門牌
理辦房牌　御食館牌
聖濟殿牌　玄輝殿牌
玄輝門牌
方殿　萬曆二十七年十一月初十日拆去，添蓋庫座。
清寧宮後小宮五，花宮花園拆蓋。

慈慶宮牌　　徽音門牌

關雎左門牌　　關雎右門牌

麟趾門牌　　慈慶門牌

純禧左門牌　　純禧右門牌

膳廚 無扁　　廚庫房 無扁

太寧門牌

後四宮

奉宸宮牌　　奉宸門牌

勗勤宮牌　　勗勤門牌

承華宮牌　　承華門牌

昭儉宮牌　　昭儉門牌

韶圃門牌　　麗園門牌

擷芳殿牌　　隆祀門牌

本恩殿 被燬。萬曆二十六年二月二十九日蓋常盈庫，懸牌。

仁壽殿牌　　仁壽門牌

嘉慶左門牌　　嘉慶右門牌
履順門牌　　蹈和門牌
景福宮牌　　景福門牌
元吉閣牌　　協瑞門牌
噦鸞宮牌　泰昌元年十月二十四日被燬。
喈鳳宮牌　　宮正司
尚衣局　　尚食局
尚功局　　尚服局
尚寢局　　尚宮局
短連庫座　萬曆二十七年五月十二日添蓋。
仁壽宮大善殿　嘉靖二十一年九月初八日拆蓋。
慈寧宮牌　　慈寧門牌
長信門牌　　徽音左門牌
徽音右門牌　　永安門牌
慈寧宮花園咸若亭一座　萬曆十一年五月內更咸若館扁。　翠芳亭扁

花園内橋　萬曆六年添蓋臨溪館一座，萬曆十一年五月内更臨溪亭。

瑞花亭　萬曆十一年五月内蓋造添扁。

精一堂　隆慶四年正月二十八日更仁德堂。

精一門　更仁德門牌

皇極閣更道心閣　隆慶四年正月二十八日更。

隆道閣牌　　下仁德堂牌

忠義室牌　　會極門更仁蕩門牌

歸極門更義平門牌

已上嘉靖四十一年七月十三日更。

養心殿牌　　養心門牌

前東配殿履仁齋扁　　前西配殿一德軒扁

後　殿

涵春室扁　　東隆禧館扁

西臻祥館扁

已上前東配殿起，萬曆二十二年十月初九日添額。

祥寧宫牌　　　　　　　　　　祥寧左門牌

祥寧右門牌　　　　　　　　　臨寶室扁

元極寶殿　隆慶元年六月二十日更隆德殿牌，天啓七年三月初二日添蓋，崇禎六年四月十五日更中正殿牌，左有容軒，右無逸齋，俱扁。左配殿春仁殿，右配殿秋義殿，俱牌。

元極門　隆慶元年六月二十日更隆德門牌，崇禎六年三月内拆。

二南門牌　　　　　　　　　　四德門牌

隆禧殿更英華殿牌　崇禎五年十一月二十三日拆去牌面，出回衙門收貯。

英華門　隆慶元年六月二十日更扁。

仁智殿牌　　　　　　　　　　思善門牌

武英殿扁　　　　　　　　　　大庖廚牌

南薰殿牌

世廟

景神殿牌　　　　　　　　　　永孝殿牌

睿宗廟　嘉靖四十四年九月二十五日更名玉芝宮牌，懸額。

後殿大德殿牌　　宮門芝祥門牌

外券門寶慶門牌　　延祥宮扁

佳麗門扁　　永明殿扁

乾運殿牌　　凌雲亭牌

御風亭牌　　秀巖石扁

天光亭牌　　雲影亭牌

戴鰲牌樓　　飛虹牌樓

龍德殿牌　　崇仁殿牌

廣志殿牌　　丹鳳門牌

蒼龍門扁　　昭明門扁

環碧殿牌　　嘉樂館扁

瑞雲館扁　　紫芝軒牌

昭慶殿扁　　崇光殿牌

昭融館扁　　咸春閣牌

安福左門牌　安福右門牌

迎祥左門牌　迎祥右門牌

休明門扁　欽天閣牌

追先閣

已上二閣，嘉靖十九年九月十九日添牌。

麒麟房　無扁　環翠殿扁

崇智殿扁　清華殿牌

瓊林石扁　宣仁門扁

翔鳳之殿　嘉靖四十一年八月初六日被燬，地基，萬曆二十八年四月初四日添蓋庫座。

金寶庫　嘉靖十三年七月初七日拆蓋。

皇史宬牌　皇史門牌

韹歷左門牌　韹歷右門牌

南城（內）

中　路

永泰門扁

觀心殿　萬曆二十八年六月二十日添蓋扁。

昭祥門扁　端拱之門牌

昭德門牌　重華門牌

廣愛門牌　咸熙門牌

重華殿牌　中圓殿　無扁

肅雍門牌　康和門牌

後殿　無扁　麗春門牌

清和閣牌　迎春館扁

圓殿牌

東長街

廣順門扁　中和門扁

景華門扁　宣明門扁

景明門扁　洪慶門牌

洪慶殿牌　後殿　無扁

膳房　無扁　庫　無扁

景和門扁　　　　麗景門扁
　西長街
興善門扁　　　　清華門扁
長春門扁　　　　寧福宮扁
二所　無扁
延福宮扁　　　　嘉福宮扁
高明門扁　　　　明德宮扁
永春宫扁　　　　永寧宮扁
宜春宮扁　　　　延喜宮扁
延春宮扁　　　　御前作

河東

崇德殿，卽回（廻）龍觀　萬曆二十八年六月初四日拆去，蓋造觀心殿，修補乾運殿。萬曆三十二年三月十六日添蓋崇德殿牌。

翫芳亭　萬曆三十二年三月十六日添蓋牌。

集祥門扁　　桂香館　萬曆二十八年六月初四日拆去，蓋
　造觀心殿，修補乾運殿。
膳房　萬曆二十八年六月初四日拆去，蓋造觀心殿，修補乾運殿。
翠玉館扁　　浮金館扁
擷秀亭　　聚景亭
　已上二亭，嘉靖十三年五月二十一日添牌。
呂梁洪　嘉靖十三年五月二十二日更。
漾金左亭　　漾金右亭
　已上二亭，嘉靖十二年五月二十一日添牌。
含和殿牌
澄輝閣　萬曆三十年四月二十九日更湧福閣。
秋香閣　無扁　　東華門牌
東上門牌　　東上南門牌
東上北門牌　　東中門牌
大烹廚牌　　東安門牌

正心殿　嘉靖四十四年九月十八日更齋宫。

始陽静五師堂、左右配殿、後小殿、宫門。

已上心殿等，隆慶元年三月初一日工部拆去。

萬歲山　崇禎七年九月初九日奉旨：萬歲山頂至山根斜量二十一丈，著拆（折）高多少？

合每丈拆（折）高七尺，共拆（折）高一十四丈零七尺。

萬歲門牌　　山左門

山右門

已上三門，萬曆三十年八月十一日添牌。

毓秀亭　嘉靖十三年五月十一日更。

玩芳亭　萬曆二十八年四月十四日更。

翫景亭　萬曆二十九年八月十七日更。

長春亭牌　　長春門牌

壽皇殿牌　　左毓秀館扁

右毓秀館　萬曆三十八年六月二十九日添蓋扁。

萬福閣牌　　下臻禄堂牌

永康閣牌　　　　　　　　　　　　　下聚仙室牌
延寧閣牌　　　　　　　　　　　　　下集仙室牌
　已上萬曆三十年閏二月初八日添蓋。
萬福閣東
觀德殿　萬曆二十八年五月初八日添蓋牌。
　後　亭
壽春亭　萬曆三十一年二月十三日添蓋牌。
山子上甃景亭牌　下洞。
壽明洞　萬曆三十一年二月十三日添蓋扁。
永壽殿牌　　　　　　　　　　　　　永壽門牌
觀花殿　萬曆三十年閏二月初八日添蓋牌。
　後　亭
集芳亭　萬曆三十一年二月十三日添蓋牌。
會景亭　萬曆三十年五月十三日添牌。
興慶閣　萬曆四十一年四月二十八日更甃春樓牌。

壽安室　萬曆三十年九月十七日添牌。

萬福閣西

永安亭　萬曆三十一年二月十三日添蓋牌。

永安門牌

乾祐閣牌　　下嘉禾館牌

乾祐門牌

興慶閣　萬曆四十一年四月十五日添蓋牌。

景明館牌

山左裏門　萬曆三十年七月初二日添蓋牌。

山右裏門牌　　山右門

已上嘉靖二十一年三月初七日添牌。

玄武門牌　　北上門牌

北上東門牌　　北上西門牌

北中門牌　　北安門牌

道經堂更書造局　無扁　　護道殿

大高玄殿等處

前牌樓名

先天明鏡　　孔綏皇祚

太極仙林　　弘佑天民

亭　名

炅真閣牌　　炯靈軒

已上嘉靖二十一年四月初一日添牌。

始青道境牌　　福静門扁

康生門扁　　高玄門牌

蒼精門牌　　黄華門牌

大高玄殿牌　　無上閣牌

下龍章鳳篆牌　　始陽齋牌

象一宫牌　　寧安門扁

壽昌門扁　　隆道齋

萬法寶殿　被燬。萬曆二十九年五月二十五日添蓋佛殿、連房，萬曆三十年十一月初四日佛殿添額，名祖師殿牌。

長寧門更永亨門牌　龍翔門牌

西便門更長寧門　慈濟門

咸明門牌

圓明閣　嘉靖二十六年二月初四日添蓋牌。

（西苑）

承光殿　嘉靖三十一年八月初三日更乾光殿牌、金海等處。

廣寒殿　萬曆七年五月初四日坍塌，六月初六日拆去。

牌樓名

堆雲　積翠

大橋

牌樓名

金鰲　玉蝀

太液橋

陟山門　嘉靖二十一年三月初一日添扁。
凝和殿　嘉靖二十三年六月二十二日更惠熙殿，嘉靖四十三年三月十二日更元熙殿扁。
凝和門　嘉靖二十三年六月二十二日更惠熙門，嘉靖四十三年三月十二日更元熙門扁。
元熙殿馬頭左擁翠亭　萬曆三十年七月十五日更元津亭。
右飛香亭　萬曆三十年七月十五日更元潤亭。
船塢　弘濟神祠牌
北閘口亭　嘉靖十三年六月初六日更湧玉亭，嘉靖二十二年三月初六日更滙玉渚扁。
西馬頭龍淵亭　萬曆三十年七月十五日添蓋扁。
凝道雷軒扁　念善館
已上嘉靖二十二年三月初六日添。
遠趣軒　更神應軒，又更元雷居牌
元雷門牌
會景亭　嘉靖二十二年三月初六日更龍澤亭，萬曆三十年七月十五日更龍湫亭牌。
雷霆洪應之殿牌　壇城
轟雷軒　嘯風室

噓雪室　　靈雨室
耀電室　　清一齋
寶淵門牌　　靈安堂
精馨堂　　馭仙次
輔國堂　　演妙堂
入聖居
　已上嘉靖二十二年三月初六日懸額。
溥惠門牌
太素殿　嘉靖四十三年七月内更壽源殿牌。
正心齋　　持敬齋
　已上嘉靖二十二年三月初六日添。
素左門
素右門　天啓七年六月内壘塞。
歲寒亭　嘉靖二十二年三月初六日更五龍亭牌。
龍神祠扁

北臺　萬曆二十九年六月十三日添蓋，天啓元年十一月初四日拆。

乾德殿　萬曆二十九年六月十三日添蓋，萬曆三十年八月初五日更乾德閣牌。天啓元年八月初四日奉旨拆卸。天啓四年五月初一日添蓋嘉德殿牌。

下祐皇殿牌　延景門

乾德門牌

牌坊名

南福渚扁　北壽岳扁

五亭名

中龍澤亭牌　左澄祥亭扁

右湧瑞亭扁　左滋香亭扁

右浮翠亭扁

三洞名

上隆壽洞牌　中玉華洞牌

下仙遊洞牌

已上萬曆三十年七月十四日添，天啓元年拆。

衆祥橋牌　　獅子房

虎城　無扁

振武殿　萬曆二十九年四月二十三日添蓋牌。

恒裕倉扁　　省歛亭扁

天鵞房　嘉靖二十五年七月十八日拆蓋騰禧殿牌。

漨沼門

秋輝亭　嘉靖二十二年四月初九日更騰波亭，嘉靖三十五年五月十九日更滋祥亭，萬曆三十年七月十七日更香津亭扁。

清馥殿牌　　丹馨門扁

錦芳亭牌　　翠芬亭牌

已上嘉靖十一年三月初三日添牌。

長春門牌　　昭馨門扁

瑞芬門扁　　馥景門

仙芳門扁　　馥東門

馥西門　嘉靖三十五年十一月初六日安扁。

澄碧亭　嘉靖二十三年六月二十三日更飛霭亭，嘉靖三十年五月十九日更湧福亭，萬曆三十年七月十七日更騰波亭扁。

涌瑞亭　萬曆三十年七月十七日更飛霭亭扁。

迎翠殿更承華殿　萬曆三十年十月初六日拆去，乾德閣工所用。

迎翠門更承華門扁

已上嘉靖二十三年六月二十二日更。

浮香亭　嘉靖十三年五月二十一日添，嘉靖三十年六月初四日更芙蓉亭扁。

寶月亭　嘉靖十一年三月初三日添蓋牌。

延年殿　嘉靖四十三年三月十二日添蓋牌。

滋齡門扁

滋齡亭　萬曆三十一年二月十三日更南教場平臺，嘉靖三十五年三月十五日拆蓋。

紫光閣牌　下玉仙室扁

明德殿　萬曆三十八年十月初一日添牌。

玉熙宫牌　熙祥門牌

熙瑞門牌　後殿清仙宫牌

東壽祺齋扁　仙輝館扁

鳳和居扁　西禄祺齋扁

仙朗館扁　鸞鳴居扁

羊房夾道

貞慶殿　萬曆三十一年八月初七日拆去，大山子工所用。

福德門

大仙都殿　嘉靖二十八年三月初三日更大道殿牌。

大道門牌　天啓七年三月初二日拆蓋隆德殿。

清虚殿牌　清虚門牌

鑒戒亭牌

已上嘉靖十三年八月十三日添。

曲流觀扁

曲流觀門　萬曆二十九年四月二十三日添扁。

翠林　瑶景

旋波臺　嘉靖二十八年三月十六日更仙臺，萬曆九年七月内添四柱方亭一座，萬曆四十年九月初六日添迎仙亭牌。

牌坊名

臺上七層牌額

南福巒　北禄渚

一層玉光　二層光華

三層華耀　四層耀真

五層真境　六層境僊

七層僊臺

朝元館牌

館門　嘉靖四十五年五月初四日添蓋，萬曆二十八年五月二十六日拆。

顯陽殿　萬曆二十九年五月十三日添蓋牌。

景德殿　萬曆二十八年十月初一日添蓋牌。

大光明殿等處

西登豐門牌　廣福門牌

廣和門扁　　廣寧門扁

二　門

玉宮門牌　　昭祥門扁
凝瑞門扁　　大光明殿牌
左太始殿牌　　右太初殿牌
宣恩亭牌　　響祉亭牌
一陽亭牌　　萬仙亭牌

後　門

永吉門牌　　左安門
右安門　　太極殿牌
東統宗殿牌　　西總道殿牌
帝師堂牌　萬曆三十年九月十九日拆。
積德殿牌　萬曆三十年九月十九日拆。
壽聖居　萬曆三十年二月十三日拆。
福真憩　萬曆三十年二月十三日拆。

禄仙居　萬曆三十年二月十三日拆。

天玄閣牌　　下闡玄保祚

　朝東外門

天平門　　豐和門

萬壽宮　嘉靖四十二年九月初二日更恩壽宮，嘉靖四十四年三月十五日更萬壽宮牌。

萬壽門牌

壽源宮　嘉靖四十四年三月十五日更百禄宮牌。

五福殿　嘉靖四十四年三月十五日添。

承祐殿扁　　左祐祥殿扁

右祐寧殿扁

龍禧殿　嘉靖四十二年二月十二日更龍煌齋，嘉靖四十四年三月十五日更龍吉齋。

鳳祺館　嘉靖四十二年二月十二日更鳳熚館，嘉靖四十四年三月十五日更鳳祥館。

福臻閣　嘉靖四十二年二月十二日更昭祥閣。

禄康御更朗瑞居

曦福門　嘉靖四十四年三月十五日更耀曦門。

朗禄門　嘉靖四十四年三月十五日更耀朗門。

含祥門牌　成瑞門牌

永康門更永和門牌　永順門

永綏門牌　永祉門

納康門

衍慶門　嘉靖四十四年三月十五日更長寧門牌。

太玄亭　嘉靖四十四年二月十九日拆。

凝一殿牌

東

萬春宫　春明門牌

後含春殿牌　春静門

萬和宫　萬和門

萬華宫　萬華門

萬寧宫　萬寧門

御饌庖扁　御饌門扁

體仁門扁　履康門扁

啓泰門扁　納祉門

泰安門

西

仙禧宮更千秋宮　仙樂宮更千樂宮

仙安宮更千景宮　仙明宮更千安宮

已上四宮，嘉靖四十二年九月二十一日更。

朝東南起

常寧門扁　常和門

常善門　常輝門

金寧門　攸順門

攸利門　金靜門

金瑞門　宣惠門

靜安門　灌木門更素康門扁

授衣門更金寧門　螽斯門更常靜門

已上三門，嘉靖三十七年二月十四日更。

壽安門　嘉靖三十三年正月十九日添蓋。

廣成門　嘉靖二十一年八月二十一日添蓋。

東和門更平安門

南陽德門牌　　永光門扁

北嘉安門牌　　東迎和門牌

已上嘉靖二十一年八月十六日蓋。

帝社稷壇　　帝社街

無逸殿更書館　　豳風亭更寫法亭

壽明殿　無扁　　壽明門　無扁

已上殿門，嘉靖三十七年閏七月二十六日添蓋省耕亭。

西莊家門馬頭

飛香亭　萬曆三十年七月十五日添扁。

昭和殿牌

擁翠亭　萬曆三十年七月十五日添扁。

趯臺坡牌

翠香亭　萬曆三十年七月十五日添扁。

澄淵亭牌　　　　　　　　　　　　海神祠扁

　已上嘉靖十三年五月二十一日添。

樂成殿扁　　　　　　　　　　　　涵碧亭牌

浮玉亭　萬曆三十年七月十五日添扁。

西苑門扁　　　　　　　　　　　　左臨海亭扁

右臨海亭扁

　已上嘉靖二十三年五月二十一日添蓋。

崇智殿　嘉靖四十四年二月二十六日拆蓋。

五雷殿牌　　　　　　　　　　　　左迎祥館

右集瑞館　萬曆二十九年三月二十二日添扁。

太玄亭扁　　　　　　　　　　　　問法所

臨漪亭牌　　　　　　　　　　　　水雲榭牌

　已上嘉靖二十一年五月二十一日添蓋。

西華門牌　　西上門牌

西上南門牌　　西上北門牌

西中門牌　　乾明門牌

西安裏門牌　　西安門牌

明洪武元年八月，大將軍徐達遣指揮張煥計度元皇城周圍一千二十六丈，將宮殿拆燬。至二十二年，封太宗爲燕王，命工部於元皇城舊基建府。其制：山川二壇在王城南之右。王城四門：東曰體仁，西曰遵義，南曰端禮，北曰廣智。門樓廊廡二百七十二間。中曰承運殿，十一間。後爲圓殿，次曰存心殿，各九間。承運殿之兩廡爲左右二殿。自八間殿之後，前、中、後三宮各九間，宮門兩廂等室九十九間。王城之外，周垣四門，其南曰靈星，餘三門同王城門名。周垣之内，堂庫等室一百三十八間，凡爲宮殿室屋八百一十一間。

宮禁誡勅

明太祖洪武三年，命工部造紅牌，鐫戒諭后妃之詞，懸之宮中，申嚴宮閫之禁。皇后之尊，只得治宮中之事，宮門外事，毫不得預。后妃嬪嬙宮中諸費，皆尚宮奏之，發内官監覆奏，方得赴部關領。若尚宮不奏，而輒發内官監；内官監不奏，而輒赴部擅領者，皆論死。宮嬪以下有疾，醫者不得入宮，惟問症取藥而已。羣臣命婦，惟慶節朝見中宮，無事不許入宮，人主亦無見命婦之禮。凡天子及親王后、妃、宫人等，必須選擇良家子女，以禮聘娶，不拘處所，勿受大臣進送。

命儒臣修女誡，曰：治天下者，修身爲本，正家爲先。正家之道，始於謹夫婦。后妃雖母儀天下，然不可使預政事。至於嬪嬙之屬，不過備職事，侍巾櫛，若寵之太過，則驕恣犯分，上下失序。觀歷代宫閫，政由内出，鮮有不爲禍亂者也。夫内嬖惑人，甚於鴆毒，惟賢明之主能察之于未然，其他未有不爲所惑者。卿等纂述女誡及古賢之事可爲法者，使後世子孫知所持守。

宫官

宫官有六局、一司。局，洪武十二年置，曰尚宫、尚儀、尚服、尚食、尚寢、尚功；司，曰宫正。

尚宫局　尚宫二人，正五品，掌導引中宫。總司記、司言、司簿、司闈四司之官屬，凡六尚事物、出納、文籍，皆印署之。司記二人，正六品，典記一人，正七品，掌記二人，正八品。司記掌印，宫内諸司簿書出入録目，審而付行，典記、掌記佐之。女史六人，掌執文書。司言二人，正六品，典言二人，正七品，掌言二人，正八品。司言掌宣傳奉啓之事，典言、掌言佐之。女史四人，掌執文書。司簿二人，正六品，典簿二人，正七品，掌簿二人，正八品。司簿掌名籍廩賜之事，典簿、掌簿佐之。女史六人，掌執文書。司闈六人，正六品，典闈六人，正七品，掌闈六人，正八品。司闈掌宮闈管鑰之事，典闈、掌闈佐之。女史四人，掌執文書。

尚儀局　尚儀二人，正五品，掌禮樂起居，總司籍、司樂、司賓、司贊四司之官屬。司籍二人，正六品，典籍二人，正七品，掌籍二人，正八品。司籍掌經籍、教授、筆札、几案之事，典籍、掌籍佐之。女史十人，掌執文書。司樂二人，正六品，典樂四人，正七品，掌樂四人，正八品。司樂掌率樂人習樂、陳縣、拊擊、進退之事，典樂、掌樂佐之。女史二人，掌執文書。司賓二人，正六品，典賓二人，正七品，掌賓二人，正八品。司賓掌朝見、宴會、賞賜之事，典賓、掌賓佐之。女史二人，掌執文書。司贊二人，正六品，典贊二人，正七品，掌贊二人，正八品。司贊掌朝見、宴會贊相之事，典贊、掌贊佐之。女史二人，掌執文書。彤史二人，正六品，掌后妃羣妾御于君所，書其日月。

尚服局　尚服二人，正五品，掌供内服用采章之數，總司寶、司衣、司飾、司仗四司之官屬。司寶二人，正六品，典寶二人，正七品，掌寶二人，正八品。司寶掌寶、符契、圖籍，典寶、掌寶佐之。女史四人，掌執文書。司衣二人，正六品，典衣二人，正七品，掌衣二人，正八品。司衣掌衣服、首飾，典衣、掌衣佐之。女史二人，掌執文書。司飾二人，正六品，典飾四人，正七品，掌飾二人，正八品。司飾掌膏沐、巾櫛、器玩之事，典飾、掌飾佐之。女史二人，掌執文書。司仗二人，正六品，典仗二人，正七品，掌仗二人，正八品。司仗掌羽輿、仗衛之事，典仗、掌仗佐之。女史二人，掌執文書。

尚食局　尚食二人，正五品，掌供膳羞品齊之數，總司膳、司醞、司藥、司饎四司之官屬，凡進食先嘗之。司膳四人，正六品，典膳四人，正七品，掌膳四人，正八品。司膳掌割、烹、煎、和之事，典膳、掌膳佐之。女史四人，掌執文書。司醞二人，正六品，典醞二人，正七品，掌醞二人，正八品。司醞掌酒醴酏飲之事，典醞、掌醞佐之。女史二人，掌執文書。司藥二人，正六品，典藥二人，正七品，掌藥二人，正八品。司藥掌醫方、藥物之事，典藥、掌藥佐之。女史四人，掌執文書。司饎二人，正六品，典饎二人，正七品，掌饎二人，正八品。司饎掌給宮人廩餼、薪炭之事，典饎、掌饎佐之。女史四人，掌執文書。

尚寢局　尚寢二人，正五品，掌燕寢、進御之次序，總司設、司輿、司苑、司燈四司之官屬。司設二人，正六品，典設二人，正七品，掌設二人，正八品。司設掌帷帳、裀席、灑掃、張設之事，典設、掌設佐之。女史四人，掌執文書。司輿二人，正六品，典輿二人，正七品，掌輿二人，正八品。司輿掌輿輦、繖扇、羽儀之事，典輿、掌輿佐之。女史二人，掌執文書。司苑二人，正六品，典苑二人，正七品，掌苑二人，正八品。司苑掌園苑種植蔬菜之事，典苑、掌苑佐之。女史二人，掌執文書。司燈二人，正六品，典燈二人，正七品，掌燈二人，正八品。司燈掌燈燭、膏火之事，典燈、掌燈佐之。女史二人，掌執文書。

尚功局　尚功二人，正五品，掌女功之程課，總司製、司珍、司綵、司計四司之官屬。司製二人，正六品，典製二人，正七品，掌製二人，正八品。司製掌衣服裁製、縫線之事，典製、掌製佐之。女史四人，掌執文書。司珍二人，正六品，典珍二人，正七品，掌珍二人，正八品。司珍掌金、玉、寶貨之事，典珍、掌珍佐之。女史六人，掌執文書。司綵二人，正六品，典綵二人，正七品，掌綵二人，正八品。司綵掌綵、繒、錦、枲之事，典綵、掌綵佐之。女史六人，掌執文書。司計二人，正六品，典計二人，正七品，掌計二人，正八品。司計掌度支衣服、飲食、薪炭之事，典計、掌計佐之。女史四人，掌執文書。

宮正司　宮正一人，正五品，掌糾察宮闈、責罰戒令之事。司正二人，正六品，典正四人，正七品，女史四人，掌執文書。

二十九年，授六尚局官，勅曰：朕觀帝王爲治，必自齊家始，未有家不齊而能治國、平天下者。周之内宰，以陰禮教六宫、九嬪以婦職之法，教九御各有職司，非細故也。朕起布衣，陟尊位，而於内治之道不敢忽焉，是以内設六尚，以職六宫，斯列聖相維之道也。近年精選民間淑德入宫者數人，使兼六尚事，人各克勤，事多周備，今特命某爲某官，爾尚克遵前規，慎守乃職，毋怠毋忽。其外有家者，女子服勞既多，或五載、六載，歸其父母，從其婚嫁。人受命年高者，許歸，以終天命。願留者，聽其宫闈。及見受職者，家與禄，視外品官等。

内官監承運等庫局附

内官監　通掌内史名籍，總督各職，凡差遣及缺員具名奏請。設令一人，正六品，丞二人，從六品，典簿一人，正九品。所掌文籍，以通書算小内使爲之。神宫監掌太廟祭器及祭祀灑掃，設令一人，正七品，丞一人，從七品，奉御一人，正八品。尚寶監掌御寶、圖書，凡用御寶則奏請，然後付尚寶司官用之，畢則捧入，設令一人，正七品，丞一人，從七品。尚衣監掌御用冠冕、衣服、靴履，設令一人，正七品，丞一人，從七品，奉御四人，正八品。尚膳監掌御膳，設令一人，正七品，丞一人，從七品。司設監掌御用儀仗、輦輅、輿帳、裀褥、張設，設令一人，正七品，丞一人，從七品，奉御四人，正八品。司禮監掌宫廷禮儀，凡正旦、冬至等節，命婦朝賀等禮，則掌其班位、儀注，及糾察内官人員違犯禮法者，設令一人，正七品，丞一人，從七品。直殿監掌各殿灑掃、陳設，設令一人，正七品，丞四人，從七品，小内使一十五人。宫門承制掌傳奉、宣召，設奉御五人，正八品。宫門守門官掌宫門灑掃，時其開闔，譏察出入，設門正一人，正八品，副四人，從八品。内承運庫掌供御金、銀、緞疋等物，設大使一人，正九品，副使一人，從九品。司鑰庫掌皇城各門管鑰，大使一人，正九品，副使四人，從九品。巾帽局掌造内府冠、帽，設大使一人，正九品，副使二人，從九品。針工局掌造内府衣服，設大使一人，正九品，副使一人，從九品。織染局掌織染緞疋，設大使一人，正九品，副使一人，從九品。顔料局掌燒造銀硃等項顔料，設大使一人，正九品。司苑局掌種蒔蔬果，設大使一人，正九品。司牧局掌牧養孳牲，設大使一人，正九品。皆于内官内選用。外承運庫掌收金、銀、緞疋等物；甲字庫掌收銅錢、布疋、顔料，乙字庫掌收衣服、衾帳、紙劄等物，丙字庫掌收紵、絲、綿、紗、線，丁字庫掌收銅、鐵、錫、香、茶、蠟諸物，戊字庫掌收氈衫、胡椒，并支軍器，廣源庫掌收貯寶鈔，廣惠庫掌收支寶鈔。每庫設大使一人，正九品，副使一人，從九品，皆於流官内選用，隸户部。皮作局掌硝熟皮張，成造靴鞋、鞍轡，兵仗局掌造各項軍器，寶源局掌鼓鑄銅器，每局設大使一人，正九品，副使一人，從九品，皆於流官内選用，隸工部。

内官禁令　凡内使於宫城内相駡詈：先發而理屈者杖五十，後發而理直者不坐；其不服本官鈐束而抵駡者杖六十；内使駡奉御者杖六十；駡門官、監官者杖七十。内使等於宫城内鬭毆：先鬭而理屈者杖七十，毆傷者加一等，後應理直而無傷者笞五十；不服本官鈐束而毆之者杖八十，毆傷加一等；毆奉御者杖八十；毆門官、監官者杖一百，傷者各加一等。内使有心懷惡逆，出不道之言者，凌遲處死，知情而蔽之者同罪，知而不首者斬；首者賞銀三百兩。

洪武二年，諭吏部曰：朕觀周禮，内官未及百人，後世至踰數千，卒爲大患。今雖未能復古，亦當爲防微之計。古時此輩所治，止於酒漿、醯醢、司服、守閽數事，今朕不過以備使令，非别有委任，可斟酌其宜，毋令過多。又曰：此輩自古以來求其善良，千百中不一二見，若用以爲耳目，即耳目蔽矣，以爲腹心，即腹心病矣。馭之之道，但常教戒使之畏法，不可使之有功。有功則驕恣，畏法則檢束，檢束則自不敢爲非也。乃定置六十人。

中官之制：凡内使、小火者烏木牌平巾者，不得衣圓領束帶，唯請轎長隨并都知監長隨各獅子等補束角帶及有牙牌官帽，便謂之奉御。正六品得服麟補，束金廂璹瑁或犀帶。自奉御而上，左右監丞、五品左右少監、從四品太監、正四品太監而上，方服斗牛補。再陞則膝襴飛魚斗牛及蟒衣。再陞方賜玉帶。冬則光素，夏則玲瓏，三九月則頂收。再陞則内府騎馬。凡騎馬者，自東、西下馬門起至南内，西上南門起至寶鈔司。凡遇聖節、正旦、大婚、誕慶，各進馬一匹。再陞則每歲禄米十二石，後加一級皆益十二石。逆賢以遼左缺馬，凡中官力能辦馬者皆賜騎，一時數百人，有每次進十匹至五十匹，每歲傳進十餘次，其身頓加禄米一次至一千二百石，蓋百級矣，皆濫典也。

内書堂教習内官，始於宣廟。初以大學士陳山，後皆以編檢矣。然不施夏楚，其權反在學長，其罸典輕則以界方摇手，重則於聖人前罸跪，再重則扳著幾炷香。扳著者，向聖人直立彎腰，用兩手扳住兩脚，不許股屈，屈則界方兩下。

嘉靖中，詹事霍韜等重修會典疏謂：内臣監局官員祖訓置職甚詳，惟弘治年間儒臣失考，不及纂述，宜查洪武年間各監局職掌何如，員數何如，編列禮典，亦以禮制治之意也。不報。嗣是屢修會典，無人議及矣。

附　載

宫人參隨視朝，起於晉代，六朝相因，至唐不改。六典曰：宫嬪掌朝會贊相之事，引容立於殿廷，杜詩所謂户外昭容紫袖垂，雙瞻御座引朝儀是也。崔胤盡誅宦官，止令内夫人至中學士院傳宣聖諭及朱温將謀禪代，而始罷宮人傳宣及隨朝之儀。永樂末年，上有疾，用宮人隨侍出朝，後無復有此事。

漢時，宮中有對食者，宮人相與配合爲夫婦也。陳皇后無子，使宮人衣上衣冠與之寢處，武帝廢之，責以爲女而男淫。後世宮人率與中官爲匹偶，其暱甚于夫婦。

唐時，宮中給使令者皆有冠巾，謂之裹頭内人。舊制宮中女官亦給冠帶，即其遺制也。

宋制：以内夫人六人輪日修起居，至暮，封付史館。舊制有女秀才代書王命，而不職起居，此不及宋。

古葬宮人之所謂之宮人斜。京城阜成門外五里許有静樂堂磚甃二井，屋以塔，南通方尺門，謹閉之，井前結石爲洞，四方通風。宮人有病，非有名稱者，例不賜墓，則出之禁城後舜貞門榜右門，承以斂具，舁出玄武門，經北上門、北中門達安樂堂，授其守者，召本堂土工移北安門外，易以朱棺，禮送之静樂堂火葬塔井中。凡宮人故，必請旨。凡出，必以銅符，合符乃遣。嘉靖中，有貴嬪捐貲易民地數畝，其焚燼不願井者，悉内地中。

禮儀房奶口

皇城東安門外稍北有禮儀房，乃選養奶口以候内廷宣召之所，俗名奶子府。有提督，司禮監太監。有掌房，有貼房，俱錦衣衛指揮。每季，選奶口四十名養之於内，謂之坐季奶口；别選八十名籍于官，謂之點卯奶口，倘坐季者有故，即以補之。先期，宛平、大興兩縣及各衙門博求軍民家有夫女口年十五以上，二十以下，夫男俱全，形容端正，第三胎生男女僅三月者雜選之。仍令穩婆驗無隱疾，具結起送。候司禮監請旨，差内官出合各衙門所送奶口會選。乃定每口日給米八合，肉四兩，光禄寺支領。每年更番什物，每季煤炭雜器，兩縣召商辦送。每遇宣取，則就中選取一人易高髻新衣宫妝以進。崇禎十六年五月，司禮監王德化本云：奶口例有定額，按季遴選，季終退换，故取之於軍者，則錦衣等二十八衛之大小，地方之廣狹，以定口數之多寡，故衛之口數最多者爲錦衣，額數以一百計，餘衛則十五以至十口止；城縣之最多者爲南城，額以一百七十計，餘則一百二十以至二十口止。每遇選期，慎擇生男生女各二十口，并所乳嬰兒，存房作養，以備一季之取用。上季未用者，即行疎放，此舊例也。今宜選生男生女各以十五口爲額，少副軫恤之意。至於里甲之勒索，僉報之騷擾，事屬城司，宜嚴中禁。故事民間婦無得入禁中者，即諸宫女已承恩賜名稱，其母非得旨，亦不入。惟三婆則時有之：一曰奶婆。即二縣與各衙門選送禮儀房坐季奶口，若内廷將有誕喜，先鋪月子房，傳預選，則數人候之内直房，産男用乳女者，産女用乳男者，初亦雜試，候月餘乃留一人。一曰醫婆。取精通方脉者，候内有旨，則各衙門選取以送司禮監會選，中籍名待詔，入選者婦女多榮之。一曰穩婆。即民間收生婆中預選籍名在官者，惟内府所用之。如選宫女，則用以辨别妍媸可否；如選奶口，則用以等第乳汁厚薄，隱疾有無；如内廷有喜，則先期預集老於事者直宿，日伺候之，事定乃罷。諸婆中有一經傳宣者，則出入高髻彩衣如宫装，以自别於曹偶，民間亦以此信而用之。醫婆、穩婆事竣皆得出，惟奶口一留用，則終其身事所乳，得霑恩澤，無復出理，其食報蓋特隆云。崇禎辛巳，令乳皇子至七歲放出。保母之崇，非先王之制，即中季，亦自陸令萱等一二人而外不多見。明制，例封夫人，而永樂之保母賢順夫人馮氏夫王忠贈左都督，謚恭靖；洪熙之衞聖夫人楊氏夫蔣廷封追封保昌伯，謚莊靖，此作法於凉矣。至天啓之奉聖夫人客氏子弟，官俱累都督，客氏黨比逆賢，幾危宗社。

後市附

古國都如井田法，畫爲九區，面朝背市，左祖右社，中一區君之宫室。宫室前一區爲外朝，朝會藏庫之屬皆在焉。後一區爲市，市四面有門，每日市門開則商賈、百物皆入，惟民得入，公、卿、大夫、士皆不得入，入則有罰。市官之法如周禮司市，平物價，治争訟，譏察異服、異言之類。此國君都邑規模之大槩也。宫闕之制，前朝後市。市在玄武門外，每月逢四則開市，聽商貿易，謂之内市。燈市自正月初旬起，至月半止，歲惟一舉。每月逢朔、望及二十五則城隍廟市，每月逢三則土地廟市，謂之外市。然外市係士夫庶民之所用。若奇珍異寶進入尚方者，咸於内市萃之。至内造如宣德之銅器、成化之窰器、永樂果園廠之髹器、景泰御前作房之琺瑯，精巧遠邁前古，四方好事者亦於内市重價購之。

自古都邑大賈、名俠皆有稱號，如古地官司徒·司市：市官掌市之治教政刑，量度禁令，以次序（敘）分地而經市，以陳肆辨物而平市，以政令禁物靡而均市，以商賈阜貨而行市（布），以量度教（成）賈而徵價，以質劑結信而止訟，以賈民禁僞而除詐，以刑罰禁虣而去盗，以泉府同貨而斂賒。大市，日昃而市，百族爲主；朝市，朝時而市，商賈爲主；夕市，夕時而市，販夫販婦爲主。漢書所謂東市賈萬、城西萬（萬）章、箭張禁、酒趙放；又如貨殖傳所載翁伯販脂，張氏賣漿，郅氏灑（洒）削，濁氏胃脯，其所貨至爲纖嗇，往往鼎食擊鐘，富比王侯。都城舊日如勾欄衚衕何關門家布，前門橋陳内官家首飾，雙塔寺李家冠帽，東江米巷党家鞋，大柵欄宋家靴，雙塔寺趙家薏酒，順承門大街劉家冷淘麵，本司院劉鶴家香，帝王廟街刁家丸藥，皆名著一時，起家鉅萬。至抄手衚衕華家專煮猪頭，内而宫禁，外而勳戚，皆知其名，薊鎮將帥置走馬傳致，亦當日太平勝槩也。

登聞鼓院附

院在西長安門，小廳三間，東向，傍一小樓懸鼓，俾寃民擊之，通達下情。每日科道官各一員、錦衣衛官一員輪司其事。民有寃抑，有司不爲申理，具狀通政司，又不爲轉達審實，列其狀以聞。

唐時宫闕前有肺石，長可八九尺，形如垂肺。古秋官大司寇以肺石達窮民。原其義乃伸寃者擊之，立其下，然後士聽其詞。所以肺形者，肺主聲，聲所以達其寃也。

憲綱，凡按察司官斷理不公不法等事果有寃枉者，許赴巡按監察御史處聲寃；監察御史枉問，許赴通政司遞狀送都察院申理；都察院不與理斷或枉問者，許擊登聞鼓陳訴。

春明夢餘録卷之七

正殿

奉天殿，洪武鼎建初名也，累朝相沿，至嘉靖四十一年改名皇極殿。制九間，中爲寶座，座旁列鎮器。座前爲簾，簾以銅爲絲，黄繩繫之。簾下爲氈，氈盡處設樂。殿兩壁列大龍櫥八，相傳中貯三代鼎彝。櫥上皆大理石屏。每遇正旦、冬至、聖節則御焉。前一日，尚寶司設寶案於奉天殿寶座之東，鴻臚寺設表案二於殿東中門外，禮部主客司設藩國貢方物案八於丹陛中道左右，欽天監設定時鼓於文樓之上，教坊司設中和韶樂於奉天殿内東西，設大樂於奉天門内東西，俱北向。至期，錦衣衛陳鹵簿、儀仗於丹陛及丹墀東西，設羽扇於殿内東西，陳車輅、步輦於奉天門丹墀中道北向，金吾等衛列甲士軍仗於午門外、奉天門外、及丹墀東西，旗手衛設金鼓於午門外，列旗幟於奉天門外，御馬監設仗馬，錦衣衛設馴象於文、武樓南，東、西相向，欽天監設報時位於丹陛之東。鼓初嚴，百官具朝服，齊班于午門外。鼓次嚴，引班官引百官并進表人員及四夷人等次第由左、右掖門入，詣丹墀序立。欽天監雞唱官司晨一員於文樓下西向，錦衣衛將軍六員於殿内之南北向，將軍四員於丹陛四隅東、西相向，其餘侍衛將軍各分立於殿陛等處如儀。鳴鞭四人於丹墀中道左右北向，金吾等衛護衛官二十四員於丹陛之南，六員於丹墀之北，俱東、西相向，陳設方物；鴻臚寺司賓署丞一員撤方物案。鴻臚寺序班十六員於丹陛中道左右外贊，鴻臚寺鳴贊等官十二員於丹陛及丹墀東西。糾儀御史十二員於丹墀之東西。殿前侍班錦衣衛千户六員，光禄寺署官四員。序班二員傳呼鳴鞭，錦衣衛百户四員俱於殿中門外東、西相向，導表六科都給事二員、序班二員於表案左右。掌領侍衛官三員於殿内東、西相向。錦衣衛正直指揮一員於簾右東向，百户二員於簾下左右相向，捲簾畢，即趨出殿門外，各豫立以俟。鼓三嚴，執事禮部堂上官，并内贊鳴贊一員，陳設表案，并舉案，序班五員典儀，鴻臚寺司儀署丞一員捧表，禮部儀制司四員展表，六部、都察院、通政司、大理寺堂上官二員宣表，致詞，并傳制等項，鴻臚寺堂上官五員捧寶，尚寶司官二員導駕，六科給事中十員、殿内侍班翰林院官四員、中書官四員、糾儀御史四員、序班二員及各遣祭官俱詣華蓋殿外，候上具衮冕陞座，鐘聲止。入序立，遣祭官以次復命訖，各趨入丹墀班。禮部堂上官跪奏方物，并請上位看馬，候得旨，復位。鴻臚寺卿跪奏，執事官行禮，贊拜叩頭，畢，贊各供事，鴻臚寺卿跪請陞殿。駕興，導駕官前導，尚寶司官捧寶前行，樂作。上御奉天殿，導駕官立於殿内柱下東、西相向，侍班翰林院立於東導駕官之後，中書官立於西導駕官之後，糾儀御史、序班分立於侍班官之下，尚寶官置寶于案，分立於導駕官之上。樂止，鳴鞭報時。雞唱訖，外贊唱排班。班齊，鞠躬，大樂作。四拜，興，平身，樂止。内贊贊進表，大樂作。導表官導表案至殿東中門止，序班舉案入置殿中，退立於東西柱下，樂止。贊宣表目，禮部堂上官并宣表目官詣殿中跪。宣畢，各叩頭退。贊宣表，展表官取表，同宣表官詣殿中跪。外贊贊跪，衆官皆跪。宣畢，展表官分東西先退。内外皆贊俯伏，大樂作。興，平身，樂止。宣表官退，序班舉案置殿東。外贊贊跪，衆官皆跪。代致詞官跪於丹陛中道致詞。同賀訖，外贊贊俯伏，衆官皆俯伏，大樂作。四拜，興，平身，樂止。傳制官詣御前跪奏傳制，俯伏，興，由東門靠東出，至丹陛之東、西向立，稱有制。外贊贊跪，衆官皆跪，宣制。制與洪武間所定同。宣訖，外贊贊俯伏，大樂作。興，平身，樂止。贊搢笏，鞠躬，三舞蹈。贊跪，唱山呼，百官拱手加額，曰萬歲；唱山呼，曰萬歲；唱再山呼，曰萬萬歲。贊出笏，俯伏，大樂作。四拜，興，平身，樂止。鴻臚寺卿詣御前跪奏禮畢，鳴鞭，樂作，駕興。尚寶官捧寶，導駕官前導，至華蓋殿，樂止。駕還宫。

朝制

古天子有内朝，有外朝。如文華殿，所謂内朝也；奉天殿，所謂外朝也。外朝古在應門之外，人君不常御，國家有大典禮，則於此朝會，而朝士掌其法。有大疑難則於此詢事，而小司寇掌其政，朝士掌建邦。外朝之法，左九棘，孤、卿、大夫位焉，羣士在其後；右九棘，公、侯、伯、子、男位焉，羣吏在其後；而三槐，三公位焉，州長、衆庶在其後。左嘉石平，罷民焉，右肺石平，窮民焉。又小司寇之職，掌外朝之政，以致萬民而詢焉。

漢、唐、宋有大朝、常朝。如御正殿，所謂大朝也；如御門，所謂常朝也。漢以十月朔爲元旦，行饗禮，二千石以上上殿稱壽；唐以元旦、千秋節含元殿受朝賀；宋以元旦、五月朔、冬至、千秋節行大朝會于文德殿，此所謂大朝也。漢宣帝五日一朝；唐以宣政殿爲前朝，謂之正衙，日見羣臣，謂之常參，以紫宸爲便殿，謂之入閤；宋于垂拱日見待從官，謂之常參，于紫宸五日一朝，謂之六參，朔、望一朝，謂之朔參、望參，此所謂常朝也。

元世祖至元十一年正旦，始御大明殿受朝賀及後天壽節皆行朝賀禮，每日則宰執入延春閣及别殿奏事而已。

元大朝，殿上設漏案、香案、酒海，殿門外中道設褥位，丹陛中道設鳴鞭，丹陛中道設香案，又設表案、禮物案，中道南東西設樂位，設内黄麾立仗，設外牙門立仗。又酒海之前，一人手執玉鉞，立於陛下。鉞乃殷時之物，長三尺有奇，廣半之，通體花紋，宋藏宣和殿中，爲金所得，後歸元，以爲大寶。其服制：祀天則服大裘而加衮，正旦、聖節則常衣，不被衮冕，惟祀宗廟則服之。内庭大宴則服質孫，質孫者，華言一色服也。其臣下朝會之服，則用唐、宋公服，一品紫玉帶，二品紫犀帶，三品、四品紫金帶，五品紫角帶，六品、七品緋角帶，八品、九品緑角帶。其京官賜宴，則有質孫。其制：冬之服凡九等，大紅納石失，大紅怯綿里，大紅官素一，桃紅、藍、緑官素各一，紫、黄、鴉青各一。納石失者，金錦也，怯綿里者，剪茸也。

章服

大朝，上服衮冕玄衣、纁裳。冠制，嘉靖八年定冠制，以圓匡烏紗冒（冒）之，冠上有覆板，長二尺四寸，廣二尺二寸，玄表朱裏，前圓後方，前後各七采球玉，十二旒，以黄、赤、青、白、黑、紅玉爲之，玉珩、玉簪導朱纓青纊充耳，綴以玉珠二。凡尺皆以周尺爲度。衣，玄色，凡織六章：日、月在肩，各徑五寸；星、山在後；龍、華蟲在兩袖，長不掩裳之六章。裳，黄色，爲幅七，前三幅，後四幅，連屬如帷，凡繡六章，分作四行，火、宗彝、藻爲二行，米、黼、黻爲二行。中單，素紗爲之。青緣領，織黻文十二。蔽膝，隨裳色，羅爲之，上繡龍一，下繡火二，係於革帶。大帶，素表朱裏，上緣以朱，下以緑，不用錦。革帶，前用玉，其後無玉，以佩綬繫而掩之。朱襪，赤舄，黄絛緣，玄纓結。圭，白玉爲之，長尺二寸，剡其上，下以黄綺約之，上刻山形四，盛以黄綺囊，藉以黄錦。

凡朔望視朝、降詔、降香、進表、四夷朝貢、朝覲則服皮弁服，用黑紗冐（冒）之，前後各十二縫，其中各綴五采玉十二縫及冠武弁貫簪繫纓處，皆飾以金。玉簪，朱紘纓。玉以赤、白、青、黄、黑相次。玉圭，長如冕服之圭，有脊并雙植文，剡其上，黄綺約其下及有韜金龍文。絳紗袍，本色領、褾、襈裾。紅裳，如冕服内裳制，但不識（織）章數。中單，以青紗爲之，如深衣制，紅領、褾、襈裾，領織黻文十二。蔽膝，隨裳色，本色緣，以玉鈎二。玉佩、大帶、大綬、襪、膝，俱如冕服内制。

鹵簿

大朝儀制。殿内左右扇三重：内雙龍扇二十；外素扇二十二；又外素扇二十。殿門左右黄曲蓋繖二，次左金交椅一，金脚踏一，次左金盆一，右金罐一。此外爲丹陛左右仗，三重：内雙龍扇二十，次單龍扇二十；外金節六，次纓節二十六，次領頭二；又外左朱雀旗一，右玄武旗一，次骨朵六，次金鉞六，次金鐙六，次卧瓜六，次立瓜六，次儀刀六，次吾杖六，次班劍六，次龍戟六，次班戟六，次左青龍旗一，右白虎旗一，次領頭二。中道左右雙龍扇，内紅花繖二，次黄蓋繖二，次紅方繖二，次單龍扇，内設大樂之所。此外爲丹陛（墀）左右仗，三重：内黄蓋繖二，次紅繡繖二，次紅花蓋繖二，次紅曲蓋繖二，次紅花繖二，次紅曲蓋繖二，次紅方繖二，次紫方繖四，次雉扇十，次紅花扇十六；外羽葆幢十，次豹尾四，次龍頭竿十，次信旛十，次傳教旛十，次告止旛十，次降引旛十，次黄麾二；又外戟氅二十，次戈氅二十，次儀鍠二十，凡三重，皆有領頭各二。中道右黄蓋繖内馬兀一，雉扇内左爲玉輅，右爲大輅，玉輅前爲步輦，大輅前爲硃紅輦；戟氅外左右設馬二十四，仗下左右鳴鞭各三，馴象各三，此立仗之儀也。至于出行鹵簿，大略同前，稍引而長之。

鹵簿之制兆于秦，而其名則始于漢。或曰：鹵者大盾也，以大盾領一部之人，故曰鹵部；或曰：凡兵衛以甲盾居外，爲導從捍蔽，其先後皆著之簿籍，故曰鹵簿。按三輔黄圖天子出車駕次第謂之鹵簿，而唐制四品以上皆給鹵簿，則鹵簿者君臣皆得通稱也。五代之亂，圖典失墜，宋王欽若爲鹵簿記，宋綬、蔡攸等因之，而其制始詳。元曾巽申復爲鹵簿圖，雖間有增損，而俱無大異。國朝嘗詔禮官鹵簿彌文，務從省節，蓋尚質去奢之意也。

元人袁學士有鹵簿詩，黄文獻溍跋曰：昔我世祖皇帝肇造大室，武宗皇帝始親裸獻，逮英宗皇帝乃行時享之禮，而備鹵簿之儀，蓋天下極盛之際也。翰林直學士致仕袁公時爲秘書監著作郎，寫以爲詩，使窮鄉下士一覽觀焉，如身在輦轂之下，而覩熙朝之彌文，何其幸與。漢應劭、唐王象皆有鹵簿圖，宋王欽若有鹵簿記三卷，宋綬增爲七卷，後累增爲三十三卷，公乃括以六百言，曲盡其鋪張之妙，亦奇矣。詩曰：雖無老成人，尚有典刑，安可忽諸。

御樂

大朝會用樂工六十四人，引樂二人：簫四人，笙四人，琵琶六人，箜篌四人，纂六人，方響四人，頭管四人，龍笛四人，杖鼓二十四人，大鼓二人，板二人。戴曲脚幞頭，衣紅羅生色畫花大袖衫，塗金束帶，紅羅擁項，紅結子，皂皮靴。每朝賀之日，和聲郎預先陳樂於丹墀百官拜位之南，北向。伺上位將出，仗動，和聲郎舉麾，唱曰，奏飛龍引之曲，上位陞座。樂止，偃麾。贊禮唱鞠躬，和聲郎唱曰，奏風雲會之曲，樂作，百官拜畢，樂止。國公陞殿，和聲郎唱曰，奏慶皇都之樂，樂作，國公出殿門，復位，樂止。贊禮唱鞠躬，和聲郎唱曰，奏喜昇平之樂，樂作，百官拜畢，樂止。伺上位興，和聲郎唱曰，奏賀聖明之樂，樂作，上位還宮，樂止。百官捲班，和聲郎引樂工以次出。

朝服

羣臣朝服：一品，七梁冠，衣赤色，白紗中單，俱用皂領，飾緣，赤羅裳，皂緣，赤羅蔽膝，大帶用白、赤二色，革帶用玉鉤䚢，白襪，黑履，錦綬上用緑、黄、赤、紫四色絲織成雲鳳四色花樣，青絲網小綬二，玉環二。功臣一品皆加籠巾貂蟬。二品，六梁冠，衣、裳、中單、蔽膝、大帶、韈、履同上，革帶用犀鉤䚢，其錦綬同一品，小綬、犀環各二。三品，五梁冠，衣、裳、中單、蔽膝、大帶、襪、履同上，革帶用金鉤䚢，其錦綬用緑、黄、赤、紫四色織成雲鶴花樣，青絲網小綬二、金環二。四品，四梁冠，衣、裳、中單、蔽膝、大帶、襪、履同上，革帶用金鉤䚢，其錦綬同三品，小綬二，金環二。五品，三梁冠，衣、裳、中單、蔽膝、大帶、襪、履同上，革帶用鍍金鉤䚢，其錦綬用緑、黄、赤、紫四色織成盤雕花樣，青絲網小綬二，銀環二。六品、七品，二梁冠，衣、裳、中單、蔽膝、大帶同上，革帶用銀鉤䚢，其錦綬用緑、黄、赤三色絲織成練鵲花樣，青絲網小綬二，銀環二。八品、九品，一梁冠，衣、裳、中單、蔽膝、大帶、襪、履同上，其革帶用銅鈎䚢，錦綬黄、緑二色絲織成鸂鶒花樣，青絲網小綬二，銅環二。至朔望朝見，則用公服。一品，服赤色大獨科花，直徑五寸，玉帶。二品，服赤色小獨科花，直徑三寸，花犀帶。三品，服赤色散荅花，直徑二寸，金帶，鏤葵花一，蟬八。四品、五品，服赤色小雜花，直徑一寸五分，金帶鏤，四品葵花一，蟬六，五品葵花一，蟬四。六品、七品，服赤小雜花，直徑一寸，光素銀帶，六品鍍金葵花一，蟬三，七品光素銀帶，鍍金葵花一，蟬二。八品、九品，服赤無花，通用光素銀帶。其笏，五品以上用象牙，九品以上用槐木。其幞頭、鞾並依舊制。

班次

文武官班次。文官齊班位於午門外之東，西向，以北爲上。武官齊班位於午門外之西，東向，以北爲上。午門西偏門入奉天門西偏門。文官起居位於文樓丹墀之南，北上，西向。殿前班位於武官起居位之北，北上，東向。侍從班起居位於文官起居位之北，北上，西向。文官一品、二品拜位於内道上之東，每等異位，重行，北面西上。武官一品、二品拜位於内道上之西，每等異位，重行，北面東上。文官三品以下，拜於丹墀内道下之東，每等異位，重行，北面西上。武官三品以下，拜於丹墀内道下之西，每等異位，重行，北面東上。分文武官爲十八位，第一班正一品，第二班從一品，第三班正二品，第四班從二品，第五班正三品，第六班從三品，第七班正四品，第八班從四品，第九班正五品，第十班從五品，第十一班正六品，第十二班從六品，第十三班正七品，第十四班從七品，第十五班正八品，第十六班從八品，第十七班正九品，第十八班從九品。使客位文官之東。此初制也，惟以品定班次。其後稍爲變易，勳臣在西上，面東，不與百官齒。左班面西侍立，一品、二品爲第一行，三品次之，爲第二，四品、五品京堂次之，爲第三，宫坊、五品、六品次之，爲第四，翰林、六品、七品次之，爲第五，兩房中書次之，爲第六，此爲一段；其下六科爲第一，吏部第二，中書舍人第三，此爲一段；其下則御史第一，五部次之；自此以下，品級官制紊不可纪矣。右班面東侍，則錦衣在前，五軍都督府次之，其後七十二衞指揮等官。其北面行禮班次，則公、侯、駙馬、伯列三班於前，去文武階次稍遠；其下則文武兩班同上御道；左右分立，一品、二品爲第一，三品第二，四品、五品京堂至翰林、史官、庶吉士第三，科道、中書第四；其下則六部郎官，亦頗紊亂。其同班序立，翰林七品在小九卿六品之上，宫坊六品在小九卿五品之上，宫坊五品在大九卿五品之上，講讀學士在大九卿四品之上，惟讓僉都、少詹、學士在僉都之上，至于六部郎官，往時或敍衙門，一吏、二禮，其下則户、兵等部。右班武臣當以都督爲先。自嘉靖以來，錦衣權重，又陸、朱諸公皆三公重銜，官在都督之上，故立于首。萬曆戊寅，朱太傅已没，掌錦衣者俱都指揮等官，相沿舊規，仍立前列。其後遂有争議，部中以錦衣貴重，竟不能持可否，乃令錦衣仍前立行稍下，都督立其後稍上，非正禮也。

古時五等之爵，原有等級，如唐爵國公一品，郡、縣公二品，侯三品，伯四品，子、男五品。至宋略倣其制。後則公、侯、伯三等皆在一品之上，不與文武齒矣。弘治中，主事林沂奏，欲按品秩列坐御史上，御史劾之曰：朝廷設官分秩，有拘品秩者，有不拘品秩者，故慶成賜宴，科道坐于郎中之上，翰林坐于科道之前，若概以品秩，則諸學士當列于少卿之下，京縣知縣、兵馬司當列于御史、給事中之上矣。上以沂故違成憲，治之看馬。

大朝畢，上暫退至謹身殿更便服，於殿外丹陛上設幄，羣臣盛服侍班，御馬監之馬雲錦成羣，每一馬各有名牌壯士控之，由東過西，最爲盛觀。其制始于嘉靖中，至後久不舉行。崇禎壬申十一月初十日冬至，郊祀，十一日，百官入賀，朝畢，復一閱視，是日閱馬三百三十三匹。

賜宴

每歲三大朝賀及郊祀禮成，行慶賀禮，俱賜宴。文臣四品以上及諸學士，武臣都督以上，皆宴殿上；經筵官及翰林講讀官、尚寶司卿、六科都給事中、暨文臣五品堂上官，武臣都指揮以上官，宴中左、中右門；翰林院、中書舍人、左右春坊、御史、欽天監、太醫院、鴻臚寺官及五品以上官，宴于丹墀。是日行禮畢，該宴官更衣立殿外，候上至，升堂，樂作，入拜，進花，進酒，跪候上飲訖乃起，即席簪花、啐酒。酒凡九進，湯五進，羣臣則殺其二。會之時，拱衞司于殿庭設黄麾仗及擎執如奉天殿之儀，和聲郎列樂于殿上之南，間作大樂、細樂。酒七行，食遍。凡行酒，初行，奏大樂，作太清曲；次行，細樂，奏感皇恩曲；五行，舞諸國來朝隊；六行，細樂，奏朝天子曲；七行，舞長生隊，細樂奏醉太平曲。凡進食，則作大樂。

音樂莫盛于唐，有太常、雅樂二部。堂上立奏，謂之立部；堂下坐奏，謂之坐部。有鼓吹署，令所掌鐃歌、鼓吹。曲有龜兹、疏勒、高昌、天竺諸部，謂之胡樂；有教坊、梨園、法曲；有雜樂、雜戲；又有山車、陸般（船）、馬、犀、象；及宫人所舞奏霓裳羽衣之曲。每大酺、賜宴，以次陳奏，卽漢武角觝魚龍之戲也。高宗因立太子，勅宴百官，命散樂自宣政入，太常博士袁利貞請罷散樂，甚爲知禮。大殿宴會用舞隊，乃相沿元人陋習，宜製盛世君臣相悦之樂，以彰一代之盛。

賜宴之日，其官卑禄薄者免。宴賜以鈔，謂之節鈔。大宴之外，如遇太后聖誕、太子千秋壽麵，及立春日春餅，元宵圓子，四月初八日佛誕日用不落莢，端午凉糕、糉子，重陽糕，臘八日麵，俱先期奏請。至日，早朝畢，復奏，百官隨一拜三叩頭，起。宴畢，復一拜三叩頭，而出。嘉靖十四年四月，上諭夏言曰：内殿禮儀，四月八日俗事宜革，其賜百官不落莢亦當改。已復諭曰：禮記月令謂是日麥先熟，薦寢廟，今歲以孟夏之五日薦麥，内殿賜百官麥餅。大學士張孚敬、李時奏曰：不落莢者，相沿釋氏之説，於禮無據，仰見皇上據經析理，得先王遺意。遂著爲令。查萬曆中光禄寺誌稱：四月初八日，英華殿、欽安殿用大不落莢二百對，小不落莢三百對，紅棗一斤十二兩，而乾清、坤寧、翊坤等宫，每宫大五十對，小一百對，各小宫大三十對，小五十對，多人每不落莢四個，皆以糯米、粳米、黑糖、蜜、紅棗爲之。則世廟所廢，萬曆間似復行矣，惟宴改爲麥餅，則在四月初五日，於午門前宴百官，有上桌、中桌二樣，閣、部單坐，宫坊以下各雙坐。

策士

殿前策士，最稱重典。會試後，於三月十五日上陞殿。百官公服，行一拜三叩頭禮畢，分班立。禮部引中式舉人行五拜三叩頭禮，各領題在殿前對策，至晡而出。其題内閣擬呈，先一日，召中書官于六科廊繕寫，内璫監之，是夜，司禮監鐫刻，三鼓始竣，仍鐍中書于内，至御殿，始放出。

宣德五年，廷策諸士，上臨軒發策畢，退御武英殿，賦策士歌，以示諸讀卷官。

弘治乙丑，廷試，上於宫中焚香籲天，期得真才，以資實用。

嘉靖己丑，廷試，上閲諸卷，於羅洪先卷批曰：學正有見言讜而意必忠，宜擢之首；於程文德卷批曰：探本之論；於楊名卷批曰：能守聖學以爲本，此知要之説；於唐順之卷批曰：條論精詳殆盡；於陳束卷批曰：仁智之用本諸吾心，此不易之説；於任瀚卷批曰：勉吾敬一之爲主忠哉。羅洪先一代大儒，上首拔之，時稱得人。乙未廷試，上批韓應龍卷曰：是題本意，可第一甲第一名；批孫陞卷曰：説仁禮之意好，可第二名；批吴山卷曰：敬爲心學之極，此論好，可第三名。

崇禎戊辰，廷試卷，閣擬劉若宰第一，莊應會次之。上翻駁再三，竟用劉第一，而抑莊爲二甲首，其第二、第三皆特拔。第三管紹寧策内誠字少一撇，御書足之，因自號誠齋。甲戌廷試，閣擬李焻爲第一，上在文華殿翻閲初進十二卷，頃之，閣臣趨出入閣，再搜十二卷以進，特拔

第二十二卷劉理順爲狀元，而李焻爲二甲首，第二楊昌祚，第三吴國華，皆特拔也。庚辰殿試日，上御輿張蓋，下丹墀偏觀諸進士對策，及十六日呈進，十七日，上忽召四十人對文華殿，遂拔順天通州魏藻德第一，鄞縣葛世振、静海高爾儼俱一甲，而復拔趙玉森、姚宗衡、劉瑄、孫一脈、嚴似祖爲簡討，命蔣德璟、王錫袞教習之，周鼎等爲科道吏部主事有差。至癸未廷試在九月十五日，是年以兵事，會試改八月。

廷試以三月十五日，而十八日傳臚，二十二日謝恩，賜狀元袍服，故事上皆視殿。自永陵之末，玄嘿不出，後遂以爲常。至崇禎御極，始照例陞殿，并武舉亦如文舉。傳臚至于撤御膳，賜閣臣，如嘉靖之壬戌、隆慶之辛未、萬曆之癸丑，是時慈谿、江陵、福清三公皆受主眷最隆，故有殊典，不多見也。

蔣閣學德璟大殿侍班記：崇禎帝以丁卯八月十四日御皇極殿登極，三殿自萬曆丁酉燬後，久不臨御，鴻臚茫然，儀注皆不知。時詞臣侍班四人，宜在皇極殿内，御簾外，居東，而鴻臚曰宜分東西，於是詞臣分二人亟奔而西，出東弘政門，復過西宣治門，過武成閣，入中右門，從西欄上至中極殿右門外，而上已袞冕御建極矣。時魏忠賢侄僞公良卿特奉旨遣南郊還，入奏，上曰：知道了，其聲甚嚴。又曰：百官免賀，免宣表。御座處其上結爲寶蓋，光彩輝煌，行五拜三叩頭畢，卽趨出右門，循殿前而馳，從皇極殿入迎駕。上自建極過中極，出御皇極，侍班官兩傍面駕，一躬，距上咫尺，卽侍立御簾下。簾捲，上從中徑上九級御座，兩傍柱皆金粧，凡四柱，當御座處，其上亦皆金也。御座背及旁屏，皆祖宗鎮器云。

崇禎壬午元旦，上御大殿記：崇禎十五年壬午元旦，御大殿受賀。鞭鳴，鴻臚奏禮畢，上降寶座，秉圭中立，命宣輔臣。中使誤以爲宣府臣也，五府勳臣至殿上，乃令之下，而曰宣閣臣。閣臣周延儒等疾趨而至，從西傍門入，東向而跪。上轉身西向，長揖之，諭曰：朕以眇躬仰承天眷，君主萬方十四載于兹矣，深慚德行淺薄，才識庸常，恐忝君師之位。思古來聖帝明王皆崇師道，今日講稱先生，猶存遺意，卿等即朕之師也，股肱心膂，臣哉鄰哉。經曰，尊賢也，敬大臣也。禮應尊敬，朕此舉原不爲過，敬于正月元日端冕而求諸先生，不必謙遜。今而後，道德惟諸先生訓誨之，政務惟諸先生匡贊之，調和爕理，奠安宗社萬民，惟諸先生是賴。古來君臣志同道合而天下治平，朕于諸先生有深望焉。特諭。延儒等跪伏，流涕滿面。臣承澤適以户科左給事中導駕侍班，感堯、舜之再見，而愧臣工無以報塞也，謹記。

元旦頌聖詩四首：闢門元日感咨疇，五色榮光動冕旒，一自丹書臨北面，更無龍衮揖東頭。天支大厦思隆棟，帝念巨川重濟舟，泰運只憑新禮樂，良臣何以荅端求。黄虞曠典雅難倫，復賡揚到比隣，不謂保明初訪落，還從尊帝得恂恂。玄穹監物垂垂定，聖主敦庸事事真，幾代圖松當此禮，光風穆雨四門賓。師臣者帝古尊賢，况在宸居異講筵，七聖道南通大騩，八能占應奉階前。未須審象知惟肖，不待飀風賦有卷，十四朝來無故事，安昌古序憶當年。星辰從此睹重華，勸爾聞昌卽拜嘉，縱賜千金猶有數，雖封百子又何加。碧磚長照交龍影，紗帽能添壓鬢花，新注起居人少見，各傳銀管照家家。

文昭閣傍立直房記：崇禎十五年八月十七日早朝畢，卽登文昭閣。閣在皇極殿之東，卽文樓也。上步下閣，御德政殿，召對閣臣五人。言：國初弘文館在禁中？閣臣對：弘文館國初設在思善門内。上曰：然，文昭閣兩旁亦可建直房，朕不時召對，及講讀偶有疑問，先生每往來亦便。閣臣對：宋人言，親賢士大夫之時多，親宦官、宫妾之時少，臣等見皇上講學勤政，真得堯舜心法。上問永樂大典及大學、用人、理財，諸臣各有奏對。言：用人、理財，俱明明德内事，大學一書，只是明明德。上首肯。因言京中宜積貯本色。德璟對：外面各處都宜積貯本色。高皇帝原設有預備倉，令直省州、縣專貯本色，以待荒年之用。今預備倉只是空名。上曰：屯田也要緊。因言漕運、海運諸事，黄河一帶修築如何。閣臣對：近年自董家河起，即用泇河，不用黄河，一路較平穩。上曰：是泇河。又言京中運粮車户之苦。閣臣對：車户脚價原有輕齎銀可用，只須給發得好；外面百姓尤苦練餉、加派，須是漸漸減省。上默然。是日，天顔和粹，疇咨詳悉，并言京營戰守諸事。奏對尚多，不能盡記也。遂賜茶、餅而出。異日，命于文昭閣左、右創設直房云。臣延儒恭記。

三殿鼎新賦：三殿者，皇、中、建三極殿也。初爲奉天、華蓋、謹身，肅皇帝仰則天垣，遠紬禹範，爰錫嘉名。我皇御籙中興，實鼎新焉。在易鼎之象曰：君子以正位凝命。蓋與書維皇建極之指合。偉哉乎！誠北辰之鴻緯，南面之盛觀也。七年中秋，落以斯干之雅，敬拜手稽首而獻賦曰：厥維幽燕，闢基黄帝。四千餘年，明迺繼之。昔剪蚩尤，我驅蒙古。天昧再開，王氣雙吐。當時所爲，治城闕，繕宫室，於奉天出治之地，尤三致意焉。蓋已高蟠龍虎，上憲觜陬。籠二儀以爲宫，枕萬歲而不渝矣。柏梁之厄，盛極而然。今皇帝遹追祖武，堂搆是肩，諟殿基作，而詔諸中外曰：是成祖宅中之區，而肅祖以疇錫福之所延也。歸會峙其旁，正陽歸其前，東西文、武，左右弘、宣，冠帶萬國，旒冕九天。列聖陟降，其可後焉。於是命司空，契元龜。欽天練日。營繕經初，圭臬揆景，般倕競趨。發帑則神廟封樁之貽，醵俸則千官邪許之呼。蜀楠、吳磚，粵石、荆銅，山祇、川后，獻瑞効功。爾乃神木輸廠，黑窑治璃。臺諫糾敏，匠石究奇。百司雷運，萬輦雲飛。曾未幾時，而皇極門、殿已煥乎其巍巍矣。惟中與建，兩殿踵成，如彼太乙之宮，前有太乙，後有鈎陳。是曰紫微，帝座三辰。倣曩規而增麗，浴濛氾而俄新。恢當陽之寶勢，快神孫之高門。若夫雲楶星桷，重楄飛昂。蘭栭藻井，螭梠鳳窓，金扉玉鋪，丹陛瑶璫，岧峩博敞，蔚駮煒煌，竑髙莫際，赩翕有光，固三殿之所同，羌難得而備方也。有兩班文武進而稱曰：斯舉也，蓋遲之三十年，而成之不日，乘蠱用幹，在鼎元吉。當寶頂之晨安，馳露布而生色。敢賦周詩，上壽千億。於是尚寶陳案，教坊奏韶。錦衣設幟，光禄授肴。黃麾明扇，仗鼓排蕭。仗馬馴象，羅擁蟬貂。鞭鳴簾捲，玉袞以朝。然後七舞入，九曲湛。稱制賜瀝，山呼者三。其或册拜椒掖，封遺桐圭。臚天人之賢雋，受重譯之航梯。禮成郊廟，典舉耕蠶。頒春小歲，獻至日南。升恒進千秋之鏡，熊羆叶百堵之占，莫不晴熏春羽，日射天香。劒舄花生，穆穆皇皇。於是屏宓妃，却玉女，咨臯、夔，訪箕、吕。解網除眚，吹律回黍。貌言視聽祓其思，歲月日星釐其序。雨暘燠寒，五行帥其官，食貨徒師，三德脩其盬。若是故庶徵應五福綏，而世爲竹苞松茂之主也。昔堯有塢宮，舜有總期。儉德雖章，大壯非時。秦、漢諸殿，通光臨華。神仙增城，門千户萬，則汰王之譏也。若衛歌楚室，魯美靈光，則又諸侯之事也。安足爲今日頌哉。帝錫斯疇，肅祖命之。肅祖錫疇，來孝追之。光啓中興，不亦偉乎？天子曰：嘻！是於疇敍其八抑樞在極乎。夫皇極者，卽堯、舜允執之中而建之，卽平康正直之衢，三而一者也。吾將坐華殿之上，燭以玉燭，風以景風。使東至甯宫之塔，西至松套，南至鬼方，解辮面内，莫不來同，雖黄帝阪泉之兵，亦可不用，而穆然治天下以崆峒。隆慶初，詔求直言，王世貞上疏請正殿名，以尊治體。言：太祖名大朝門曰奉天門，殿曰奉天殿，以至詔、赦、誥、勑，俱以奉天冠之，明人主不敢以一人肆於民上，無往非奉天也，義至精博也。願詔門殿仍奉天故號，昭象魏之重。不報。

春明夢餘録卷之八

殿門

奉天門。即皇極門，常朝之制，每日晨興，上便服御門，文東武西侍。鳴鞭畢，鴻臚寺卿唱入班，百官行叩頭禮，分班侍立。翰林學士侍御座左，錦衣衛官夾陛西立，六科給事中分侍左右，御史分班，面向北立，鴻臚官屬立其後。先一日，謝恩見辭者，於鴻臚寺報名。至日，先進午門外，候百官叩頭畢，鴻臚寺卿對御前宣奏姓名員數，於午門外行五拜三叩頭。禮畢，五府、六部以次奏所司合行事。次通政司，引入於御前面奏，請旨，該司官出班承旨。大理以下有事則奏，無則已。次禮部引差使考滿官員。次六科，各奏旨意題本，守衛揭帖，賞賜鈔錠。次鴻臚，宣奏藩府邊境所遣使臣，上命以酒飯賞賜。既而兩京堂上新陞者及在外三司來朝赴任者，面叩頭。畢，鴻臚卿唱奏事畢，羣臣俱側身向上立，鳴鞭畢，上乘輦往御武英殿或文華殿閲章疏，日率如此。至午復出朝，晚亦如之，此每日常朝之制也。每月朔、望，上具皮弁服，御正殿，百官公服叩頭畢，分班侍立。鴻臚寺卿宣奏謝恩見辭員數畢，上出御奉天門視朝，如常儀。

御門常朝答旨

一、官員遣祭復命。

一、官員陞遷面恩。

一、官員到京面見。

一、凡各衙門奏事，無請旨字樣者，已上俱不旨答。

一、太常寺奏祭祀；京營官請神旗祭，旗手衛請旗纛之神祭，并六月初六日請旗纛晒晾；吏、兵二部奏領給文武官誥、勅；尚寶司請寶、捧寶，并請用寶，及奏關金牌，已上俱聖旨：是。

一、官員面辭，内有該領勅者，叩頭畢，聖旨：與他勅，捧勅官承旨捧勅下，授之；有該賜酒飯者，受勅叩頭畢，聖旨：與他酒飯喫；又有該賜銀兩表裏者，謝酒飯叩頭畢，聖旨：與他賞賜。

一、通政司奏事，先一日進面帖，内係吏部者，聖旨：吏部知道。户、禮、兵、刑、工等部，俱如之；該都察院者，聖旨：都察院知道；其云本司奏者，聖旨：該衙門知道。

一、吏科進旨意題本，兵科進守衛官軍揭帖，聖旨：接來。司禮監官承旨接上。

一、御史及序班糾奏失儀官員，内過大者，聖旨：錦衣衛拿了；過小者，聖旨：饒他。

一、夜間或從門縫遞出鑰匙一把，或城上擲下食物及衣服等項，以試坐更將軍，其將軍接得鑰匙，當即遞進，明日兵科引奏，不用旨答；若食物、衣服等項，收執引奏，聖旨：賞了他。

一、吏部引奏知印，聖旨：著東、西邊跪的五箇做。

一、都察院奏差御史接管巡按，聖旨：著東、西邊跪的去。

一、年終各衙門類奏差錯，聖旨：你每說的是，且都饒這遭；在外的還行文與他每知道。

一、每月初一日，順天府官領耆老等聽宣諭，内閣先期擬諭詞上進，司禮監官録一帖，隨侍俟。彼奏畢，皇上以諭詞面諭之，或命司禮監官以所録帖與之。

常朝御史糾儀載風憲事宜

户部署員外、主事某人將笏落地，事屬失儀，合當拿問，請旨。

錦衣衛百户復命不行平身，事屬失儀不謹，合當拿問，請旨。

刑部主事某打斷復命，例不叩頭，却行俯伏，事屬差錯，合當拿問，請旨。

禮科引奏官吏人等，數内官一員跌倒在地，事屬失儀，合當拿問，請旨。

進守衛揭帖官員跌倒在地，事屬失儀，合當拿問，請旨。

兵科給事中某引奏遲誤，及刑部主事某奏事重複，俱合通行拿問，請旨。

金吾左衛具奏俸糧官員，數内一員跌倒在地，事屬失儀，合當拿問，請旨。

南京工部辦事官某奏事不出，及跌倒在地，事屬不謹，合當拿問，請旨。

浙江布政司公差參政某朝見不行平身，事屬不謹，合當拿問，請旨。
行人司行人某復命不行稱臣，事屬不謹，合當拿問，請旨。
陝西行都司指揮等官某等奏事、行禮差錯，俱合拿問，請旨。
鴻臚寺序班引班差錯，合當拿問，請旨。
刑科給事中某引奏官吏人等七起，説作八起，事屬差錯，合當拿問，請旨。
刑部署郎中某幞頭落地，事屬失儀，合當拿問，請旨。
兵科給事中某奏事遲慢及吏科給事中某失落題本在地，俱合拿問，請旨。
都指揮某欽賜酒飯不行叩頭，事屬失儀，合當拿問，請旨。
河南按察司僉事某朝見行禮卑身太遲，合當拿問，請旨。
鴻臚寺堂上官引彝人拖扯不起，中間必有別情，合著通使問，別奏定奪，請旨。
鴻臚寺鳴贊某不候某繳勅，先贊叩頭，事屬差錯，合當拿問，請旨。

西垣筆記

常朝御門，其御座謂之金臺。既陞座，錦衣力士張五傘蓋、四團扇自東、西陞升，立座後左右，而内使一執蓋升，立座上，一執武備，雜二扇，立座後正中。武備之制，一柄三刃，而圈以鐵線，裹以黄羅袱如扇狀，用則線圈自落，三刃出焉，防不虞也。
朝儀，常朝第三通鼓起，先開二門，官軍旗校將軍先進擺列；待鐘響，朝官依次而進。朝象以鼻相搭，侍立午門外。

永樂初，閣臣遇常朝，立金臺東，錦衣衛在西。後因病，用宫人隨侍，遂移下御道，東西對立。值天雨，各衙門俱上金臺奏事，五府立西簷柱外，六卿叙立東簷柱内，閣臣退立於後。景泰二年秋，户部尚書兼學士陳循上請，始復舊制。

朱字傳帖者，奉天門朝罷，駕興，司禮巨璫持下丹陛，呼該衙門官與之。次日早朝，該衙門官具奏本，御前奏云：傳奉事理補奏本，鴻臚寺官接遞，司禮小璫進覽。墨字傳帖，則出自左順門，付該衙門奏行，不復面繳。若事未穩便須執奏者，固不問朱、墨也。

翰林管誥勑官例當捧勑俟上御門視朝陞座，内閣門官以勑授管誥勑官，卽隨輔臣登御階，循從弘政門至金臺東，輔臣立御幄旁咫尺，誥勑官立輔臣稍後尺許，俟領勑官過，卽轉北向上拱立，俟領勑官自陳某官，奉差某處，領勑，有旨曰：與他勑去，卽向北鞠躬，授勑，一躬而退。其制始於嘉靖七年。

萬曆三年，題准常朝該日記注起居史官四員列於東班各科給事中之上稍前，以便觀聽。

常朝舊制，每日御門決事。萬曆初，以方在諒陰，聖齡冲幼，閣臣議酌三、六、九日視朝及二年五月，禮部請復舊制。閣中擬二票上請，仍定三、六、九日，遂沿爲例。萬曆五年，定朝覲官面見儀：兩京府尹，行太僕寺，苑馬寺卿，布、按二司，俱於十二月十六日朝見，外班行禮畢，由右掖門至御前，鴻臚寺官以次引見；其鹽運使、及府、州、縣有司官吏，浙江、江西十七日，山東、山西十八日，河南、陝西十九日，湖廣、南直隸二十日，福建、四川二十一日，廣東、廣西二十二日，雲南、貴州二十三日，北直隸二十四日，各朝見，外班行禮畢，仍至御前，鴻臚寺引見。其中廉能官，面加獎諭賞賚，此深得建國親侯之意，蓋從江陵之請也。

崇禎十五年七月初九日，值常朝，臨期傳免。閣臣具揭進諫，至二十七日，降手勅褒嘉。皇帝勅諭輔臣周延儒、陳演、蔣德璟、黄景昉、吴甡：朕以涼德，纂服昕夕，靡敢荒寧，幾務殷煩，愆忘是懼，賴卿等盡心匡導，卽事贊襄，視國猶家，圖難於易，調和銷弭，未易枚舉。卽如本月初九日偶因微恙，暫免早朝，方愧宵衣，卽勤補牘。卿等忠純體國，念篤愛君上，考典謨惓惓於君要臣詳之義，深惟易傳懇懇於晝勤夜静之宜，意比韋絃，言同藥石，朕心忻悅，是用褒嘉。惟海宇當多事之時，而拮据賴克艱之佐，臣勞而君乃逸，内治則外自寧，卿等其益納誨無方，匡朕不逮，虔終如始，共保天休，欽哉，故諭。

崇禎壬午閏十一月初七日，上諭：二祖舊制，日常朝見羣臣，裁決政事。朕今率循成憲，除門朝照例應免日期傳免外，餘每日視朝畢，勳戚文武諸司等官有欲奏事者，赴弘政門報名候召，内外官員敢有壅蔽阻當者，定以奸欺論斬。

按御門非古制也，古制天子居總章、明堂，惟閏月則居門，故閏字從王、從門也。

春明夢餘録卷之九

文華殿

文華殿在左順門之東，永樂中建。其後，久不臨御。嘉靖踐阼之初，諭將文華殿鼎新修建，易以黄瓦，凡齋居、經筵、及召見大臣等項，俱御此殿。九五齋、恭默室皆世宗手題。殿中横書一扁：學二帝三皇治天下大經大法十二字，爲神宗御筆。殿中經筵，每歲以二、八月中旬起，四、十月末旬止。月三會講日，皆逢二進講。每兩人，一四書，一經。講章皆預呈閣臣，轉付中書繕録正、副各二紙，隔日進，司禮監官奏知。先晚，於文華殿内寶座地平之南，設金鶴香罏左右各一，於左香罏之東稍南設御案、講案各一，皆西向，案上各置所講二書以夾講章，各壓以金尺一副。至期早進，近侍内臣及知經筵官、勳臣、内閣學士，并講官及六部尚書，都御史、大理卿、通政使、鴻臚卿、錦衣指揮使及四品以上寫、講章官，俱繡金緋袍；其展書翰林官與侍儀御史、給事中、序班、鳴贊等官，俱青繡服。朝畢，駕起御文華殿，皆隨之。大漢將軍凡二十名，導駕至左順門，退。易冠帶，便服，仍各執金瓜，而領將軍、或侯、或伯者，則易金繡蟒衣，追越衆官，進左順門，皆分班綴行，立文華門外，竢傳。宣云：進來，則將軍先入殿内，負東西牆立。諸臣陞陛，鴻臚寺官贊：入班。行禮畢，以次分由殿東西門入，重班立。指揮則立西一班末稍前，御史、給事、序班六員分於中門左右向北立。序班二人舉御案進上，二人舉講案置中。鳴贊唱：進講。講官各出班，立講案前，展書官二員出班，對立。鳴贊、講官並行禮，興。東展書官進，至地平膝行詣御案，展四書講章；講四書官亦稍前近案，展所講書。竢展書官復位，先説講某書，然後中講。講畢，掩書，稍退後。原展書官仍如儀進，掩書，復位。西展書官與講經官進退俱如前儀。講畢，仍並行禮，各回班。序班各撤案，聯置舊所。鴻臚卿中跪，奏：禮畢。上諭：官人每喫酒飯，各官跪承旨。興，以次出丹陛，仍行禮，乃出左順門。宴以官序，惟學士之坐立則序于鴻臚寺卿及四品以上寫、講章官右，展書官坐立亦序于四品之下寫、講章官上，重職事也。至于日講官，凡四員，日輪二員，先大學衍義，次貞觀政要，二書皆不用講章，惟各以黄票書所起止，預進。先日，内臣設御案于文華殿後穿堂中，以二書並起止置案上。至日，早朝畢，四講官同閣臣隨駕入，至殿内，授内臣以來日起止，竢召，乃入穿堂門内行禮，分班北向前後立。東班當講者詣御案前，内使授牙籤，右手執之，且指且講。書則向上，初展後掩，皆屬内侍。講畢，還籤，復位。西班當講者乃進講，悉如東儀。講畢，上諭：先生喫酒飯，皆跪承旨，行禮。禮前後皆一拜三叩頭。出宴于文華門外西廡，禁中謂之小經筵，亦謂之小講。

文華殿東室奉皇師伏羲氏、神農氏、軒轅氏，帝師陶唐氏、有虞氏，王師夏禹王、商湯王、周文王、武王，九聖南向；左先聖周公，右先聖孔子，東西向。歲春、秋開講前一日，皇帝皮弁服拜跪，用羹、酒、果、脯、帛行奠告禮。元人經筵儀節悉備，如以勳舊大臣知其事，及定期二、八月。後累朝皆仍其制。翰林承旨巎巎曰：天下事宰相當言；宰相不得言，則臺諫言之；臺諫不敢言，則經筵言之。

故事，勳臣一人知經筵，閣臣俱同知經筵。後至李文達賢，以内閣首臣與勛臣俱知經筵，遂以爲例，實非初制也。

國初有弘文館，在大内之西，以處博學之士。正統初，選經筵悉翰林院官，内批：如何不見居外賢良。以旨赴弘文館，于是劉球等自部屬進次經筵。

永樂二年，上諭文華殿大學士楊士奇以大學講義進，上覽而善之。因諭：帝王之學，貴切已實用，先儒謂克明峻德一章，一部大學皆具。士奇曰：堯、舜、禹、湯、文、武數聖人，凡脩諸身，施于家國、天下者，皆大學之理，誠聖學所當先務。

宣德二年丁未二月，御文華殿，講孟子至二老歸文王章，問曰：伯夷、太公皆處東海而歸文王，及武王伐紂，太公佐之，伯夷叩馬而諫，所見何以不同。講官對曰：太公以救民爲心，伯夷以君臣爲重。上曰：太公之心在當時，伯夷之心在萬世，無非爲天下生民也。

宣德三年二月，進講舜典。上曰：觀二典、三謨，則知萬世君臣爲治之道不出乎此：歷象日、月、星辰，以閏月定四時，天道以明；治水土，奠高山大川，別九州，任土作貢，地道以成；克明峻德，以至協和萬邦，人道以建；九官、十二牧，所掌禮、樂、刑、政，養民之道，後世建官繁簡雖不同，要不出乎此。當時君臣都俞吁咈，更相告戒，用圖治功，氣象藹然，何後世之不能及。講臣對曰：明良相逢，故治化之盛如此。上又曰：天生聖人，爲後世法；孔子删書，斷自唐、虞，使人知有堯、舜，所謂萬世帝王之師也。

三年冬十月庚寅，進講春秋。上曰：聖人匡世之功，憂世之心，備見此書。當時先王禮、樂、法度，日以隳廢，亂臣、賊子，接迹而起，有此書，而後天下知尊周。

九年十二月，御文華殿，出御書洪範篇及御製序文示楊士奇等，且曰：朕在宫中，雖寒暑不廢書册。士奇曰：帝王勤學問，則宗社生民有賴矣，惟願始終此心。

英宗正統元年，始開經筵。先是，宣德以前諸帝，每視朝畢，無日不御文華殿或便殿，召大臣及儒臣講讀，時經筵未開也。至是年二月，從大學士楊士奇之請，始開經筵，命太師英國公張輔知經筵事，少傅楊士奇、楊榮同知經筵事，少詹王直、李時勉等兼經筵官，賜宴及金、帛有差。

成化中，司經局洗馬楊守陳進講武成篇，云：魯論稱舜無爲而治，周書稱武王垂拱而成。然後世人主有深居禁中，委政内侍者，乃召望夷之禍；有高居無爲，肆情嬖艷者，乃啓禄山之變，是何也？蓋舜之所以無爲者，由其封山濬川，以至舉相去凶，無一不盡其道；武之所以垂拱者，由其列爵分土，以至崇德報功，無一不究其心，皆由憂勞而有爲，乃能逸樂而無爲也。若後世之主，則孟子所謂安危而樂亡者，古今治亂，可爲永鑒。上聞之竦然。

弘治元年三月，吏部侍郎楊守陳請遵祖宗舊制，開大、小經筵以講學，常御早、午二朝以聽政。其大經筵及早朝，即如舊儀，若小講，則必擇端介博雅之儒臣，侍班進講。凡所未明，曲加解喻，而於義理、政事、興亡、治亂，必一一講之，精而無疑，乃可行之篤而無懈。凡經史及祖宗典訓，百官題奏，皆聚之文華後殿，日輪内閣大臣一人、講官二人居前殿右廂，或有奇奥，即令解對。陛下必御文華殿之時多，處乾清宫之時少，使欲寡而心清，惑少而理明，則其得於内者深，而出治之本立矣。上嘉納之。

是年四月，南兵部主事婁性請遵太祖皇帝用翰林學士宋濂等及太宗皇帝用學士胡廣等故事，并成化初年經筵日講事例，命内閣大臣妙選詹事、翰林儒臣及行取守制養病侍講謝鐸、編修張元禎、檢討陳獻章等，各厚其禮遇，輪直召對；其文、武大臣學行超卓者，亦時賜顧問；并擇老成清謹内臣給事左右，使邪佞無得而間，則聰明日廣，德業日隆。從之。

弘治元年，御文華殿，講書畢，賜講臣各織金緋衣、金帶，及紗帽、烏鞾。叩頭謝，訖。上曰：先生辛苦。咸對曰：此職分當爲。皆頓首而退。程敏政有詩記之，曰：日映罘罳曉殿深，湛恩稠疊駕親臨，袞衣紅耀天機錦，束帶黄分内帑金。久幸清班容宦履，老慚華髮點朝簪，經生職分尋常事，消得君王念苦辛。

學士王鏊直經筵，講文王不敢盤于遊畋章。上傾聽，嘉納之。時方春，屢遊後苑，左右或請止，不聽。及聽鏊講畢，召佞幸李廣，戒之曰：今日講官所講，殆爲汝輩好爲之。竟罷遊。無何，廣亦罷，尋誅死。

張元禎入侍經筵，以其身短，上特爲低几就聽之。上疏勸經筵，講太極圖以及西銘。孝宗嘉納，急索太極圖以觀。曰：天生斯人，以開朕也。

學士劉機經筵，進講責難於君謂之恭二句，孝宗注聽。久之，俯賜清問，因辨析陳字之義。劉倉卒進講，語不達意。上謂之曰：此卽敷陳王道之陳也。羣臣叩首謝。又謂：何以不講末句。答以不敢。上又曰：何害，善者可感善心，惡者可懲逸志，自今不必忌諱。

嘉靖二年，御文華殿，召講臣至。首揭書經君子所其無逸章，繼而講康誥惟民康乂章、召誥顧畏民嵒章、孟子踐形章、理義悦心章、被袗衣鼓琴章、君子反經章。是日上御黼座，横經俯詢，虛心聽納。

講官劉龍進孟子至誠章，上批曰：龍于至誠能動，乃云邇者黄河清，是至誠之驗也，未免近諛；但其末云謙以履盈，約以保泰，此二句却好。

又講官倫以訓進論語陽貨爲士師講義，上批云：以訓講哀矜勿喜，云是慈悲憐憫，夫慈悲二字，是釋氏之教也。

講官魏校進書經罪疑惟輕章講説，上批云：桂萼薦校善講義，朕觀其講章，並未有過人者，且其前後率多諛詞，難居近侍，著吏部調南京用之。

講官廖道南進講論語高宗諒陰以下三句，又明日進講大學衍義。時汪爲鋐吏部尚書，懇祈大學士張孚敬改題，以其有君薨聽於冢宰句也。道南執不肯，孚敬遂具揭帖以進。世宗批云：覽卿等奏，朕已悉，舊日講官徐縉講孟敬子徹去二節人之將死不講，夫死生人道之常，何諱之，有如卿等言，則忠讜之論何由得聞，還著道南照舊進講。明日道南講畢，進説云：按説命夢帝賚予良弼，其代予言；又云：其惟不言，言乃雍。即是以觀古之人君，心純乎孝，故宅憂而不暇於有言；古之人臣，心純乎忠，故攝政而不嫌於代言。然必有高宗之聖，而後可以用傅説之賢；必有傅説之賢，而後可以輔高宗之德，不然，則莽、操、懿、温之流，又將以冢宰藉口于千萬世矣。孚敬聞之，出謂鋐曰：講官欲中傷之。

侍講汪佃進講洪範九疇，不稱旨，令吏部改調外任。因命内閣選擇翰林諸臣稱職者留用，不稱者量除他官。尋調汪佃寧國府通判，而中允劉棟、楊維聰等，侍講崔桐等，皆補外。

經筵講官及執事官失儀，舊制許令出班請罪，得面宥。嘉靖六年，以經筵乃講學親賢之地，一切差誤，令侍儀科道退而具奏上請，免其自請。

嘉靖時，祭酒陸深爲講官言，講官講章不宜輔臣改竄，使得自盡其愚，因以觀學術邪正。熹廟初，李康先爲講官，亦言：講官講章宜徑達御覽，閣臣不必改易。

萬曆元年五月，定春講以二月十二日起，至五月初二日止；秋講以八月十二日起，十月初二日止，不必題請。

萬曆初，御經筵畢，覽貞觀政要，曰：唐太宗多有慚德，魏徵大節有虧，命以後講禮記，其貞觀政要停講。

萬曆元年正月初七日，出御文華講讀。舊例節假，二十一日始開，上假内御講帷，勤于問學，前此未有。是月，即允閣臣所請，開經筵。神宗因張居正進帝鑑圖説，至宋仁宗不喜珠飾事，上曰：國之所寶，在于賢臣，珠玉之類，寶之何益。又至秦始皇銷兵事，上曰：木棍豈不能傷人，何以銷兵爲。

二年二月，神宗御文華殿講讀，手書學二帝三王治天下大經大法十二字，懸之文華殿中。又諭輔臣張居正曰：朕欲賜先生等及九卿掌印并日講官各大書一幅，以寓期勉之意，先生可於二十五日來看朕寫。是日大書宅揆保衡、同心夾輔各一幅，正己率屬九幅，陳善責難六幅，敬畏二幅，分賜各臣。

是年十二月，講讀畢，問張居正：元夕鰲山烟火祖制乎？對曰：非也，成化間以奉母后，當時諫者不獨言官，即如翰林亦有三四人上疏，糜費無益，所當節省。上曰：然，明年元夕罷烟火鰲山。

三年，神宗日講至漢强項令董宣事，謂輔臣曰：彼公主也，尚不能私庇一奴，外戚家何可不守法。

三年，日講畢，上命中使捧皇太后御書示輔臣，言：聖母在宫中，唯觀書史，課宫人俱讀書、寫字。張居正曰：此聖母愛不忘勞，端身教也。因勸上勉力問學。上曰：先生言是，朕當勉之。

泰昌元年十月二十日，經筵，以是日頒郭、王兩太后謚，諭改二十一日。講官孫承宗講克明峻德，以親九族一段。臨登講筵時，念上方有宮幃之隙，因就親睦九族處重發一番，其語云：帝堯德爲聖人，尊爲天子，第一要緊事便重九族，決不敢自恃説自家是至尊，便輕踈一家骨肉，所以要親愛，既親愛之便處置，一家各得其所，所以一家骨肉，相親相睦，無有怨心。又曰：九族是自己一身爲一族，上有高、曾、祖、父，是四族，下有子、孫、曾、玄，是四族，共爲九族。如上內有宮眷、戚畹，外有宗、族親藩，以親，是同其好惡，同其富貴，即先朝所遺眷屬，務要仁至義盡，無使恣縱，無使怨恫等語。上退至九五齋，謂內璫：孫講官的話，竟是本章；又曰：今日纔知九族。甚稱善。

熹廟初御講筵，內閣戒講官講章宜簡要，講畢勿多獻替。孫承宗曰：主上幼冲，正宜詳明切直，博引曲譬，若講官聽中堂爲芟改，中堂又視中官爲忌諱，則講筵爲無人矣；講官李光元亦以講章不宜芟改，上書爭之，於是勿改。承宗謂內侍王安及高時明，以上御講筵，恭默無一問難，當如常朝奏事，例有口答，上問某句，講官通俗細解，再問，講官又細解，俾上漸通曉機務，與臣下日親日熟，入而後説之，此啓沃之要也。時明曰：非復午講不可。安曰：甚善，當請修九五齋。時明曰：孫公欲致君堯、舜，須有茅茨土堦遺意，何必脩齋而後講乎？

崇禎元年，文華殿議政。諭：朕自御極以來，夙夜焦勞，惟兹封疆民瘼，圖維在念，而邊備積弛，閭閻久困，臣工習俗相沿，尚牽情面之故套，政事奉行不實，徒誇紙上之空言，故屢召平臺，時廑商確，期振惰窳之弊，一新明作之猷。第召見以時，則情意未洽，咨詢有間，或參酌未詳。朕欲與大小臣工日相晉接，共籌庶務，而諸司各有職掌，辦理各有公署，宣召頻煩，恐滋躭閣。惟是輔臣，職任股肱，誼協心膂，票擬挈封疆之要領，獻納關庶政之權輿，呼吸聯通，斯爲最切。今後，除盛暑祁寒之外，朕當時御文華，一切章奏，與輔臣面加參詳，分別可否，務求至當。爾大小臣工，各宜精白乃衷，靖共爾位：有官守者，恪修職業，毋飾虚文，而翳實事；有言責者，殫竭悃誠，毋昧自心，而恣勦説。其事關奏對，論宜剖晰者，仍不時單宣，面垂詢察，核舉廢，以程勤惰，按是非，以辨貞邪。奉公有特簡，狥私有顯罪，一洗欺玩頹靡之習，共收奮庸熙績之功爾等。欽哉，故諭。

崇禎十五年八月，經筵。勅諭：朕惟帝王圖治，必以務學爲先，蓋敬怠總握於君心，而法戒備彰於古訓，講學、勤政，相須尚矣。我祖宗神聖御天，率隆斯軌，朕用遜志，罔敢荒寧。爰自元年講筵肇舉，於今十有五載，方以明透經義，實裨治理，爲儒臣勗，乃至宥密之地，彌資啓沃之功。兹特命太傅成國公朱純臣、少傅兼太子太傅吏部尚書建極殿大學士周延儒知經筵事，禮部尚書兼文淵閣大學士陳演、禮部尚書兼東閣大學士黄景昉、蔣德璟、吴甡同知經筵事，禮部尚書兼翰林學士林欲楫等充經筵講官。於戲，終始典於學，克建赫濯之猷，緝熙單厥心，爰迓昄章之福。自古帝王之學問，非徒文字之敷陳，其道在知人安民，其本在正心誠意，脈絡雖遠，綱領可尋。朕每寤寐五三，表章六子，間沿今以遡古，而實效尚稽，即因理以求心，而精義未晰。卿等學在經世，志矢格君，尚其深研危微，明陳標本，以及人才、國是、吏治、民生，一切安内攘外之圖，務求制勝保邦之要，各殫忠藎，勿騁繁華，俾嘉言得見諸施行，而上理可追於隆古，予一人實嘉賴焉。欽哉，故諭。

崇禎帝以丁卯八月御極，是年十月，即先開日講。十月初二日，御文華殿，講大學一章，尚書堯典一章，帝鑑圖説一章。帝退御便殿，以御書示閣臣，諸臣皆贊美。帝曰：書有不如法處，卿等當爲改正。輔臣叩首謝。按故事，日講官一員直講，一員直讀。直讀者先讀五過，上隨口讀已，方直講者進講，是日傳免進讀。越三日，復傳免講帝鑑圖説，講祖訓、通鑑二書。

丁卯十月十二日，上御講筵。畢，召輔臣黄立極等入便殿，出督師尚書王之臣疏示之，諭曰：朕覽王之臣疏自稱贅員，又曰虚拘，顯因内臣在彼牽制，不便行事。朕欲將各邊内鎮盡行撤回，一切兵馬錢糧，著交割各督撫鎮道衙門。封疆事重，王之臣須一力擔當，卿可擬勅諭來看。

崇禎元年戊辰，二月癸丑，上初御經筵，以英國公張維賢、大學士施鳳來充知經筵官，大學士張瑞圖等充同知經筵官，侍讀學士温體仁等十六員充講讀官，編修倪嘉善等八員充展書官，講堯典、大學各一章，賜各官筵宴、銀幣、鈔錠有差。

戊寅春，經筵講官王鐸講聰明睿知一章，分疏敬、信、悦字反語太多，言時事又有白骨如林等語。講畢，上怒謂其敷衍數語，支吾了事，全不能發揮精義。王出案前待罪。良久，上命起來，又忘謝恩。其次講尚書者乃黄錦，聲細而哀，無一字可辨，上不懌而退。

辛未，羅喻義送講章於閣臣，温體仁令改，不肯，遂至疏參。言：舊例，惟經筵進規多於正講，日講則正講多，進規少。今喻義以日講而用經筵之例，駁改不聽，自媿不能表率後進等語。乃下部議處。部議云：聖聰天縱，而喻義嘵嘵多言。遂以閒住處之。講章原無定例，體仁特借以除異己，而部覆又嗤其詭隨。於是喻義自上一疏，云：先是，講官諸臣以聖學淵深，經生常語，懼不得當，特於正文外頗及世務，適臣派講尚書惟我商王布昭聖武一章，謂可以闡愚忠矣。於是焚香鍵户，或卧或興，遍及京營之練，大閱之禮，然不敢臆説，悉本先臣讜言，明聖成憲，嘔心劌肝，冀少裨益，而爲尺幅所窘，僅若干言。至本月十七日，携至直廬，示同事，而後脱稿，至鄭重也。亭午輟直，臣與同官會食西閣下，俄而閣役呼召臣至閣門。久之，未得見。門吏言：過午則講章不便進呈。臣不得已，稍進，求面請教，而又不得見，但趣臣削去後半段文字。夫成之數日，改之片時，勢亦安能，往復甚苦。臣謂：臣官可去，稿不可削。遂不得已趨出也。噫，臣于此日亦大難矣，削之則寥寥數語，無以對揚吾君，不削則嘵嘵執争，何以勉承人意。人之言曰：爲臣不易，乃今知之。然總微臣愚昧之過也。今講章見在御前，伏乞皇上罷斥臣身，以明臣過，并賜省覽臣言，以明臣心。臣孤立無黨，度無全理，願歸身皇上，以憑進止，臣雖去有餘榮矣。日講一章：惟我商王布昭聖武，代虐以寛，兆民允懷。伊尹又説：有夏敷虐萬方，誰能仗天下之大義爲兆民除害者？當時無其人也，惟我商王成湯，奮義理之勇，興師正罪，敷著其武，德於天下。敵方以虐，我獨以寛，除去一切，與之更始，如相代矣。於是兆民之衆，皆信懷我商王之德，知其志在於救民也。湯之得天下者以此。臣謹按制治以文，戡亂以武，易稱神武，而書稱聖武。聖者，生知之曰成湯智勇天錫，猶曰此聖於武者也。考湯征不專是伐，夏（商）書序言湯伐夏，升自陑，戰于鳴條，夏師敗績，遂伐三朡。韋、顧、昆吾，同時殄滅。東征西討，武功暢焉。布昭，猶曰次第布之云爾。然亦得伊尹，以爲之將，故所向有功。其詩曰：實惟阿衡，左右商王，此之謂也。恭惟我皇上神聖性成，大寶初登，手剪兇逆，淵謀秘策，動合兵機，可謂聖于武矣。而近日戰功猶未大暢，無亦左右之者未得其人歟？夫伊尹大聖，世不恒有。即如唐史稱高崇文練卒五千，常如寇至，奉命討西川，卯時受詔，辰時即行。今大凌之援，經月不能出師，何哉？臣謂欲振武功，則團操不可不講也。先臣許國嘗著論曰：昔高皇帝提劍滁陽，混一天下，乃營中軍、左右掖、左右哨曰五軍營；文皇帝以胡騎三千，入靖内難，因而營之，曰三千營；後征南交，得飛鎗流矢，因而營之，曰神機營，此三大營之所自起也。承平既久，營兵漸墮，乃始抽其精鋭，而以四營分隸三營，共十二營，此十二營之所自起也。但其名雖十二，而實統於三，統之者所以握其重，而分之者所以致其精，兵精而勢益重矣。許之此論，蓋善夫團營也。先臣楊一清亦言：京營將領，宜依弘治間劉大夏議，凡邊將曾經戰陣，偶坐事閒居者，悉取至京，付蒐選教練之任。於是周尚文等諸名將比出矣。今不可倣而行乎？然欲講團操，則大閱不可不舉也。昔高皇帝有雞籠山之閱，文皇帝有鳴鑾成之閱，章皇帝有兔兒山之閱，睿皇帝有西苑之閱，莊皇帝有大教場之閱，成憲具在，不可倣而行乎？兹事最關戎務。乘此人心廢弛之後，大駕親臨，旌旗生色，可以選將，可以簡兵。惟是舉事，須有微權。臣請先下其令，而大展其期，俟戎政操練已成，然後奏請舉行，一以紓經費於目前，一以需成功於歲月，從此張皇六師，爰整一怒，内安諸夏，外制四夷，雖仰同殷武可也。

庚辰八月十二日，當開經筵，而初四日廷杖詞臣黄道周，初十日又杖救道周者户部主事葉廷秀，上意弗懌，改期。二十二日，又係憲宗、熹宗忌辰，鴻臚請用青錦繡，上改二十三日。

壬午九月二十五日，諭禮部：經筵大典禮宜嚴肅，以後定于辰時行，供事各官照日講例，著文書官預傳站班，不得參差遲誤，該部卽行傳飭，特諭。

壬午八月二十二日，上御文華殿日講。故事，經筵有二案，一在御前，一在講官前，俱有講章；而日講則止一御案，第以經書置案上，講官指書口講，無講章也。講官韓四維屢次遺忘，帝以矜懍寬之。先數日，帝諭輔臣：日講可照經筵例，亦置講章，朕有所疑，可據以問難，而講官亦不至遺忘。因具揭帖進呈，卽批發，令傳與講官知。是日遂用講章在御前，講官用牙籤指講。

壬午九月十八日，上日講。講官講論語子罕言一節、書旅獒、春秋大水、孟子北宫黝節畢，帝召輔臣前，問：夫子論仁，如欲立欲達，克己復禮，天下歸仁，及出門使民等語，言仁儘多，何云罕言。輔臣延儒對：此卽性與天道不可得聞之意；德璟對：聖人未嘗不言仁，只門弟子悟者以爲言，不悟者以爲罕言耳。又問：命與仁如何分别。德璟對：總是一理，在天爲命，在心爲仁。帝首肯。又問：一日克復，天下歸仁，便是脩己以安百姓意思。輔臣極贊，以爲聖見明徹。吴甡言：帝王學問，總只是明德、新民。德璟言：明明德於天下，便是天下歸仁。頃之，帝曰：近來雨暘，時若秋令，甚佳。輔臣因及起廢事，公薦葉廷秀、成勇最有清望，上頷之。次日，手諭：昨先生等論仁諸説，深當朕心，著卽撰寫進呈，以便觀覽。

壬午八月二十四日，日講。詹事邱瑜講師摯之始章。帝問咸英、韶濩，瑜對是四代樂名。上曰：子在齊，聞韶樂。瑜對：即此韶樂。上復問關之雎亂亂字。瑜對：是樂之卒章。上曰：當時，夫子聞韶，三月不知肉味，是何等氣象。因顧輔臣前，諭禮部舉知樂之人，曾有之否。對：未有。上曰：古樂亦尚可復。輔臣蔣德璟因薦黄道周知樂。

文震孟在講筵，端恪能致人主之聽。一日，上偶加足於膝，文講時，誦講章中語，拱手曰：爲人君者，可不敬哉。又重申之曰：爲人君者，可不敬哉！上竦然，爲之下足端聽。

倪元璐以大司農充講官，講生財有大道一節，極言加派聚斂之害。上震怒，謂邊餉匱乏，部中未見有長策，徒作此皮面語。倪徐曰：臣儒者所陳，雖是本頭書生語，然不敢懷利以事君。上默然。次日，謂閣臣曰：講筵有問難，而無詰責，昨日之言，朕甚悔之。

張居正進日講儀注

一、每日講讀大學、尚書。先讀大學十遍，次讀尚書十遍，講官各隨進講。畢，即退。

一、講讀畢，皇上進暖閣少憩，司禮監將各衙門章奏進上御覽，臣等退在西廂房伺候。皇上若有所諮問，乞即召臣等至御前，將本中事情一一明白敷奏，庶皇上睿明日開，國家政務久之自然練熟。

一、覽本後，臣等率領正字官恭侍皇上進字畢，若皇上欲再進暖閣少憩，臣等仍退至西廂房伺候。若皇上不進暖閣，臣等即率講官再進午講。

一、近午初時進講通鑑節要。講官務將前代興亡事實直解明白。講畢，各退，皇上還宫。

一、每日各官講讀畢，或聖心於書義有疑，乞卽問臣等，再用俗説講解，務求明白。

一、每月三、六、九視朝之日，暫免講讀，仍望皇上於宫中有暇將講讀過經書從容温習，或看字體法帖，隨意寫字一幅，不拘多寡，工夫不致間斷。

一、每日定以日出時請皇上早膳。畢，出御講讀。午膳畢，還宫。

一、查得先朝事例，非遇大寒、大暑，不輟講讀，本日若遇風雨，傳旨暫免。

文華殿初舉經筵謝表：知經筵事太師英國公臣輔、同知經筵事少傅兵部尚書兼華蓋殿大學士臣士奇、少傅工部尚書兼謹身殿大學士臣榮、禮部尚書兼翰林院學士臣溥、兼經筵官詹事府少詹事兼翰林院侍讀學士臣直、少詹事兼翰林院侍講學士臣英、翰林院侍讀學士臣時勉、臣習禮、侍講學士臣循、侍讀臣衷、侍講臣穀、脩撰臣愉、臣鼐等，兹者恭遇經筵肇啓，聖學維新，講讀侍臣，咸膺恩澤，謹奉表稱謝者。臣輔等誠懽誠忭，稽首頓首上言。伏以天清地寧，昭聖皇之統御，時康道泰，美文治之隆興，日月光華，中外忭悦。恭惟皇帝陛下聰明睿智，廣大寬仁，尊尊親親，崇兩宫之至養，推恩布德，得四海之懽心，是以三光全而寒暑平，五穀熟而人民育。益勤稽古之學，益弘養正之功，謂易、書、詩、禮、春秋之文，皆堯、舜、禹、湯、文、武之道。萬幾有暇，恒親御以經筵，多聞是求，肆詳延於儒雅，用資啓沃，用致進修，上以承帝王心法之傳，下以錫臣民皇極之福，光祖宗之洪業，擴海宇之隆平。臣輔等猥以庸才，咸叨榮命，荷絲綸之飭勵，繼宴錫之駢蕃，於緝熙單，厥心允協周成之德，念終始典，于學敬陳商說之篇。

神宗遺事

萬曆二年四月，面諭輔臣作對聯。先擬三字，對云：天地泰，對曰：日月明。張居正賀云：永樂十一年端午，宣宗隨成祖北京射柳，連發三矢皆中。又出對云：萬方玉帛風雲會，即對云：一統山河日月明，成祖大喜，賜名馬、紵絲等物。時宣宗年十五也。上所對適與符合。

萬曆九年，御文華，出宣廟玄兔圖示輔臣講官，令各賦詩，親書於軸，仍自用印記。又出永樂四駿圖以賜輔臣。四駿者，文皇用兵所乘也。輔臣爲題詠，奏之。上悦，賜金。已又出永樂騶虞手卷賜輔臣，藏之閣中，此乃小卷；仍有一卷，長數丈，鋪於文華殿，僅乃竟卷。

于文定愼行云：經筵進講在文華前殿，日講在殿後穿廊，正字在後殿東閣，設一幄次，又東一室，乃上所遊息。一日，同二三講臣入視，見窻下一几，几上設少許書籍，又一二玉盆，盆中養寸許小金魚，乃上所玩弄也；西壁一几，几上筆硯無甚珍異，筆皆市中所買，上貼筆匠楊彦章名，紙皆折簡，一如士人所用，其樸如此。

于文定愼行曰：甲戌四月，賜輔臣張居正宅揆保衡四字，吕調陽同心夾輔四字，六卿正己率屬各一，講臣六人責難陳善各一。時愼行尚未與講，六人者，學士丁士美，宫坊何雒文、陳經邦、許國，學士申時行及翰撰王家屏也。丙子，侍讀張位及愼行補講幄，上顧相臣曰：新講官二人尚未賜與大字。相臣曰：惟上乘暇揮灑。一日，内使濡墨以俟，上遂大書二幅，賜位及臣愼行，字畫比賜諸公大而老成莊勁，又若勝前歲者，蓋御齡已十五矣。一日，謂居正曰：朕欲爲先生書太岳二字，居正頓首曰：老臣不敢，乃已。

春明夢餘録卷之十

文華傍室

文華殿，原係東宮講讀之所，天順中，始移於殿之東廂房。每早，各官繡服行禮，分立，東宮自座上背誦先日之書。畢，講官直上地平，内侍授以牙籤，指書而講。講畢，退食，東宮易衪㩳，金鑲寶石帶，玉縧，向西䆫，習倣書一張。各官易素袍，復進週講三日之書。畢，諭先生每喫茶。各官叩頭而出。内臣設一桌，將東宮倣書請視，閣臣以硃筆點字之端楷者。

元時，太子講讀之所曰承華，明曰文華。永樂中，著文華寶鑑賜太子。太子出閣，講官陳經書於前，講官讀一句，太子照讀一句，或五遍，或十遍。大約讀重於講，故官銜讀列於前，然通謂之講官。

天順二年，禮部請皇太子出閣讀書。上召李賢，謂曰：東宮講讀當在文華殿，朕欲避此，往居武英，但早晚朝太后不便，姑以左廊居太子。此東宮移居之始也。

英宗爲太子，年二歲；孝宗年六歲；武宗尚未週年；光宗以萬曆二十二年甲午出閣講讀，時年十三；崇禎十年丁丑，禮部請太子出閣講讀，時太子年九歲矣。上定明年二月，遂以戊寅正月冠，二月初七日出閣。己卯八月，兵部選東宮侍衛人員於五府衛所子弟。選一等，名帶刀舍人，一百五十六員名；二等，名控馬侍衛，二百二十員名，開講、朝賀之日，在文華門外侍立。東宮講讀、侍班，皆用詹事、春坊。如萬曆四十四年，題詹事劉一燝、韓爌二人侍班及庶子張邦紀等六人講讀，皆坊局官也。萬曆二十九年，東宮册立，三十年正月，開講，侍班四、講讀六、翰林兼司經局較書二、侍書二，閣臣提調每日輪一員入侍。光宗出講，閣臣連侍三日，以後逢三輪侍。崇禎中，東宮出閣，閣臣初侍三日，以後遇三、八日全進，餘日一人輪侍。

崇禎十五年八月，閣臣恭進東宮講儀：

一、覽史以佐經。察舊儀有讀四書、讀經史之文，似宜於經書外每摘簡要通鑑一段進講，於凡治亂邪正是非之際，詳細開陳，庶以古鏡今，爲益不小。

一、省讀以進業。舊儀經書各讀十遍，爲蒙養聖功，伏見皇太子聰穎非常，似可各省爲五遍，以餘力用之閲史、作對，既可養氣，兼可旁通。

一、對句以致知。相傳祖宗朝講讀畢，皆有對偶之句，繇淺漸深，繇近及遠，比物連類，觸發頗多。似可將舊對佳者集爲一帙，恭候東宮時取覽觀。間作一對，容臣等與侍班講讀官互相參叩，似亦格致一端。

一、問辨以去疑。聞高皇帝每令儒臣進講，必令反覆討論，以求義理之極。如講洪範、講立政、講攻乎異端及心箴，皆至闡聖，真出自天悟。至肅皇帝，聽講尤多，發前賢所未發。皇上精洞古今，同符二祖，計萬幾之暇，所以諭東宮者耳提面命，無不周到。而講官進講時，間有疑義，東宮亦可時賜詰問，以盡下情。

一、時習以基聖。先臣詹事吴寛言：東宫講學，自寒暑、朔望、令節外，一歲之中不過數月，一日之内不過數刻，況其間又多間歇，卽曰習讀於内，終不若出就外，傳親近儒臣講習治道，所得爲多也。商書言：終始典學；周頌言：日就月將，皆守成芳，躅謹舉以爲時習不厭之助。

親王受封，未之國者，當出閣讀書。永樂後，擇翰林官二員輪日講讀，迨之國日，遂改陞長史以從，故預者多不願。宣德中，周文襄忱自刑部主事陞越府長史，未幾，越國絶，遂陞侍郎，巡撫南畿。正統中，儀銘楊翥爲郕府講讀官，後郕王嗣位，以從龍官至宫保、尚書。天順初，德王、秀王等出閣，内閣李賢以親王四，用官八員，翰林官少，請於新進士選用，授以檢討之職。遂著爲例。

崇禎皇子定王於壬午正月出閣，永王於癸未八月出閣，皆命吏部選新進士爲檢討，國子助教等官爲待詔，充講讀，以兩房、兩殿中書充侍書，每遇出講，則王從皇極門之左弘政門出紅板橋，用校尉八人，青羅小傘二柄，與至尊同，而隨侍内璫六人皆金帶也。王至皇極門下輿，趨過西，復上輿，至書堂陛下，出輿。閣臣率講讀、侍書官立於門右，一躬，候王入書堂，至先師前行禮，畢，出坐堂中。王命先生每來，一躬，卽分班入門。内閣臣左立，餘各官稍退分左右立，一躬，出班。初開館行四拜禮，以後行一拜禮，不叩頭也。讀四書、書經各五遍，講四書、書經各二遍。王命先生每喫酒飯，即出。用酒飯畢，再入，侍王寫倣。閣臣至案前，環觀王親寫十字，餘俟諸臣退後，寫足送閣，閣中批圈畢，進呈。

皇極門外兩廡四十八間，除曠八間外，實四十間。東二十間爲實録、玉牒、起居諸館及東閣會坐公揖處；西二十間上十間爲諸王館，下十間則會典諸館也。定王書堂在西第六間，爲讀書處。第五間懸先師孔子畫像，四配侍側，蓋摹吴道子筆及永王出閣，因移定王第四間，而永王在第六間。王初出閣，向先師行四拜叩頭禮，以後則行一拜三叩頭，皆内官贊禮。第三間、第七間爲二王退居處，案上置四書、書經白文及集註大學章句，或問洪武正韻、經史海篇直音諸書，皆紅綾殼。

春明夢餘録卷之十一

武英殿

武英殿，在右順門之西，規制如文華，凡齋居及召見大臣其中。後以文華殿近慈寧（慶）宫，故歷朝多居之，而移太子講讀於南廡。至嘉靖建九五齋於文華殿以爲致齋之所，而武英遂不復御。

文華有直殿中書，擇能書者居之；武英有待詔，擇能畫者居之，如宋之書、畫學是也。然宋朝立學時有考較，至明惟以中官領之，不關藝苑，無從考其殿最，故技藝之精遠不及宋。宣德獨好畫品，武英待詔間有一二著名者，至書法以姜立綱爲宗，類如掾史矣。

仁智殿

仁智殿，在武英殿後，命婦朝賀中宫之地。朝儀：前期一日，女官陳設皇后寶座于宫中，設香案于丹墀之南。其日清晨，内官陳設儀仗於丹陛之東西及丹墀東西，女官擎執者立于寶座之左右，陳内樂於丹陛東西，北向，設而不作，設箋案于殿東門外，設班首拜位及各命婦拜位于丹墀，北向，設司贊位於丹墀東西，設司賓位於命婦班之北，東西相向，設内贊二人於殿内東西。命婦至宫門外，司贊引命婦入就拜位，女官具服侍班如常儀。尚冠、尚衣等官詣内奉迎，尚儀奏請陞座，皇后具禮服出，導從如常儀，陞座。司贊唱班齊，贊四拜；外贊唱進箋，贊衆命婦跪，引箋案女官二人由殿東門入至殿中，箋文不宣，命婦皆興。司贊唱四拜。尚儀跪奏：禮畢。皇后興，還宫。命婦以次出。

鹵簿

丹陛儀仗三十六人。黄麾二，戟五色繡旛六，戈五色繡旛六，鎗五色繡旛六，小雉扇四，紅雜花團扇四，錦曲蓋二，紫方繖二，紅大繖四。

丹墀儀仗五十八人。班劒四，金吾杖四，立瓜四，卧瓜四，儀刀四，鐙杖四，骨朵四，斧四，響節十二，錦花蓋二，金交椅一，金脚踏一，金水盆一，金水罐一，方扇八。

宫中常用儀衛二十人。内使八人：青五色繡旛二，金斧二，金骨朵二，金交椅一，金脚踏一；宫女十二人：金水盆一，金水罐一，金香爐一，金香盒一，金唾壺一，金唾盂一，拂子二，方扇四。宫女服用紫色、圓領、窄袖，徧刺折技小葵花於上，以金圈之，珠絡縫金束帶，紅裙，弓樣鞋，烏紗帽，飾以花帽、額緞、團珠、結珠，鬢梳垂珠耳飾。

冠服

冠爲圓匡（匡）冒（冒）以翡翠，上飾以九龍四鳳，大花十二樹，小花如大花之數。兩博鬢，十二鈿。服褘衣，深青爲質，畫翠（翟）赤質，五色十二等。素紗中單，黼領，朱羅縠褾襈裾。蔽膝隨衣色，以緅爲領緣，用翟爲章三等。大帶隨衣色，朱裏紕其外，上以朱錦，下以綠錦，紐約用青組。玉革帶，青襪，青舄，舄以金飾。凡朝會、受册、謁廟，皆服之。燕居，則服雙鳳翊龍冠，首飾：釧鐲以金玉、珠寶、翡翠。隨用諸色團衫，金繡龍鳳文。帶用金玉。

命婦冠服

一品，冠花釵九樹。兩博鬢，九鈿。服用翟衣，色隨夫用紫，繡翟九重。素紗中單，黼領，朱縠褾襈裾。蔽膝隨裳色，以緅爲領緣，加文繡重翟，爲章二等。大帶隨衣色。革帶用玉。青襪舄。佩綬。二品，冠花釵八樹。兩博鬢，八鈿。服用翟衣八等，其色隨夫用紫。革帶用犀角。餘並同一品。三品，冠花釵七樹。兩博鬢，七鈿。翟衣七等，其色隨夫用紫。革帶用金。餘同二品。四品，冠花釵六樹。兩博鬢，六鈿。翟衣六等，其色隨夫用紫。革帶用金。餘同三品。五品，冠花釵五樹。兩博鬢，五鈿。翟衣五等，其色隨夫用紫。革帶用烏角。餘同四品。六品，冠花釵四樹。兩博鬢，四鈿。翟衣四等，其色隨夫用緋。革帶用烏角。餘同五品。七品，冠花釵三樹。兩博鬢，三鈿。翟衣三等，其色隨夫用緋。革帶用烏角。餘同六品。

崇禎五年三月二十八日，皇后千秋，命婦例當朝賀，久不行。閣擬二票：一免，一是，上用是字。而是時京官以驛遞禁用夫馬，罕携家者，多携妾媵，卽間有之，亦多不習。是日，惟勳臣成國公朱純臣夫人韋氏等七人、文職禮部侍郎姜逢元、詹事何吾騶兩淑人而已。然何淑人尚云候封，則未封也。又鴻臚卿等三人，武職都督十五人，共命婦二十七人耳。教坊司奉鑾等官妻李氏四名口，女樂來定三十六名口。其日甫明，中宫已御仁智殿，行禮畢，命婦卽歸，亦無頒賞例也。先十日，文書房傳諭文武命婦從西安門、北安門進西華門，赴武英殿行禮。仁智殿在武英後，中宫受朝賀之所也。

甲戌三月，命婦再朝賀，林尚書欲楫、莊少司農欽隣二夫人與焉。諸命婦可百餘人，自西華門外下輿，入門，復肩輿至武英殿門外下。黎明，皇后升殿，諸命婦入，排班，下手立，四拜。女官宣箋表，跪，班首成國夫人入殿内致詞，命婦皆跪，三叩頭，起，四立，拜而出。以立爲拜，不復俯伏也。是日皇后母嘉定伯夫人亦入班朝賀，畢，卽召入殿，皇后欲設座拜之，辭不許，皇后面有泪痕。先是二十四日，上以祈雨出宿文華，是日方入宫。故事，東西宫備宴，奉邀上與中宫上座，上以齋素辭，翌日，再出文華。

崇禎帝事皇嫂懿安皇后甚恭，每年十月初六爲懿安聖節，許命婦朝賀。崇禎辛巳十月，行賀，文官命婦無一至者，惟武命婦十八人耳。上令司禮監呼儀製司詰問，時道路寇警，又楊司馬嗣昌嚴申驛禁，官至八座，僅用夫二十名，以次遞減，僅至數名，勢難携家也。教坊司女樂舊用一百十五人，後惟用三十餘人耳。

春明夢餘録卷之十二

文淵閣

文淵閣係中秘藏書之所。明初伐燕，詔大將軍收秘書監圖書、典籍，太常法服、祭器、儀衛，及天文、儀象、地里、户口、版籍。既定燕，詔求遺書散民間者。永樂辛丑，命修撰陳循將南内文淵閣書各取一部至京，計取書一百櫃，載以十艘；又遣官四出購買。故閣中所積書計二萬餘部，近百萬卷，刻本十三，抄本十七，蓄積之富，前古所未有也。嘉靖中，閣災，書移通集庫及皇史宬。

洪容齋云：梁元帝在江陵蓄古今圖書十四萬卷，將亡之夕，盡焚之。隋嘉則殿有書三十七萬卷，唐平王世充，得其舊書於東都，浮舟泝河，盡覆於砥柱。貞觀、開元，募借繕寫，兩都各聚書四部，禄山之亂，尺簡不存。代宗、文宗時，復行搜採，分藏於十二庫，黄巢之亂，存者蓋尠。昭宗又於諸道采訪，及徙雒陽，蕩然無遺。宣和殿、太清樓、龍圖閣所儲，靖康蕩析之餘，盡歸於燕。觀此，則知燕之書蓋合宋、金、元三朝所蓄，而爲一代之書，計數百萬卷，縹緗之侈，造物所忌也。

周禮：太史掌建邦之六典，又有外史掌四方之志、三皇五帝之書。漢氏圖籍所在，有石渠石室，延閣、廣内，貯之於外府；又有御史居殿中，掌蘭臺秘書，及麒麟、天禄二閣，藏之於内禁。後漢圖書在東觀。桓帝延熹二年，始置秘書監一人，掌典圖書，考合同異。唐制秘書省掌經籍圖書之事，秘書郎掌四部圖籍，較書郎掌較讐典籍，刊正文章。宋有秘書監，掌古今經籍、圖書、國史、實録、天文、曆數之事，官有少監、監丞，屬有著作郎、秘書郎、較書、正字，各以其職隸於長、貳。明初設秘書監，秩正六品，先除監丞一員，直長二員，使掌秘書，後改典籍。及文淵閣中書移之他所，而典籍乃爲内閣辦事官，失立官之意矣。弘治五年，閣學士邱濬請於文淵閣近地別建重樓，不用木植，但用磚石，將累朝實録、御製玉牒及干係國家大事文書，盛以銅櫃，庋於樓之上層；如詔、册、制、誥，行禮、儀注，前朝遺文、舊事，與凡内府衙門所藏文書，可備異日纂修全史之用者，盛以鐵櫃，庋之下層。每歲曝書，先期奏請，委翰林院堂上官一員曬晾，事畢封識。内外衙門因事欲有稽考者，必須請旨，不許擅開。旨允行。正德間，閣學士楊廷和請令中書胡熙、典籍劉偉、與主事李繼先查校書籍，由是盜出甚多。永樂初，問文淵閣書皆備否。解縉對：經史粗備，惟子集尚缺。上曰：士人起家，皆欲積書，況朝廷可闕乎。遂召禮書鄭錫，令擇通知典籍者四出購求。且曰：書籍不可較價值，惟其所欲與之。又曰：置書不難，須常覽有益。

洪武二年八月，詔儒臣修纂禮書。其書以吉、凶、軍、賓、嘉、冠服、車輅、儀仗、鹵簿、字學、樂爲綱。所該之目，吉禮十四：曰祀天，曰祭地，曰宗廟，曰社稷，曰朝日，曰夕月，曰先農，曰太歲、風、雲、雷、雨師，曰嶽鎮、海瀆、天下山川、城隍，曰旗纛，曰馬祖，先牧馬社馬步，曰祭厲，曰祀典神祇，曰三皇孔子。嘉禮五：曰朝會，曰册拜，曰冠禮，曰婚禮，曰鄉飲酒。賓禮二：曰朝貢，曰遣使。軍禮三：曰親征，曰遣將，曰大射。凶禮二：曰吊賻，曰喪儀。又冠服、車輅、儀仗、鹵簿、字學各一。樂三：曰鍾律，曰雅樂，曰俗樂。凡陞降儀節制度名數纖悉備具，通五十卷，賜名大明集禮。

洪武二十六年，上以諸司職有崇卑，政有大小，無方册著成法，恐後之涖官者罔知職任政事施設之詳，命吏部同翰林官倣六典之制，自府部以下諸司，凡其設官分職之類，彙編爲書，名曰諸司職掌。行之。

洪武二十八年，脩寰宇通志。其書方隅之目有八，東距遼東都司，又自遼東東北至三萬衛，西極四川松潘衛，又西南距雲南金齒，南距廣東崖州，又東南至福建漳州府，北暨北平大寧衛，又西北至陝西、甘肅。爲驛九百四十。浙江、福建、江西、廣東之道各一，河南、陝西、山東、山西、北平、湖廣、廣西、雲南之道各二，四川之道三，爲驛七百六十六。凡天下道里，縱一萬九百里，横一萬一千七百五十里，四夷之驛不與焉。

永樂中，命解縉纂集類書，爲文獻大成。嫌其未備，乃命姚廣孝重修。正總裁三人，副總裁二十五人，纂修三百四十七人，催纂五人，編寫三百三十二人，看詳五十七人，謄寫一千三百八十一人，續送教授十人，辦事官吏二十人，凡二千一百八十人。永樂五年十一月告成，凡二萬二千二百一十一卷，裝成一千九十五本，各以韻爲類，賜名永樂大典，貯文淵閣，副本貯皇史宬。

永樂中，命儒臣集宋儒五經四書傳註纂修之，其諸儒論説，於傳註互發，足其所未備者，分註其下；不合者不取。周官、儀禮不課士置科，不列。書成，賜名四書五經大全書。諸儒語録足羽翼聖經者，彙爲一編，賜名性理大全書。

成化十年，命編纂宋元綱目。以閣臣彭時等爲總裁，官以宫坊，翰林劉珝、邱濬、程敏政、劉健、楊守陳、尹直、彭華、謝一夔等爲纂修官，分八館，未五年而書成。

弘治五年，命内閣諸臣倣唐、宋會要及元人經世大典、大元通例編成一書，賜名大明會典。其書以諸司職掌爲綱，以度數、名物、儀文、等級爲目，附以歷年事例，使官各領其屬，而事皆歸於職，用備一代定制，以便稽考。嘉靖二十八年修之，萬曆十五年再修之，一代之大經大法備焉。其餘諸書不具載。

陸文裕深曰：宋太宗平列國，所得裸將之士最多，無地以處之，於是設六館，修三大部書，命宋白等總之。三大部者，册府元龜、太平御覽、文苑英華也。御覽外又修廣記五百卷，永樂靖難後修永樂大典亦此意。余按宋太宗詔諸儒編集故事一千卷，曰太平總類；文章一千卷，曰文苑英華；小説五百卷，曰太平廣記；醫方一千卷，曰神藥普救，總賜名曰太平御覽。若册府元龜一千卷，乃真宗編集也。文裕所考，或未確乎。至靖難之舉，不平之氣遍於海宇，文皇借文墨以銷壘塊，此實係當日本意也。

五倫書，十二本，一千七百一葉。周易大全，十二本，一千一百十八葉。書傳大全，十本，七百六十三葉。詩傳大全，十二本，九百七葉。春秋大全，十八本，一千四百五十九葉。禮記大全，十八本，一千二百五十九葉。書傳，六本，五百八十三葉。易傳，六本，五百八十二葉。詩傳，六本，三百三十五葉。春秋，四本，四百四十葉。禮記，八本，一千六十一葉。四書大全，二十本，一千五百九十九葉。四書集註，十八本，八百二十葉。性理大全，三十本，二千二百六十九葉。資治通鑑綱目，四十本，四千一百葉。續資治通鑑綱目，十四本，一千一百二十二葉。少微通鑑節要，二十本，一千四百三十八葉。資治通鑑節要續編，二十本，一千六百八十三葉。晏宏資治通鑑綱目，三十本，四千二十葉。文獻通考，一百本，一萬八百三十六葉。歷代名臣奏議，一百五十本，九千七百二十葉。歷代通鑑纂要，六十本，三千七百三十二葉。大明會典，一百四十本，六千五百九十葉。事文類聚，一百三十本，八千三百六十葉。大明一統志，四十本，三千一百五十葉。明倫大典，二十四本，七百二十葉。大明集禮，三十六本，二千四百七十六葉。大學衍義補，四十本，三千六百葉。對類，十二本，八百七十三葉。諸司職掌，三本，四百二十八葉。大明官制，二本，三百十葉。大明律，二本，二百七葉。御製大誥，四本，二百五十三葉。御製文集，八本，七百十三葉。御製詩集，二本，八十四葉。洪武正韻，五本，五百葉。經史海篇直音，五本，五百十二葉。韻府羣玉，十本，一千四十葉。玉篇，二本，三百十五葉。廣韻，二本，二百五十五葉。詩韻釋義，二本，一百五十八葉。經書音釋，二本，一百七葉。詩學大成，十四本，一千葉。四書白文，六本，三百十二葉。許氏説文，八本，六百五十葉。爾雅埤雅，四本，三百九十七葉。孔子家語，三本，一百四十四葉。吕真人文集，二本，二百四十葉。列女傳，三本，一百二十五葉。通書大全，八本，九百九十葉。大明仁孝皇后勸善書，十本，八百七十六葉。神課金口訣，二本，二百四十葉。選擇曆書，二本，二百五十六葉。臞仙肘後神樞，二本，一百七十八葉。三國志通俗演義，二十四本，二千一百五十葉。雍熙樂府，二十本，一千七百五十三葉。貞觀政要，六本，三百七十葉。歷代臣鑑，十本，五百六十葉。聖學心法，四本，三百十五葉。居家必用，十本，八百八十葉。飲膳正要，三本，一百七十五葉。釋文三註：千字文，一本，七十一葉；蒙求，一本，一百四十五葉；胡曾詩，一本，九十九葉。唐賢三體詩，二本，一百七十二葉。古文精粹，二本，二百五十六葉。李白詩，四本，三百六葉。高皇后傳，一本，四十七葉。女訓，一本，四十九葉。內訓，一本，五十葉。以上三種，共一帙，曰傳訓，同函。尚書、孝經、大學、中庸，五本，三百三十六葉。選詩補註，三本，三百十二葉。唐詩鼓吹，五本，二百六十六葉。周易占法，二本，二百四十葉。草堂詩餘，二本，二百九十葉。獻皇帝恩紀含春堂詩餘，二本，二百四十葉。小四書，三本，二百四十葉。明心寶鑑，二本，一百十五葉。擊壤集，四本，三百五十葉。勸忍百箴，四本，三百葉。古文真寶，四本，三百九十一葉。醫要集，六本，二百八十葉。草韻辨體，六本，二百七十葉。增定華夷譯語，十一本，一千七百八葉。評史心見，六本，三百五十葉。通鑑博論，三本，二百九十葉。證類本草，十本，一千三百四十五葉。皇明祖訓，一本，五十葉。祖訓條章，一本，十二葉。皇明典禮，一本，九十五葉。洪武禮制，一本，八十二葉。御製洪範篇序，一本，三十葉。稽古定制，一本，十九葉。慈聖宣文皇太后女鑒，一本，六十九葉。鄭氏女孝經，一本，四十二葉。又女訓、内訓、同前。曹大家女誡，一本，十六葉。内則詩，一本，六十二葉。内令，一本，十二葉。昭鑒録，一本，五十二葉。勤政要典，一本，七十三葉。外戚事鑒，一本，六十八葉。山居四要，一本，八十三葉。省躬録，一本，七十二葉。祥異賦，一本，四十九葉。步天歌，一本，八葉。傳心妙訣，一本，四十五葉。詳明算法，一本，一百十葉。草字碎金，一本，九十二葉。真字碎金，一本，九十二葉。千家姓，一本，五十九葉。孝順事實，一本，二百九十二葉。爲善陰隲，一本，二百七十二葉。小學書解，一本，一百六葉。忠經，一本，四十二葉。孝經大義，一本，四十三葉。歷代紀年，一本，三十六葉。四時歌曲，一本，十一葉。隨機應化録，一本，六十葉。高皇帝道德經解，一本，六十九葉。達建字孝經，一本，四十二葉。醫按經，一本，三十二葉。蒙求白文，一本，二十九葉。山歌，一本，四葉。華夷譯語，一本，八十八葉。古字便覽，一本，五十二葉。八行遺事集，一本，二十八葉。警世編，一本，三十葉。忠經直解，一本，十六葉。太上感應靈篇，一本，九十二葉。憲綱，一本，五十葉。百家姓，一本，十葉。千字文，一本，十七葉。孝經，一本，十六葉。大學，一本，三十六葉。中庸，一本，五十六葉。千家詩，一本，四十四葉。神童詩，一本，十二葉。四書雜字，一本，十二葉。七言雜字，一本，十三葉。三字經，一本，二十六葉。啓蒙集，一本，四十葉。啓蒙書法，卽永字八法，一本，二十一葉。草訣百韻，一本，十四葉。草訣百韻歌，三本，四十葉。八行圖説，一本，四十一葉。孝經直解，一本，三十三葉。周公解夢書大全，二本，七十葉。四書直解，二十六本，一千八百四十葉。書經直解，十三本，八百二十葉。通鑑直解，二十五本，一千四百二葉。帝鑑圖説，六本，三百五十六葉。洪武正韻玉鍵，二本，一百三十葉。其餘釋、道書，不載。

春明夢餘録卷之十三

皇史宬

皇史宬，在重華殿西，建於嘉靖十三年。門額以史爲㕜，以成爲宬。左右小門曰龤歷，以龍爲龤，皆上自製字而手書也。中貯列朝實録及寶訓。每一帝山陵，則開局，纂脩告成，焚稿椒園，正本貯此。實録中諸可傳誦宣布者曰寶訓。宬中四周上下俱用石甃，中具二十臺，永陵、定陵各占二臺。

周禮宰夫八職，有史以贊治。漢法，太史公位丞相上，天下計書，先上太史公，副上丞相。唐、宋宰相，皆兼史官。自成周有左、右史，漢有起居注，唐、宋之起居舍人、著作郎，皆史官也。明初，猶設起居注，如洪武中，宋濂爲起居注，劉基條答天象之問，命付史館；永樂中，王直以右春坊右庶子兼記起居。後不知廢於何時。惟以脩撰、編脩、檢討掌國史，遇有纂修，以勳臣爵高者一人監脩，閣學士爲總裁，翰林學士爲副總裁。至萬曆初，閣學士張居正言：國初設起居注，後定官制，設翰林院脩撰、編、檢等官，以記載事重，故設官加詳，非有所罷廢也。但自職名更定之後，遂失朝夕記注之規，以致累朝史文闕略。世宗皇帝嘗諭大學士張璁曰：古左、右史，即今編、檢等官，今居此職者，弗盡乃事，何也？是記録之職，本自備官，而臣下曠廢之耳。邇者纂修世宗、穆宗實録，臣等祗是總裁，凡所編輯，不過諸司章奏，稍加删潤，櫽括成篇，至于仗前柱下之語，章疏所不及者，卽有見聞，無憑增入，是以兩朝之大經、大法，罔敢或遺，而二聖之嘉謨、嘉猷，多所未備，此皆史官職廢致然也。今日講官，密邇天顔，見聞真切，又每從閣臣後出入便殿，卽有密勿謀議，非禁秘不可宣洩者，皆得知聞。宜令講官日輪一員，專記起居，録聖諭、詔勑、册文及内閣題稿；其朝廷政事見諸司章奏者，另選年深文學素優史官六員編纂。仍遵照祖制，除御殿外，例内史官侍班，常朝列班六科給事中之上，午門列御座西稍南，專記注言動。凡郊祀、耕籍、幸學、大閲諸大典，有舉輒書。至不時宣召，及大臣秘殿獨對，恐有宣洩，則自紀聖諭，及奏對始末，封送史館銓次。其諸司章奏，該科奉旨發部，卽全抄送閣轉發史館。其紀録體例，祗備事由顛末，日月先後，待異日之考求，所貴核實，不尚文詞，不得妄以己意，及輕信傳聞爲褒貶。每月終，史官編草稿爲七册，一起居，六册六曹，于册面記年月，記史官姓名，送閣驗訖，卽投小櫃，用文淵閣印封鎖。歲終，内閣同各史官開取各月草稿，收入大櫃，印封如前，永不開視。旨允行。

一日，神宗顧見史官還宫，偶有戲言，慮外聞自失，曰：莫使起居聞知，聞則書矣。起居之有益於主德如此。

元宰相拜住言：朝廷雖設起居注，所録皆臣下聞奏事目，上之言動，宜悉書付史館。蓋起居之廢，其職自元已然。觀通鑑續編所紀元人事實，與明之實録，規格不甚相遠，以此知明之實録，乃國初諸人襲元人之法而成，所以遠不及古。

大學士王鏊云：前代修史，有起居注，左史記言，右史記動，如晉董狐、齊南史皆以死守職。司馬遷、班固皆世史官，通知典故，所紀君臣言動，皆得之親覩記，後世讀之，如在目前。我朝翰林皆稱史官，立班雖近螭頭，然猶遠在殿下，未能執筆左右。成化以來，職纂修者惟取六部前後章奏，分爲十館，以年月編次成書，總裁官惟略加删削，便稱實録，不知後世將何憑以成信史乎。竊惟國家二百餘年制度文爲，咸正罔缺，惟正史未有成編，將來何所考信，王文恪慮之甚是。至萬曆年間，閣臣陳于陛請修正史，詔從之。於是開館分局，集累世之實録，采朝野之見聞，紀、傳、書志，頗有成緒，忽遭天災，化爲煨燼，史事益屬茫然矣。然古今正史，自遷、固外，如左邱明、范曄、陳壽、王隱、干寶、裴子野、習鑿齒、袁宏之倫，各有藏史，傳之永久，不必皆世史也。倘一日開弘文，延儒碩，寬忌諱之網，採稗官、家乘之言，博覽廣詢，寧無左邱明輩贊成筆削盛典者乎。

史貴世官，官廢則貴世才，司馬談之子遷、劉向之子歆、班彪之子固，尚矣。後尚有王銓之子隱、姚察之子簡、李太師之子延壽、劉知幾之子餗。以後，更無聞矣。史之職壞于宋之李昉、宋琪建議復時政記，自送史館，先進御，而後付有司，史遂不敢有直筆。

唐修史例

後唐同光二年四月，勑史館司：本朝舊例，中書并起居院諸司及諸道、州、府合録事件報館如左：時政記，中書、門下録送。起居注，左、右起居郎録送。兩省轉對，入閤待制，刑曹法官、文武兩班上封章者，各録一本送館。天文、祥變、占候，徵驗，司天臺，逐月録報，並每月供送曆日一本。祥瑞、禮節，逐季録報，并諸道合畫圖申送。蕃客、朝貢使至鴻臚寺，勘風俗、衣服、貢獻，物色道里遠近，并具本國王名録報。四夷入寇、來降、表狀，中書録報。露布，兵部録報。軍還日，并主將姓名，具攻陷虜殺級數，并所因繇録報。變改音律及新造調曲，太常寺具録所因，并樂詞牒報。法令變革，斷獄新議，赦書德音，刑部具有無牒報。詳斷刑獄，昭雪寃濫，大理寺逐季牒報。州、縣廢置，及孝子、順孫、義夫、節婦，有旌表門閭者，户部録報。有水、旱、蟲、蝗、雷、風、霜、雹，户部録報。封建天下祠、廟，叙封、追封邑號，祠封司録報。京百司長官刺史以上除授文官，吏部録報。公主、百官定謚，考功録行狀并謚議，逐月具有無牒報。宗室任官課績，并公主出降儀制，宗正寺録報。刺史、縣令有灼然政績者，本州官録申奏，仍具牒報。武官，兵部録進報。諸色宣勅，門下、中書兩省逐月録報。應碩德殊能，高人逸士，久在山野，著述文章者，本州、縣各以官秩勘問的實申奏，仍具録報。應中外官薨，已請謚，許本家各録行狀一本申送。此唐故事也。後之史館，但取辦於升遐之後，遺漏紕謬已多，此當脩明典章以補不逮。

宋　史

宋元祐中修神宗實録頗不直。紹興中，昭慈太后孟以誕辰，天子置酒上壽，歡甚。昭慈忽泣數行下，已慨然曰：吾老矣，國家多難，猶幸見今日也。有一事當爲官家言，吾不言，死不瞑矣。帝頓首請。太后曰：吾逮事宣仁，古今母后之賢，罕有其比，奸臣快其私憤，厚加謗誣，建炎初，雖下詔昭雪，而國史未經刊定，謂後世何？吾意在天之靈，不無望于官家也。帝頓首受教，遂命直史館范沖等刊定。噫，後世誣史，安得此賢明太后耶！

曾布修定神宗實録。舊本則用墨書，新修者用朱書之，删去者用黄抹之，每一卷竟，納禁中，將滅其迹，而使新録獨行也。及梁師成用事，自謂蘇氏遺體，頗招元祐諸家子弟爲道之。諸家子弟幸其書尚存，固勸令傳録。師成如其言，而舊本遂傳。及紹興中，以昭慈太后之言，令范沖等刊定，舊文墨書，删去者黄書，新修者朱書，世謂之朱墨史。明光廟實録成于初者，大約出侍郎張鼐之手，而少師葉向高取裁焉。及以黄承昊之言，魏廣微輩復嗾魏忠賢令改修及告成之日，則崇禎改元之歲矣。衆正未登，書仍進呈頒賚，送至皇史宬。閣臣有欲焚舊本者，賴大璫王體乾不可而止，兩存宬中。信史之不泯，皆賴兩璫之力，亦一奇也。世宗嘉靖中，閣臣李時言：宋史當另修。上曰：修史甚好，既要公，又要出一人之手，乃好。世宗此言甚確。蓋班、馬、荀、范諸史出一手，故佳。即歐陽文忠與宋景文同修唐書，已不及五代史矣。

宋、遼、金三史

元命脱脱修三朝史，山陰楊維禎上正統辨謂：今日之修三史，宜莫嚴于正統與大一統之辨矣。吾嘗究契丹之有國，自灰牛氏之部落始廣其初，枯骨化形，戴猪服豕，荒唐怪誕，中國之人所不道也。八部之雄，至于阿保機，披其黨而自尊。迨耶律光，而其勢浸盛。契丹之號，立于梁貞明之初；大遼之號，復改于漢天福之日。自阿保機訖于天祚，凡七主，歷二百一十有五年。夫遼固唐之邊夷也，乘唐之衰，草竊而起。石晉氏通之，且割幽燕以與之，遂得窺釁中夏，而石晉氏不得不亡矣。而議者以遼承晉統，吾不知其何統也。再考金之有國，始于完顔氏，實又臣屬于契丹者也。至阿骨打，苟逃性命于道宗之世，遂敢萌人臣之將而篡有其國，僭稱國號于宋重和之元，相傳九主，凡歷一百一十有七年。而議者又以金之平遼，尅宋，帝有中原，而謂接遼、宋之統，吾又不知其何統也。再考宋祖生于丁亥，而建國于庚申，我太祖之降年與建國之年亦同，宋以甲戌渡江，而平江南于乙亥、丙子之年，而我王師渡江平江南之年亦同，故世祖平宋之時，有過唐，不及漢，宋統當絶，我統當續之論，是世祖以歷數之正統歸之于宋，而以今日接宋統之正者，自屬也。元人不能用，於是宋、遼、金各爲史。

金史

元學士王惲記王鶚事，云：王承旨名鶚，字百一，東明人，金正大元年甲申狀元，入元授官翰林承旨，日見寵遇。一日，以祭葬故主，上請，允之。爲位哭汝水上，哀動左右，乃私謚爲義宗。據法：君死社稷曰義，其忠不忘君如此。又上史院奏帖，有云：自古有可亡之國，無可亡之史。蓋前代史册，必代興者與修，蓋是非與奪，待後人而可公故也。上允之。然彼時有元好問者，金亡，隱居于家，築野史亭，著南冠録，以載金事。元人修史，多採之。金史不亡，二人之力也。
歐陽玄曰：明宗皇帝詔修遼、金史，揭公傒斯與其選。人問脩史之道何先，公曰：收書，用人。又問：用人何先。曰：用人先論心術。心術者，修史之本也。心術不正，其他雖長，不可用。此千古篤論。

元　史

洪武元年，上命起居注宋濂、漳州府通判王禕（褘）爲總裁，徵山林遺逸之士汪克寬、胡翰、趙汸、陶凱、高啓等同修元史。自元統、至正間事無可據，遣儒士歐陽佑等詣北平采訪。明年，再修，仍濂、禕（褘）總裁，而以趙壎、朱佑、貝瓊、張孟兼等同修，然備員而已，筆削皆取上裁。且見文稍深古者，輒芟去，曰：惡用是，獨卽舊志爲書可矣。時楊維禎年七十餘，亦聘至修史。史成，作老客婦吟見意，放歸。
宋濂修元史記：洪武元年秋八月，上既平定朔方，九州攸同，而金匱之書悉輸於秘府。冬十有二月，乃詔儒臣發其所藏，纂修元史，以成一代之典，而臣濂、臣禕（褘）實爲之總裁。明年春二月丙寅，開局，至秋八月癸酉，書成。紀凡三十有七卷，志五十有三卷，表六卷，傳六十有三卷。丞相宣國公臣善長率同列表上，已經御覽。至若順帝之時，史官職廢，皆無實録可徵，因未得爲完書。上復詔儀曹遣使行天下，其涉於史事者，令郡國上之。又明年春二月乙丑，開局，至秋七月丁亥，書成，又復上進。以卷計者，紀十，表二，傳三十有六，凡前書有所未備，頗補完之。其時與編摩者，則臣趙壎、臣朱佑、臣貝瓊、臣朱世廉、臣王廉、臣王彜、臣張孟兼、臣高遜志、臣李懋、臣李汶、臣張簡、臣杜寅、臣俞寅、臣殷弼，而總其事者，乃臣濂與臣禕（褘）焉。合前後二書，復釐分而附麗之，共成二百一十卷。舊所纂録之士，其名見於表中者，或仕或隱，皆散之四方，獨壎能始終其事云。昔者唐太宗以開基之主，干戈甫定，卽留神於晉書，勅房玄齡等撰次成編，人至今傳之。肆惟皇上龍飛江左，取天下於羣雄之手，大統既正，亦詔修前代之史，以爲世鑒。古今帝王能成大業者，其英見卓識，若合符節蓋如是。嗚呼，盛哉！第臣濂等以荒唐繆悠之學，義例不明，文詞過陋，無以稱塞詔旨之萬一，夙夜揣分，無任戰兢。今鏤板訖功，謹繫歲月次第於目録之左，庶幾博雅君子相與刊定焉。洪武三年十月十三日，史臣金華宋濂謹記。

明史

洪武實録凡三修。建文卽位初修，王景充總裁；靖難後再修，總裁解縉；縉得罪後三修，總裁楊士奇。初修、再修時，士奇皆秉筆，以一人而前後依違者甚多。

明史可議者，如建文嗣位，頗稱賢明，乃以靖難之故，去其年號不存，實録之未輯。楊文懿守陳曰：國可滅，史不可滅。靖難後不記建文君事，遂使當時政典，方、黄死事諸臣，皆闕落無傳。及今蒐採，猶可補輯，此偉議也。崇禎壬午，都尉鞏永固、給事沈胤培俱疏請，未行。

景帝已正位號，英宗實録猶稱郕戾王，附。夫景帝與于忠肅再造乾坤，有功宗社，當時戾字之謚，已違公議。後憲宗追稱景帝，乃不爲之稱宗、改謚，而實録仍書郕戾王，附。嘉靖初，纂修武宗實録，差進士訪求事實。蘇州府聘楊循吉主之，其所修有吳郡纂修實録册，凡例可觀。及隆慶以後，改行提學行邑、行學，學官令禮生、秀才抄録一二大臣墓誌塞責，于是史無所取材。

監修實録，惟用元勳一人，此非定制。考英宗修仁宗實録，以英國公張輔、成山侯王通、少師蹇義、少保夏原吉爲監修官，則文、武並用官，不必盡詞林，元勳亦不止用一人，此可爲修史例。

石民集云：列朝皆有寶訓，如穆宗於隆慶六年正月下旬不豫，二月十二忽出視朝，諸相趨而往，則已下金臺，怒而欲出，執高文襄拱手語，不甚了了。文襄固請其所以怒，曰：甚事不是，内官壞了。此言何等明切，可以式子孫，戒後世，寶訓乃不載。

天啓初，議修神廟實録，御史郭增光疏云：請就往日輔臣中功罪較然在人耳目者，略陳大槩爲授簡，佐一得焉。高拱以裕邸之舊知，受托孤之明命，雖崎嶇於雲間、江陵，兩才相阨，卒能總持銓衡，懋建功業，所稱經濟之名流，非乎？張居正得君行政，致治精嚴，固自有功於國，而奪情起復，獲罪名教，則瑕瑜存而名實不相掩可已。王家屏以講幄之特遇，矢建儲之孤忠，雖徼倖於批鱗，抉纓一去，爲翛然而竟，令君心感悟，嘿定元良，所稱翼戴之誠臣，非乎？至於王錫爵，大略雄才，高睨闊步，豈不顯名於時，而三王並封，幾危宗社，則得失衡而失浮於得多矣。趙志皐鄙而荏，張位狡而狠，臯輕主封貢，貽害尚在屬國，位密揭礦税，流毒則在生靈，二臣相較，而位之罪大於皐，不獨以其貪也。沈一貫之惡，莫甚于楚事、妖書，斛僇諸宗，羅織無辜，皆一貫以前所未有。朱賡之失，又在黨助一貫，傳衣扇惡，妨賢蔽主，皆一貫之後所隱留。二臣同傳，而貫之罪重乎，賡亦不以其貪也。假令於此隨人立論，據事直書，則正人一生志行不白于羣奸者，待信史而白；奸回無窮，過惡不誅於生前者，待信史而誅，授簡之光也。臚列諸輔功罪，可謂史之董狐，未可以人廢言。

崇禎十五年六月，有御史吴履中一疏，可備授簡者之助。其略曰：皇上臨御初年，天下猶未大壞也，特用一温體仁，顯託嚴正之義，陰行媢嫉之私，凡正人君子，必百計摧折，以致賢士解體，救過不遑，使朝廷不得任人以治事，而釀成大害之源者，體仁之罪狀也。專任一楊嗣昌，以欵撫爲忠謀，以四事爲實政，加練餉以刈割海内，致使民怨天怒，災旱頻仍，四海困窮，盗賊蠭起，而結成大亂之勢者，嗣昌之罪狀也。又曰：皇上治尚嚴明也，而引之於苛刻，刑欲當罪也，而引之於從重，皇上念與事之善，無由見於天下，而亂臣賊子、無知小民遂見爲朝廷闕失，敢於非議而叛背之，此亡國之定案。

朱閣學國禎云：正德四年，孝宗敬皇帝實録成，時焦芳操筆，褒貶任意，葉盛、何喬新、彭韶、謝遷，天下所稱正人，皆肆詆誣。嘉靖元年，御史盧瑷奏：孝宗實録多焦芳曲筆，乞改正。上曰：焦芳任情，天下自有公論，不必改修。

又曰：我朝攻道學者，自焦芳始。然只從聲音容貌描寫，已不堪讀。越六十年，游居敬攻湛甘泉，則進一步矣。又六十年，郭興治、郭允厚、朱童蒙連攻鄒元標，允厚比之山東妖賊，非所謂愈趨愈下者耶？

三朝要典

朱閣學大事記曰：天啓五年，禮科給事中楊所修請編纂三案事成書，如明倫大典例，其黨起而和之。六年正月，開館，五月，書成。閣臣請其名，曰傳信鴻編、曰三大政紀，中旨定曰：三朝要典。挺擊，始于萬曆乙卯五月；紅丸，始于泰昌庚申八月；移宫，始於是年九月。先挺擊，首列詔諭之關係者爲原始，閣臣顧秉謙、黄立極、馮銓等總裁，掌院施鳳來等爲副，刊行，頒布天下。

大事記曰：甚哉，小人之愚，自供罪案，又代爲他人發揚，盛美也。要典一書，先敘爭者之疏，附以史斷，曲詆妄詈，無所不至；然後綴以駁者之疏。主其事者，徐大化等五人。由今而觀，五人何人，肉足食乎，骨之臭可洗乎？前之争者，不啻百十人，或死或廢，其疏稿未必盡存，子孫未必能盡守，纂者亦安能一一搜集，而要典收之略備，借天子威靈，既藏内府，又下郡邑，遍散民間，幾與六經、四書並行，可謂密矣。未幾，内府告燬，而散者不可收，人皆得而見之。于争者，無不擊節歎賞；于駁者，無不切齒唾罵。而史臣數語叚叚，可恨可着，穢莫加焉，罪莫甚焉，是殆天奪之魄，自投穢厠中，唼唼有味，而没頂不可拔也。五人既坐大訢，其二又攖大僇。如劉廷元，如岳駿聲，對質求勝，猶曰常情。又霍維華者，天分儁高，筆底甚㥮，只以一外轉，憤憤入其中，兩出疏爲助。既躋崇顯，欲以視師避逆賊之染計，其生平果可當此任，而事則已無及矣。廷元自請南兵，亦是此意。二人與駿聲皆有才，皆可爲平世卿士，吾甚惜之。如逆賊既害多少善人，又累多少才人，從古已然，立身者不可不察。總之，功名之念，一澹則思過半已。

蔣閣學德璟曰：嘉靖中，明倫大典爲議禮諸臣發，然實出上意；若天啓中三朝要典，則諸人嗾魏璫爲之，以爲諸君子罪，案中作論斷，尤多舛。倪公元璐上疏請燬之。時德璟在禮部，亦言于内閣，謂既有實録，此書可燬。内閣楊公景宸深以爲然，遂焚其板。楊公亦與修要典者。侍讀孫之獬力言不可燬，痛哭失聲，相傳以爲怪。

崇禎元年，侍讀倪元璐上言：窃見主挺擊者，力護東宫；争挺擊者，計安神祖；主紅丸者，仗義之言；争紅丸者，原情之論；主移宫者，弭變幾先；争移宫者，持平事後。六者各有其是，不可偏非也。未幾而魏忠賢殺人，則借三案；羣小求富貴，則借三案。故凡推慈歸孝於先皇，正其頌德稱功於義父，批根今日，則衆正之黨碑，免死他年，即上公之鐵券。由此而觀，三案者，天下之共議；要典者，魏氏之私書。以臣所見，惟燬之而已。是年五月，燬三朝要典。諭：朕惟皇祖、皇考，洎於熹皇，止慈止孝，炳若日星，載之實録，自足光昭盛美，乃復增三朝要典一書，原不能於已明之綱常，復加揚闡，徒爾刻深傅會，偏駁不倫，朕無取焉。可將皇史宬内原藏一部取出燬之，仍傳示天下各處官府、學宫，所有書、板，盡燬不存。自今而後，官方不以此書定臧否，人材不以此書定進退。惟是三朝原無遺議。紹明前烈，注意編摩，諸臣各宜捐去成心，勿滋異論，務襄朕清平之治，欽哉。

朱閣學大政紀云：實録改脩，惟文皇行之於建文，尋以未備，重修。光宗在位止一月，實録先上，以三案改修。蓋羣奸仗魏逆之勢，恣行如此。首先建議者，黄承昊也；把持塗改者，霍維華、謝啓光、徐紹吉也。

葉文忠向高曰：光皇在位僅一月，實録所載多潛邸時事，然其間亦有干礙而難直書，牽連而難盡書，脱草日，余與同官互閲，皆以爲允。而自余歸後，言者鬨然，以張差、進藥、移宫三事爲非是。得旨，改正。余思移宫事原未敘及，其敘進藥亦甚平，惟張差事，則因王之寀疏侵張太宰。余偕同官往問張曰：此事之發生，輩皆里居，不及知其詳，公親讞此獄虚實，云何？張曰：謀逆事千真萬真，之寀所發覺事情，無一不實，某當時讞奏皆與之寀同，何以罪我。余又問當時瘋癲之説，云何？張曰：此飾辭也，安有持挺入宫門，而可稱瘋癲者？此余與同官共聞，朝紳議論亦皆如是，故實録中稍採其説，而詞亦委婉，乃當時之言瘋癲者，遂耽耽矣。問官如岳駿聲遂上疏力駁，時局已變，無敢出片辭，言官從風而靡，皆附會駿聲，而之寀被重譴矣。余念事關宫闈，似屬曖昧，但罪疑惟輕，施于他事則可，東宫何地，而持挺突入，當時賴有中官格之耳，萬一進而不止，則跬步間便成大難，而宗社有不測之憂矣。在禮，齒君之路馬，有誅，而春秋于許世子、趙盾皆書弑君，凡以絶干犯之萌，爲萬世立此大防也。今毋論風癲之真假，卽使真癲，而持挺入宫，幾危儲貳，可但以風癲蔽罪，而遂已乎？況禁中千門萬户，他處不入，而獨闖于東宮乎？當王日乾告變，已云：劉成、龐保二奄有謀，今張差所供復與之同，似又不出于瘋者之口。而神祖斃二奄于禁中，不遣之就理，亦聖意淵微，可以默喻者。惟是事體重大，難以深窮，當日聖斷處分，原自妥當，至欲併此一段情形而盡没之，竊恐千秋萬世而下，終無以厭人心也。

詞臣文震孟孝思無窮疏：臣猥以菲才，備員史局，頃因纂修熹宗皇帝實録，從閣中恭請光宗皇帝實録副本較對，見其間舛誤甚多，而悖謬之大者如先帝之册立，與挺擊、紅丸大事，皆祖三朝要典之邪説而應和之。蓋天啓三年七月十六日實録進呈，則禮臣周炳謨等、史官莊際昌等所纂修，而閣臣葉向高、韓爌等所總裁者也。至天啓六年，逆黨崔呈秀等謂實録非實，請旨重修，則崇禎元年二月十七日所進，今皇史宬之所藏者也。是時皇上初登大寶，要典未燬，逆案未成，閣臣黄立極等不行奏明，含糊從事。後來諸臣亦無復發金匱之秘、洗石渠之穢者。要典雖焚，邪説未殄，凡先帝二十年青宫之憂患，與夫一月天子、萬年聖人等事，俱隱而不彰，斯固臣子之所痛心者也。臣[昨]見皇上追念先帝，册封敬妃、愼嬪，以寄永思。皇衷純孝，孺慕彌殷，薄海臣民，咸爲感動。乃先帝紀載尚未清明，使今日編修（摹）將何所據，流傳後世又安取衷。國是所關，良非細故。若謂已入史宬，不可復出，則逆璫之矯旨，且能行於當年，聖明之獨斷，豈不易於反手。視爲緩圖，置不上聞，亦非臣子之所安也。臣謹摘其甚者，上瀆睿覽。一云：當命哲之日，詔誥恩賚，儼然負震器之重。儲宫既定，典制大明，而浮議外滋，無端蔓引，皆好事者之過，云云。臣謹按先帝册立一事，自萬曆十四年以至二十八年，廷臣羽翼國本，有貶謫者，有削籍者，有遣戍者，有廷杖者，忘身殉國，九死不移，諸臣亦何利於己而爲之。縱皇心有主，未忍言夾日之功，而精忠自盟，豈可没回天之力，乃謂浮議外滋，無端蔓引，一語抹殺，謂皆好事者之過，此與三朝要典所稱姦黨搆釁，希圖定策，與三案諸姦一脉相貫者，同一邪説也。宜改正者一。一云：四十三年五月，有男子張差持梃入東宫殿簷下，擊傷門者，中官共執之。巡視皇城御史劉廷元回奏：張差話不情實，語無倫次，按其迹若涉風魔，稽其貌的是黠猾。而刑部提牢主事王之寀揑謀危東宫之説，詞連二璫，科臣何士晉、行人陸天受、主事張廷等附和其説，愈加激聒，云云。臣按此卽要典中挺擊一案也。卽據劉廷元疏，亦明言稽其貌的是黠猾，而必欲以風癲二字草草結局，不容王之寀奏張差口詞，指爲揑謀，何也？且張差有口，舉朝豈應默然，而一有言者，輒曰附和，曰激聒，則必使東宫無一護衛之人而後快乎？正與要典同一邪説，宜改正者二。一因（云：）工科給事中惠世揚疏論劉廷元，遂謂初張差狂闖薊道，闌入宫門。廷元巡視皇城，按狀風魔，皇祖是其奏，讞決平允。自王之寀突揭搆釁，徒黨因以爲利，借他事齮廷元，未幾，果顯攻風癲之案。一時邪説，世揚實爲之倡，云云。臣按王之寀摘發張差之逆，至於察處，至於削奪，後逮死詔獄，莫敢議䘏，卽惠世揚身被五毒，體無完膚，所以不卽死者，逆璫欲借爲戎首，遍殺天下名流，非宥之也。幸聖明御宇，僅免一死，尚稽啓事，乃云徒黨因以爲利，斯亦何利之有焉。況風癲之案，忠臣義士所共明目張膽而攻者，何俟世揚爲倡始顯攻之。要典邪説，宜改正者三。一云：張差闖入東宫，言者紛紛。御史劉光復言：致辟行刑，一獄吏任，似不必言官詫爲奇貨，居爲元功。以此二語，爲異議者刺骨，云云。臣按劉光復之得罪也，實以奏對越次。然據其語，但言皇上極慈愛，太子極仁孝兩言，亦未見其有功於神祖及先帝，而奇貨、元功之語，不可謂非抹殺忠義矣。大抵闖宫一事，梃及殿簷，近侍俱踣，亦天下奇變也。必欲視爲平常，不當根究，以爲僅一獄吏之任，此何心哉？要典邪説，宜改正者四。一云：方上疾大漸，召李可灼并趣和藥，悉出聖意，一時臣工所共聞共見。其後有造爲許世子不嘗藥之論，羣小附和，囂然鼎沸，污衊君父，幾成晦暝之世。亡何，正論大明，邪説漸滅，且云李可灼往來思善門，中使以聞，其傳奏姓名，莫可得而問，云云。臣按此卽要典中紅丸一案也。昔唐憲宗殁，杖殺方士柳泌。泌蓋爲憲宗製長生藥者。彼豈不願其主之長生，而餌藥不效，則殺之而不爲過，後世亦不以爲寃。今可灼進藥，而先帝賓天，縱謂之誤，庸醫殺人，律有明罪，況誤傷天子乎？此卽肆諸市朝，亦人情所愜，而乃與顧命大臣同賜金帛。比屢經論劾，僅准致仕回籍，此何以解於天下後世？且宫闈之中，傳奏姓名，豈遂不可窮詰。稍欲窮詰，卽曰羣小，曰污衊，曰晦暝。此皆要典邪説也，宜改正者五。以上五條，僅摘其尤悖謬者，伏乞聖裁，卽勅史館逐一改正；或取天啓三年所進遺稿，再加勘定，入皇史宬，庶千古之是非不悖，一代之衮鉞可憑，而於皇上之達孝亦有光矣。方今兵戈未靖，四郊多壘，或謂臣言非其時，而邪説之害，甚於兵戈，自古記之矣。況目覩止孝之聖主，永言維則，何不俯循職掌，仰佐涓埃。

光宗實録進於天啓三年七月十六日，實録八卷，寶訓四卷，合目録、凡例十四册，監修英國公張惟賢，總裁内閣大學士葉向高、韓爌、何宗彦、史維偕、孫承宗、朱國禎、顧秉謙、朱延禧，副總裁尚書林堯俞、侍郎鄭以偉、周如盤、錢象坤，纂修侍郎周炳謨、來宗道、汪煇、張鼐、少詹董其昌、諭德蔡毅中、洗馬成基命、贊善李康先、中允姜逢元、羅喻義、孟紹虞、王祚遠、曾楚卿、修撰莊際昌、張翀、侯恪、傅冠、丁乾學。其書立論頗正，而又忠厚，不盡人之情，良史也。自經改修，人鮮有見其原本者，謹録其大要，以備採擇。

國本

萬曆十四年丙戌正月，皇第三子生，貴妃鄭氏出也。貴妃進封皇貴妃時，主鬯未定，而貴妃最愛幸，廷臣不無私憂。會輔臣申時行等請册立，神宗諭以元子嬰弱，少待。再請，再諭如前旨。禮臣沈鯉有折衷典禮疏，請加封恭妃。得旨：子顯母貴，待元子册立加封。科臣姜應麟疏請首册恭妃，次及貴妃，明詔册立元嗣爲東宫，以定天下之本。有旨謂其疑君賣直，降極邊雜職。已吏部員外郎沈璟、刑部主事孫如法連疏言之，俱被謫。科臣楊廷相等論救，奉旨：立儲以長幼爲序，祖宗家法，朕仰遵成憲，俯察輿情，豈肯以私意拂公論。姜應麟等揣摩上意，置朕于有過之地，故特降處示懲，非爲奏請册立之故。國本有歸，朕已明白曉示，待期舉行，毋得妄疑瀆擾。又傳諭内閣，亦云然。蓋神宗英明沉毅，修紀敘倫，以爲天性至親，儲宫大典，權統一尊，事宜獨斷，至於宫闈倫序，祖宗舊章，宸慮先定矣。

十五年丁亥正月，申時行等請並舉建儲、封王吉典，皇長子正位東宫，皇第三子宜封大國。聖諭：候旨行。御史許守恩更申前封妃之説，不報。十八年庚寅正月朔日，神宗召見輔臣于毓德宫，談論良久，乃共以册立豫教請。將退，有旨：令宣長哥來與先生每一見。時上至，皇三子亦至。上侍立榻右，神宗手携之。輔臣仰視睿容，稱賀。神宗悦，諭以此祖宗德澤，聖母恩庇所致。輔臣再進諦視，神宗手引上向南正立。輔臣因再請早定大計，神宗頷之。出，再疏申請。慰答：不必煩擾，以間天性。禮部尋上疏請，有如何紛紛奏擾，意欲離間之旨。十月，兩京九卿科道合詞懇請，而輔臣請之益力。禮部尚書于愼行以催激，奪俸三月。諭内閣：以皇子長幼之序，豈有摇動，朕意必待朕自處，不喜于聒激耳。凡諄諄數百言。輔臣錫爵又上疏，申言：凡稱間者，貴而使賤之，親而使疏之也。今上親挈元子，明示臣等以長幼之序，臣等因勸册立，以成上之所欲貴，又因請豫教，以成上之所欲親，何名爲間也。且建儲一事，前有皇長子始生之明詔，後有屢奉之明旨，公有兩部臣僚之合奏，私有皇親鄭國泰之專請，近有京城之流言，遠有海内之喁望，重以九廟之神靈，兩宫之屬望，皇上豈可差舉一念，臣等亦豈敢苟順一言。詞尤剴切。神宗諭：朕以誠實待天下，豈有溺愛偏執之理，俟（候）過十齡，册立、豫教當並舉。十月，内閣共疏請册立。有詔切責，三輔臣各引疾。輔臣王家屏獨當直，謂：欲釋衆疑，莫若大信之蚤全；欲解摇亂，莫若聖志之蚤定。疏凡再上。神宗遣内官傳諭，以明年春、夏，科道等衙門不來瀆擾，便於冬册立。而又傳各衙門造辦錢粮，俟後年春舉行。是時，聖意已定，蓋前詔所云自處者也。而科臣胡汝寧以瀆奏罰俸。

明年，辛卯秋，工部主事張有德以大禮儀物未備疏請，有詔謂其邀功催激，奪俸，改册立期于次年。會内閣臣合疏争之，有旨詰責。時首輔時行以病在告，密揭言故，科臣羅大統、中書黄正賓遂連疏劾首輔，皆削籍。正賓仍下詔獄，杖百。時行去，國亦尋去，家屏乞與國同去，不允。

又明年，壬辰。科臣李獻可等以請豫教降職，列名者奪俸。輔臣家屏封還御批，疏救不報。會申救者皆獲譴，家屏凡五疏争之，蓋念明主可以理奪，引義決去，事宜少濟。神宗雖聽家屏去，而聖心益動。時以申救削籍者：科臣鍾羽正、舒弘緒、陳尚象、張棟、丁懋遜、葉初春、吴之佳、楊其休、李周策，御史鄒德詠、錢一本；而科臣孟養浩杖一百爲民，賈名儒降邊方雜職。

又明年，癸巳。有三皇子進封之旨，時首輔王錫爵以召至，密揭建儲事。言：前皇上業有今春舉行之旨，乃兹屆期，廷臣未有先發一言者，故臣具疏手封以進，乞乘此時，從中降諭，決于春月舉行，使盛美盡歸于獨斷。神宗復稱引祖訓立嫡條，謂中宫年尚少，朕欲三皇子並封王，而虚儲位以待嫡。卽令輔臣擬諭。錫爵擬二諭以進。隨疏言：待嫡之説，臣未之前聞，安敢奉詔。昔漢、宋母后有養育庶子故事，無已請令元子母中宫而正儲位。神宗不許。曰：奈何以僞亂真。遂下前擬，而並封之争起。光録寺寺丞朱維京、科臣王如璧成邊，俄免戍。光録寺卿涂杰、寺丞王學曾削籍，部科諸臣皆言與歷年成命不合，語侵錫爵。輔臣請九卿會議及面陳可否，不允。而科臣史孟麟上所撰條議，錫爵以三誤自劾。神宗報曰：卿自引咎，置朕何地。議乃寢。是時，爭者則郎中于孔兼、主事張納陛、顧允成、陳泰來、賈巖、薛敷教、岳元聲，若而人云。

二十二年甲午二月，上出閣講讀，告于奉先殿，朝謁兩宮。上之御講筵也，儀度熟閑，舉止凝重，儒臣進説經旨，潛心聽受，間有問答，旁通大旨。一日，講官焦竑仰叩以維皇上帝降衷于下民，若有恒性大義。上應曰：只天命之謂性是已。講官董其昌講擇可勞而勞之。上答曰：此所謂不輕用民力也。講官驚喜歎服。時神宗深拱靜攝，上習讀經典，皆有恒度，神宗喜悦，間與諸王子偕召，防護有加焉。而先是科臣張貞觀以請備出講儀仗，降黎道照磨，以論救罷。

二十八年庚子三月，詔議移皇長子居于慈慶宮，再諭内閣，以册立有期，而惡刑部主事謝廷讚之疏瀆，且曰：使天下臣民曉然知出自朕心，斷不惑于奸小之口也。會是時天雨，傳諭：凡遇雨，皇長子講學暫免一日。十月，戚畹鄭國泰疏欲先請冠婚，次舉册立。科臣王士昌糾之。禮部署部事侍郎朱國祚以國泰顛倒其詞，與明旨相背，恐釀國家無窮之禍。無何，科臣王德元請篤厚中宮之疏上，神宗震怒，杖之百，且傳諭廷臣無瀆救，以致遲延册期。

二十九年辛丑二月，上移居慈慶宮。是年輔臣沈一貫屢揭催請。諭以俟卽擇日舉行。九月十八日漏下二鼓，諭内閣：傳示禮部，上册立冠婚儀注。十月十五日，册上爲皇太子，并封諸王，上聖母徽號，大赦天下。

妖書

楚宗室許奏楚王事，行勘，勘上，事皆有跡，于是物論紛然，以楚藩爲假王。下廷議，獨户部尚書趙世卿、總督倉場尚書謝杰謂王非假，餘皆如楚宗言。郭正域請再勘，神宗意殊難之。沈一貫亦從中阻格，與正域相口語。正域疏侵一貫，且言其受楚王金。輔臣鯉頗右正域，彼此之嫌生矣。其後，楚王復訐奏正域，勒歸聽勘，楚事竟寢。楚王遣人奏謝，因遺書謝諸貴人。楚宗率衆途奪之，備兵副使周應治，鄞人也，恐事露，遣兵捕楚宗，械而繫之獄。諸宗羣訴于巡撫趙可懷，可懷譙責之，中有一人發憤突起，以手械擊可懷，立斃。傳者遂以楚宗爲謀叛，捕治坐死、斬、絞者六七人，禁高牆者數十人，議者多以爲寃。正域行至揚[楊]村，屬妖書事起，諸獻諛遂言此正域所爲。一貫意動，故揭言此書必出於臣下相傾之詭計，特借國本爲名，而自請絶私爲公，以身討賊，必得真正主使之人殄滅之，以洩廟社之憤。其言甚危。神宗覽之倉惶，故下令大索。緹騎兵番，四出追捕，而給事中錢夢皐遂露章攻正域，且及鯉，御史康丕揚佐之，隨發卒圍正域舟，盡捕其僕隸、佐書、乳媪等，下詔獄，嚴行考訊，無所得。其株連波及、奪官削籍、幾斃杖下者甚衆。邏卒又圍輔臣鯉第，日夜偵伺。長安中人，皆重足屏息，無敢偶語。又行文天下搜捕，騷然煩擾矣。最後乃得皦生光，業已欵服，然非一貫意，故獄久不成。禮部侍郎李廷機及趙世卿皆告輔臣賡，謂即此可以具獄，毋他求，語甚切至。賡亦力勸一貫如廷機言。得旨，廷鞫生光，仍欵服。而刑部尚書蕭大亨不欲坐生光，再三誘令扳扯同謀主使之人。生光抗言：我自爲之，誰爲主使。廷機與御史沈裕、湯兆京、牛應元輩，皆言生光宜坐大亨。曰：脱他日獲有真犯，誰當其辜。廷機曰：某請任之。沈裕等亦曰：某願同坐。大璫陳矩方主讞，深然之，拱手曰：朝廷有人，議遂定，乃具奏。神宗亦心悟，磔生光于市，其獄乃得解。夢臯等後掛察典，復奉旨留用，物論愈喧，彼此紛挐，縉紳之釁，卒從此起焉。

梃擊

萬曆四十三年五月乙卯，有男子張差持赤梃突入東宫殿簷下，并傷門者。璫輩共執之。東宫奏聞，下法司提問。御史劉廷元疏，言其迹涉風魔，貌是黠猾。刑官胡士相等及一二言官緣此，遂有風癲之説。提牢主事王之寀詳加詰問，乃言有馬三道誘至龐、劉二中官處，與以棗木棍，令至東宫，逢人卽打，語多涉翊坤宫。之寀以聞。科臣何士晉力言當窮其事，太常少卿史孟麟亦有疏。神宗不得已，召上慰諭，因率上及皇長孫、諸皇孫詣慈寧宫聖母几筵行告慰禮；召見羣臣于宫門外。神宗白衣冠，立左簷前；上青袍，侍于右。神宗召羣臣，諭曰：皇太子國家根本，朕豈有不愛，諸皇孫振振衆多，朕喜甚，何外廷疑朕有他也。時御使劉光復從班後抗稱：皇上東宫慈孝語不甚明。神宗責其恣肆，震驚几筵，令緹騎捉出，笞杖亂下。上亟止之。得旨：下法司。神宗復諄諄理前諭，命決張差、龐保、劉成等，上從旁請無株連，以傷天和。神宗復命上代諭羣臣。上承旨，諭：爾等毋得流言，爲不忠之臣，使本宫爲不孝之子。神宗悦，命閣臣速擬諭以進。尋誅張差于市，斃龐、劉二璫。內廷比獄，上率從寬典。方事初起，中外聞者，心知其故，而難于言。至風癲之説倡，則議者謂其意有所爲，而王之寀直發逆狀，刑部尚書張問達深以爲然，形迹愈露，顧必欲窮究其由來，則所傷實多。神宗默念大臣中無足與計，不得已而自行召諭，其不下二璫于理，亦有深意。而主風癲者遂齮齕王之寀，罷其官，史孟麟謫，何士晉補外，人甚不平焉。

紅丸

八月二十一日丙寅，召太醫院官診視，進方，賞銀六十兩。次日，大學士方從哲以未獲入宫候安，上疏曰：臣詢醫官，知聖體御膳減少，兼有疾喘，必須一意調養，除每日發票本章外，俱宜暫輟。至於進藥一節，尤宜十分謹慎。昔人謂治病者，以服藥有效爲上策，以不服藥保養爲中策。蓋欲寡心清，元氣自固；用之不當，其害更不可言。惟聖明留意。先是，十二日，諸臣見天顔頓減，不似登極之初。至十六日，諸臣到宫問安，旋奉有頭目眩暈，身體軟弱，不能動履之諭。各相驚駭，不知其故。及十七日，諸臣敬問聖安，因大選，問内官以違豫之故，因知外廷所傳進御不節，流言絶謬，乃是崔文昪用藥差誤所致。至是上召見大臣，親奉天語，兩夜未睡，米粥日不多食，困頓至此。于是給事中楊漣言：文昪不知醫，不宜以宗社託重之身，妄爲嘗試，如其知醫，則有餘者泄之，不足者補之，其事明白易見，以皇上之日日萬幾，煢煢哀痛，精神耗費，于法止宜清補，文昪何投相反相伐之劑，然則外傳流言，必文昪藉口，以蓋其誤藥之奸耳。既益聖躬之疾，又損聖明之名。且皇上初用文昇一劑，泄補倒置若此，有心之誤耶，無心之誤耶？有心則虀粉不足贖；或其無心，一誤寧堪再誤。臣念皇上睡少、食少，此豈是大小諸臣安枕之時，閣部大臣各宜尋諸臣中有知醫者，日於宫門前齊心候問，同欽召御醫細細講求藥餌，多方斟酌，封付忠順内官，如法煎和以進。至如文昇者，宜發司禮監究問處分，傳示中外，使知聖躬不安，全是藥餌之誤，以解道路紛紛之口。并祈皇上召皇長子同衆皇子承顔導喜於前，以發天性之真和；又擇一二通書史大義内臣，時在左右説誦古聖帝明王通快可喜之事，以清宸聽，以醒脾神，如此，自獲勿藥之慶矣。又臣接都督僉事鄭養性一本，爲懇乞天恩，收回封后成命。此一事也，祖宗典制難干，聖明當已有裁決。第無上尊稱，告播中外，必有其名，今所稱封，尊之以嫡母乎，則於大行皇后有礙；尊之爲生母乎，則於本生皇太后有礙。或以往日之恩當酬耶？今日之請難已耶？當年主鬯未定，實不聞調護之深心，而此時長君踐祚，儘無取於沾沾承奉之虚文矣。總之，皇后非可以輕乞恩之名，天子無可以輕自卑之理，宫嬪無可以妄自尊之事。貴妃試思聖母仁慈，配天育聖，辛苦勞劬，垂四十春秋。我皇上孝思無極，止能崇上此皇后二字之追尊如貴妃當年。今日舊眷新恩，已是隆厚無涯，奈何又多生此必不可萌之妄念，故養性前日之請收成命，正所以善安其始。在皇貴妃，今後養老别宫，省心回念，凡朝見必須啓請，侍御無相攙越，更所以善保全先帝之明德於有終，與殊恩於無已也。有旨：所奏朕母皇貴妃鄭進封皇后，朕遵皇考遺囑，昨覽都督僉事鄭養性所奏，收回封后成命，以全體制，特允所奏，已輟旨不行。外庭不得再行瀆擾。其御藥房提督崔文昇已有旨，皇長子擇用端人，朕已知之。

二十八日癸酉，上疾彌留，召大學士方從哲、劉一燝、韓爌、及英國公張惟賢、尚書周嘉謨、李如華、孫如游、黃嘉善、黃克纘、左都御史張問達、給事中范濟世、楊漣、御史顧慥于乾清宮。上御東煖閣，倚榻凴几。今上侍立。諸臣問安畢，上命諸臣前，降色連諭云：朕見卿等甚喜。又云：朕在東宮，感寒症，調理未瘥，值皇考、妣相繼大喪，典禮殷繁，悲傷勞苦，朕不進藥已兩旬餘。卿等大臣，勿聽小臣言。今上承旨，再申前諭。上又論冊封皇貴妃禮。臣言：二后封謚、東宮冊立諸大典禮，當次第行。諸臣叩頭退。先是，給事中楊漣疏陳保攝，參論內監崔文昇醫藥之誤，故召見部、院，吏科、河南道外，特及漣，因論及此云。

甲戌，上再召見輔臣方從哲等十三員於乾清宮。諸臣問安畢，上乃諭冊立皇貴妃。從哲等對以冊儲原卜期，宜移近，蚤竣吉典，以慰聖懷。上因顧今上，諭曰：卿等輔佐爲堯、舜。又語及壽宮。輔臣以皇考山陵工有次第對，則自指云：是朕壽宮。諸臣言：聖壽無疆，何遽及此。上仍諭緊要者再。因問：有鴻臚寺官進藥，何在？輔臣奏：鴻臚寺寺丞李可灼自云仙丹，臣等未敢輕信。上卽命中使傳宣。諸臣退出，可灼至，同進診視，具言病源及治法甚合。上喜，命進藥。諸臣復出，令李可灼與御醫各官商確，未決。輔臣一燝言：其鄉兩人同用此丸，一損，一益，非萬全藥。禮臣如游言：此大有關係，未可輕易。乳媼至，上趣和藥，諸臣復入。可灼調藥進，上飲湯輒喘，逆藥進，乃受，喜稱忠臣者再。諸臣出宮門外，俟少頃，中使傳聖體用藥後，暖潤舒泰，思進飲膳。諸臣歡躍而退，可灼及御醫各官留。時日巳（已）午，比申未（末），可灼出，輔臣邀詢之。可灼言：上恐藥力竭，欲再進一丸，諸醫言不宜驟，傳趣益急，因再進，訖。輔臣亟問藥後何狀。云：聖躬傳安如前。先是，可灼來閣門，言有仙丹，欲具本進。輔臣出所具問安揭，中有進藥宜慎，及不效傷害等語，遂諭之去。是早，輔臣恭視寫篆大行皇帝册寶。兩内監在，云：有鴻臚官李某在思善門具本進藥。輔臣應以難信，俄蒙召見。蓋可灼時從諸御醫往來思善門，中使偏聞，以達于上，其傳奏姓名，莫可得而問。是日，仍以問安，賜諸臣錢幣燒割，可灼與焉。次日五鼓，内宣召急，諸臣趨進，而龍馭以卯刻上賓矣。蓋九月一日也。

崇禎九年，禮科給事中馮元飈亶朝信史急宜纂成疏：臣待罪禮科，與聞掌故，每見鉅重諸務，類多廢弛，習爲固然，莫之省究。如謚法五年一舉，所以風世也。今或有再訪，而無一報。歷法終古不易，所以奉天也，今或持各是，而滋大疑，積怠成荒，蓋難枚舉。第以四郊多壘，未敢一切具陳，至若實録一書，則萬世是非之衡，亦一時勸懲所恃也。凡禮樂沿革，征伐次第，刑政施設，羣臣功過，四裔朝貢之類，莫不具載。太祖高皇帝曰：國史貴于直筆，是非善惡，皆當書之，使後世觀之，不失其實。世宗肅皇帝曰：史之可否，一出于公，非公，則鬼神亦察之。在祖宗之世，重史若此，而又慮其書藏之金匱，副在秘書，人欲見之有不可得，更就其事輯爲寶訓，以傳於天下，賢者有所勸，而不忠不孝之臣有所畏，至盛典也。故歷朝以來，雖御世長久，事蹟繁重，實録之成，無踰至數年者。今熹廟之政，前後七載，實録故事，以月繫年，總其成書，不過八十餘卷耳。夫古之修史者，或訪諸故老，或採及輶軒，故其編次至煩，折衷匪易。若我昭代，則法制既詳，官事畢具，在翰林有起居之職，在六垣有章奏之抄，在内閣有票擬之籍，纂輯磨對，豈待九年，何狗何疑，坐成廢閣，此固非一政一事之蠱惰也。臣嘗誦孟子曰，孔子成春秋，而亂臣賊子懼。天啓之間，是稱陽九，其爲忠逆，殆亦多途，法誠所陳，至非渺小，徒以實録未上，寶訓弗傳，遂使衆志紛訾，猶思擾溷，保奸舉逆，蠅集兔爰，外患未寧，其漸方長，臣所竊竊，良抱深憂，非敢過執硜迂，徒于奮武之秋，漫作揆文之論也。伏乞皇上毅然獨斷，即勅所司將實録、寶訓立行竣役。如寶訓頒而是非曲直有不合匹夫匹婦之公者，許廷臣據實糾正，按治如法。如此則人心自定，政體肅然，天下幸甚，萬世幸甚。

崇禎十一年，禮科給事中李清請定開國、靖難、慘死三案謚典疏：臣伏讀皇上所訂記注，天語諄諄，舉先師孔子爲言。夫孔子春秋一書，定二百餘年彰癉。今者，謚法一事，亦有二百餘年未決之勸懲焉，在皇上一昭定之。臣約略其説，厥有三端，可使時日之諮核無稽，而瞭於開卷、翕於素論者：則其一爲太祖之龍興泰運也，勳名所聚也；其一爲成祖之龍戰革運也，忠義所動也；其一爲世廟與皇上之龍潛，毒霧方濃，離明未耀，蒙運也，鉤黨所起也，則所號爲開國與靖難及慘死諸臣三案，謚典所宜急與定者矣。以言乎開國，時屬草昧，於謚多缺，當奉太祖之成言以補缺。謀略無雙，文章第一，非御對所以褒陶安乎？傅一、廖二，非御製平蜀頌所以美傅友德、廖永忠乎？效忠致死，每念不忘，非聖諭所以悼韓成乎？此四臣者，均宜首謚。若葉居昇以建言隕獄，則一訓導耳；丁普郎以喪元，執兵作戰鬬狀，則一樞密同知耳。謚一訓導，而後此直掖棲烏，寒蟬寂而仗馬緘者可愧也；謚一同知，而後此横玉珥貂，穴中鬬而牀下伏者可愧也。從兹遞推，如章溢、馮勝、孫炎輩，不過十餘人，而可以定開國謚典矣。以言乎靖難，時屬革除，於謚猶疑，當奉成祖、仁宗之定論以破疑。練子寧若在，朕當用之，非成祖追宥其戇者乎？國家養士三十年，惟得卓敬，非成祖深惜其才者乎？方孝孺輩皆忠臣，非仁宗重嘉其烈者乎？此三臣者，均宜首謚。至若龔翊之不負城門一慟，則一衛卒耳；王良、黄觀妻之投水，與胡閏女之毀形不嫁，則三笄流耳。謚一衛卒，而後此改頭换面，身冠裳而心市井者可愧也；謚三笄流，而後此覆雨翻雲，貌簪纓而行巾幗者可愧也。從兹遞推，如鐵鉉、陳迪、暴昭三尚書輩，不過二十餘人，而可以定靖難謚典矣。若夫慘死一案，其經諸臣屢陳者，近時人耳。然以天啓之末，參正德之季，則如御史蔣欽、指揮張英、以及陸震、孟陽、何遵等，皆諫而死者也。合之左光斗、萬燝、黄尊素等，可共作一慘死案。蓋强項之挺骨，鐵漢之嘔肝，皆撑持世運一鎖鑰也。撩虎牙者，固封章可採，尸犴穴者，亦姓名可稽，而衮褒未備，何處可尋。馬鬣芝蘭半薤，誰人爲乞龍章，此弔古愴今者，所興感于蠹簡零編，荒烟斷隴，而欲代爲呼籲也。伏乞勅下禮部，將三案諸臣臚列大槩，刻期上聞。至于去取予奪，一聽上裁。異日書之史册，曰崇禎某年謚開國諸臣若而人，又謚靖難慘死諸臣若而人，甚盛舉也。蓋所舉止十餘年曠典，而所括乃數百年遺案，知非明斷，並出之皇上，固不能立定此善與善謚耳。若夫李善長恃勳而驕，耿炳文墮成而耄，然前功自不可掩，宜予中謚可也。胡廣始悖周是修約，而有愧死友；繼負解縉子婚，而有慚生女，亟奪原謚可也。陳瑛蛇吻蝎尾，肆螫逢干，卒無逃於好還，徑加惡謚可也。此又推惡與惡謚之旨，而分别言之。將皇上旌善癉惡、昭往勸來之書，與孔氏春秋並昭，垂不朽矣。

崇禎十五年，禮科給事中沈胤培鉅典端俟昌期疏：竊見駙馬都尉鞏永固一本，奉旨着該部科詳酌確議。臣不覺舉手加額，曰：皇上修明舊章，無幽不闡，請謚建文于此日，真千載一時，殆宗祖陰牖之使言，而成我皇上繼述之善也。按臣祖子木爲銀臺時，具疏請祀建文。大略言：建文爲高皇帝太孫，懿文太子嫡子，五年御宇，統順系明，生爲金潢玉牒之主，没含斷蓬飛草之怨，心竊痛之。成祖用王景議，以天子禮葬，遣官致祭，輟朝三日，而成祖之不欲廢其祀可知也。恩詔褒祀死節諸臣，是忠于建文者宜祀矣。乃建文何獨不得祀，因請祀於孝陵高皇帝之旁，或懿文太子之側。疏下，部覆如議。留中不報。而要非臣祖一人之私言也。方弘治中，禮部主事楊循吉亦嘗請追謚建文，而以景皇帝及元順帝爲比，謂親親固當視景帝，避位尤當視順帝，人皆誦其不刊。暨萬曆十六年，國子監司業王祖嫡復以建文不宜革除，景泰不宜附録，並形奏辨，乃景泰附録改正，而建文年號報罷。直至二十三年九月，神宗始允禮臣范謙覆、科臣楊天民、臺臣牛應元疏，而奉有建文事蹟著附載太祖高皇帝紀之末，仍存其年號之旨，其難其慎，越今又四朝矣。推而論之，不帝而何以編年，不帝而何以議享。存其年號，不得不復其帝統；復其帝統，不得不酌其徽稱，與修其祀典。事本相因，理原一貫，合先後諸臣之章奏，神宗霈發之明綸，已示顯號鴻名之漸矣。且成祖不嘗曰欲法周公輔成王乎，令孺子而在，未必不復辟也；又不嘗稱建文爲少帝乎，位號依然，并未如景泰之追廢爲郕戾王也。且建文得統于高皇帝，尤非若景泰之因危擁立也。乃一則尊崇于易世之後，一則泯滅于十數代之餘，不過謂表章遜國，則靖難無光。而不知天與人歸，成祖自不能避征誅之迹；勢窮事去，建文亦何必存揖讓之名。要以承祧有主，即冢君避野，原無傷太祖之心，況一脉相傳，則繼體開天，更遜禪文皇之緒，而何嫌何疑之有哉？皇上至仁符堯，虚受邁禹，遠希憲廟追崇景帝之規，近體神宗褒表忠魂之意，則臣有四説于此：察改實録，令建文自爲本紀，無溷附，以成萬世之信史，一可議也；祛西山不封不樹之詭，而考尋成祖禮葬之蹟，因以表爲陵園，二可議也；倣恭仁康定之謚法，而斟酌于二字四字之間，三可議也；即園爲寢，而春秋二饗，掌於南奉常，四可議也。夫然後皇上之心盡，二祖列宗之心盡，而三百年來臣民之心亦無所不盡。念祖德而隆孝思，恢皇謨而舉廢典，端在此矣。

春明夢餘録卷之十四

天壇

天壇，在正陽門南之左，永樂十八年建，繚以垣墻，周迴九里三十步。初遵洪武合祀天地之制，稱爲天地壇。後既分祀，乃始專稱天壇。按吴元年，建圜丘，以冬至祀昊天上帝；建方丘，以夏至祀皇地祇。及卽位，猶分祀如故。至洪武十年，因風雨不時，災異時見，覽京房災異對，始定合祀禮，採古明堂遺制，卽圜丘舊壝作大祀殿，壇而屋之，罷方丘，而是歲卽奉天殿行焉。十二年，殿成，祀昊天上帝、皇地祇位，南嚮。仁祖配，西嚮從祀。丹墀四壇：曰大明，曰夜明，曰星辰，又曰星辰；内壝外二十壇：曰五嶽壇五，中嶽壇以鍾山附，曰五鎮壇五，曰四海壇四，曰四瀆，曰風雲雷雨，曰山川，曰太歲，曰天下神祇，曰歷代帝王，各壇一，凡二十四壇，大臣分獻。因命太常每歲祭天地于首春三陽交泰之時。二十一年，增修壇壝，殿丹墀中叠石爲臺，東西相向，爲壇四；内壝外爲壇二十，亦東西相向。罷朝日、夕月、禜星之祭，并罷太歲、風雲雷雨、嶽鎮、海瀆、山川、月將、城隍、歷代帝王之春祭。建文元年，撤仁祖位，奉太祖配。永樂十八年，京師大祀殿成，規制如南，行禮如前儀，增附天壽山於北嶽壇。洪熙元年，增文皇帝配位太祖下。嘉靖九年，從給事中夏言之議，遂於大祀殿之南建圜丘，爲制三成。祭時上帝南向，太祖西向，俱一成上。其從祀四壇：東一壇大明，西一壇夜明，東二壇二十八宿，西二壇風雲雷雨，俱二成上。别建地祇壇。壇制：一成面徑五丈九尺，高九尺；二成面徑九丈，高八尺一寸，三成面徑十二丈，高八尺一寸。各成面甎用一九七五陽數，及周圍欄板、柱子皆青色琉璃。四出陛，各九級，白石爲之。内壝圓墻九十七丈七尺五寸，高八尺一寸，厚二尺七寸五分。櫺星石門六，正南三，東、西、北各一。外壝方墻二百四丈八尺五寸，高九尺一寸，厚二尺七寸。櫺星門如前。又外圍方墻爲門四：南曰昭享，東曰泰元，西曰廣利，北曰成貞。内櫺星門南門外東南砌緑磁燎爐，傍毛血池，西南望燈臺長竿懸大燈。外櫺星門南門外左設具服臺，東門外建神庫、神厨、祭器庫、宰牲亭，北門外正北建泰神殿，後改爲皇穹宇，藏上帝太祖之神版，翼以兩廡，藏從祀之神牌，又西爲鑾駕庫，又西爲犧牲所，北爲神樂觀，北曰成貞門，外爲齋宫，迤西爲壇門。壇稍北，有舊天地壇在焉，卽大祀殿也。嘉靖二十二年，改爲大享殿。殿後爲皇乾殿，以藏神版。以歲孟春上辛日祀上帝于大享殿，舉祈穀禮；季秋行大享禮，以二祖並配；至郊祀，專奉太祖配。十年，改以啟蟄日行祈穀禮于圜丘，仍止奉太祖配。十七年，改昊天上帝稱皇天上帝。是年，欲倣明堂之制，宗祀皇考，以配上帝，詔舉大享禮于玄極寶殿，奉睿宗獻皇帝配。玄極寶殿者，大內欽安殿也。殿在乾清宮垣後。隆慶元年，罷大享祈穀禮，玄極殿仍改爲欽安殿。圜丘泰元門東有崇雩壇，爲制一成，東爲神庫。嘉靖中，時以孟夏後祭天禱雨，祈穀壇成，未行而罷。

洪武元年二月，勑禮官太常曰：昔聖帝明王嚴于祭祀，內致誠敬，外致儀文。朕膺天命，首崇祀事，顧草創之初，典禮未備，何以交神明，致靈貺，其博考郊禮以聞。丞相李善長、學士陶安、太常卿胡惟庸等奏：國有大祀，曰圜丘，曰方澤，曰宗廟，曰社稷，若他諸中祀、小祀，各具沿革以進。于是祀天圜丘，以大明、夜明、星辰、太歲諸神從饗；祭地方丘，以嶽、鎮、海、瀆諸神從饗，而前代太一感生五帝諸不經之祀俱罷。撰二丘樂章。安等又言：古者天子五冕，祭天地、宗廟、社稷諸神，各有所用。上以五冕禮太繁，惟天地、宗廟服袞冕，社稷等祀服通天冠、絳紗袍，餘不用。二年，奉仁祖配。時中都亦有南、北丘焉。五年，上親郊，皇太子居守，親王戎服從。七年，以大祀獻終乃分獻，未安。學士詹同、宋濂言：請初獻奠玉帛已，分獻官卽初獻，亞獻亦如之。上曰：善。八年，從學士樂韶鳳之請，定大祀登壇脫舃禮。九年，令郊社大事，國有三年喪不廢。十年春，且郊，感齋居陰雨，覽京房災異對，始定合祀禮。二十三年，合祀禮成，上作大祀文，並歌。文略言：朕聞太極之化，天開乎子，地闢乎丑，位極既定，虚其中爲寰中，而人生于寅。人生滋多，非聖莫馭，天生君主，爲民立命。洪荒之時，莫知誰始。今載于書，開天立極，首興彝倫者，伏羲、神農、黄帝是也；法三皇而守行者，少昊、顓頊、高辛、唐虞；其損益禮樂，大備其文者，夏、商、周也；下至秦、漢，以及于唐、宋、元。嗚呼！天性自然而常者，三綱、五常也。聖人度人情而措彝倫，不逆其性，務從于善。每聞昔君，欽若昊天，莫敢有怠。朕卽位以來，祀天饗地，奉宗廟社稷，當齋期必有風雨，臨祭乃歛，每以爲憂。京房有言：郊祀鬼神，必天道雍和，神乃答，若有飄風驟雨，是爲未善。于是命三公度土，工部役梓人于南郊，創大祀殿合享。朕度古人南郊祭天，以陽生之月；北郊祭地，以陰生之月，獨以義起，不知至陽祭之至陰之月，至陰祭之至陽之月，于理可疑。且掃地而祭，其來甚遠，尚質不華，令天地之享，與人大異，將人之饗，亦執古不變乎？古則汙尊抔飲，茹毛飲血，巢居穴處，今可行乎？殆必不然。因定歲祭天地于首春三陽交泰之時，合祀天地，前期致齋五日，内二日以告仁祖，三日正齋，風和日煖，及夜升壇，山川草木不摇，江海不波，太陰中天，神恍臨降，故合祀宜也。

嘉靖九年，禮科給事中夏言請更郊祀疏：臣按古者祀天於南郊，祭地於方澤，兆於南郊，瘞於北郊，順天地之宜，審陰陽之位也。至祖宗之配享，諸壇之從事，合祀之不經，乞勅多官集議，以求至當。彼時，皇后行親蠶禮于北郊，祭先蠶氏。詞臣霍韜言：親蠶爲亂成法，分郊爲紊朝政。其大禮論曰：合祭天地，神陰陽也。易曰：陰陽不測之謂神，並祀祖宗，崇達孝也。禮曰：祖文王而宗武王，主日配月，及于星辰，象從天也。易曰：本乎天者，親上。岳、鎮、海、瀆，象從地也。易曰：本乎地者，親下。是故天地合德，神化出矣；祖宗合祀，孝德崇矣；日、月、星辰麗於上，河、海、山、嶽位於下，倫類齊矣。是故渾涵宇宙，順序陰陽，幽贊神化，明奠象類，合祀之典，顯且著焉。非聖知明于天地之性，知鬼神之情狀，其孰能與于此。帝怒其言。御史鄧文憲亦言：郊祀親饗之義，夏言未必是，而霍韜未必非，且天地分祀，則父母異處，親饗郊外，則內外失閑。帝責憲附和，遂定分祀之制，朝日、夕月之祭俱復。夏言薦行大僕寺寺丞張鶚考定音樂。時四郊並建，兵部軍卒供役不足，乃將馬價及缺官薪皂銀三十萬兩募役工作。

萬曆三年十一月，內閣臣張居正進郊禮圖册，曰：謹按天地分祀，至洪武十年，聖祖乃定爲合祀之制。每歲正月上辛日行禮于南郊大祀殿。列聖遵行，百六十餘年。至世宗皇帝，始按周禮古文，復分建南北郊，俱壇而不屋，南郊以冬至、北郊以夏至行禮，而二至之外，復有孟春祈穀、季秋大享，歲凡四焉。隆慶改元，詔廷臣議郊祀之禮。時議者並請罷祈穀、大享，復合祀天地于南郊。先帝深惟三年無改之義，獨以祈穀、大享在大內行禮不便，從禮官議罷之，而分祀姑仍其舊，蓋亦有待云爾。夫禮因時宜，體乎人情者也。高皇帝初制郊禮，分祀十年矣，而竟定于合享者，良以古今異宜；適時爲順，故舉以歲首，人之始也；卜以春初，時之和也；歲惟一出，事之節也；爲屋而祭，行之便也。百六十餘年，列聖相承，莫之或易者，豈非以其至當允協經久而可守乎？今以冬至極寒，而裸獻于星露之下；夏至盛暑，而駿奔于炎歊之中，一歲之間，六飛再駕，以時以義，斯爲戾矣。且成祖文皇帝再造宇宙，功同開創，配享百餘年，一朝而罷之，于人情亦有大不安者。故世宗雖分建圜、方之制，而中世以後，竟不親行，雖肇舉大享之禮，而歲時禋祀，止於内殿。是斯禮之在當時，已窒碍而難行矣，況後世乎？臣等愚昧，竊以爲宜遵高皇帝之定制，率循列聖之攸行，歲惟一舉合祀之禮，而奉二祖並配，斯于時義允協，于人情爲順。顧郊禋重典，今且未敢輕議，謹稽新、舊規制、禮儀而畧述其槩，以俟聖明從容裁斷焉。

中庸曰：郊社之禮，所以事上帝也。朱子註：郊祭天，社祭地，蓋郊之禮主祀上帝，而統地祇也。按郊特牲篇，郊特牲而社稷大牢。又云：社所以神地之道也，地載萬物，天垂象，取財於地，取法於天，是以尊天而親地也。禮運篇：夫政必本於天，殽以降命，命降於社之謂殽地。又曰：祭帝於郊，所以定天位也；祭社於國，所以列地利也。又云：禮行於郊，而百神受職；禮行於社，而百貨可極。及按泰誓云：類於上帝，宜於冢土；召誥云：用牲于郊，牛二；社于新邑，牛一、羊一、豕一。以上經傳，對舉郊天社地之文，最爲明白。及考祭法：燔柴於泰壇，祭天也；瘞埋于泰折，祭地也；用騂犢埋少牢於泰昭，祭時也；以下六宗、四坎壇之百神，皆埋少牢。此王者郊天而并祭地之文也。周官大宗伯章：祀天祀上帝，祭地祀社稷。獨司樂章有夏至方丘之文，即祭法王爲羣姓立大社，而王社乃宗廟之右社稷也，别無北郊之名。夫天包乎地，天尊而地卑，固不可以並言南、北郊也。禮云：器用陶匏，順天地之性也，此亦郊天而並祭地也。草廬吳先生謂：天地並尊，似拂易傳天尊地卑之義，故著此論。

國之大在祀，而祀之大在郊。自古禮殘缺，後儒穿鑿，而五帝六天合祀之説迄無定論，則以不深考于經，折衷于聖以準之也。書曰：肆類于上帝，禋于六宗，望于山川，徧于羣神。又曰：柴望秩于山川。又曰：柴望大告武成。曰類、曰柴，皆祀天之禮也，然必及于六宗、山川羣神，而不及后土，則郊必兼社之謂也。易曰：先王作樂崇德，殷薦之上帝，以配祖考。又曰：聖人亨以享上帝。周禮：以禋祀祀昊天上帝。記曰：郊社之禮，所以事上帝也。皆舉郊以見社也。家語：孔子曰，天子卜郊，則受命于祖廟；而作龜于禰宮，尊祖親考之義也。卜之日，王親立于澤宮，以聽誓命、受教諫之義也；既卜，獻命庫門之內，所以戒百官也。言郊之必卜也，而不及社，兼社也。此唐、虞、三代之制也。儒者但見周禮有冬至祭圜丘、夏至祭方澤之文，遂主分祀之説。不知周禮一歲之間，祭天凡幾，正月祈穀，孟月大雩，季秋明堂，至日圜丘，此外有四時之祭，則固合祭者矣。前期十日，大宰帥執事而卜，掌百官之誓戒，太史與執事卜日，戒大宗伯詔相王之大禮。祭之日，大宗伯奉玉，大宰贊玉、幣、爵之事，詩歌昊天有成命之章，此其證也。惟是周朔建子，冬至圜丘，適當獻歲，不妨迎陽，報天而後命及于地，故其禮比合祭稍加崇重。此惟行周禮之時則可耳。乃其合祀之禮則未嘗廢，散見諸經及孔子之言可據也。使祭而必冬至也，則何用卜之爲。故曰：至敬不壇，掃地而祭，則又不必于圜丘、方澤也。以是而知周之未嘗不合祭也。

由漢歷唐千餘年，分祀者惟魏文帝之太和、周武帝之建德，隋高祖之開皇，唐玄宗之開元，四祭而已。至宋，郊祀皆合祭。其不合祭者，惟元豐六年一郊。元祐詔議北郊，蘇軾主合祭，從之者五人，劉安世主分祭，從之者四十人。軾曰：舜之受禪，自上帝、六宗、山川、羣神，莫不畢告，而獨不告地祇。武王克商，柴上帝，望山川，而獨畧地祇。昊天有成命之詩，郊祀天地，終篇言天，而不及地。以是知祀上帝而地祇在焉。彼時羣臣方議合祀之非，上以問輔臣。章惇曰：北郊止可謂之社。君子當不以人廢言。夫國之大事，莫過于郊，明太祖以開天之聖，改分祀而爲合祀，此千古卓見，故行之百五十餘年，風雨調順，民物康阜。至嘉靖一改，而明遂衰。建議者，夏言也，卒死于法，抑太祖之靈弗歆乎？至于太祖事天之誠，儀文純備，千古僅見，備録之，以爲百世法焉。

愼配享

洪武元年十一月初三日，冬至，祀南郊。上先詣太廟，告曰：歷代有天下者，未嘗不以祖配天，兹臣獨不敢者，以臣功業猶有未就，政治或有缺失，懼有責焉，況去年上天垂戒，早暮兢惕，恐無以承上帝好生之德，故不敢輙奉以配。惟祖神與天通，恐上帝有問，願以此言敷奏帝前，善惡無隱，惟上帝鑒之。候南郊竣事，臣當率百司恭詣殿庭，告成大禮，以共享上帝之錫福。越二年，平慶陽，羣臣復請，乃奉仁祖配。

告祭

禮部崔亮奏，按禮運曰：禮行於郊，則百神受職。沈括援唐制云：有事上帝，則百神皆預遣祭告，惟太廟則皇帝親行祭告。今擬圜丘、方丘大祀前期，上親告太廟，仍遣使預告百神。如祀圜丘，則曰某年某月日皇帝有事于圜丘，咨爾百神，以相祀事。方丘亦如之。仍增天下神祇壇于圜丘之東、方丘之西，其神主皆題曰：天下神祇。詔從之。

齋期

上謂省臣曰：朕每祭享天地百神，惟伸吾感戴之意，禱祈福祉，以佑生民，未嘗敢自儌惠也。且齋戒所以致誠，誠之至與不至，神之格與不格，皆係於此。故朕每致齋，不敢有一毫懈惰。今定齋戒之期，大祀以七日，中祀以五日，不無太久。大抵人心久則易怠，怠心一萌，反爲不敬。可止於臨祭齋戒三日，務致精專，庶幾可以感格，著爲令。

祭器

崔亮奏：按禮記，郊祭器用陶、匏、瓦器，尚質故也。周禮籩人，凡祭祀供簠、簋之實。疏曰：外祀用瓦簋。今祭祀用磁，已合古意。惟盤、盂之屬，與古之簠、簋、登、豆制異。今擬凡祭器皆用磁，其式皆倣古之簠、簋、登、豆，惟籩以竹。詔從之。

省牲

上諭禮臣：先賢有言，見其生，不忍見其死；聞其聲，不忍食其肉，此人情之常。今祭祀省牲，於神壇甚邇，揆之人心，殊爲未安。於是亮奏考古省牲之儀，遠神壇三百步。上喜曰：必如是，而後可。

脱舄

學士樂韶鳳奏曰：禮侍坐於長者，屨不上於堂，解屨不敢當階，就屨跪而舉之屏於側。注：屨賤空，則不敢陳於尊者之側，長者在堂，則脱於階下，在室，則上堂而不著入室也。漢魏以後，朝祭則跣襪。惟蕭何劍履上殿。宋南郊，皇帝至南階，脱舄升壇，入廟，脱舄升殿。宋開寶通禮：太廟饋食并禘祫，皇帝至東階下，解劍脱舄，今議於郊祀廟亨前期一日，有司以席藉地，設御幕於壇東南門外，及設執事官之次門外西側。祭日，大駕臨壇，入幕次，脱舄，升壇，執事導駕讚禮、讀祝，并分獻陪祭官皆脱舄外次，升供事，協律郎、樂舞生跣襪就位。畢，降壇納舄。從之。

戒飾

上詔中書言：祀禮肇於聖王，諸周旋上下、進趨獻酬之節，慇懃至矣。朕親循行，其無乃失之瀆而過飾乎。過飾，是不誠也。孔子有云，禘自既灌而往者，吾不欲觀之矣。且人不誠者衆，暫誠者有之，永誠者鮮已。今措禮設儀而過飾，能有終乎。朕周旋神所十有一年，未見其當。於是更儀殊式，合祀天地神祇。飭中書下翰林院，令儒臣紀焉。

世宗改合祀而爲分祀，卜之太祖，不吉；謀之人言，不協，將欲已之。夏言持之獨力。初，問張璁，璁備述周禮，及宋熙寧間陳襄、蘇軾、劉安世、程頤所議分合異同以對。且言：聖祖定制，無敢輕議，惟朝日、夕月之禮具載存心録，并祭祀禮儀，若欲講求復舊，似無難者。及上諭再議，璁言：聖祖爲一代創業之主，爲子孫者億萬年，所當遵守，願以不愆不忘之心，盡善繼善，述之孝此。其意雖在分祀，然以祖制爲言，自是大臣告君之體及夏言二祖分配之説，則力闢之矣。曰：郊祀之議，聖見已定，羣臣必將循默，臣獨不忍無言。皇上信以分配之説盡古禮乎？大祀殿非明堂之位，孟春祈穀非季秋大享之禮，則未免有失於古也；信以並配之説非今宜乎？太祖百有餘年之神座，豈忍言撤，文皇百有餘年配天之報，豈忍言廢，則未免有失於今也。臣謂天地分祀，宜從古禮，祖宗並配，宜從今制，所謂酌古斟今，繼志述事，仰對祖宗，願從容而裁酌之。又曰：天地者，古今之天地，分而祀之，三代之彝典也，臣敢不將順；祖宗者，一代之祖宗，功德俱隆，並配天地，當代之定制，孝子慈孫不可輕議，臣安得無言，至罷議之説？又天地祖宗，共爲昭鑒，今日月迭變，風霾飢饉，救荒之政禮，貴弛力爲先。請察臣言，務求可傳可繼之道，外此，非臣所知也。固侃侃正論已。

湞川范守已曰：郊祀之議，永嘉等前言爲是，而羣議皆非也。天地分祀，古今正禮，而祖宗訓制，亦孝子慈孫所當世守而不可改者。謂祖制可變，是以祖宗爲不足法矣，謂祖宗爲不足法，則凡可以紛亂舊章，將無所不至也。祖宗睿識神謨，精思長慮，其所規畫，協于至善者十之八九，間有一二襲近代之陋，蠡先聖之謨，匪其識有未至，亦未能無意其間也。故周用子正，尼父非之，而子孫不爲之易；商人尚鬼，至于盤庚，以鬼恐衆，亦未聞其臣有以爲非而請革者，何也？凡以祖宗之制，不可變也，故寧因其所可變以固其所不可變，而一代之制始傳之百世而不壞；一有可變之念參乎其間，則雖其不可變者，姦臣賊子亦將以辯言亂其視聽，而紛更殆盡矣。爲端甚微，爲禍豈淺淺哉。故漢高襲亡秦，創制陋矣，孝文固守其陋，拒賈生之議而不納，匪真謙讓未遑也，正以祖宗之法不可變耳。迨至武帝，狹小漢制，正統、易服，紛紛制作，匪不力追古始，而漢家一代之制蕩然無存，浸淫易世，大釁三啟，卒致新莽之亂，有由然也。

元郊祀考

元初用其國俗，拜天於日月山。成宗大德六年，建壇於燕京，合祭天地五方帝。九年，始立南郊，專祀昊天上帝。泰定中，又合祭，然皆不親郊。文宗至順以後，親郊者凡四：惟祀昊天上帝。其郊壇三成，以合陽奇之數。每成高八尺一寸，以合乾之九九。上成縱廣五丈，中成十丈，下成十五丈。四陛，陛十有二級。外設二壝，内壝去壇二十五步，外壝去内壝五十四步，各四門。壇設于丙巳之地，以就陽位。外垣南欞星門三，東西欞星門各一，中築圜壇，周圍上下俱護以甓。内壝、外壝各高五尺，壝四面各有門三，俱塗以赤。祭時，冕無旒，服大裘，而加袞，搢大圭，執鎮圭；皇太子侍祀，服袞冕而執圭，諸臣奉祀。三獻官司徒大禮使七梁冠，加籠巾、貂蟬。助奠以下諸執事官，冠制如貂蟬，無籠巾，而有六梁、四梁、三梁、二梁之異。御史冠二梁，加獬廌。俱青羅服，裳、紱、綬、環並同，笏以木。

祈穀壇

祈穀壇大享殿，卽大祀殿也。永樂十八年建，合祀天地於此。其制十二楹，中四楹飾以金，餘施三采。正中作石臺，設上帝皇祇神座於其上。殿前爲東、西廡三十二楹，正南爲大祀門，六楹。接以步廡，與殿廡通。殿後爲庫，六楹，以貯神御之物，名曰天庫。皆覆以黄琉璃。其後，大祀殿易以青琉璃瓦。壇之後，樹以松柏。外壝東南鑿池，凡二十區。冬月，伐冰，藏凌陰。以供夏、秋祭祀之用，悉如太祖舊制。至嘉靖二十一年，撤大祀殿，擬古明堂，名曰大享，每春行祈穀禮。隆慶元年，禮官言：先農之祭，卽祈穀遺意，宜罷祈穀，於先農壇行事，大享禮亦宜罷。詔可。後至崇禎朝，復舉行。

祈穀紀

祈穀用孟春上辛，禮也。明初，用二月上戊祭先農，不行祈穀，卽嘉靖亦一再舉而罷。崇禎辛巳年正月初五日上辛，復舉行。有旨：祈穀除不散齋，不出宿於郊，齋宫不朝，亥時正三刻止升一燈外，其恭視、壇位、籩豆、牲隻如圜丘。儀行奏祭着改於正月初一日，樂章奏舞，命太常寺勤督樂舞生預爲演習。十五年壬午正月上辛，即在朔日辛未，禮部以朝賀不便，疏請改十一日辛巳爲中辛。得旨：改中辛日行禮。

崇禎壬午，上親行祈穀禮記：壬午正月初五日，上常服詣太廟，以親詣南郊視牲，預告於太祖及列祖神御前，仍欽遣禮部左侍郎王錫衮、右侍郎蔣德璟、詹事黄景昉充上香導引官。初六日，遣勳臣等恭代視牲。初七日，上御皇極殿，太常寺奏祭祀初八日爲始，致齋三日。初八日質明，上常服乘輿，詣太廟門西降輿，至廟門幄次内，具祭服，詣太廟告請太祖配神，行禮畢，出至幄次，易皮弁服，回御皇極殿。太常寺、光禄寺官奏省牲。初九日，大雪，上親享太廟。禮畢，臣璟即偕王、黄二公冒雪出南郊，宿太常别院。是日午後，太常官捧蒼玉、帛匣、香盒同神輿亭，進于皇極殿内，司禮監官捧帛同安設於御案之北。初十日質明，上御皇極殿。太常卿捧祝版從中左門進，安於御案上，上親填御名訖，太常卿捧安於輿中。司禮監官進玉帛，上親裝於各匣内安訖。太常寺官以次奉安輿中。太常卿隨捧香盒於香亭右，跪，上三上香，行一拜三叩頭禮，畢，轉於東西向立。錦衣衛官旗入，擡輿亭，從中門出。太常卿隨詣大享殿神庫奉安。上遂詣太廟，以親詣南郊行祈穀禮預告於太祖及列祖神御前。行禮畢，還宫。是日早，璟偕王、黄二公及太常少卿高倬具吉服，冒雪至大享殿、皇乾殿演禮，即在北天門内候駕。至未時，錦衣衛官備法駕、設板輿於皇極門下正中，上常服，御皇極門。太常卿奏請聖駕詣南郊行祈穀禮於大享殿。上陞輿，掌衛官跪奏起輿，從午門、端門、承天門、大明門、正陽門詣南郊壇内西天門至神路迤西，臣璟偕王、黄二公及高少卿面駕，序立，行叩頭禮畢，分兩旁候。上降輿，臣璟等導上從大享南門左門入，太常卿党崇雅跪迎，同導上至丹陛。太常卿導上至大享殿左門入，恭視神位。臣璟等先詣東陛前，候上視神位畢，太常卿導上從東陛下，臣璟等同導上至神庫視籩豆，至神厨視牲。太常卿逐一奏畢，復同臣璟等導上仍從大享南門出，迤西陞輿，至齋宫。陪祀各官免朝參。是日，雪勢特猛，導引往還，可數千武，而神庫門路甚深滑，上亦徐行俯體，諸臣便步趨也。至一更時，臣璟等三人具祭服，詣皇乾殿行一拜三叩頭禮。王公上香請神，璟與黄公導引，太常官以次捧昊天上帝正位、高皇帝配位神版詣大享殿奉安。訖，臣等三人即趨至大次候駕。亥時，一燈起，萬燈齊明，燦如列星。上常服，乘輿，冒大雪從齋宫東門出，至神路之西降輿，導駕官導上至大次。德璟三人及太常卿復命，上秉圭曰：朕知道了。少頃，具祭服出，導駕官導從大享南門左門入，行祈穀禮，用十二拜如大祀儀。祭畢，上出至大次，易常服，不回齋宫，即從西天門還至太廟，參謁如前。儀畢，還宫。

禮部侍郎蔣德璟謹紀。

按月令：孟春，天子以元日祈穀于上帝。註：謂以上辛郊祭天。春秋傳曰：啟蟄而郊，郊而後耕，郊特牲曰：郊用辛。註：凡爲人君，當齋戒自新。盧植、蔡邕曰：郊天是陽，故用日，耕耤是陰，故用辰。孔穎達曰：甲、乙、丙、丁等謂之日，子、丑、寅、卯等謂之辰。元者，善也。元日郊用辛，元辰耕用亥。黄道周曰：春日甲乙，則未知其果上辛也。明初，以冬至祀天圜丘，夏至祀地方澤。洪武十年，罷之而止。以正月上辛合祀天地于大祀殿，并日、月、星辰、山川等神俱在焉，其禮甚省，其敬甚專。嘉靖九年罷之，而分爲圜丘、方澤、朝日、夕月四郊，其大祀殿則以孟春上辛祈穀。十年，又改啟蟄日祈穀。二十四年，又改大祀殿爲大享殿。然祈穀禮不復行。崇禎十四年，復行祈穀禮，用上辛。十五年，用中辛云。

齋宮附

齋宮，在圜丘之西，前正殿，後寢殿，傍有浴室，四圍墻垣，以深池環之。皇帝親祀，散齋四日，致齋三日於齋宮。駕至南郊昭享門降輿，至内壝恭視壇位，又入神庫視籩豆，至神厨視牲，畢，出昭享門，至齋宮。各官早朝、午朝俱賜飯。傳曰：祭之日，披衮以象天，戴冕，藻十有二旒，則天數也。乘素車，貴其質也。旂十有二旒，龍章而設日月，以象天也。天垂象聖人則之郊，所以明天道也。

周官·掌次：王大旅上帝，則張大次、小次。大次在壇壝外，初往所居止也；小次在壇側，初獻後退俟之處也。按宋營青城幄殿，卽周之大次也；又於東壝門外設更衣殿，卽周之小次也，其制皆用帛絞縛。元豐中，議禮局言：每歲青城，費縑布三十餘萬，乞如青城創制齋宮，使一勞永逸。時未及行。哲宗始建齋宮，南渡後庶事草創，復絞縛以備制。明洪武二年，詔築齋宮于圜丘側，永樂因之。

郊壇門外每祀設大次，駕臨壇，入幕次，脱舄，升壇。其升壇，執事導駕讚禮、讀祝，並分獻陪祭官皆脱舄于外，以次升壇供事；協律郎、樂舞生依前跣韈就位；祭畢，降壇納舄。嘉靖中享廟，皇后助祭，遂罷脱舄禮，後不復行。

齋宮東西懸大和鐘，每郊祀，候駕起則鐘聲作，登壇則止。禮畢，升駕，又聲之。

洪武中，禮部尚書崔亮奏：宋祥符九年，議南郊壇祀天，或值雨雪，則就太尉齋所望祭。元經世大典載，社稷壇壝外垣之内，北垣之下，亦嘗建屋七間，南望二壇，以備風雨，曰望祀堂。請依此制於圜丘、方丘壇南皆建殿九間，社稷壇北建殿七間，遇風雨則於此望祭焉。上從之。

嘉靖中，上以舊存齋宮在圜丘北，是踞視圜丘也，欲改建于丘之東南。夏言言：更起齋宮于圜丘之旁，似于古人掃地之義未爲允愜。且秦漢以來，並無營室者，正謂質誠尊天，不自崇樹，以明謙恭肅敬之旨。故惟大次之設，爲合古典。陛下前日考據精密，豈今偶未之思耶，願寢其議，仰答太靈，報聞。

神樂觀

神樂觀，在天壇内之西，設提點知觀，教習樂舞生。内有太和殿，遇祭則先期演樂于此。

洪武初，御製圜丘、方澤分祀樂章，後定合祀，更撰合祀樂章。禮成，歌九章。已病音樂之未復古也，詔尚書詹同、尚書陶凱與協律郎冷謙定雅樂，而學士宋濂爲樂章。著令：凡祀有樂。樂四等，曰九奏，曰八奏，曰七奏，曰六奏。樂有歌有舞，歌堂上，舞堂下。舞皆八佾，有文有武。郊、廟皆奏中和韶樂，太常領之，協律郎司樂考協之。凡樂，淫聲、過聲、凶聲、慢聲，若舞失節者，皆有糾禁。凡樂器不徙。凡園陵之祭無樂。

洪武十二年十二月，諭神樂觀。云：開基守業，必勤政爲先；趨事赴公，非信誠必責。傳不云乎，國之大事，在祀與戎。曩古哲王，謹斯二事。而上帝皇祇，悦賜天下安和，生民康泰。朕起寒微，而君宇内，法古之道，依時以奉上下神祇。其於祀神之道，若或不潔，則非爲生民以祈福而保己命也。昔劉康公、成肅公會晉侯伐秦，祭於社稷之神，然後興師。當祭之時，畢，則有受胙之禮。其受之時，必思洋洋乎其在上，而穆穆然或左而或右，委心慎敬而受之，則祥。故敬勝怠者吉，怠勝敬者滅。所以成肅公受胙之時，起慢神不恭之貌，因伐秦而卒。是以知敬慎必有動作禮義威儀之則，以定命也。於斯祀神之道，能者養之以福，不能者敗之以禍。是故君子勤禮，小人盡力。勤禮莫如致敬，盡力莫如敦篤。敬在養神，篤在守業。朕觀古人之敬神也若是，其驗禍福亦若是，斯可謂無神而不信乎，可謂佞神而祈福乎？二者皆不可，惟敬之以禮而已。朕設神樂觀，備樂以享上下神祇，所以撥錢糧若干以供樂舞生，非倣前代帝王求長生之法而施之。然長生之道世有之，不過修心清净，脱離幻化，速疾去來，使無艱阻，是其機也。於戲，昔殷、周之父老何存，漢、唐之耆宿安在，果長生之道乎？朕設神樂觀以備樂，碑之于觀，以示後世。其觀主不潔，樂生不精，贍生不足，以此觀之，不但君不勤于祀事，其朝臣、觀主必也亦然。若君勤于祀事，朝臣、觀主無一體之敬，則國有常憲。故兹勒石，想宜知悉。

洪武六年，上以祭祀還宫，宜用樂舞生前導，命翰林儒臣：撰樂章以致敬慎鑒戒之意，後世樂章，惟聞頌美，無古意矣。嘗謂諷諫則使人惕然有警，若頌美之詞，使人聞之意怠，而自恃之心生。蓋自恃者日驕，自警者日强。朕意如此，卿等其撰述毋有所避。于是儒臣承旨撰神降祥、神祝、酣酒、色荒、禽荒諸曲，凡三十九章，曰回鑾樂歌舞，其詞皆存規戒，其樂舞分爲八隊，皆八人。禮部因其制以上，命工肄習之。

洪武二年，有旨：教胡太常做個牌子，漆的如法，將圜丘、方澤、社稷、宗廟、先農、風雨、雷師、馬祖，凡一應祭祀時月日期，明白開寫于牌上，掛在這東耳房前，我時常看，都要知道。欽此。又銅人制，亦創自高皇也。洪武十二年，上命禮部尚書陶凱等曰：經言鬼神無常享，享于克誠，人謹方寸于此，而能格神明于彼，由至誠也。然人心摻舍無常，必有所警，而後無所放耳。乃命禮部鑄銅人，高一尺有五寸，手執簡，書曰齋戒三日。凡致齋之期，則致朕前，庶朕心有所警省而不敢放也。又令各衙門置木齋牌，刻其文曰：各有常憲，神有監焉。遇祭祀必設。

洪武中諭曰：石音固難和，然以人聲爲主。神人悦和，即八音諧和。時起居注熊鼎進曰：樂音不在外求，在人君一心。心和則天地之氣和，樂無不和矣。嘉靖既更定祀典，中允廖道南請稽古樂章，以裨盛典。上曰：考定律吕，必真知者乃可。詔發内府所藏金、玉、銅、石鐘磬于神樂觀，考正音律。仍令科道官各舉所知諳曉音律之人以聞。夏言薦行太僕丞張鶚曉暢律吕。鶚，臨清人，時在告。應詔至，欲定元聲，復古樂，併進所著樂書二部：一曰大成樂舞圖譜，自琴瑟以下諸樂逐一作譜；一曰古雅心談，以十二圖象十二律，律圖各有説。乃下禮部議覆。上曰：音樂即爲更定，勿誤享祀之用。乃譜定帝社稷樂歌以進。遼州同知姚文察進所著樂書四聖圖解二卷、樂記補説二卷、律吕新書補註一卷、興樂要論三卷，因請興正樂，以薦上帝，祀祖考，教皇太子。章下禮部，覆言：文察所進樂書，其于古今原委，類多前人所未發者，且於人聲中考定五音，以爲制律、候氣之本，法似徑截，深合虞書言志、永言、依永、和聲之旨。宜令文察及太常知音律者選能歌樂舞生百餘人，協同肄習；本部及該寺正官，以時按試。候聲律諧協，吹律候氣咸有應驗，方授官，與張鶚同事。從之。

辨大司樂之誤

按周禮大司樂云：凡樂，圜鐘爲宫，黄鐘爲角，太簇爲徵，姑洗爲羽，靁鼓、靁鼗，孤竹之管，雲和之琴瑟，雲門之舞，冬日至於地上之圜丘奏之。若樂六變，則天神皆降，可得而禮矣。凡樂，函鐘爲宫，太簇爲角，姑洗爲徵，南吕爲羽，靈鼓、靈鼗，孫竹之管，空桑之琴瑟，咸池之舞，夏日至於澤中之方丘奏之。若樂八變，則地示皆出，可得而禮矣。元儒吴澄曰：此文不惟不經，仍自相背戾。既曰大合樂以致鬼神示，而其下則止用黄鐘、大吕、雲門祀天，止用太簇、應鐘、咸池祭地，如是則六律、六同、五聲、八音、六舞各自爲用，不得謂之大合樂矣。況周家祭祀已行之迹，莫詳於詩之頌。今考昊天有成命之詩，郊祀天地，是天地無分祀之文；考般之詩，望祀四嶽河海，是四望與山川無異祭之文；考之詩禘祖，而其末則曰：既右烈考，亦右文母，是妣與祖亦無各祭之文；攷周頌之詩，盡是祭祀之詞，其言作樂，未聞有分樂而祀之之説，亦未聞用歷代之樂以分祀之禮，此甚不足信。又曰：既言六樂者，文之以五聲，播之以八音，是六樂之作，五聲、八音並用之矣。而其下則禮天神、地示、人鬼，於五聲皆止用其四，於八音止用其三，使其果如此，則聲音不備，樂何自而作。況考之於詩，有瞽作樂而合乎祖，其間用鞉、磬、柷、敔、簫、管等樂，於祭宗廟之際，固亦兼用竹、革、木、石之音矣，孰謂去此而不用乎？既曰凡六樂者，一變至六變，合六樂而言之，至於七變、八變、九變，則餘三變又不與焉。況樂所以象德，而六樂之致鬼神示，不知何分而象德耶。

邱文莊濬曰：按分祭天地之説，始見於周禮大司樂，他經典所不載也。非獨他經典所不載，雖周禮亦無之。惟大宗伯以玉作六器，以蒼璧禮天，黄琮禮地；及典瑞四圭有邸，以祀天，旅上帝，兩圭有邸，以祀地，旅四望，兩處分言天地，然不言其地與時。其言冬至祀天，夏至祀地，祀天於圜丘，祀地於方丘，惟於大司樂見之。夫大宗伯之職，在掌邦禮。禮之大者，吉禮也。禮莫重於祭祀，莫大於天地，然於大宗伯所掌之三大禮，吉禮十有二之中，上言昊天上帝，而不及后土地祇，乃至於作器之時始言之，可見其所行之禮則一，而所用以禮神者，其器則有兩也。況於司服掌王之吉服，止有祀昊天上帝則服大裘而冕之，文無所謂后土地祇之服。由是觀之，合祭天地，其神有兩，而主祭惟以一人可見矣。惟其神之兩，故兩其器，或以蒼璧，或以黄琮，或四圭有邸，或兩圭有邸。惟其祭之一，故主祭之人所服之服則一而已。然則大司樂之言非歟？曰：先儒固謂周禮非盡出周公，況其所論樂律自相背戾，吴澄謂其不經，不足信，非無徵之言也。夫其所論之樂既不足信，則所論之禮又烏可深信哉？在大司樂分樂始言天神地祇，而未及二至，及論樂之變，而後有二至方圓丘之説，意蓋謂分樂律以屬陰陽，故于是日奏之，始合樂也。故曰若樂六變，若樂八變，則天神可降，地祇可出，然後天地可得而禮，是合樂而非大享也。在家宗人以二至日致人鬼，物鬼則爲祈禬而行，非大享之禮明矣。至漢時，天子以二至御前殿，會八能之士，陳八音聽樂均度，則猶大司樂之遺意，今乃斷以二至日爲分祀天地，蓋未嘗詳考周官禮樂之文。

唐楊收曰：樂亡久矣。上古祀天地、宗廟皆不用商。周人歌大吕、舞雲門以祀天神，歌太簇、舞咸池以祀地祇。大吕、黄鐘之合，陽聲之首，而雲門，黄帝樂也，咸池，堯樂也，不敢用黄鐘，而以太簇次之。然則祭天神者，圜鐘爲宫，黄鐘爲角，太簇爲徵，姑洗爲羽；祭地祇者，函鐘爲宫，太簇爲角，姑洗爲徵，南吕爲羽，訖不用商及二少。漢祭天則用商，而宗廟不用，謂鬼神畏商之剛。西京諸儒，惑圜鐘、函鐘之説，故其自受命郊祀、宗廟，唯用黄鐘一均。章帝時，太常丞鮑業始旋十二宫。夫旋宫以七聲爲均，均言韻也，古無韻字，猶言一韻聲也；始以某律爲宮，某律爲商，某律爲角，爲徵，爲羽，某律少宮、少徵，亦曰變、曰比，一均成，則五聲爲之節族，此旋宮也。蓋樂本於五音，能從五音而求之，則樂之理思過半矣。宋沈括云：宗廟之樂，宮先，次角，又次徵，又次羽。宮、角、徵、羽相次者，人樂之叙也，故以之求人鬼。圜丘、方澤之樂，皆以角爲先，其次徵，又次宮，又次羽，始于角木，木生火，火生土，土生水。木、火、土、水相次者，天地之叙，故以之禮天地。聲之不用商，先儒以爲惡殺，黃鐘之太簇，函鐘之南吕，皆商也，是未嘗不用，特不用商中聲耳。天之氣始于子，故先以黃鐘，天之功畢於三月，故終之以姑洗。地之功見于正月，故先之以太簇，畢于八月，故終之以南吕。幽陰之氣，鍾于北方，人之所歸，鬼之所藏也。故先之以黃鐘，終之以應鐘。

明初議樂者，以唐人趙慎之言，謂周禮天神、地示、人鬼俱不用商者，周以木德王，避其所尅也，故慎。于唐，請加商調，去角調。且言宋與明俱以火德王，當去羽，不當去商。相尅之説，近于術數，終以楊收之言爲正。且鄭康成曰：祭尚柔，而商堅剛，故不用焉。其言固不始于收也。

西垣筆記

崇禎十五年二月，禮部奏：上諭，太常寺有神樂觀及給賜淨衣，取其精潔，今郊廟祭樂亦多疎澁，如琴瑟並無指法，舞容尤乖古制，宜訪求知樂之人細加參究。因及鄭世子所進樂書，及原任禮部尚書黄汝良樂律考，大要：以黄鍾爲主，仰見皇上留心。上理於禮樂，精微無不洞悉。臣等謹察得黄鐘候氣，實爲律歷之本，而自漢、唐以來，或爲三寸九分，或爲九寸，其説不同。前議歷法時，臣等以古葭灰候氣之法，令欽天監與新局並試，皆不甚曉。至樂舞生，則琴瑟、搏拊尚未能辨，矧黄鐘乎。周時以舞教國子，令大胥正舞位，小胥正舞列，節八音而行八風，蓋五行之義，皆寓於其中。至漢大樂律，則卑者之子不得舞宗廟之酎，凡除吏二千石至六百石、關内侯至大夫之適子，取爲舞生，其教之豫而選之精如此，以能發揚功德，孚格天人。而今皆伶人、下賤爲之，去古實遠。宜令太常倣周、漢意選舞士，不得仍以倡優充數。仍將律書正聲所纂舞圖、舞節重加翻習，庶足復三代之舊。又輔臣奏：廟堂上不宜用教坊樂。聖意亦以爲然。察會典，凡祭祀用太常寺樂舞，凡朝會、宴享等禮用教坊司奉鑾，而相沿既久，疎舛成習，所當嚴行申飭。至古者房中之樂，歌關雎諸詩，燕射之樂，歌鹿鳴諸詩，笙奏繇庚諸詩，卽漢人樂府，亦特爲古雅，當時音容，必有可觀。自唐始分太常與教坊爲二，實鄭聲亂雅之始。惜古樂殘缺，未易頓議，亦宜訪求知樂之人，徐加訂定，以副聖天子復古致治盛心。

犧牲所

犧牲所建於神樂觀之南。初爲神牲所，設千户並軍人專管牧養其牲。正房十一間，中五間爲大祀牲房，卽正牛房，左三間爲太廟牲房，右三間爲社稷牲房。前爲儀門，又前爲大門，門西南遇視牲之日設小次。大門東連房十二間，西連房十二間，前爲晾牲亭三間東西有角門。東角門北爲北羊房五間，山羊房五間，又北爲煖屋、滌牲房五間，倉五間，大庫一間；西角門北爲北羊房五間，山羊房五間，穀倉二間，看牲房一間，黄豆倉一間，官廳三間。正牛房之北爲官廨十二間，東爲兔房三間，又東爲鹿房七間，鹿房前亦爲曬晾亭三間，又前爲石栅欄。官廨西爲便門，門西又爲官廨四間，又西爲小倉三間。東羊房後爲新牛房、後牛房十間，餧中祀、小祀牛，正北爲神祠。西羊房後正南房五間爲大祀猪圈，西房十間爲中祀、小祀猪圈，北有井。又草廠東北爲司牲祠。

周禮：充人，掌繫祭祀之牷牲，繫於牢芻之三月；封人，凡祭祀，飾其牛牲，設其楅衡，置其絼，共其水槀。飾，謂刷治潔清之也，楅衡，所以持牛令不得觝觸。楅設於角，衡設于鼻。絼，繩也，所以繫牛者。公羊傳曰：養牲必有二，帝牛不吉，以爲稷牛，帝牛必在滌三月，稷牛惟具滌牛宫也。謂之滌者，蕩滌牢中，使潔清也。三牢各主一月，其一月在外牢，一月在中牢，一月在明牢。必三月者，取一時氣成，以充其天性也。牢，閑也，繫而飼之，所以防其損傷也。歷代以來，並廩犧局，滌潔。唐令：凡大祀養牲，在滌九旬，不得箠扑傷損，死則瘞之，病則易之。凡牲，方色難備，則代以純色。凡養牲，必有副，省牲而犢鳴，則免之，而用副。宋、元大祀牲牢，入滌別養，一依唐制。

神牲所設官二人，牧養神牲。祀前三月，付廩犧，令滌治如法。其中祀滌三十日，小祀滌十日者，亦如之。

凡郊廟犧牲已在滌者，或有傷則出之，死則埋之，其有疾者，亦養于別所，待其肥腯，以備小祀、中祀之用。若未及滌或有傷疾者，歸所司別用。景泰四年，令禮部鑄造牲字、牢字火印各一，會同太常寺及御史印記各處解到大祀牛羊。

舊制：歲以十二月朔旦駕親臨閲，以後每夕輪一大臣繼視之，蓋自五府，及吏、户、禮、兵、工五部，通政、翰林堂上官之不司刑者，皆與焉。凡兔房、鹿檻、羊棧、牛枋、豬圈，周行歷視，出入皆騎卒火甲人等護衛。每夕鐘定人靜乃出，至中宵始回，城門啟鑰以入，次蚤復命。用騎卒自宣德年始。

春明夢餘録卷之十五

山川壇

山川壇，在正陽門南之右，永樂十八年建。繚以垣墻，周廻六里。洪武三年，建山川壇于天地壇之西。正殿七壇：曰太歲，曰風、雲、雷、雨，曰五嶽，曰四鎮，曰四海，曰四瀆，曰鍾山之神；兩廡從祀六壇：左京畿山川，夏、冬季月將，右都城隍，春、秋季月將。二十一年，各設壇於大祀殿，以孟春從祀，遂于山川壇惟仲秋一祭。永樂建壇北京，一如其制，進祀天壽山于鍾山下。嘉靖十一年，即山川壇爲天神、地祇二壇，以仲秋中旬致祭。别建太歲壇，專祀太歲。東廡爲春、秋月將，西廡爲夏、冬月將，各二壇。前爲拜殿、宰牲亭。南爲川井，即山川壇舊井，有龍蟄其中。壇西南有先農壇，東旗纛廟。壇南耤田在焉。十年，定太歲、月將祭期，歲于孟春享廟，歲暮祫祭之日，遣官行禮。隆慶元年，禮官議天神、地祇既從祀南、北郊，仲秋不宜復有神祇壇之祭，罷之，而太歲之祭如故。

神祇壇

神祇壇，方廣五丈，高四尺五寸五分，四出陛，各九級。壝墻方二十四丈，高五尺五寸，厚二尺五寸。欞星門六：正南三，東、西、北各一，内設雲形青白石龕四于壇北，各高九尺二寸五分。

地祇壇

地祇壇，面闊十丈，進深六丈，高四尺，四出陛，各六級。壝墻方二十四丈，高五尺五寸，厚二尺四寸。欞星門亦如神壇。内設青白石龕山形三、水形二於壇北，各高八尺二寸；左從位山、水形各一於壇東，右從位山、水形各一於壇西，各高七尺六寸。

太歲壇

太歲壇，在山川壇内。中爲太歲壇，東、西兩廡，南爲拜殿。殿之東南砌燎爐，殿之西爲神庫、神厨、宰牲亭，亭南爲川井，外四天門。東門外爲齋宫、鑾駕庫，外爲東天門。

洪武二年，以太歲、風、雲、雷、雨及嶽、鎮、海、瀆、山、川、城隍諸神止合祀於城南諸神享祀之所，未有壇壝等祀，非隆敬神祇之道，命禮官考古制以聞。至是，禮官奏：太歲者，十二辰之神。按説文，歲字從步、從戌，木星一歲行一次，歷十二辰而一周天，若步然也。自子至巳爲陽，自午至亥爲陰，所謂太歲十二辰也。陰陽家説又有十二月將，十二時所直之神，若天乙、天罡、太乙、功曹、太冲之類，雖不經見，歷代用之。唐、宋不載祀典。元每有大興作，祭太歲、月將、日直、時直於太史院。若風雨師之祀，則見於周官，秦、漢、隋、唐亦皆有祭。天寶中，增雷師於雨師之次，因升風、雨、雷爲中祀，宋、元因之。又按嶽、鎮、海、瀆之祀，虞舜以四仲月巡狩而祭。四嶽：東嶽曰泰山，四嶽之宗也，故文曰岱宗；南嶽曰衡山，西嶽曰華山，北嶽曰恒山，而未言五嶽。王制曰：天子祭天下名山、大川、五嶽、四瀆。始有五嶽之稱。蓋以中嶽嵩山並列。又周官小宗伯：兆四望於四郊。鄭玄以四望爲四嶽、四瀆。四瀆者，江、河、淮、濟也。四鎮者，東曰沂山，西曰吳山，南曰會稽，北曰醫巫閭。詩又曰：巡狩而祀，四嶽河海。則又有四海之祭。蓋天子方望之祀，無所不通，而嶽、鎮、海、瀆在諸侯封內，諸侯亦各以其方祀之。秦罷封建，嶽、瀆皆領於祠官。及漢復建諸侯，則侯國各祀其封内山川，天子無預焉。武帝時，諸侯或分或廢，五嶽皆在天子之邦。宣帝時，嶽、瀆始有使者持節代祠之禮。由魏及隋，嶽、鎮、海、瀆皆卽其地立祠，命有司致祭。唐、宋之制，有命本界刺史、縣令之祀，有因郊祀而望祭之祀，又有遣祭之祀。元遣使祭嶽、鎮、海、瀆，分東、西、南、北、中爲五道。其天下山川之祀，虞書：望於山川，偏於羣神。周頌曰：懷柔百神。周禮小宗伯：兆山川、邱陵、墳衍，各因其方。王制：凡山川之小者，其祭秩視伯、子、男。劉向謂山川能生物，出雲雨，施潤澤，品數以百數，故視伯、子、男。其在諸侯封内者，諸侯又自祭之。如楚祭睢漳，晉祭惡池，齊祭配林，是也。秦罷封建，則皆領於祠官焉。由漢、唐以及宋、元，嶽、鎮、海、瀆之外，又有其餘山川之祀，不獨嶽、瀆也。城隍之祀，莫詳所始。先儒謂既有社矣，不應復有城隍，故唐李陽冰縉雲城隍記謂祀典無之，惟吳、越有之。然成都城隍祠，太和中李德裕所建，張說有祭城隍文，杜牧有祭黃州城隍文，則不獨吳、越爲然。又蕪湖城隍，建於吳赤烏二年。高齊慕容儼、梁武陵王祀城隍神，皆書於史，又不獨唐而已。宋以來，其祀偏天下，或賜廟額，或頒封爵。至或遷就附會，各指一人以爲神之姓名，如鎮江、慶元、寧國、太平、華亭、蕪湖等郡邑，皆以爲紀信、龍且，贛、兖、瑞、吉、建昌、臨江、南康，皆以爲灌嬰，是也。張說祭荆州城隍文曰：致和産物，助天育人。張九齡祭洪州城隍：方隅是保，甿庶是依。則歷代崇祀之意有在也。今國家開創之初，嘗以太歲、風雲雷雨、嶽、鎮、海、瀆及天下山川、京都城隍及天下城隍，皆祀於城南享祀之所，既非專祀，又室而不壇，非禮所宜。考之唐制，以立春後申日祭雨、雷於城東南。以今觀之，天地之生物，動之以風，潤之以雨，發之以雷，陰陽之機，本一氣使然，而各以時別祭，甚失享祀本意。至於海、嶽之神，其氣亦流通暢達，何有限隔。今宜以太歲、風、雲、雷、雨、嶽、鎮、海、瀆及天下山川、城隍祇合爲一壇，春、秋祀之。從之。

何孟春云：國初肇祀太歲，禮官雜議，因及陰陽家説十二時所值之神。太祖乃定祭太歲於山川壇之正殿，而以春、夏、秋、冬四月將分祀兩廡。或謂月將非經見者。按禮祭法：埋少牢於泰昭，祭時也，相近於坎壇，祭寒暑也。太歲實統四時，而月將四時之候，寒暑行焉。古人有時與寒暑之祭，今祭太歲、月將，則固時與寒暑之神也。載諸祀典，孰謂非經見耶。至洪武七年甲寅，令仲春秋上旬擇日祭，未幾，以諸神從祀南郊，遂省春祭。是年夏六月，始正嶽、鎮、海、瀆及各城隍等稱號，惟孔子之封爵不改，遂詔爲制。一、五嶽之神：稱東嶽泰山之神，中嶽嵩山之神，西嶽華山之神，北嶽恒山之神，南嶽衡山之神。一、五鎮：稱東鎮沂山之神，南鎮會稽山之神，中鎮霍山之神，西鎮吴山之神，北鎮醫無閭山之神。一、四海：稱東海之神，南海之神，西海之神，北海之神。一、四瀆：稱東瀆大淮之神，南瀆大江之神，西瀆大河之神，北瀆大濟之神。一、各處府、州、縣城隍：稱某府城隍之神，某州城隍之神，某縣城隍之神。一、歷代忠臣、烈士：並依當時初封名爵禄某之神，餘祠無功於民，不應祀典者，一切禁罷。降詔云：五嶽、五鎮、四海、四瀆之封，起自唐世，崇名美謚，歷代有加，瀆祀不經，莫此爲甚。至于忠臣烈士，雖可加封號，亦惟當時爲宜。今依古定制，凡嶽、鎮、海、瀆，並去前代所封名號，山水以山水本名稱其神，郡縣城隍神號一體改正，歷代忠臣、烈士亦依當時初封以爲實號，後世謚封美稱，皆與革去。其孔子明先王之要道，爲天下師，以濟後世，非有功一方一時者比，所有封爵仍因其舊，遂爲令。未幾，復降儀注：凡府、州、縣新官到任，必先宿齋城隍廟，謁神，與誓在陰陽表裏，以安下民。而祠祀之文，禮儀之詳，備載大明集禮。

北嶽，在今真定府定州曲陽縣。漢爲常山郡上曲陽縣。史記封禪書：常山王有罪，遷，天子封其弟於真定，以續先王祀，而以常山爲郡。然後，五嶽皆在天子之邦。漢書郊祀志：祠北嶽常山於上曲陽。後漢書章帝紀：元和三年春二月戊辰，幸中山，遣使者祠北嶽於上曲陽。魏書：和平元年春正月，如中山，過恒嶽，禮其神而返。二年春二月，如中山，遣使者祀恒嶽。隋書：大業四年秋八月，帝巡河北，親祀恒嶽。唐書地理志：定州曲陽縣，元和十五年更恒嶽曰鎮嶽，設有嶽祠。張嘉貞傳：爲定州刺史，至州，於恒嶽廟中立頌，自爲文書于石，其碑用白石爲之，素質黑文，甚爲奇麗。先是，嶽祠爲遠近祈賽，有錢數百萬，嘉貞自以爲頌文之功，納其數萬。自漢及唐，北嶽之祭皆在曲陽。一統志乃謂恒山在渾源州南二十里。山西志又謂宋時因山後諸州陷於契丹，乃卽曲陽致祭，此謬説也。

邱文莊濬云：歷代東海、南海皆臨海而祭，西海、北海則望祀。在宋都汴梁，無由至遼、薊之域，出國門而北，望祭之可也。今建都於燕，望南而祭北海，豈天子宅中以臨四海之義哉？今京師東北，乃古碣石淪海之地，於此立祠而祭，於勢爲順，於理爲宜。若夫中國之正西在於秦隴，西南則蜀，稍南則滇也。滇之極西，百夷之外，聞有大海，宜於此處望祀之。今祭北海，仍在懷慶，祭西海，仍在蒲州，是邱之説，終明之世未用也。

都城隍之神，歲以五月十一日爲神之誕辰及萬壽聖節，各遣官致祭。倪宗伯岳上疏云：廟祀城隍之神，本非人鬼，安得誕辰，可謂妄謬。每歲南郊大祀壇、八月山川壇俱有合祭之禮，事體已重，比於天下府縣之祭不同，所有前項祭告，煩瀆無據，遂罷之。

先農壇

先農壇，在山川壇内西南隅，永樂中建。按洪武元年，御史尋适請耕耤田，享先農，以勸天下。上從之。二年，建壇。壇南爲耤田，北爲神倉。歲親祭先農，以后稷配，已而又奉仁祖配。八年，令府尹祭，不設配。永樂建壇京師，一如其制，建於太歲壇傍之西南。爲制一成，石包甎砌，方廣四丈七尺，高四尺五寸，四出陛。西爲瘞位，東爲齋宫、鑾駕庫，東北爲神倉，東南爲具服殿。殿前爲觀耕臺，用木，方五丈，高五尺，南、東、西三出陛。臺南爲耤田，護壇地六百畝，供黍、稷及薦新品物。又地九十四畝有奇，每年額税四石七斗有奇，太常寺會同禮部收貯神倉，以備旱潦。又令壇官種一百九十畝，壇户二百六十六畝七分。上耕耤田，親祭，餘年，順天府尹祭。嘉靖中，建圓廪、方倉以貯粢盛。耕之日，上具弁服，詣壇躬祭如儀，更翼善冠黄袍，各官吉服。户部尚書進耒耜，順天府官進鞭。上秉耒耜，三推三返。部臣受耒耜，府臣受鞭，府官捧青箱，隨以種子播而覆之。上御觀耕臺坐觀，三公五推，九卿九推，府官率庶人終畝。漢耕于鉅定，於弄田，於定陶，於下邳，無定所。唐戒近郊，履千畝，行九推。宋耕數十步，或十有二畦，無定數。至明而其制始備。天子耕用亥日，蓋亥之地直上天倉星，又以建辰月祭靈星，以求豐穰。靈星是天田星，在於辰，故農字以辰。

明宗伯蔣德璟耤田考

按耤字周禮作籍，禮記作籍，詩載芟小序亦作籍，説文作耤，大明會典亦作耤。周禮天官：甸師掌帥其屬耕耨王籍，以時入之，以共齍盛。註：籍之言借也。月令：孟春，天子以元日祈穀于上帝，乃擇元辰，天子親載耒耜，帥三公、九卿、諸侯、大夫躬耕帝籍。天子三推，三公五推，卿、諸侯九推。註：元辰，郊後吉辰也。帝籍者，爲天神借民力所治之田也。籍田共上帝粢盛，故云爲天神借民力也。箋云：籍之言借也，借民力治之。正義云：天子千畝，諸侯百畝，王一耕之，而使庶人芸芓終之，是借民也。王者役人，自是常事，而謂之借者，言此田耕耨皆當王親爲之，但以聽政治民，有所不暇，故借人之力以爲己功。漢書：孝文籍田。應劭曰：籍田千畝，典籍之田。臣瓚曰：親耕親桑，率天下先，本不得以假借爲稱。然凡言典籍者，謂作事設法，書而記之，或復追述前言，號爲典法。此籍田在於公地，歲歲耕墾，何故以籍爲名？若以事載典籍，卽名籍田，則天下之事，無非籍矣，何獨於此偏得籍名？瓚親耕之文，卽云不得假借，豈籍田千畝，天子親耕之乎？周禮疏云：籍田之穀，衆神皆用，獨言帝籍者，舉尊言之。自天子三推以下，示有恭敬鬼神之法，又示帥先天下，故暫時耕，終之者，庶人也。説文曰：耤，帝耤千畝也。古者使民如借，故謂之耤，從耒，昔聲，通作籍。韋昭曰：借民力治之，以奉宗廟，且以勸率天下使務農也。盧植曰：藉，耕也。左傳鄅人藉稻，故知藉爲耕。瓚曰：藉，謂蹈藉也。師古曰：瓚説是，今會典作耤，蓋本之説文。

考先農

詩·載芟：春籍田而祈社稷也。正義曰：周公、成王大（太）平之時，王者親耕籍田，以勸農業，又祈求社稷，使獲年豐歲稔。故序本其多獲所繇，經則主説年豐，不及籍社，所以經、序有異也。月令：孟春，天子躬耕帝籍；仲春，擇元日，命民人社。大司馬：仲春，蒐田，獻禽以祭社。然則天子祈社亦以仲春，與耕藉異月，而連言之者，俱在春時，故以春總之。祭法云：王爲羣姓立社，曰泰社；王自爲立社，曰王社，亦曰帝社。此二社皆應以春祈之，但此爲百姓祈祭文，當主於泰社，其稷與社共祭，亦當謂泰社、泰稷焉。鄭玄謂：王社在籍田之中。按大明集禮云：周官·籥章：凡國祈年於田祖，吹豳雅，擊土鼓，以樂田畯。鄭氏曰：田祖，始耕田者，謂神農也。漢立官社，文帝令官祠先農。晉武詔復二社。北齊及隋又改曰先農。唐神龍中，禮官祝欽明議：以禮典無先農之文，先農與社本是一神，妄爲改作，請改先農壇爲帝社壇，以應禮經王社之義。至開元定禮，又採齊、隋之議，復曰先農。宋陳祥道曰：先儒謂王社建於籍田，然國語：王藉，則司空除壇，農正陳籍禮。而歷代所祭，先農而已，不聞祭社也。詩曰：春籍田而祈社。非謂社稷建于籍田也。今按祝欽明云：先農即社；陳祥道云：社自社，先農自先農，籍田所祭，乃先農，非社也，其説不同，其爲重農報本之義，一也。

考祭與耕同日

享先農之禮，與躬耕同日，禮無明文。惟周語云：農正陳籍禮。而韋昭注謂：陳藉禮者，祭其神爲農祈也。至漢，以籍田之日祀先農，而其禮始著。漢舊儀：春耕籍田，官祠先農，百官皆從，置籍田令、丞。東漢籍田儀：正月始耕，常以乙日祠先農於田所，先農已享耕於其地。自晉、魏至唐、宋，其禮不廢，政和間，罷享先農，爲中祀，命有司行事，止行親耕之禮。南渡後，復親祠。元不親行，僅命有司攝事而已。明高皇帝親祠躬耕，始復古禮。後改中祀，止遣應天府官致祭，不設配。祭畢，親耕。惟登極初行耕耤禮，則親祭云。

考不用亥

月令：孟春，擇元辰。説者曰：元辰祈穀，郊後吉辰也。十二支謂之辰。郊天是陽，故用辛日；耕耤是陰，故用亥辰。知用亥者，正月亥爲天倉，以其耕事，故用天倉也。周語：立春之日，農祥晨正，至二月初吉，王裸鬯而行籍禮。漢文用亥日耕籍，祠先農。明帝耕以二月，章帝耕以正月乙日，晉武帝以正月丁亥，宋文帝以正月上辛後吉亥，齊武帝時王儉謂親耕用立春後亥日，經無明文。何佟之云：少牢饋食禮，禘太廟用丁亥，鄭玄以不必丁亥，今若不得丁則用己亥、辛亥，苟有亥焉可也。梁天監中議，書云：以殷仲春，籍田理在建卯。於是改用二月。唐用孟春吉亥，宋用正月上辛後亥日。政和中，議禮局言：孟春親耕，下太史局擇日，不必專用吉亥。元用孟春吉亥。國朝以仲春擇吉日行事。

考壇制

號文公云：籍田之制，司空除于籍。漢文帝立壇於田所，其制如社之壇。宋於宮之震地八里外，整治千畝，中開阡陌，立先農壇於中阡西陌南。梁移籍田于建康北岸，築兆域如南北郊。齊作祠壇於陌南阡西，廣輪三十尺，四陛，三壝，四門，又爲大營於外。唐高宗改籍田壇爲先農壇，神龍初復改先農壇爲帝社壇，於壇西立帝稷壇，禮同太社，惟不備方色，有異焉。壇高五尺，方五丈，四出陛，其色青。宋先農壇，九尺四十步，飾以青，二壝。元壇制同社壇，縱廣十步，高五尺，四出陛，其色青，每方開櫺星門。國朝壇在耤田之北，高五尺，闊五丈，四出陛。

考耕所

唐貞觀中，議籍田所在。給事中孔穎達曰：禮，天子籍於南郊，諸侯於東郊。晉武時於東南，今於城東，不合古禮。太宗曰：禮緣人情，何常之有。虞書之平秩東作，已在東矣。又乘青輅，載黛耜者，所以順於春氣，故知合在東方也。於是遂定。宋初，耕於東郊。神宗元豐中，議以天子爲籍於南郊，諸侯爲籍於東郊，是爲不易之典，而歷世帝王循用東郊之制。乃依古禮，度地於京城東南，御耕位在先農壇壝門東南。

考穀種

周官内宰：上春，詔王后帥六宫之人，生穜稑之種，而獻之王。先種後熟曰穜，後種先熟曰稑。必使后宫藏種者，以其有繁育之祥也；必生而獻之者，示能育之，使不傷敗，且佐王耕事，供祭祀也。此項，後惟宋文帝時行之。

考勞酒

周制：耕籍畢，反，執爵於太寢，三公、九卿、諸侯、大夫皆御，命曰勞酒。勞酒謂既耕而宴，以勞羣臣也。大寢，路寢御侍也。周語：虢文公曰：耕畢，膳（宰）夫陳享，膳宰監之，膳夫贊王，王歆太牢，班賞（嘗）之，庶人終食。此禮，唐、宋皆行於還宫之次日，或擇日賜宴。明制：耕畢，皇帝置酒于大次，從耕大臣、執事百官以及耆老、村社皆蒙賜焉。弘治元年二月，上親耕耤穡田，禮畢，宴羣臣。時教坊司以雜劇承應，或出狎語，左都御史馬文升厲聲曰：新天子當知稼穡艱難，豈宜以此瀆亂宸聽。卽去之。

考大蜡

大蜡與耤田相爲始終，而本朝唯於此闕焉。因請當東作方興之始，既舉耤田之禮，以祀先農於春，而以帥先農民，興其務本之心，則百穀告成之後，載舉大蜡之禮，以報先嗇於冬，而以勞來農民，報其勤動之苦。惜未行。

崇禎壬午上親耕耤田紀：今上御極之七年，歲在甲戌二月二十有七日，親致祭於先農之神，行躬耕耤田禮。至十五年壬午二月十九日，上復親祭先農，行耕耤禮。澤爲户科左給事中，同科員張希夏、沈胤培、左懋第、沈迅、戴明説導駕，躬逢大典，略紀其槩。壬午二月十九日己未卯刻，上駕至先農壇。六科同禮部堂上官導駕至具服殿，易皮弁，服絳紗祭服，至壇。壇上結黄幄。奉先農下設上拜位。上拜揖甚恭。禮畢，仍導駕至具服殿，易翼善冠、黄袍。太常寺奏請詣耕耤位，六科同禮部導駕至位，户部尚書傅淑訓跪進耒耜，順天府尹張宸極跪進鞭，六科、錦衣衛、太常卿導引上左手秉耒，右手執鞭，三推，步行犂土中，盡壠而止。耕時，教坊司引紅旗兩旁唱禾詞，老人牽牛，二人扶犁，二人耕。畢，户部尚書跪受耒耜，置犁亭。府尹跪受鞭，置鞭亭。府尹捧青箱播種，耆老以御牛隨而覆之。上御觀耕臺。於是大學士周延儒、賀逢聖、張四知、謝陞、陳演、吏部尚書李日宣六人耕東；定國公徐允禎、恭順侯吴惟英、清平伯吴遵周、户部尚書傅淑訓、兵部尚書陳新甲、工部尚書劉遵憲六人耕西；順天府廳官各執箱播種。太常卿奏：耕畢，駕至齋宫，各官一拜三叩頭，分班侍立；順天府官率兩縣官耆老人等五拜三叩頭，農夫簑衣挑農具三十人隨後俯伏。禮畢，卽隨府、縣官至耕所終畝。各官行慶賀禮，上傳旨：賜酒飯。文官三品以上、武官二品以上坐丹陛上，餘在臺下。是日，科臣沈迅因教坊承應歌詞俚俗，宜改正，上疏。卽下部，本月二十四日，上令閣臣傳禮部王錫袞、蔣德璟到閣，諭：以後耕耤，宜歌豳風、無逸之詩；其教坊所扮黄童、白叟，鼓腹謳歌，爲佯醉狀，委爲俚俗，斥令改正，天地之舞，不宜扮天神褻瀆；及禾詞宜頌，不忘規，須令詞臣另行撰擬。户科左給事中臣某紀。

旗纛廟

旗纛廟，建于太歲殿之東，永樂建，規制如南京。神曰旗頭大將，曰六纛大神，曰五方旗神，曰主宰戰船之神，曰金鼓角銃砲之神，曰弓弩飛鎗飛石之神，曰陣前陣後神祇五猖等衆，皆南向。

旗，謂牙旗。黄帝出軍訣曰：牙旗者，將軍之精，一軍之形候。凡始竪牙，必祭以剛日。祭牙之日，吉氣來應，大勝之徵。纛，謂旄頭也。太白陰經曰：大將軍中營建之。天子六軍，故用六纛，以旄牛尾爲之，在左騑馬首。秦置頭騎以先驅。漢武帝置靈旗，爲兵禱，則太史奉以指所伐國。孫權作黄龍火牙旗。後齊天子親征，建牙旗。唐、宋及元，皆有旗纛之祭。

旗纛藏内府，仲秋，遣旗手衛官祭于廟，霜降祭于教場，歲暮祭于承天門外，後罷霜降之祭。又朔望有神旗之祭，則京營提督官專祭火雷之神于教場。國有大征討，皇帝武弁服禡祭，祭軍牙之神、六纛之神。建牙旗六纛於神位後。祭之日，皇帝省牲視滌，牛一、羊一、豕一，禮三獻，奏樂，皇帝飲福，受胙，望燎，刺五雄雞血於酒碗，酬神焉。

春明夢餘録卷之十六

地壇

地壇，在安定門外之北，繚以垣墻。嘉靖九年，建方澤壇，爲制二成。夏至，祭皇地祇，北向，太祖西向，俱一成上。東一壇，中嶽、東嶽、南嶽、西嶽、北嶽、基運山、翔聖山、神烈山西向；西一壇，中鎮、東鎮、南鎮、西鎮、北鎮、天壽山、純德山東向；東二壇，東海、南海、西海、北海西向；西二壇，大江、大淮、大河、大漢東向，俱二成上。壇制：一成，面方六丈，高六尺；二成，面方十丈六尺，高六尺；各成面甎用六八陰數，皆黄色琉璃、青白石包砌，四出陛，各八級。周圍水渠一道，長四十九丈四尺四寸，深八尺六寸，闊六尺。内壝方墻二十七丈二尺，高六尺，厚二尺。内櫺星門四，北門外西爲瘞位，瘞祝帛，配位帛則燎之；東爲燈臺。南門外爲皇祇室，藏神版，而太祖版則以祭之前一日請諸廟。外櫺星門四，西門外迤西爲神庫、神廚、宰牲亭、祭器庫；北門外西北爲齋宫。又建四天門，西門外爲鑾駕庫、遣官房；南爲陪祀官房。又外爲壇門，又外爲泰折街、牌坊。護壇地一千四百七十六畝。

明太祖未卽大位之先，已建圜丘於正陽門外鍾山之陽，建方丘於太平門外鍾山之陰，分祀天地。元年，李善長等進方丘説，曰：按三代祭地之禮見於經傳者，夏以五月，商以六月，周以夏至日，祀之於澤中之方丘。蓋王者事天明，事地察，故冬至報天，夏至報地，所以順陰陽之義也。祭天於南郊之圜丘，祭地於北郊之方澤，所以順陰陽之位也。然先王親地有社存焉。禮曰：享天於郊，祀社於國；又曰：郊所以明天道，社所以神地道；又曰：郊社所以祀上帝；又曰：明乎郊社之禮。或以社對帝，或以社對郊，則祭社所以親地也。書曰：敢昭告于皇天后土；左氏曰：戴皇天，履后土。則古者亦命地祇爲后矣。曰地祇，曰后土，曰社，皆祭地也。此三代之正體，而釋經之正説。自鄭玄惑於緯書，而謂夏至於方丘之上祭崑崙之祇，七月於泰折之壇祭神州之祇，析而二之。後世宗焉，歲一祭。自漢武用祠官寬舒議，立后土祠於汾陰脽上，禮如祇祀，而後世又宗之，於北郊之外仍祠后土。元始間，王莽奏罷甘泉泰畤，復長安南北郊，以正月上辛若丁，天子親合祀天地於南郊，而後世又因之，多合祭焉。由漢歷唐，千餘年間，親祀北郊者惟魏文帝之太和、周武帝之建德、隋高祖之開皇、唐玄宗之開元，四祭而已。宋元豐中，議專祭北郊，故政和中專祭者凡四。南渡以後，則惟攝祀而已。元皇慶間，議夏至專祭地，未久施行。今當以經爲正，擬今歲夏至日祀方丘，以五嶽、五鎮、四海、四瀆從祀。上是之。四年三月，復改築圜丘、方丘二壇。七年七月，增圜丘、方丘從祀，更定其儀。十年，以分祭天地，揆之人情，有所未安，命舉合祀之典。卽圜丘舊址爲壇，而以屋覆之，名曰大祀殿。自是方丘之祭遂罷。永樂建天地壇于南郊，一如太祖更定之制。至嘉靖九年，議改諸祀。禮臣夏言因奏：分祭天地，本是古制，况壇於南郊，坎於北郊，就陰陽，因高下，原無崇樹棟宇之文。至祖宗並配，舉行不於長至之日，而於孟春，俱不應古典。宜令羣臣博考會議，陛下稱制而裁定之，此中興大業也。疏入，未報。給事中王汝梅等以言説非是，而霍韜詆之尤力，上怒，皆加切責，而又自爲説，以示禮部。於是建方澤壇於安定門外，坐南向北，以高皇帝配，如洪武十年以前之制。

潘簡肅潢議：臣聞禮者，體也。昔者聖人作易，設卦觀象，以乾爲天、爲君、爲父，以坤爲地、爲母、爲妻、爲臣，而係（繫）之曰：天尊地卑，乾坤定矣，卑高以陳，貴賤位矣。此禮所由生也。是故因天事天，祭帝於郊，因地祀地，祭社於國，燔柴泰壇，崇效天地，瘞埋於泰折，異樂殊日，不與帝同牢，以卑法地。明王者父乾母坤，禮至而辨，示民嚴上焉。故孔子曰：天無二日，土無二王，禘嘗郊社，尊無二上。知其説者之於天下也，其如視諸斯乎！蓋慎之也。以此坊民，後世乃猶有合享分郊如新莽、匡衡之云者，其於上也，不亦二乎？臣愚竊謂禮有貴多，亦有尚寡，文質無常，惟稱之適。圜丘不屋，致誠之極也，明堂大享，宜非所施，是故掃地之典，義不可曠。奕奕郊廟，列聖作之，踐位行禮，於今百祀，神靈之所依，祖宗精神之所聚，律之以春秋譏毁泉臺之法，而揆之以詩人勿剪勿拜之意，有其舉之，孰敢廢乎？是故大祀之殿，義不可墮。按尚書、孝經、春秋，凡言郊，不卜郊，郊祀用牲於郊，皆斷名之曰郊，不别云某郊。凡言郊以明天道，郊則天神格，祭天於郊，皆直繫之天，更不並云天地。是知祭天之外無郊，郊祭之中無地，易明也。匡衡徒見天子有兆於南郊之語，妄意祭地當於北郊，其言本孝經緯，於經無據。且北既陰方，地象母位，則郊配亦當以其類矣。嚴母莫大於配地，古有之乎？是故北郊之謬，義不可襲。王者受命有天下，謂之有土。是故古者天子大社，丘方五丈，封土五色，祭后土焉。凡封建諸侯，則各割其方色之土，苴以白茅而錫之，使各立社，祭於其國，亦曰胙土。是天子大社五土，王社自祭畿內分土，諸侯獨得祭其方土而已。故曰：王者有分土祭天地，諸侯方祭祭土，而尚書、周官、禮記皆謂祭地曰社，或曰后土，曰冢土，亓曰大亓，亦曰地亓，又曰土亓，丘方曰方丘，折曰泰折，天下之社莫大焉。曰大社，社所以明地道，列地利，命降乎社之謂殽，地社之爲大亓，昭昭矣。自鄭玄諸儒牽附讖緯，誤分泰折爲祭崑崙，方丘爲祭神州，於是大社自爲五土之神，而夏至祭地別在北郊。夫五土之神，非地而何。旅五帝，獨非祭天耶？周禮·宗伯：師甸，用牲于社；大祝：大師、大會同，宜於社；小祝：寇戎之事，保郊祀於社；大司馬：蒐田，獻禽祭亓；大合軍，以先，愷樂獻功於社；大司寇：軍旅之事，涖戮於社。類皆言社而不及稷。臣謂此天子大社也。張載曰：大社，王爲群姓所立，必在國外；王社，王所自立，必在城內。夫大社既在國外，則小宗伯建國之神位，所謂右社稷、左宗廟者，固王自立之社，而大社無稷矣。漢儒乃謂大社有稷，王社無稷，是無怪其以社爲地別體，而雜求諸泰折、方丘，卒起後來紛紛之議，非胡宏、王炎諸臣相繼講正，流惑可勝慨乎！

編修歐陽鐸議：竊惟二儀定位，天高而地下；先王制禮，天尊而地親。故我太祖皇帝兆圜丘於鍾山之陽，兆方丘於鍾山之陰，用周禮也。行之十年，乃更爲大祀之殿，定合祀之儀。又行之二十餘年，而太宗皇帝承之。百十年來，論者類疑其非古，然以太祖非無爲而變，太宗非無據而承，況土木一興，財費不貲，事干國典，不敢易言耳。兹遇陛下博稽古典，臣工何容異議。雖然，古不可悖，亦不可泥，參之酌之，與時宜之，是在陛下聖明而已。況周禮固有不可知者，臣請先舉其畧，而後效其愚。謹按周禮：冬至圜丘，夏至方丘，可以見天地之分祀矣。然未知其兆於南郊歟？抑南、北二郊歟？不可考也。及考大宗伯掌建邦禮，則禋祀祀天，血祭祭社，而無祭地之禮；小宗伯掌建神位，則右社稷，左宗廟，五帝四郊，而無地祇之位；司服則祀天大裘，祭社希冕，而無祭地之服；乃若大宗伯蒼璧禮天，黄琮禮地，圭璋琥璜禮四方，則無禮社之玉；典瑞四圭祀天，兩圭祀地，璋邸射祀山川，則無祀社之圭，何其闕畧如此耶？或謂天子之社，非諸侯各祭一方者比，古無北郊，社以祭地也，故尊與郊等，親與廟並。故武王伐商，類於上帝，卽宜於冢土；成王遷洛，用牲於郊，卽社于新邑。周禮蓋言地卽不言社，言社卽不言地耳。信斯言也，則既謂右社稷，又曰澤中方丘，何其乖錯如此耶？意者國門之内，除地爲澤，而築丘祭社，如古者壇壝之制歟；或社稷在國都之右，因澤爲丘，不必於門内歟？是又未可考也。臣故曰：古不可悖，亦不可泥，得其意，不踐其迹，時之爲貴，可也。

修撰姚淶議：太祖高皇帝當分祭之初，存復古之念，必嘗求其制於周禮，必嘗採其説於諸儒，必嘗集其議於在廷之臣，二郊嘗並立矣，二至嘗分祀矣，心思其義，非一日也，身踐其禮，非一祭也，歷試而親驗之，非若儒生之空談高論而已也。十年之内，幽明感通之間，天人相與之際，必有不盡如諸儒所議者而後更之，以合於一，不安於前，而安於後，無得於分祀，而有得於合祀，於是定爲一代之禮，以垂憲無極。不然，終洪武之世，使其少有未愜，則聖祖自將復從其初矣。夫豈憚於更定，以貽今日之議哉？是故，斷之於定鼎之時者，聖祖也，行之而安者，凡二十年；襲之於徙都之日者，太宗也，行之而安者，亦二十年；承之於繼世之後者，列聖也，行之而安者，復百餘年。天清地宴，百神受職，命其宴曰慶成者，慶天心之克享也，未始一歲間也，固不屑屑於古禮之合而祭，則受福已大，非漢、唐、宋之所班矣。臣愚以爲合祭之禮，未可輕易也。夫臣非不能組織舊聞，使言之成章，以効仰贊之忱，但言必慮其所終，而行必稽其所敝。古之祭日於壇，謂春分也，祭月於坎，謂秋分也，其陰陽先後之序，義則得矣，從之可也。若冬至、夏至之祭，臣於此竊有疑焉。周人以建子之月爲歲首，故冬至祭天，夏至祭地，陰陽之義，先後之倫，各有攸宜，斯制禮之本意也。今所用者夏正也，如以一歲之月序之，則夏至前，而冬至後，苟夏至祭地，冬至祭天，是先地而後天，雖曰陽先陰後，於義無嫌，然實非一歲之事，尊天之義，豈其若此。行周之禮，不可以用今之時；用今之時，不可以行周之禮，是其大者，已碍而不通矣。

西垣筆記

崇禎十五年五月二十六日甲午，夏至。先是上傳親祭地於方澤，所司者皆如儀。是日，四鼓後鐘鳴，上乘輿從午門、端門、承天門、長安左門、安定門詣北郊，至行幄，具祭服。時曙色漸開，上繙閲章疏。久之，報卯時，上步出大次，從内壝櫺星右門步入，行大祭禮，樂九奏，上升壇者五，而對越盡禮。仍至大次，易常服而還。正位黑犢一，黄琮、黄帛、黄玉爵，配位同，惟無玉；四從位黑犢四、北羊四、猪四，計用犢六隻，北羊及猪各四隻。北羊者，角彎下，價高；山羊，角直上，價廉。大祀不用山羊。

南祀配位藏於泰神殿，北郊配位在太廟，臨祭前一日請出，入壇。祭畢，仍奉入。

朝日壇

朝日壇，在朝陽門外，繚以垣墻。嘉靖九年建，西向，爲制一成。春分之日，祭大明之神，神西向。祭用大牢、玉，禮三獻，樂七奏，舞八佾。甲、丙、戊、庚、壬年，皇帝親祭，祭服拜跪，飲福，受胙。餘年，遣文大臣攝祭。壇方廣五丈，高五尺九寸，壇面用紅琉璃，階九級，俱白石。櫺星門西門外爲燎爐、瘞池，西南爲具服殿，東北爲神庫、神厨、宰牲亭、燈庫、鐘樓，北爲遣官房，外爲天門，二座。北天門外爲禮神坊，西天門外迤南爲陪祀齋、宿房五十四間。護壇地一百畝。

夕月壇

夕月壇，在阜成門外，繚以垣墻。嘉靖九年建，東向，爲制一成。秋分之日，祭夜明之神，神東向。祭用牲、玉，獻、舞如朝日儀，惟樂六奏。從祀：二十八宿，木、火、土、金、水五星，周天星辰。丑、辰、未、戌年皇帝皮弁服親祀，亦如朝日儀；餘年遣武臣攝祭。壇方廣四丈，高四尺六寸，面白琉璃，階六級，俱白石。内櫺星門四，東門外爲瘞池，東北爲具服殿，南門外爲神庫，西南爲宰牲亭、神厨、祭器庫，北門外爲鐘樓、遣官房。外天門二座，東天門外北爲禮神坊。護壇地三十六畝。祭日之時以寅，祭月之時以亥。

祭法曰：王宮祭日，夜明祭月。王宮，壇名，營域如宮，日神尊，故名壇曰王宮；夜明，壇名，月明於夜，故謂其壇爲夜明。又曰：祭日於壇，祭月於坎，以制上下；祭日於東，祭月於西，以端其位。

春官·典瑞，玉人之事，圭璧五寸，以祀日月。圭璧謂以璧爲邸，旁有一圭，蓋祀天之玉以四圭有邸，此爲一圭者，殺於上帝也。

嘉靖中，改郊壇禮，朝日、夕月等壇玉爵，各用其方之色，因詔求紅、黄二玉不得，暫用紅瑪瑙、水晶，仍極意購求，終不獲。回回館通事撒文秀者言：二玉産在阿丹，去吐魯番西南二千里，其地兩山對峙，自爲雌雄，有時自鳴，乞依宣德時下番事例往求可獲。部以遣官非例，止責陝西撫按於邊地訪求。

春明夢餘録卷之十七

太廟

太廟，在闕之左。永樂十八年建廟京師，如洪武九年改建之制。前正殿。翼以兩廡，後寢殿，九間，間一室。主皆南向，几席諸器備，如生儀。嘉靖十一年，召輔臣李時、翟鑾、禮官夏言，議復古七廟，制未決，會中允廖道南疏請建九廟，上從其議。撤故廟，祖宗各建專廟，合爲都宫，太廟因舊而新之。居中文皇，世皇在太廟東北，居六廟上，昭穆六廟列太廟左右。廟各有殿，殿後有寢，藏主。太廟寢後别有祧寢，藏祧主。太廟門殿皆南向，羣廟門東西向，内門寢殿皆南向。十五年十二月，九廟成。二十年四月，雷火，八廟災，惟睿廟存。因重建太廟，復同堂異室之制。二十四年七月，新廟成，正殿九間。内貯諸帝后冕旒、鳳冠、袍帶，匱而藏之，祭則陳設，祭畢仍藏匱中。東西側間設親王、功臣牌位。前爲兩廡，東西二燎爐：東燎列聖親王祝帛，西燎功臣帛。南爲戟門。設具服小次。門左爲神庫，右爲神厨。又南爲廟門。門外東南爲宰牲亭，南爲神宮監，西爲廟街門。正殿後爲寢殿，九間，奉安列聖神主，皆南面。又後爲祧廟，五間，藏祧主，皆南向。時享於四孟，祫於歲除，仍設衣冠，不出主，如初制。

寢殿神主

太祖開天行道肇紀立極大聖至神仁文義武峻德成功高皇帝

孝慈貞化哲順仁徽成天育聖至德高皇后中室

成祖啓天弘道高明肇運聖武神功純仁至孝文皇帝

仁孝慈懿誠明莊獻配天齊聖文皇后東第一室

睿宗知天守道洪德淵仁寬穆純聖恭儉敬天獻皇帝

慈孝貞順仁敬誠一安天誕聖獻皇后西第一室

武宗承天達道英肅睿哲昭德顯功宏文思孝毅皇帝

孝静莊惠安肅温誠順天偕聖毅皇后東二室

世宗欽天履道英毅聖神宣文廣武洪仁大孝肅皇帝

孝潔恭懿慈睿安莊相天翊聖肅皇后西二室

穆宗契天隆道淵懿寬仁顯文光武純德弘孝莊皇帝

孝懿貞惠順哲恭仁儷天襄聖莊皇后東三室

神宗範天合道哲肅敦簡光文章武安仁止孝顯皇帝

孝端貞恪莊惠仁明媲天毓聖顯皇后西三室

光宗崇天契道英睿恭純憲文景武淵仁懿孝貞皇帝

孝元昭懿哲惠莊仁合天弼聖貞皇后東四室

熹宗達天闡道敦孝篤友章文襄武靖穆莊勤悊皇帝西四室

祧殿神主

德祖玄皇帝、后

懿祖恒皇帝、后

熙祖裕皇帝、后

仁祖淳皇帝、后

仁宗敬天體道純誠至德弘文欽武章聖達孝昭皇帝

誠孝恭肅明德弘仁順天啓聖昭皇后

宣宗憲天崇道英明神聖欽文昭武寬仁純孝章皇帝

孝恭懿憲慈仁莊烈齊天配聖章皇后

英宗法天立道仁明誠敬昭文憲武至德廣孝睿皇帝

孝莊憲穆弘惠顯仁恭天欽聖睿皇后

憲宗繼天凝道誠明仁敬崇文肅武宏德聖孝純皇帝

孝貞莊懿恭靖仁慈欽天輔聖純皇后

孝宗建天明道誠純中正聖文神武至仁大德敬皇帝

孝康靖肅莊慈哲懿翊天贊聖敬皇后

東廡諸王侑享

壽春王、妃劉氏爲一壇

霍邱王、妃翟氏

下蔡王

安豐王、妃趙氏

南昌王爲一壇

蒙城王、妃田氏

盱眙王、妃唐氏

臨淮王、妃劉氏爲一壇

寶應王

六安王

來安王

都梁王

英山王

山陽王
招信王爲一壇　凡十五王。
西廡功臣侑享
開國輔運推誠宣力武臣特進光禄大夫左柱國太傅中書右丞相中山武寧王徐達
翊運推誠宣力靖遠功臣開府儀同三司上柱國太保中書左丞相開平忠武王常遇春
開國輔運推誠宣力武臣特進榮禄大夫右柱國大都督府左都督同知軍國事岐陽武靖王李文忠
開國輔運推誠宣力武臣特進榮禄大夫右柱國寧河武順王鄧愈
開國輔運推誠宣力武臣特進光禄大夫左柱國信國公追封東甌襄武王湯和
開國輔運推誠宣力武臣右柱國西平侯追封黔寧昭靖王沐英
贈奉天靖難推誠宣力武臣特進榮禄大夫右柱國追封榮國忠顯公加封河間忠武王張玉
奉天靖難推誠宣力武臣特進榮禄大夫右柱國左軍都督府左都督太子太傅成國公追封東平武烈王朱能
開國輔運推誠宣力武臣特進光禄大夫柱國同知大都督府事虢國忠烈公俞通海
開國輔運推誠宣力武臣特進光禄大夫柱國同知大都督府事蔡國忠毅公張德勝
開國輔運推誠宣力武臣光禄大夫柱國同知大都督府事越國武莊公胡大海
開國輔運推誠宣力武臣榮禄大夫柱國同知大都督府事梁國武桓公趙德勝
開國輔運推誠宣力武臣鎮國將軍護軍僉大都督府事追封泗國武壯公耿再成

開國輔運推誠宣力武臣右柱國武定侯追封營國威襄公郭英

贈奉天靖難推誠效忠宣力武臣特進榮禄大夫右柱國追封金鄉忠壯侯加封寧國公王真

開國輔運推誠宣力武臣安遠將軍輕車都尉同知英武衛親軍指揮使司事特封永義侯桑世傑

開國翊運守正文臣資善大夫贈太師謚文成護軍誠意伯劉基　凡十七人。

吳元年，建四親廟於闕左，廟主皆南向。東西有夾室、有廡，三門，門設二十四戟，繚以周垣，略如都宫之制。歲時皆特享。及即大位之元年，議定諸禮，儒臣進宗廟之説，曰：傳謂萬物本乎天，人本乎祖，故爲之宗廟，以享祖考，而致其報本之意也。德有厚薄，故制有隆殺，自天子至官師，其制不同。周有天子七廟。而商書·伊尹曰：七世之廟，可以觀德。則知天子七廟，自古有之，不獨周爲然也。若夫太祖百世不遷，三昭、三穆以次比，至親盡而遷焉。此有天下之常禮也。至周穆王時，文王親盡當祧。共王時，武王親盡當祧，以其有功當宗，故皆别立一廟，謂之文世室、武世室，亦皆百世不遷。漢高祖承秦之敝，未嘗立七廟。至太上皇崩，始詔郡國立廟，而祖以上無聞焉。惠帝詔有司立原廟，又以沛宫爲高祖廟，于陵旁立寢園廟。自後，每帝輒立一廟，不序昭穆。景帝尊高帝爲太祖，文帝爲太宗，宣帝又尊武帝爲世宗，皆世世不毁。元帝始罷郡國廟及寢園廟。光武中興，於洛陽立高帝及文、武、宣、元五帝廟，天子親奉祀；長安立成、哀、平三帝廟，京兆尹侍祠；又别立四親廟於南陽春陵，祀父南頓君、祖鉅鹿都尉、曾祖鬱林太守、高祖春陵節侯，皆歲時郡縣侍祠。至明帝遺詔，藏主於光烈皇后更衣别室，後帝相承，皆藏主於世祖之廟，由是同堂異室之制，至於元，莫之能改。唐高祖追尊高、曾、祖、考，立四廟於長安。太宗議立七廟，虚太祖之室。玄宗創制立九室八世。文宗開成中，禮官以景帝受封於唐高祖太宗創業受命有功之主，百代不遷，親盡之主，禮合祧遷，至禘祫則合食如常。其後以敬、文、武三宗爲一代，故終唐之世，常爲九世十一室。宋自太祖追尊僖、順、翼、宣四祖，每遇禘，則以昭穆相對，而虚東向之位。神宗熙寧中，奉僖祖爲太廟始祖。至徽宗時，增太廟爲十室，而不祧者五宗。崇寧中，取王肅説，謂二祧在七世之外，乃建九廟。高宗南渡，祀九世，至于寧宗，始别建四祖殿，而正太祖東向之位。元世祖中統三年，初建宗廟於燕京，以太祖居中，爲不遷之祖。至泰定中，爲七世十室。今擬四代各爲一廟，廟皆南向，以四時孟月及歲除凡五享，孟春特祭於各廟，孟夏、孟秋、孟冬、歲除則合祭于高祖廟，從之。

元年，有司請製祭器。上曰：今之不可爲古，猶古之不可爲今，其製如事生之宜。於是器用金，椲椸、枕簟、篋笥、帷幔、浴室皆備。二年，令：春以清明、夏以端午、秋以中元、冬以冬至時享，其歲除如故，祝稱孝子皇帝，不得稱臣，遣太子稱命長子某，不得稱皇太子。三年，令：時享仍用四孟，孟春特享于各廟，各行禮奏樂，三時合享於德祖廟，初獻各奏其廟樂，餘奏德廟樂。六年，令：宗廟等祭祀，祝文來説時，必須着一員官捧着立地，另着一員官前面跪着説，看時却放在案桌上，他自往前來跪聽，不要將着祝文跪着説。八年，定廟享祭壇脱爲禮。九年，改建太廟，前正殿翼以兩廡，後寢殿九間，間一室，主皆南向。几席諸器，備如生儀。歲孟春擇上旬吉日，三孟朔日，歲除日，皆合享於正殿。德祖帝、后南向，懿、熙、仁三祖以次列東西向，設神座，陳衣冠，不出主。凡合祭，奏德廟之樂，罷特享禮。二十五年，令：廟享值國喪，樂備而不作。建文元年，祔太祖。永樂中，建廟京師，如南京制。洪熙元年，祔成祖。宣德元年，祔仁宗。宣德十年，祔宣宗。天順八年，祔英宗。寢殿以次皆南向正殿，神座以次皆東西向，而九廟備矣。弘治元年，憲宗將升祔，議祧。禮部尚書周洪謨言：國家自德祖以上，莫推其世次，德祖視周后稷，不可祧；太祖、太宗視周文、武，百世不遷其祧；懿祖請於寢殿後別建祧廟，如古夾室之制，歲暮奉祧主合享，如古祫祭禮。吏部侍郎楊守陳言：禮官議非是，禮天子七廟，祖功而宗德，凡號太祖，即始祖也，德祖可比商報乙、周亞圉，非契、稷比，議者習見宋儒嘗取王安石説，遂使七廟既有始祖，又有太祖，太祖既配天，又不得正位南向，名與實乖，非禮，請並祧德、懿、熙三祖，自仁祖而下爲七廟如古禮。異時祧盡，則太祖擬稷、契，而祧主藏於後寢，祫禮行於前廟，時享尊太祖，祫祭尊德祖，如此功德崇，恩義備。上竟從禮官議，建祧廟，藏懿祖主，并神座儀物。熙祖而下，寢殿神主、正殿神座皆以次遞遷。弘治十八年，祔孝宗，祧熙祖。正德十六年，祔武宗，祧仁祖。

嘉靖九年，上將祔睿宗，諭禮官曰：太祖肇運開基，壓於太廟，非宜。遂祧德祖，太祖居中，南向。是年春，行特享禮，令祠官於廟殿設幄如九廟，主南向，各奠獻讀祝；三孟如舊。十年冬，上諭禮官曰：太祖以恩隆德祖，今日當以義尊太祖，祫祭奉四祖，同太祖皆南向，庶見太廟爲特尊太祖之意。禮官夏言言：禮合羣廟之主，而祭於太祖之廟，是爲大祫，亦以尊太祖也。太廟，太祖之廟，不當與昭穆同序；太祖，太廟之祖，不可與子孫並列。自今大祫，宜奉德祖居中，懿、熙、仁、太祖東西序，皆南向，列聖左右序、東西向如故，不惟我太祖列羣廟之上，足以伸皇上之心，而懿、熙、仁三祖得全，其尊尤足以體太祖之心。上曰：善。十一年，罷設衣冠，仍請主。時上欲復七廟制，議未決，會中允廖道南疏請建九廟，上喜，下廷議。禮官上言：古者天子廟制，唐、虞五，夏因之，殷、周皆七；而祭法，王制與劉歆宗説又各不同。宋儒朱熹古今廟制引王制天子七廟，外爲都宮，内敘昭穆。漢不考古諸帝異廟，諸廟異地，不合都宮，不敘昭穆。明帝遵儉自抑，遺命勿別爲廟，遂有同堂異室之制。嗣後，歷魏、晉、隋、唐、宋皆然。我太祖初立四親廟，廟皆南向，似近古禮。後建爲太廟，又用明帝之制，皇上憲天稽古，大釐祀典，獨於廟制，不能無疑，形諸翰札，宣諸臣召問，謀諸臣弼者屢矣。今太廟南近宮牆，東邇世廟，西阻前朝，地勢有限，上諭太廟三殿勿撤，則太廟垣外左右隙地不盈數十丈，若依古制，昭穆六廟在太廟前，以次而南，則今太廟都宮之南，至承天門牆不遠，卽使盡闢其地爲左昭右穆，猶恐勢不能容；若欲稍減規模，不必別門異寢，又恐禮未必協；況古七廟、九廟，制度皆同，今太廟，巍然弘壯，而羣廟隤然湫隘，亦恐於義未安。議者欲就太廟兩廡，卽分羣廟，不惟去尊卽卑，不足以稱聖孝，而遷就一時，裁損廟貌，尤非細故；且有廟無寢，神將安棲，諸王、功臣，置之何所？議者又欲藏主夾室，夫夾室者，側室也，以藏祧主可也，以藏親廟未毁之主，情理舛矣。至謂周人廟制約儉，宜倣爲之。夫周廟門大扃七个，闈門小扃三个，則大門實容二丈一尺，小門實容六尺，其制過於今廟，烏在其爲儉約也。今損於太廟、羣廟，可又損於世廟乎？且太宗功業，比隆太祖；憲宗，獻皇父也，又可減於世廟乎？今之廟主，太宗之下凡有七廟，將如古制爲三昭三穆，而止六廟乎，抑如商、周以太宗爲百世不遷之宗，而加立七廟乎？即使廟宇既成，皇上冠冕、佩玉、執圭、服袞，循紆曲之途，徧歷羣廟，而行興俯拜起奠獻之禮，非獨筋力不逮，而日亦不給矣。議者乃曰：周禮·宗伯：代后獻羣廟，可遣攝也。夫古者廟祭，君后祭獻。后不與祭，宗伯代獻，謂一廟之中代亞獻之禮，未聞人臣可以主廟祭也。且古者助祭諸侯，類多同姓，罔非天胤。今陪禮者，可擬古諸侯乎？皇上仁孝誠敬，可以終歲舉祭，止對越太祖之廟，而不一至羣廟乎？且規（規）制必備，而後成廟，門、垣、廡、寢是也；儀文必備，而後成禮，主、助、禮、樂之類是也。今分爲各廟，廟祭之時，不得不降從簡易，欲尊之而反卑，親之而反疎，衹見其貶損，而未見其隆重矣。大學士邱濬謂：宜一日間祭一廟，歷十四日而徧七廟，此蓋無據而强爲之説，不自知其言之迂也。馬端臨曰：後世失禮，豈獨廟制。漢儒以來，講究非不詳明，而卒不能復古者，以昭穆難定故也。必如古制，父子相世則可，兄弟相及則其序紊矣。周孝王以共王之弟、懿王之叔繼懿王而立，故朱子廟圖：宣王之世，則以穆、懿、夷爲昭，共、孝、厲爲穆。夫穆王，昭也；共王，穆王子，穆也；懿爲穆孫，則繼穆而爲昭是也；孝爲共弟，而繼共爲穆，雖於世次不紊，然以弟而據孫之廟矣；夷王，懿王子也，穆也，而圖居昭；厲王，夷王子也，昭也，而圖居穆。是孝王立而夷、厲之昭穆易位，於是朱子亦無以處，此不過即其繼立之先後以爲昭穆，而不能自守其初説矣。又況宣王時，三昭三穆爲六代所祀，合始於昭王，今孝王居其間，於是昭王以六世祖雖未當祧而已在三昭三穆之外，名爲六廟，而祀止三世耳。前乎周者爲商，武丁之時，所謂六廟，祖丁、南庚、陽甲、盤庚、小辛、小乙也。然南庚者，祖丁兄子；陽甲、盤庚、小辛、小乙，又皆祖丁之子，姑以祖丁爲昭言之，則南庚至小乙皆祖丁子行爲穆，是一昭五穆，而武丁所祀，上不及曾祖，未當祧而祧者四世矣。後乎周者爲唐，唐懿宗之時，所謂六廟者，憲、穆、敬、文、武、宣，然穆、宣皆憲之子，敬、文、武又皆穆之子，姑以憲宗爲昭言之，則穆、宣爲穆，敬、文、武爲昭，是四昭二穆，而懿宗所祀，上不及高祖，未當祧而祧者三世矣。若必欲祀及六世，則武丁時，太祖之外，必十廟；懿宗時，太祖之外，必九廟而後可。蓋繼世者，既不能必其爲弟、爲子；建廟者，亦安能預定其爲昭、爲穆，或穆多昭少如殷，或昭多穆少如唐哉？若必欲昭穆世序，則建廟之時，昭齒者必在太祖之廟之左，穆齒者必在太祖之廟之右，如此預立六廟，定三昭三穆以次遞遷之説，又不可行矣。東都以來，同堂異室，未可盡以爲非也。皇上以皇考專享世廟，而太祖列聖乃不得專廟，以全其奠，然列聖同享太廟，已極尊崇，而皇考專居世廟，猶爲避遜，若廟制大小不倫，行禮親攝或異，則尊卑厚薄之間，不足以稱皇上孝敬之誠，皇上剳諭輔臣，祀典宜正，廟制難更，大哉皇言，實萬世之訓也。疏入，上不允，竟從道南議，撤故廟，祖宗各建專廟，合爲都宫。先是，上既追尊獻皇帝，建世廟於太廟之東南，以四孟享。十五年，改世廟爲獻皇帝廟。十二月，九廟成。十七年九月，上尊皇考廟號睿宗，祔享太廟。睿宗於孝宗弟行也，躋武宗上，遂稱太宗爲成祖，於是定享祫禮及其樂章。凡立春特享，上親獻太廟，遣大臣獻列聖，各出主成廟，迎神樂，別歌，三獻，徹饌，還宫，樂如太廟。仁、宣、英、憲四廟，樂歌同。孝、武二廟迎神樂，別歌，三獻，徹饌，還宮，歌同睿廟樂，異於諸廟。立夏時祫，各出主於太廟大殿行禮。立秋時祫，如夏禮，樂歌異於夏。立冬時祫，如秋禮。迎神、徹饌、還宮樂歌異於秋。季冬中旬大祫，出四祖、太祖、成祖、七宗主於太廟，歌大祫樂歌，祭畢，各歸主於其寢。是年，皇后助獻，罷脱舄禮。二十年四月，八廟燬。初震，火起仁廟，風大發，主燬。俄而成祖廟火，又燬，延爇太廟及羣廟，惟睿廟存。上奉列聖主於景神殿，遣大臣入長陵、獻陵告題成祖、仁宗帝后主，同奉於景神殿，已遷於奉先殿，重建太廟，復同堂異室之制。二十四年七月，新廟成，時享於四孟，祫於歲除，仍設衣冠，合享，不出主，如太祖時制。

世宗欲復古禘祭禮，勅輔臣及禮官集議，夏言撰禘議以進。曰：禮云，不王不禘。禘者，本以審諦祖之所自出也。惟王者竭四海之有以奉神明，力大足以備禮，故祭可以及遠。有虞氏、夏后氏皆禘黄帝，殷人、周人禘帝嚳是也。我祖宗之有天下，固以德祖爲始祖，百六十年來居中南向享太廟，歲時之祭者，德祖也。今陛下定大祫之祭，而統羣廟之主者，又德祖也。然則主禘之祭，又可尊德祖乎。夫既身爲太祖之始祖矣，而又爲始祖之所自出，恐無是理。朱熹亦曰：禘是始祖之廟，推所自出之帝，設虚位以祀之，而以始祖配。夫三代而下，必欲如虞、夏、商、周之禘黄帝、帝嚳，則既無所考，若强求其人如李唐之祖聃，又非孝子慈孫之所忍爲也。臣以爲宜設初祖虚位，而以太祖配享，蓋太祖始有天下，實始祖也。議入，上然之。廖道南又獻議。以爲皇姓乃帝顓頊之後，宜禘顓頊。并下集議。張璁曰：言虚位者，求之于虚，則失之幻；言顓頊者，求之于遠，則失之誣。惟禘德祖爲當。兵部尚書李承勛等亦以爲然。言復抗疏言：禘德祖之議可疑，而未敢以爲是者有四。于是復下部議。既而諭禮部：祀始祖所自出之帝於太廟，奉皇祖配，每辛、丙年舉行，神牌曰皇初祖帝神位。

宗廟薦新品物

正月：韮菜四觔，生菜四觔，薺四觔，雞子二百六十箇，鴨子二百四十箇。

二月：芹菜三觔，薹菜五觔，冰蔞蒿五觔，鵝二十二隻。

三月：茶笋一十五觔，鯉魚二十五觔。

四月：櫻桃十觔，杏子二十觔，青梅二十觔，王瓜五十箇，雉雞十五隻，猪二口。

五月：桃子十五觔，李子二十觔。夏至：李子二十觔，紅豆一升，沙糖一觔八兩，來禽十五觔，茄子一百五十箇，大麥仁三斗，小麥麵三十觔，嫩雞三十五隻。

六月：蓮蓬二百五十箇，甜瓜三十箇，西瓜三十箇，冬瓜三十箇。

七月：棗子二十觔，葡萄二十觔，梨二十觔，鮮菱十五觔，芡實十觔，雪梨二十箇。

八月：藕四十枝，芋苗二十觔，茭白二十觔，嫩薑二十五觔，粳米三斗，粟米三斗，稷米三斗，鱖魚十五觔。

九月：橙子二十觔，栗子二十觔，小紅豆三斗，沙糖一觔八兩，鯿魚十五觔。

十月：柑子二十五觔，橘子二十五觔，山藥二十觔，兔十五隻，蜜一觔八兩。

十一月：甘蔗一百三十根，鹿一隻，鴈十五隻，蕎麥麵三十觔，紅豆一斗，沙糖一觔八兩。

十二月：波菜十觔，芥菜五觔，鯽魚十五觔，白魚十五觔。

寢廟器用

每廟壺一，盂一，臺盞二，爵二，椀四，肉楪十，菜楪十，纍四，匙二，筯二，茶壺二，茶鍾二，香爐一，香盒一，花瓶二，燭臺二。

脱舃

禮見郊祀，嘉靖中以皇后助祭罷，不行。

祼灌

洪武三年，禮臣崔亮奏：周禮·大宗伯：以吉禮事邦國之神鬼，以肆獻祼享先王。灌以鬱鬯，謂始迎尸求神時也。禮記·郊特牲曰：魂氣升于天，體魄歸于地，故祭有求諸陰陽之義，殷人先求諸陰聲是也。祭統云：祭之屬莫重於灌，凡大祭有三始，宗廟以樂爲致神始，以祼爲歆神始，以腥爲陳饌始。按説文：祼，祭也，從亓，果聲，酌鬯以灌地。夏氏曰灌者，謂以圭瓚酌爵以獻尸，尸受酒而不飲，因灌于地，故謂之灌也。鬯，説文曰：鬯以秬釀鬱金草，芬芳攸服，以降神也。徐氏曰：秬，黑黍也；服，服事也。周人尚臭，祼用鬱鬯，以秬黍擣鬱金草，取汁而用之和釀，其氣芬香，調鬯，故謂之秬鬯。陸佃云：秬者，百穀之華；鬯者，百草之英，故先王煮以合鬯圭瓚。禮書云：圭，柄也；瓚，杓也。徐氏曰：瓚，亦圭也，圭狀，剡上，邪鋭之於其首，爲杓形，謂之瓚，於其柄爲注水道，所以灌。瓚之言進也，以進於神。今定擬宗廟之祭，奠帛之前宜舉用祼禮，所用圭瓚，宜依周禮，以玉爲之。瓚，口徑四寸，深至圭二寸，通長一尺二寸，博三寸五分，厚五分，鼻一寸，作龍形，流空五分。瓚槃用金爲之，口徑九寸，深五分，足徑七寸，高九分。其鬱鬯，用糯米代黑黍爲酒，以鬱金汁和之。是年之冬，享廟，行家人禮。次年，始行灌禮。

西垣筆記

郊廟之制，明初以開天之主，擅獨縱之聖，故天地合祀南郊，宗廟同堂異室，皆可爲百世法。嘉靖中，紛紛改作，易合祀爲分祀，猶曰拘於周禮之文；易異室爲專廟，猶曰拘於都宫之制也。至追帝興獻，已足盡人子之心矣。而睿帝入廟，竟祧德祖，自古非創業之君之祖、父，有生不爲帝，而殁乃入廟者乎？又本身現在元配未祔，而孝烈皇后先入，遂祧仁宗，此又何禮也？昔宋高宗山陵，朝議以世廟爲號。尤袤駁之，謂：光武以長沙王後，布衣崛起，不與哀、平相繼，稱祖無嫌；太上中興，實繼徽宗正統，以子代父，非光武比，乃稱高宗。以子繼父，不當稱祖，誠萬世之斷案。而乃上太宗廟號爲成祖，獨昧此義。是太宗當日不知有父，世宗並不知有祖矣。

按嘉靖二十八年，繼后孝烈皇后升祔，祧仁宗。四十五年，世宗升祔，更奉元配孝潔肅皇后同祔廟。先是，孝潔薨，未有本室，禮官議暫祔奉慈殿。至世宗崩，禮官高儀等奉詔議曰：孝潔皇后，肅皇帝元配也；禮，太廟祔享，惟一帝一后，后惟元配。今孝烈先祔，若奉孝潔同祔，則二后并配，非制；若以孝烈先祔，而孝潔遂不祔，舍元配而祔繼配，亦非制。請孝潔祔享，移孝烈於弘孝殿。上從之。

世宗議禮，主繼統不繼嗣，追封生父，進帝，此議實張永嘉孚敬力成之。及入祔太廟，乃具疏爭之。曰：臣伏惟皇上以大孝之心，議尊親之典，初因廷臣執論聚訟，四年更詔三遍，蓋自漢、宋以來之君所不決之疑，至皇上決之，所未成之禮，至皇上成之，真可謂洗千古之陋，垂百王之法者也。是以新詔傳宣，愚氓不應，蓋禮必如此，然後合乎天理之正，卽乎人心之安也。兹光禄寺署丞何淵妄肆浮言，破壞成禮，稱獻皇帝爲所自出之帝，請立世室，列祀太廟，此何言也。臣與廷臣抗論之。初，卽曰當别爲興獻王立廟京師；又曰别立稱廟，不干正統。此非臣一人之議，天下萬世之公議也。今何淵以獻皇帝爲所自出之帝，比之今之德祖，請立世室，比之周文王、武王，不經甚矣。皇上聰明中正，諒已察之。兹言也，上干九廟之威監，下駭四海之人心，臣不敢不爲皇上言之。昔漢哀帝追尊父定陶共王爲共皇帝，立寢廟京師，序昭穆，儀如孝元帝，是爲干紀亂統，人到於今非之。今何淵請入獻皇帝主於太廟，不知序於武宗皇帝之上與，序於武宗皇帝之下與？孝宗之統，傳之武宗，序獻皇帝於武宗之上，是爲干統無疑；武宗之統，傳之皇上，序獻皇帝於武宗之下，又於繼統無謂。何淵所請，此何言也。如謂太廟中不可無禰，漢宣帝嗣昭帝後，昭爲宣之叔祖，史皇孫嘗别立廟，未聞有議。漢宗廟無禰者，蓋名必當實，不可强爲也。如謂獻皇帝廟，終當何承？臣謂繇皇上以及聖子神孫，於太廟當奉以正統之禮，於獻皇帝廟當奉以私親之禮，尊尊親親，並行不悖者也。先儒謂孝子之心無窮，分則有限，得爲而不爲，與不得爲而爲之，均爲不孝。皇上追尊獻皇帝，别立廟者，禮之得爲者也，此臣所以昧死勸皇上爲之也；入獻皇帝主於太廟者，禮之不得爲者也，此臣所以昧死勸皇上不爲之也。夫成禮則難，壞禮則易，伏乞皇上念此禮大成，原出聖裁，非繇人奪，何忍一旦遽爲小人所破壞邪。疏入，上弗懌。然侃侃正論矣。

明各帝廟號，多至十六字，皇后亦累至數字，比之唐、宋，皆爲過溢，不可爲後世法。

正德中，御史徐文華言：族無後者祭終兄弟子孫之身。今太廟享配諸王，未審於高皇何親，大抵非兄弟，卽伯叔，至於今五世、六世矣，祀宜祧。下禮官議，不從。

功臣從祀，唐之可考者：淮安靖王神通、梁文昭公房玄齡而下，距太尉李愬，凡三十二人。宋之可考者，韓忠獻公趙普、開濟武陽王曹彬而下，距丞相葛邲，凡二十四人。明高祖定鼎，念諸功臣之烈，建太廟，首以李韓公善長等六人及胡越公大海等從享，最後韓公坐嫌死，而六公亦間不得與，逮永樂而始定自中山、開平二王而下，距永義侯桑世傑，凡六王、五公、一侯，十二人。從文皇祀者，至洪熙而定，文武臣惟河間王玉、東平王能、寧國公真、榮國公廣孝，凡二王、二公。至世宗，首上太祖徽號，後上文皇帝祖號，又采禮官言進誠意伯從祀太祖，位六王下，而以僧故斥廣孝使祀大興隆寺，尋用翊國公勛請進其祖營國公英，獨仁宗而後，寥寥無聞。論者謂如楊文貞、李文達、商文毅、劉文靖、楊文忠之賢於輔而不得從，蹇忠定、王忠肅、王端毅、馬端肅之賢於銓，于肅愍之賢於樞而不得從，張定興輔之下南交，朱宣平永之八佩將印，皆位太師，握環衛，爲心膂牙爪，而不得從高帝諸功臣而下，猶有説焉。若李韓公之佐開創，不下鄭侯，雖以嫌死，帝尚爲之諱，若馮宋公勝之佐大將軍取中原，下秦隴，降納哈出二十萬之衆，傅潁公友德之從大將軍取山東，其平蜀功冠徹侯，而開滇南二百年之地，惜其終於帝之末，遭革除之變，而未有舉也。

附明世宗重建太廟勅：朕惟禮時爲大祀典，國之大事也，苟不安於人，心終難協。夫禮，意我國家宗廟之制，自太祖肇基之初，首建四親廟。其後更制，特奉殷薦，同乎一堂。當其始事，豈不博采遐觀，卒從同堂異室之規，以示酌古準今之義。暨我成祖，定鼎於兹，廟寢之營，率遵其舊，百數十年，以祫以享，緝於純嘏，則有繇然，夫萃之爲享，其則不遠。曩因廷臣之議，咸稱七廟之文，是用創興，以從周典。乃所司討論不詳，區畫失當，成祖以六世未盡之親而遽遷世室，不獲奉於三昭，仁宗以穆位有常之主而移就左宫，遂致紊於班祔。武宗，朕兄也，不得用爲一世。顧居七廟之中，有妨七世之祀，揆之古義，斯爲戾矣。往者回禄之警，天與祖宗，實啟朕心，兹當重建之辰，所宜釐正，以鼎圖新制。又我皇考睿宗，廟於都宫之外，朕每事廟中，考廟未備，豈有四親之内可缺考乎。雖每於祫祀同享，而奉主往來，深爲瀆擾。兹禮官會議，欲奉處於孝宗同廟，雖爲兄弟同世之義，然題扁各殊，終未爲安。朕是究是圖，惟遵先制，其永無愆。夫禮非天降，廼起人情。祖宗列聖，懽聚一堂，斯實時義之爲順者。兹乃建立新廟，仍復舊制，前爲太廟，後爲寢，又後爲祧，時祫祭享，奉太祖高皇帝正位南面，奉迎成祖及羣廟、我皇考睿宗獻皇帝神主俱堂而序。享獻既畢，則奉列聖神主各歸於寢，庶昭穆以明，世序不紊。列聖在天之靈，懽忻右享，而克伸朕瞻事孝享之誠矣。爾禮、工二部，如勅奉行，故諭。

附通政使沈子木請爲建文帝立廟疏：建文帝以高皇帝之孫，懿文太子之子，嗣位五載，系明統順。易世之後，禋祀杳然。蓋由當時諸臣徒見建文遜國之迹，而未能推體成祖文皇帝之本心也。臣嘗考其故。建文命將北征，輒戒曰：毋使朕負殺叔父之名。此一念也，天地鬼神鑒之，成祖亦信之。故當金川不守，宫中變起之後，爲舉哀致祭，倉卒時猶喪葬以禮矣，而忍殄滅其歲時之祀乎？練子寧以不屈受誅，他日又曰：使子寧而在，朕故當用之。有罪之臣，猶將録用矣，而忍不祀其無罪之主乎？成祖即位之數年，勅法司解建文諸臣禁令。晚年，又劄諭禮部盡赦諸死義家。使是時有乘間以建文祀典請者，當亦首肯，舉行不至今日矣。蓋建文諸臣，謀削親王之權，以激北師之怒，而在建文，則嘗有保全成祖之盛心。靖難諸臣，欲甚建文之罪，以彰南伐之功；而在成祖，則未有顯斥建文之明旨。彼時典禮，既失奏聞，以後相沿，遂成忌諱。不知天下高皇帝之天下也，正朔高皇帝之正朔也，本自一家，原非兩敵。代邸天授，少帝何尤，豈可使禮樂明備之世，有未祀之懿親；亦豈忍使五年臨御之君，無一綫之血食。此時尚謂缺典，後世其謂之何？臣請於懿文太子廟側別立一廟，四時致祭，庶高皇帝在天之靈可安，而成祖盛德益光，本心益明，其益於聖孝大矣。惟皇上斷以必行，天下瞻仰，在此一舉。

吏科都給事中魏大中糾輔臣享廟到遲疏：孟冬之朔，有事於太廟。皇上冕而升，百執事咸集，獨閣臣魏廣微不至。迨飲福受胙禮且告畢，始奔突踉蹌入班拜跪，明駴聽睹，陰貽怨恫。夫從古帝王致祀其祖考，非獨以一人孝，一人敬，必萃萬國之歡心，合孝合敬以事其先。故武王之祭文王，其頌曰：有來雍雍，至止肅肅，相維辟公，天子穆穆。成王營雒而祭文王，其頌曰：於穆清廟，肅雍顯相，濟濟多士，秉文之德，對越在天，駿奔走在廟。皆言相祀者之肅肅雍雍，執事有恪。宗廟之禮，所以序事，所以辨賢，若廣微者，宜何處焉。且皇上卽以是日之卯升殿，頒來歲之曆於臣下，行之四方萬國，九夷八蠻，誰不頫首奉命，其敢矯命雄行者！廣微執政近臣，何以驁焉不拜皇上之正朔也。昔子貢欲去一告朔之羊，孔子猶愛其禮，況天威不違咫尺乎？語曰：爲人臣子，見無禮於君者，如鷹鸇之逐鳥雀也。今廣微者？皇上於一日之中行二大禮，而頒朔則不至，享廟則後至，其無禮於皇上也，亦已甚矣。臣等言官也，又與陪祀之列，不敢不陳相鼠之刺。皇上以禮治天下，其無禮如廣微者，恐不宜使爲執政，居百僚上。伏惟聖明裁察。

春明夢餘録卷之十八

奉先殿

奉先殿，在神霄殿之東，殿九室，如廟寢制。國家有太廟，以象外朝；有奉先殿，以象內朝。每室一帝、一后，如太廟寢殿。其祔祧迭遷之禮，亦如之。凡祀方丘、朝日、夕月，册封、告祭及忌祭在焉。餘皆於太廟行之。

明洪武三年十月，建奉先殿。上以歲時致享，則於太廟，至晨昏謁見，節序告奠，古必有其所，下部考論以聞。於是尚書陶凱奏：古者宗廟之制，前殿後寢。爾雅云：室有東西廂曰廟，無廂有室曰寢。廟是棲身之處，故在前；寢是藏衣冠之處，故在後。自漢以來，建廟宮城外，已非一日。故宋建欽先孝思殿於宮中崇政之東，以奉神御。今太廟祭祀，已有定制，請於乾清宮左別建奉先殿，以奉神御，每日焚香，朔望薦新，節序及生辰皆致祭，用常饌，行家人禮。

永樂三十五年十一月，始作奉先殿。其初，止享五廟太后。

孝宗生母孝肅紀皇后薨，禮不得祔廟殿，乃於奉先殿之右特建奉慈殿別祀之。已而憲廟生母孝穆周皇太后、世廟生祖母孝惠邵太皇太后皆祀其中，歲享薦如奉先殿。嘉靖十五年，上諭禮官曰：廟中帝配一后，陵祔葬乃有二三后，廟祀、陵祀禮本不同，奉慈三后主既不得祔廟，又不祔陵殿，似黜之，非親之也。禮官遂請奉孝肅於裕陵，孝穆、孝惠於茂陵，其罷奉慈享薦，而并祭於奉先殿，外廷莫知也。萬曆三年，上諭禮官曰：朕思弘孝、神霄二殿，皇祖妣孝烈皇后、孝恪皇太后神位宜奉安於奉先殿祔享，查議來行。禮部查嘉靖十五年議祔陵祭，不議祔内殿。上曰：奉先殿今見有孝肅、孝穆、孝惠三后神位，俱係我皇祖欽定，宜遵照祔安，不必另議。乃奉安孝烈、孝恪神位於肅皇帝室，並罷弘孝、神霄之祀，而專祀於奉先殿。

崇禎十五年五月十七日，上傳禮部堂上官、禮科、太常寺卿來中左門，及午，賜宫餅各十五枚。上御中左門之左小廂房，有扁曰德政殿。上返顧屏諸璫退後，卽曰：禮部等官過來。上曰：太廟之制，一帝一后，計九廟。此外，祧廟亦有九，亦止一帝一后。因屈指數，自德、懿、熙、仁四祖外，仁、宣、英、憲、孝共九，祧廟已滿。各一帝一后，其繼后及生母后七位，既不得入太廟，亦並無祧廟之主，卽宫中奉先殿亦原止一帝一后，嘉靖後有以繼后、生母后入者，而以前七位尚無祭也。上意似在生母孝純皇太后，而又推及七位后，悉入奉先殿，亦未明言也。禮臣林欲楫、蔣德璟、王錫袞奏：奉先殿之外，别有奉慈殿，係奉繼后及生母后處，今雖廢，尚可舉行。上曰：奉慈殿外，尚有弘孝殿、神霄宫、本恩殿。禮臣奏：奉慈殿如未可復，或卽在神霄殿奉祀，未知可否？上曰：太廟一帝一后，朕不敢輕動，還只是奉先殿尚可恢拓，前後加一層，卽祧廟亦當祫祭。德璟奏：大祫之禮，歲暮已行於太朝，似已妥當，且奉先殿原止一帝一后，與太廟同，若並祧廟之主俱入，未知妥否？上曰：奉先殿見有繼后及生母后七位。德璟奏：此萬曆初添入。上默然。此舉雖屬孝思，然自古無二祧廟，再建非禮也。賴部、科上疏執奏，得止。

帝后忌辰祭期

太祖　五月初十日。
孝慈皇后　八月初十日。
成祖　七月十八日。
仁孝皇后　七月初四日。
仁宗　五月十二日。
誠孝皇后　十月十八日。
宣宗　正月初三日。
孝恭皇后　九月初四日。
英宗　正月十七日。
孝莊皇后　六月二十六日。
孝肅皇后　三月初一日。
憲宗　八月初二日。
孝貞皇后　二月初十日。

孝穆皇后　六月二十八日。
孝惠皇后　十一月十八日。
孝宗　五月初七日。
孝康皇后　八月初八日。
興獻睿宗　六月十七日。
孝慈皇后　十二月初四日。
武宗　三月十四日。
孝静皇后　正月二十五日。
世宗　十二月十四日。
孝潔皇后　十月初二日。
孝烈皇后　十月十八日。
孝恪皇后　正月十一日。
孝懿皇后　四月十三日。
穆宗　五月二十六日。
孝安皇后　七月十三日。
孝定皇后　二月初九日。
神宗　七月二十一日。

孝端皇后　四月初六日。
孝靖皇后　九月十三日。
光宗　九月初一日。
孝元皇后　十二月二十四日。
孝和皇后　三月初一日。
孝純皇后　七月十九日。
熹宗　八月二十二日。

每月供獻

初一日　捲煎。　　初二日　髓餅。
初三日　沙爐燒餅。　　初四日　蓼花。
初五日　羊肉肥麪角兒。　　初六日　糖沙餡饅頭。
初七日　巴茶。　　初八日　蜜酥餅。
初九日　肉油酥。　　初十日　糖蒸餅。
十一日　盪麵燒餅。　　十二日　椒鹽餅。
十三日　羊肉小饅頭。　　十四日　細糖。
十五日　玉茭白。　　十六日　千層蒸餅。

十七日　酥皮角。　十八日　糖棗糕。
十九日　酪。　二十日　麻膩麪。
二十一日　蜂糖糕。　二十二日　芝蔴燒餅。
二十三日　捲餅。　二十四日　爊羊蒸饞。
二十五日　雪糕。　二十六日　夾糖餅。
二十七日　兩熟魚。　二十八日　象眼糕。
二十九日　酥油燒餅。　[三十日　糖酥餅。]

以上一月共用銀一千五百九十二兩四錢。又每月遇十五日奉先殿用猪九口，羊五隻，大尾羊四隻，香油、棗、柿、葡萄、荔枝、梨、水粉諸件，用一百六十八兩。四月初八日獻新不落夾，用銀一百六十九兩四錢。

崇禎十五年，禮科給事沈胤培不宜別立廟祀疏：竊惟禮以祖宗所定者爲尊，議以經傳所依者爲正，伏臣莊誦諭札，以祧廟贈后三位，終歲無一祭見廟，繼后聖母七位，忌辰不得設祭服青，孝念難已，欲將本恩殿改建殿宇二層，供安已祧九廟帝后，而祔三贈后於其中，及見廟繼后聖母逢忌之日，宜否設祭服青，煌煌天語，既昭示以太廟，大禮不敢輕議，而又通着部科同太常寺折衷情制，詳酌典儀，微臣拜揚明命，敢不畢竭愚誠，用光聖孝。夫禮有萬世之經，有一時之權。經者，推之祖宗而準，比之經傳而符，如太廟一帝一后，奉先殿亦一帝一后是也；權者，祖宗所已行，而禮緣義起，經傳所不載，而儀以情隆，如別殿之專享、奉先之祔安是也。

今日，舍祖宗所定之禮，而别求所爲禮；舍經傳所依之議，而别求所爲議，有萬萬不敢出者。臣請盡言無諱，可乎？考古無奉先殿之制，太祖以時享未足展孝思，特彷前代原廟神御殿之意，而建奉先殿於乾清宫之左。成祖率循無改。雖曰用常饌，行家人禮，而太廟以象外朝，奉先殿以象内朝，凡節忌祭告，太常題知，光禄供獻，禮未嘗不嚴且重也；每室一帝一后如太廟寢殿，其祔祧迭遷之禮亦如之，禮又未嘗不明且備也。孝宗以孝穆紀太后不得祔太廟、奉先殿，别建奉慈殿薦享，既以避尊，復以專敬，仁至義盡，千古爲昭。嗣孝肅周太皇太后崩，孝宗召内閣劉健、李東陽、謝遷等議祔廟禮，一則曰事須師古，末世鄙褻之事不足學；再則曰宗廟事關係綱常極重，豈可有毫髮僭差，卒祔孝莊錢皇后於太廟、奉先殿，孝肅則祀奉慈殿中室，移孝穆居左。世宗追上孝惠邵太后尊號，亦祀奉慈殿，居右。嘉靖十五年，諭禮官：以三后主既不祔太廟，又不祔陵殿，似黜之，非親之，命會議以行。禮官言：自古天子惟一帝一后配享於廟，所生之母，别祭於寢，斯禮之正。孝宗奉慈殿之建，子祀生母，以盡終身之孝耳。禮於妾母不世祭，謂子祭之於孫則止，蓋繼祖重，故不復顧其私祖母也。今於孝肅，曾孫也；孝穆，孫屬也；孝惠，孫也，禮不世祭，義當擬祧。但祧義惟遷主爲是，而遷祔陵殿，歲時祔享，尤爲曲盡，非前代所及。世宗從之，罷奉慈殿祭。二十九年，祔孝烈方皇后於太廟，時以孝潔係元配，持議久而始定。穆宗卽位，仍祔孝潔太廟，而祀孝烈於弘孝殿，又别祀孝恪杜太后於神霄殿。萬曆三年，諭禮官：以孝烈、孝恪宜奉於奉先殿祔享。部察嘉靖十五年議祔陵殿，不議祔奉先殿。神宗曰：奉先殿見有孝肅、孝穆、孝惠三后神位，係我皇祖欽定，宜遵照祔安，不必另議。而並罷弘孝、神霄之祭。自是繼后、贈后皆以祔享奉先殿爲成例矣。當孝宗始建祧廟，暨世宗再正太祖南向之位，爾時明明穆穆，酌古斟今，豈不念太廟既有祧廟，奉先殿何無祔殿，良以遠廟爲祧，去祧爲壇，去壇爲墠，禮有不得不降，情有不得不殺。先儒嚴陵方氏曰：王者之於祖禰，以人道事之，則有寢，以神道事之，則有廟，天子七廟，而周官隸僕止掌五寢者，以二祧將毁，先除其寢，事有漸故也。祭，神道也；薦，人道也。致堂胡氏曰：天子七廟而已矣。有祧焉，不患其數盈也；有禘焉，不患其乏饗也。是故宗廟之禮，繇子孫不忘而建，不忘者，仁也。斷以先王之義，無敢損益於其間，是則禮之盡也。今欲建祧殿二層，而又不在奉先殿之後，將以奉先祧殿名乎，抑以何名乎？無論宫殿，卽遠有毁而無立，且前此祧遷之神位，供安何所。如送陵殿，無迎回大内之理；若更製焉，卽神位與神主不同，十數世之後，重取久祧之神位而題之，可不可也。周家卜世三十，卜年七百，止曰先公之遷主藏於后稷之廟，先王之遷主藏於文武之廟耳，未聞祧，亦以九爲數，而預計增加也。昔殷高宗爲中興盛主，肜日有雊雉之異，祖已戒其典祀無豐於昵。而傳説亦云：黷於祭祀，時謂弗欽，禮煩則亂，事神則難。子思子曰：先王之制禮也，過之者，俯而就之；不至焉者，跂而及之。禮稱王母不配，言有事於尊，可及卑；有事於卑，不敢援尊也。皇上孺慕徹於重元，孝思通於錫類，然帝后之尊卑罔斁，卽典祀之疏數無違。在聖母，可極尊崇，而不必同於列后；在列后，宜俾孝享，而未免抑於祖宗。如魯立武宫、煬宫，春秋皆大書特書，見其毁已久，不宜立而輒立焉，非卽遠有終之義。而哀公三年書桓宫、僖宫災。桓、僖親盡矣，宫何以存。志其災，以咎其復也。皇上試以祖宗所定，合之經傳所依，今日既詔之國人，他年將垂之青史，可曰内殿之禮非外廷之禮比哉。況祧廟三后，但不得祭於太廟、奉先殿，而陵祭遣官，焄蒿之感，原未嘗不申，必追罔極，而事如存，則立别殿，以專祀聖母。揆之閟宫之文，奉慈之建，猶爲合禮，並忌日設祭服青，似宜分别久近，稍避祖宗。統候聖明詳察。

西垣筆記

崇禎十六年癸未六月二十三日，立秋。是夜大雷雨，奉先殿内滿殿皆火，自殿東而上，擊壞獸吻。次蚤，上御中極殿，召輔臣面諭：昨夜雷震奉先殿東獸吻，深懷警戒，業親行恭慰禮。卿等可傳禮部議上祭告修省事宜。輔臣公疏，請遇災策免。上慰留，仍親書諭旨，頒示中外。

朱國禎大政紀云：南奉先殿内竪日進膳如生，少不虔，擔壓重不可舉，内守備殿門叩頭請罪，杖如其律，乃解。膳既進，列御案，即閉門，聞内中肸蠁有聲。凡過殿前，必急趨。余嘗一過，不覺凛然。偶風聲颯颯，一老内使曰：太祖爺至也。蓋開國之主，英靈不爽如此。昔明太祖得元都，即於北平立特廟享元世祖，不絶其血食，不使之怨恫也，所見遠矣。

景神殿

景神殿，在太廟東北，奉藏列聖御容。嘉靖中，上親祀四郊及南北郊，視牲辭參。高皇帝、后忌辰，俱行禮於殿中。二十四年，高皇帝、后忌祭，仍行於奉先殿。隆慶中，大祀辭參，告於太廟寢殿。大祭方澤，並視牲，朝日、夕月辭參，俱告於奉先殿矣。惟每歲六月六日，本寺吉服詣太廟暨景神殿曬晾。

宋有景靈宫，藏列朝御容，各爲一殿，文臣執政、武臣節度以上，並圖於兩廡。

玉芝宫崇先殿

玉芝宫崇先殿，建於太廟東南，安睿宗帝、后神主。世宗繼統之初，既尊生父爲皇帝，避不敢祔廟，亦未祔奉先殿，别立崇先殿祀之。嘉靖四年，特建世廟，享獻皇帝，祀禮如宗廟。十五年，改世廟爲獻皇帝廟。十七年，改獻皇帝廟爲睿宗廟，祔太廟享祫如列聖，而撤世廟之祀。二十年，八廟灾，惟睿廟獨存。二十四年，新太廟成，睿宗帝、后遂祔享，然舊廟猶藏主。凡四孟、歲除五享太廟日，仍設祭於睿宗廟。四十四年，改廟爲玉芝宫。隆慶元年二月，禮部題奉欽依，玉芝宫四孟、歲除之祭並罷，惟六月六日本寺官具吉服詣宫曬晾。

春明夢餘録卷之十九

社稷壇

社稷壇，在闕之右，與太廟對。壇制二成，四面石階，各三級。上成用五色土，隨方築之。壇西砌瘞位，四面開櫺星門。西門外西南建神庫，庫南爲神厨；北門外爲拜殿。外天門四座，西門外南爲宰牲亭。

洪武元年，命儒臣定諸祀典。李善長等進社稷議曰：周制，小宗伯掌建國之神位，右社稷，左宗廟。社稷之祀，壇而不屋，必受霜、露、風、雨，以接天地之氣。凡起大事，動大衆，必先於社而後出。其禮可謂重矣。蓋古者天子社以祭五土之祇，稷以祭五穀之神。其制，在中門之外，外門之内，尊而親之，與先祖等。人非土不立，非穀不食，以其同功均利以養人，故祭社必及稷，所以爲天下祈福報功之道也。然天子有三社：爲羣姓而立者曰大社；其自爲立者曰王社；有所謂勝國之社，屋之不受天陽，國雖亡而存之，以重神也。後世天子之禮，惟立大社、大稷以祀之。社皆配以句龍，稷皆配以周棄。漢因高祖除亡秦社稷，立官大社、大稷，一歲各再祀。光武立大社、大稷於雒陽，在宗廟之右，春、秋二仲及臘，一歲三祀。唐因隋制，並建社稷爲大祀，仍以四時致祭。宋制每歲以春、秋二仲月及臘日祭之。元世祖營社稷於和義門内少南，以春、秋二仲月上戊日致祭。今宜祀以春、秋仲月上戊日。皆從之。上親祭大社、大稷。大社設正位，在東，配以后土，西向；大稷設正位，在西，配以后稷，東向。各用玉兩邸，幣黑色。特用犢一、羊一、豕一，籩豆各十。后土、后稷位並同，不用玉。祭畢，賜羣臣享胙於奉天門。復議社稷壇創屋以備風雨。學士陶安奏：考諸禮天子大社，必受風、雨、霜、露，以達天地之氣，若亡國之社，則屋之，不受天陽也。今於壇創屋非宜。若祭而遇風雨，則於齋宫望祭。上是之。

洪武十年，上以大社、大稷分祭配祀，皆因前代制，欲更建之，爲一代之典，遂下禮部尚書張籌詳議。奏曰：按通典：顓頊祀共工氏子句龍爲后土，后土爲社；烈山氏子柱爲稷，稷，田正也。高辛、唐、虞、夏皆因之。周棄亦爲稷，自商以來祀之。此社稷之祀所由始也。商湯以旱而遷社，以后稷代柱，欲遷句龍，無可繼者，故止。然王肅謂社祭句龍，稷祭后稷，皆人鬼，非地祇。而陳氏禮書又謂社所以祭五土之祇，稷所以祭五穀之神。鄭康成亦謂社爲社土總神，稷爲原隰之神，句龍以有平水土之功，故配社祀之；稷以有播種之功，故配稷祀之。二説爲不同。漢元始五年，以夏禹配食官社，后稷配食官稷。唐、宋及元，則又以句龍配社，周棄配稷，蓋本鄭氏之説。此配祀之説，緣於古昔，初無一定之論也。至於社、稷分合之義，書·召誥言：社於新邑。孔氏註曰：社、稷共牢。又封人掌設王之社壝。註云：不言稷者，舉社而稷從之。如是，則當時社與稷固已合而一之矣。陳氏禮書曰：稷非土無以生，土非稷無以見生生之效，故祭社必及稷，以其同功均利以養人也。而山堂考索則曰：土爰稼穡，其本一也。是則社稷之祭，合而一之，於古自有明證。至於壇位，則考之周制，小宗伯掌建國之神位，右社稷，左宗廟。起大事，動大衆，以先告於社而後出。其祭在中門之外，外門之内，尊而親之，與先祖等。漢遣官祭大社、大稷。光武立大社、大稷於雒陽，在宗廟之右。唐因隋制，建於含光門之右。大抵皆本成周左祖右社之意。社主之言，周禮·大司徒：設其社稷之壝而樹之主，各以野之所宜木，名其社；小宗伯：立軍社。鄭氏註：社主用石爲之。蓋以石者，土之所生，最爲堅實故也。唐神龍中，議立社，韋叔夏引鄭玄議，以爲社主用石。韓詩外傳云：天子社主長五尺，方二尺，剡其上以象物生，方其下以象地體，埋其半以象根在土中，而本末均也。宋初，祭社稷，正配位，用神位，版大社，又以石爲主，其形如鐘，長五尺，方二尺，剡其上，培其下，半其中，植槐，是則木主、石主，前代蓋兼用矣。今擬社稷合祭，共爲一壇，皆設木主，而丹漆之，祭則設於壇上，祭畢收藏；仍用石主埋壇之中，如唐、宋之制。至於以句龍配社，以棄配稷，棄雖唐、虞農官，而句龍共工氏之子也，祀之無義。商湯欲遷之而未果，漢嘗易以夏禹，而今以列祀帝王之次，棄稷亦配享先農，請罷句龍與棄配位，謹奉仁祖配享大社、大稷，以成一代之盛典，以明社尊而親之之道。上覽奏，稱善。遂命定合祭之禮，右奉仁祖配。至建文朝，撤仁祖，配太祖。永樂中，京師壇成，其位置如故。洪熙元年，增奉太宗並配。

嘉靖九年，諭禮部曰：祭大社、大稷，奉我太祖、太宗配，朕有疑焉。夫天地至尊，次則宗廟，又次則社稷，此次序尊殺之禮也。奉祖配天則正矣，又奉祖配社則失其序。或謂以祖配社，乃我皇祖時禮官張籌之失，然與否與？又議者謂：后土句龍氏，乃共工之子，祭之無義。夫句龍氏有平水土之功，故取之配社，猶以后稷配稷也，當論其人，況父不善而可惡及其子乎？至如奉祖配社，屈其所尊，義實未安，茲當改正，宜如高皇帝制，大社以后土句龍氏配，大稷以后稷氏配。雖合祭如故，而使祖宗百餘年之配位一旦撤之，人有遺議焉。

帝社、帝稷，在西苑豳風亭之西，嘉靖十年建。其壇址高六尺，方廣二丈五尺，甃以細甎，實以浄土，繚以土垣。北爲櫺星門，高六尺八寸。神位以木爲之，各高一尺八寸，廣三寸，題曰帝社之神、帝稷之神，俱朱漆質金書。壇之南置石龕以藏神位，高六尺，廣二尺。壇之西爲祭器庫、樂器庫。壇之北樹二坊以表之，曰帝社街。每歲以仲春、秋次戊日，上躬行祈報禮。如次戊日在望日，則以上巳日。臨期，命文武大臣十二員陪拜。建恒裕倉，儲以供粢盛。隆慶元年，禮官議罷。

夏言西苑耕耤疏：該司禮監太監鮑忠題，嘉靖十年二月二十六日，奉聖旨：西苑等處但有空閑土地，都要耕種五穀，牛具、種子并應用農器，奏領銀錢買造使用，欽此。本月二十九日，臣帶領本監右監丞宋興等，並内官監太監温璽等及官匠人等親詣西苑等處，逐一將空閑土地通行丈量過，共七頃九十四畝五分，畫圖貼説具奏節該。奉聖旨：有點的都要宜時耕耘，種五穀，欽此。有點的地計六頃三十七畝三分一釐，内除建造帝社稷壇、無逸殿、豳風亭、省耕亭、恒裕倉、省斂亭，并御路、稻池、界境、糧場，及各宫各衙門直殿、碾磨農夫農器房屋占用一頃二十畝一分七釐。行間該户部手本，順天府宛、大二縣送到應用農夫、牛具、種子、犁、耙、鍬、鋤等器，臣就會同户部右侍郎張雲、郎中張玩及府縣委官李僉等，督率農夫，於本年三月十一日起，將堪種土地五頃十七畝一分四釐耕治，播種五穀。間續奉聖旨：先蠶壇着户部栽培小様桑樹，欽此。臣又同右侍郎張雲、并兩縣上林苑監委官侯璽、魏夢吉等，於先蠶壇西夾道栽植小様桑樹七百八十株。完備訖，臣仍督率播種。既畢，將牛具發出，又買辦騾一十六頭，西苑專力耕種，責令老人孫泰等管領，農夫孫得玉等將水旱田禾自春徂夏及秋沿段履畝耘耨、澆灌，三時既畢，禾稼告成，刈穫登場，揚簸堅實。除獻新、進用、留種並稽奏賜各衙門不開外，謹將見在收過各色糧八百五十八石八斗二升七合，於本年八月二十五日，眼同右侍郎張雲、郎中張玩等逐一盤量明白，運輸恒裕倉，管事奉御郭真等看守訖。臣竊惟農桑王業之本，小民之依，古先哲王之所慎重者也。但載諸典籍，未有見諸行事。今聖上定耕耤之儀，立先蠶之制，身先天下，風動四方，實千古而一見者也。如蒙乞賜該部，著爲令典，使歲有常規，以供郊廟粢盛之用，以昭聖上敬天勤民之意，以立萬世永遠之規，臣下情不勝忭躍快覩之至，等因。隨該户部右侍郎張雲題同前事，俱奉聖旨：是。君后耕、蠶，以供郊廟粢盛、衣服。除親蠶已定有儀注了，今將西苑隙地，命内外官員耕種，五穀已經收穫，藏貯恒裕倉内，着禮部查照著在令甲，每歲定擬户部官二員管領耕種，各郊廟合用粢盛擬數目支給，其田地頃畝，農夫、耕具、册籍、喂養等項，一應事宜，都立爲一定規制，以垂永遠，庶稱朕敬天事神之意，便開具來看，欽此。行據耤田祠祭署呈報常年郊廟合用粢盛等項數目前來。臣等竊惟古者天子躬耕，以供粢盛，是以有千畝之耤。恭惟皇上敬天勤民，憲則古典耕耤之禮，每歲舉行。猶以郊坰遼遠，不得時時觀省，又於西苑之中以爲農桑之所，雖於農務有内外之分，而恪共神祀之心則一也。茲者農事告成，御廩充實，乃命有司定擬支給之常，以供郊廟粢盛。臣等查得舊規郊廟百神之祀所用粢盛以及葱、韭、芹菜、醬、醋之頮（類），悉取給於神倉，乃今西苑之穫，固足以供一歲祭祀之用。但耤田之舉，皇上躬執三推，而公卿共宣其力，較之西苑爲重。西苑之事，雖屬農官督理，而皇上時省耕歛，較之耤田特勤，所據二倉之儲，委當分屬兼支，以供郊廟祭祀。合無每歲將耤田之所出者，藏之南郊圓廩、方倉，以供圜丘、祈穀、先農、神祇壇、歷代帝王、長陵等陵，以及百神之祀。西苑之所出者，藏之恒裕倉，以供方澤、朝日、夕月、大社稷、帝社稷、太廟、世廟、祫祭、禘祭、先蠶、先師孔子之祀。庶稱皇上敬天禮神勤重致誠之意；而内外倉廩之儲，皆得以供明薦，事體便而禮意周矣。謹將查過每年該用粢盛等項數目，開具揭帖，隨本進呈，乞惟聖明裁定。嘉靖十年十一月　日，奉聖旨：是。郊廟粢盛支給數目，都依擬行。其田畝、農夫等項册籍，立爲定規的，還會同户部擬議來説。

古有蜡祭，合百神而祭之，以報歲也。唐制：先有事，必質於户部。户部具詞，曰：旱於某，水於某，虫蝗於某，癘疫於某，則黜其方社之神不及以祭，此卽郊特牲所云順成之方。其蜡，乃通之義也。

先蠶壇

先蠶壇，嘉靖中始建。在安定門外，後改於西苑。壇石包甎砌，方廣二丈六尺，高二尺四寸，四出陛。

嘉靖九年正月，舉耕蠶禮。先，給事中夏言清理皇莊事竣，請將負郭宫莊削去皇莊之名，改爲親蠶廠公桑園，種植桑柘，以備宫中蠶事。下禮官考禮經，斟酌皇后親蠶儀以進。户部覆議不可而止。及上有事於南郊，言奉命分獻南海壇，因上疏，請舉親蠶之禮。言按祭統：天子親耕於南郊，以供粢盛；皇后親蠶於北郊，以供純服。夫以天子之尊，非莫爲之耕也，而必躬耕，以供郊廟之粢盛；后妃之貴，非莫爲之蠶也，而必躬蠶，以爲祭祀之服飾。所以然者，一以致其誠信，可以交於神明，一以勸天下之農夫、蠶婦，非身帥先之，弗可也。先儒張栻曰：周家建國，自后稷以農事爲務，歷世相傳，其君子則務稼穡之事，其室家則躬織紝之勤。如周公之告成王，其見於詩，有若七月，皆言農桑之候也；其見於書，有曰無逸，欲其知稼穡之艱難，知小人之依也。帝王相傳，心法之要，端在於此。臣竊是考之，於漢則皇后蠶於東郊，後漢皇后帥公、卿、列侯夫人蠶，歷魏、晉、宋、北齊、後周以及於隋，亦復依據周典，未之或廢。唐立先蠶壇在長安北苑中，太宗貞觀九年三月，文德皇后帥内外命婦有事於先蠶；歷高宗永徽、顯慶以還，皆間歲皇后親祠先蠶。宋真宗景德三年，詔禮先蠶；神宗元豐四年，又詳定享先蠶之儀；宣和元年，皇后親蠶於延福宫；高宗紹興七年，猶復舉行。至十五年，太常丞王湛言：請按政和禮建親蠶殿、蠶室、繭館，請皇后就禁中行親蠶之禮。朝旨送禮部，下太常寺討論，尋不果行。則是親蠶之禮，殆廢於此矣。恭惟我太祖高皇帝開天建極。統一萬國，制禮作樂，卓越百王，躬耕耤田，既稽古攸行矣，顧獨於親蠶闕焉。當時議禮儒臣，亦竟未有及之者，豈非本朝之缺典歟？列聖相承，繼文繇舊，謙讓未遑，禮官廷臣，蔑聞建白，是固有待於陛下也。夫農桑之業，衣食萬人，不宜獨缺；耕蠶之禮，垂法萬世，不宜偏廢。先儒謂：禮樂必百年可興；又曰：必聖人在天子之位。此臣惓惓之愚，所以不能已於今日發也，伏望陛下留神垂覽。倘蒙采納，乞勅禮、户、工三部，會集共議以聞，然後謀之儒臣，參酌考訂，慨然施行，則天下萬世永有瞻仰，皇天后土永錫祚胤，陛下敬天勤民之心，上可以慰皇祖列聖之靈，下可以垂聖子神孫無疆之休矣。疏入，上方以大禮恚廷臣，將大有更易，得之甚悦，命户部建置。尚書梁材言：宜建于皇城南内或西内，堪供蠶事，且便出入。上曰：周禮耕蠶分南北郊，其蠶於禁中，唐人便安之制耳，不可爲法。時上意方鋭，深疑世儒因襲舊聞，固執己見，不達古先帝王典制，且户部原非其職，不必問。沉吟者累日，惟有會議一策，可以歸一，而深仗大學士張璁爲主，禮部尚書李時亦決不敢異同。乃以言疏示璁，遂勅禮部曰：耕桑，王者重事。古者，天子親耕，皇后親蠶，以勸天下，朕每稱慕。自今歲始，朕躬祀先農行禮，其親蠶禮儀，會官考求古制以聞。璁等請於安定門外擇壇，其制一準先農，少減其數。皇后三採桑，三公夫人五，列侯、九卿夫人九。詹事霍韜言：親蠶事，有名無實，皇后出郊，難以越宿，乞擇近地便。上曰：此禮，萬世不可易之典，卿素諳禮制，何有此言。又諭禮部曰：疑謀勿成，其事在朕心，決之久矣。得言奏意合，並無毫末之疑，恐韜奏一出，必藉彼爲言，破害政事。夫言之奏有云：農桑之事，衣食萬人，不宜獨缺；耕蠶之禮，垂法萬世，不宜偏廢。此言已盡，朕所納者以此。今之非朕者有五，中謂制禮作樂，出自開創之君，太祖神謀聖慮，自有定見，何待汝爲，亦非汝之所當行，斯非作聰明而何？蓋上亦自知之，自言之矣。於是李時等請行於北郊，條四事以上，酌治蠶之禮，定壇壝之向，制採桑之器，擇掌壇之官，翟車出入，或從東華門，或從玄武門，用謹厚内臣周肅宫禁，從之。命翟車出入由玄武門。其壇制殺先農什一，建具服殿、蠶室、繭館，俱如古制。既出採桑，仍西内營織室以終蠶事。時又言親蠶之禮出於創見，一時命婦倉卒入壇，恐致愆度，請以所繪採桑圖授之，俾各如式演習。仍請定名採桑之所，因名其所爲採桑壇。十年，召張孚敬、李時詣西苑相地，建土穀壇，并建先蠶壇於仁壽宫側，毁北郊蠶壇。

其禮，以歲仲春擇日，皇后祭，用少牢，禮三獻，樂六奏，去舞。公主、内外命婦陪祀。先期，内尚儀奏祭祀，皇后、内執事皆致齋蠶宫，令陳祭物，樂女生陳樂器。至日，皇后乘肩輿出宫，至西華門升重翟車，女官奉鉤、筐前行。至郊壇，皇后易禮服拜跪，瘞奠、飲福、受胙如禮。畢，皇后易常服，遂視桑。

蠶爲龍之精。按馬質云：禁原蠶注，天文辰爲馬。蠶書曰：蠶爲龍精，月值大火，則浴其種，是蠶與馬同氣。李林甫月令釋曰：先蠶，天駟也，先蠶之神，或以爲苑窳婦人、寓氏公主，或以爲黄帝，或以爲西陵氏，或以爲天駟，歷論不一。然蠶，其首馬首，其性喜温惡濕，其浴火月，而再養則傷焉，此固與馬同出于天駟矣。然天駟可爲蠶祖，而非先蠶者也。蠶，婦人之事。史記：黄帝娶西陵氏，始蠶。漢祀苑窳婦人、寓氏公主，此或有所傳，然其祭設壇，或少牢，或大牢，或一獻，或三獻，禮必皇后親享。北齊使公卿祀之，非也。

高禖臺

高禖臺，明初無此祀。世宗嘉靖中，始設木臺於皇城東永安門北震方。壇上皇天上帝，南向，騂犢、蒼璧奉獻，皇帝配，牛一、羊一、豕一；高禖在壇下，西向，牛一、羊一、豕一。禮三獻，樂九奏，陳八佾。皇帝位壇下，北向；后妃位壇南數十丈外，北向，用帷。壇下陳弓矢、弧韣，如后、妃、嬪之數。祭畢，女官導后、妃、嬪至高禖前跪，取弓矢授后、妃、嬪，后、妃、嬪受而納於弧韣。

張璁疏：頃者，生員李時颺、監生張岑各疏請舉祀郊禖之禮，以祈聖嗣。夫古后稷之生，祈於禖；孔子之生，亦禱於尼山。乞禱之説，古禮有之。然大雅·既醉之詩，曰公尸嘉告，曰君子萬年，永錫祚胤，曰釐爾女士，從以孫子。夫公尸之告，皆祖考之錫福也。皇上仁孝誠敬，天地神明，日鑒在兹，況祖考之親者乎。臣願當兹慎選淑女之時，以廣求嗣續之誠告於太廟、世廟，以祈祖考之祐，以慰聖母之心。上嘉其請。擇十二月二十四日行禮，夏言充祈嗣醮壇監禮使。

金章宗明昌六年，以上未有子，尚書省臣奏行高禖之祀，乃築壇於景風門外，以春分日祀青帝、伏羲氏、女媧氏及姜嫄、簡狄，其齋戒、奠玉帛、進熟皆如大祀儀，官備弓矢、弧韣以進。上命后、妃、嬪御皆執弓矢，東南而射，命以次飲福、受胙，及得子，遣官報謝高禖。

西海神祠

西海神祠，在西苑。嘉靖十四年八月建。

夏言疏：臣言於本月二十日伏蒙召見無逸殿，欽奉聖諭：兹西海子每歲端午奉兩宫遊賞，止是望祭以祀其神，今宜特建祠宇，庶有所瞻依，欽此。臣切惟禁内西海子者，即古燕京積水潭也，其源出西山神山、一畝、馬眼諸泉，繞出甕山後，匯爲七里濼，東入都城，瀦爲積水潭，南入玉河，入於大通。前人謂積水爲海，且在西内，故至今沿稱西海。都城之水，悉於此匯玉河，城壕、大通、漕河，皆食其利，比之五祀之神，其功較大，但一向未立祠宇以便舉祀，是亦缺典。今特建祠宇，足以棲神，且便於行禮。皇上事神之義可謂周矣。但祠必有名，舊日西海之名，恐嫌於四海正號，未協專稱。今祠宇既建，所有神位祠額，伏乞皇上特賜嘉名，以答神貺，庶稱祀典。今將相度過北門口湧泉亭後隙地一區，堪以定建，其規制丈尺，謹畫圖貼説二本，隨本進呈，伏乞聖裁。候命下之日，行移内外各該衙門遵奉施行。

春明夢餘録卷之二十

帝王廟

帝王廟，在阜成門内大市街之西。永樂定鼎北京，諸祀畢舉，惟帝王無廟。嘉靖十年，中允廖道南請改大慈恩寺、興辟雍以行養老之禮；撤靈濟宫徐知證、知諤二神，改設歷代帝王神位，仍配以歷代名臣。禮部覆言：今國子監，乃祖宗以來臨幸之地，恐不必更葺梵宇舊址，重立辟雍。惟都内喜佛寺係元人淫制，敗壞風俗，相應毁棄；靈濟二神，當時已得罪名教，固宜撤去。但所在窄隘，不足以改設帝王寢廟，宜擇地别建。得旨：邪鬼淫像，可便毁之；帝王廟，工部其相地卜日興工。於是工部銷毁淫像，會官相擇帝王廟地。因言阜成門内保安寺故址，舊爲官地，改置神武後衛，而中官陳林鬻其餘爲私宅，地勢整潔，且通西壇，可贖還而鼎新之。詔：可。遣工部侍郎錢如京提督工程，名景德崇聖之殿。東西兩廡，南砌二燎爐，殿後爲祭器庫，前爲景德門，門外東爲神庫、神厨、宰牲亭、鐘樓，又前爲廟街，門東西二坊曰景德，立下馬牌。

大學士宋訥帝王廟碑：兩儀判而人極立，大統建而君道明。越自上古，神聖繼作，代天理物，以開萬世太平之治，故天地以之而位，四時以之而序，萬物以之而育，大經大本以之而立，盛德相繼，傳至于今。欽惟聖天子受天明命，肇修人紀，以建民極，纘皇帝王之正統，衍億萬年之洪基，稽古[定]制，作廟京邑，以祀歷代帝王，重一統也。相舊廟地介乎通衢，褻而勿嚴，洪武二十一年秋，始命改作于欽天山陽，越明年，己巳夏五月三日，工部尚書臣秦逵奏成功，請文劖石，詔臣訥爲之記。臣忝職胄監，懼不敢辭，謹拜手稽首而言。曰：帝王功德，於昭於天，宜有清廟，以宅神展敬。歷世以來，祀典斯闕。三皇五帝，祭于肆類，僅見于周，而堯、舜、禹、湯，發迹肇基，及所經歷之地，或有祠焉，遣使致祭，後世有之，至于合廟京國，歲修享禮，古未之聞。皇上定鼎江右（左），治功既成，神人洽和，禮樂明備，凡廟祀之瀆禮不經、諂神非法者，一切去之，正名定統，肇自三皇，繼以五帝，曰三王，曰兩漢，曰唐，曰宋，曰元，受命代興，或禪或繼，功相比，德相侔，列像於庭，金玉其相，袞冕焜煌，聚精會神，咸宅於兹。每歲春、秋二仲，諏日誓士，上御宸極，制命大臣，齋明承事，籩豆静嘉，粢盛豐潔，告充告碩，神格洋洋，所以推惟本始，式昭曠典者至矣。三年，則命奉香幣，詣陵寢，具儀物，以時致享，又以昭聖顯靈而示不忘也。嗚呼，天生民而立之君，所以靖亂也。康濟天下，阜成兆民，而登之仁壽之域者，皆以奉若天道而已。是故，前乎[三代之官天下者，天也；後乎]三代之家天下者，亦天也，皇、帝、王之繼作，漢、唐、宋之迭興，以至于元，皆能混一寰宇，紹正大統，以承天休，而爲民極，右之序之，不亦宜乎。秦、晉及隋，視其功德，不能無愧，故斥而不與，是可見皇上敦名實，重理道，崇德報功，大公至正之心，真足以度越百王，垂憲來世，永永無斁。謹爲之銘，曰：惟皇作極，克配天地，丕昭盛化，以正大位。皇道而皇，帝道而帝。歷夏、商、周，三王迭繼，熙熙皞皞，同底於治。於赫漢祖，寬而有制；光武奮興，炎、靈用熾。唐興晉陽，遂有神器；太宗重光，力行仁義。明明有宋，其德克類；暨于元氏，而亦用乂。豐功茂德，後先輝賁，翼翼新宫，有侐（恤）而閟。貌像既嚴，皇靈斯涖，享祀苾芬，儀文孔備。陟降在庭，神之攸塈，祚我皇明，以克永世。

洪武元年，祀三皇用太牢，以句芒、祝融、風后、力牧配。四年，令天下立三皇廟，歲春、秋祭，已而，祭于陵。是年，命禮官參考古帝王在中原安養人民者三十四君，合祀之，擇名臣從祀。六年，上從禮官言，古帝王有父子祖孫合祀，非禮，乃別立帝王廟，同堂異室，祀三皇、五帝，禹、湯、文、武，漢高、光，唐高祖、太宗，宋太祖，元世祖；其守成賢君，令所在有司祭于陵。七年，塑帝王袞冕坐像。上曰，伏羲、神農，未有衣裳之制，勿加冕服。二十年，以武成王從祀，去王號。二十一年，禮官擇歷代名臣始終全節者三十五人，請從祀。上曰：趙普負太祖，不忠，不可祀；元木華黎，安童祖也，不可祀孫而去祖，可祀木華黎，罷安童，并伯顏、阿术勿祀。又曰：漢陳平、馮異，宋潘美，皆宜祀。又曰：文王雖基周命，終守臣節；唐高祖有天下，本太宗也，可勿祀，祀于陵。增祀隋文帝。是年，廟火，改建于欽天山之陽，去隋文帝。又增帝王壇于大祀殿，以孟春從祀天地，惟仲秋祭于廟。嘉靖九年，罷南郊從祀。禮官請加南京廟春祭，上不從。令建廟京師，以歲仲春、秋祭，罷南京廟祭。十年春，上祀之文華殿。是年，廟成。殿中奉安太昊伏羲氏、炎帝神農氏、黄帝軒轅氏，東奉安帝金天氏、帝高陽氏、帝高辛氏、帝陶唐氏、帝有虞氏，西奉安夏禹王、商湯王、周武王，又東奉安漢高祖皇帝、漢光武皇帝，又西奉安唐太宗皇帝、宋太祖皇帝。東廡則風后、皐陶、龍、伯益、傅説、召公奭、召穆公虎、張良、曹參爲一壇，西廡則力牧、夔、伯夷、伊尹、周公旦、太公望、方叔、蕭何、陳平爲一壇，東之次則周勃、馮異、房玄齡、李靖、李晟、潘美、岳飛、許遠爲一壇，西之次則鄧禹、諸葛亮、杜如晦、郭子儀、曹彬、韓世忠、張浚、張巡爲一壇，從祀。是年，上親祭。修撰姚淶請罷元世祖，并從祀之臣木華黎等。凡歲仲春、秋，太常寺題請，遣大臣一員行禮，四員分獻。凡子、午、卯、酉之秋，上傳制遣樂舞生祭于陵。其年，罷秋祭。

昔人議罷唐高祖而祀太宗爲非者，謂温大雅大唐創業起居注義旗之初，皆由帝旨，大郎、二郎尚未軒輊，及入關東討，秦力雖多，然身係嗣胤，何殊將帥，禁門之舉，不無遺議焉。而遽謂功盡彼出，罷父祀子，靈豈無知。至于從祀云者，以臣事君耳，中興諸君，未聞俎豆，而其臣儼然，且仲虺、列于，見知甘盤，稱爲舊學，梁公之伐，遠過西平、淮陰之寃，有同武穆，而舍彼取此，義復何居也。

春明夢餘録卷之二十一

文廟

文廟，在城東北國學之左。元太祖置宣聖廟於燕京，以舊樞密院爲之。成宗大德十年，京師廟成。明太祖改爲北平府學，廟制如故。永樂元年八月，遣官釋奠，仍改稱國子監、孔子廟。尋建新廟於故址。中爲廟，南向，東西兩廡，丹墀西爲瘞所，正南爲廟門。門東爲宰牲亭、神厨；西爲神庫、持敬門；門正南爲外門。正殿初名大成殿，嘉靖九年改稱先師廟，殿門爲廟門。萬曆二十八年廟宇易以琉璃。

廟主

至聖先師孔子之位

洪武定大成文宣王木主長三尺三寸五分，連上雲、下座，共五尺二寸；闊七寸，連左、右雲，共一尺一寸五分。嘉靖中，定至聖先師木主高二尺三寸七分，闊四寸，厚七分；座高四寸，長七寸，厚三寸四分。朱地金書。

四配

復聖顏子　宗聖曾子

述聖子思子　亞聖孟子

洪武制：木主各長一尺九寸五分，連上雲、下座共三尺；闊五寸，連左、右雲共一尺一寸。嘉靖中，改各高一尺五寸，闊三寸二分，厚五分，座高四寸，長六寸，厚二寸八分。赤地墨書。啓聖公神主與四配同。

十哲

先賢閔子損　冉子耕

冉子雍　宰子予

端木子賜　冉子求

仲子由　言子偃

卜子商　顓孫子師

洪武制：木主各長一尺九寸，闊四寸，連座共二尺五寸。嘉靖改一尺四寸，闊二寸六分，厚五分，座高二寸六分，長四寸，厚二寸。赤地墨書。

東廡從祀

先賢澹臺子滅明　原子憲

南宮子適　商子瞿

漆雕子開　樊子須
公西子赤　梁子鱣
冉子孺　伯子虔
冉子季　漆雕子徒父
漆雕子哆　商子澤
任子不齊　公良子孺
奚子容蕆　顏子祖
句子井疆　秦子商
公祖子句茲　縣子成
燕子伋　顏子之僕
樂子欬　邽子巽
公西子輿如　公西子蕆
陳子亢　琴子牢
步叔子乘
先儒左子邱明　伏子勝
高堂子隆　后子倉
董子仲舒　王子通

歐陽子修　邵子雍

司馬子光　程子顥

楊子時　羅子從彥

陸子九淵　朱子熹

真子德秀　許子衡

陳子獻章　王子守仁

西廡從祀

先賢宓子不齊　公冶子長

公晳子哀　高子柴

司馬子耕　有子若

巫馬子施　顏子辛

曹子卹　公孫子龍

秦子祖　顏子高

穰子駟赤　石子作蜀

公夏子首　后子處

公子肩定　鄡子單

罕父子黑　榮子旂

左子人郢　　鄭子國
原子亢　　廉子潔
叔仲子會　　狄子黑
孔子忠　　施子之常
秦子非　　申子根
顏子噲
先儒公羊子高　　穀梁子赤
毛子萇　　孔子安國
杜子子春　　韓子愈
胡子瑗　　周子敦頤
張子載　　程子頤
胡子安國　　張子栻
李子侗　　呂子祖謙
蔡子沉　　薛子瑄
胡子居仁

洪武制：先賢木主各長一尺七寸，闊三寸，連座共二尺一寸。嘉靖改高一尺四寸，闊二寸六分，厚五分，座高二寸六分，長四寸，厚二寸。赤地墨書。

洪武制：先儒木主同諸賢。嘉靖改各高一尺三寸，闊二寸三分，厚四分，座高二寸六分，長四寸，厚二寸。赤地墨書。

褒崇

魯哀公十六年夏四月己丑，孔子卒，哀公誄之，稱曰尼父。
漢平帝元始元年六月，追謚孔子曰褒成宣尼公。
東漢和帝永光四年，封孔子爲褒尊侯。
後魏孝文帝太和十六年，改謚文聖尼父。
後周宣帝大象二年，追封孔子爲鄒國公。
隋文帝贈孔子爲先師尼父。
唐太宗貞觀二年，尊孔子爲先聖，以顔子配。
唐高宗永徽中，改周公爲先聖，孔子爲先師，顔回、左邱明從祀。
顯慶二年，以周公配武王，定孔子爲先聖孔子。定稱先聖，始此。
乾封元年正月辛卯，追贈孔子爲太師。
尹氏起莘曰：贈以三公之官，是臣之也。綱目於贈太師，削不書，爲先聖諱也。
武后天授元年七月，封孔子爲隆道公。
唐玄宗開元二十七年八月，追謚孔子爲文宣王，贈顔子爲兖公，閔子九人爲侯，曾子等爲伯。

二京國子監及州、縣始正南面位。二京之祭牲用太牢，舞八佾；州、縣少牢。

邱濬曰：此孔子封王，弟子稱公侯之始。夫宣之爲謚，不過聖善，周聞，高洋、李元素等皆有此謚，聖人萬世道德之宗，稱天以誄之，猶恐未稱，區區荒誕之稱，何足爲重輕哉。

宋真宗咸平三年，幸曲阜，謁文宣王廟，追謚孔子爲玄聖文宣王。

大中祥符五年，改謚玄聖爲至聖文宣王，以犯聖祖諱也。

邱濬曰：加謚用緯書異端之説，改謚用妖妄之神而避其諱，要皆非禮之禮。

元武宗至大元年，加號孔子大成至聖文宣王。

明洪武三年，正諸神封號，惟大成至聖文宣王及配享從祀諸賢、儒如故。

成化十二年，祭酒周洪謨請加孔子封號爲聖神廣運帝，且曰：或謂孔子陪臣，不當稱帝，則宋儒羅從彦嘗曰：唐既封先聖爲王，襲其舊號可也，加之帝號而褒崇之，亦可也。禮部尚書鄒幹謂：聖神廣運，伯益贊堯之辭，不若大成至聖，本於孟子中庸，猶可擬議也。且貴乎孔子之道者，在身體力行，乃尊崇之實耳。易謚加號，豈足爲孔子重輕哉。遂弗許。

嘉靖九年，大學士張璁請正祀典，從之。因製祀典説，曰：孔子之道，王者之道也。特其位，非王者之位焉。孔子當時，諸侯有僭王者，皆筆削而心誅之，其生也如是。今不體其心，而漫加之號，豈善於尊崇者哉？又若增樂舞用八佾，籩豆用十二，牲用熟，而上擬乎事天也，無忌之甚者矣。若夫顔回、曾參、孔伋以子而並配於堂上，顔路、曾皙、孔鯉以父從列於下，此名之不正者也。綱領既紊，至有宋而程頤以親接道統之傳，遂主英宗不父濮王之禮，是可忍也，孰不可忍也。璁也，爲名分也，爲義理也，非諛君也，非滅師也。兹所正者，亦以防閑於萬世之下也。於是通行天下學校，改大成至聖文宣王爲至聖先師孔子，四配稱復聖顔子，宗聖曾子，述聖子思子，亞聖孟子，十哲以下，凡及門弟子稱先賢某子，左邱明以下稱先儒某氏，悉罷封爵。

廟制

魯哀公十七年，立廟孔子舊宅。

東漢明帝永平二年，躬養三老五更於辟廱，令郡縣通行鄉飲酒禮於學校，皆祀聖師周公、孔子。

東漢靈帝光和元年，始置鴻都門學，畫孔子及七十二弟子像。

魏文帝黄初元年，令郡國修起孔子舊廟。

黄初二年，詔魯修孔子廟。

魏主芳正始七年，令太常釋奠，以太牢祀孔子於辟廱，以顔淵配。

宋文帝元嘉十九年十二月，建孔子廟，置守墳户。

宋武帝孝建元年，詔建孔子廟，制同諸侯禮。

梁武帝天監四年六月，初立孔子廟於江左。

北魏主拓跋始光三年，起太學於城東祀孔子，以顔子配。

北齊顯祖天保元年，詔郡國各於坊内立孔顔廟。

唐高祖武德二年六月，令國子學立周公、孔子廟各一所，四時致祭。

七年二月，親臨釋奠，以周公爲先聖，孔子爲先師配。

唐太宗貞觀二年，尊孔子爲先聖，以顔子爲先師配，備俎豆、干戚之容。

四年，令郡縣皆作孔子廟，四時致祭。

十一年，尊孔子爲宣父，作廟于兖州。

十九年，追尊太公尚父爲武成王，作廟，與孔子文宣王廟東西並峙。

唐高宗顯慶二年，定孔子爲先聖。

後唐明宗長興二年，文、武二廟詔復並建。

宋太祖建隆三年，詔祀文宣王用一品禮，廟門立戟十六，祭用永安之樂。

按用一品，臣之也，此非禮。

宋真宗大中祥符元年，加聖像冕服、桓圭。先，仍唐制，孔子與弟子同服衮，執木圭，至是加冕九旒，服九章，圭用玉。

宋徽宗崇寧四年，詔辟雍文宣王殿名大成。國子監丞趙子櫟言：唐封孔子爲文宣王，其廟像内出，王者，衮冕衣之，今乃循五代古制，服上公之服，七十子皆周人，而衣冠率用漢制，非是。詔易七十子以周之冕服。時帝幸國子監，謁文宣王殿，再拜，行酌獻禮。司業蔣静言：先聖與門人通服冕服，無別，攷周官司服，公之冕與王同，今既考正配享從祀之服，亦宜考正先聖之冕服。於是增孔子冕十二旒，服九章。州、縣學咸如之。

政和元年，詔先聖廟用戟二十四，文宣王執鎮圭，並用王者之制。

金世宗大定十四年，加宣聖像十二旒、十二章。

元武宗至大三年，置曲阜宣聖廟登歌樂。

明洪武二年十月，令天下郡縣皆立學，學皆立孔廟，禮延師儒，教授生徒。

十五年，國子監大成殿成，用木主，不設像。

二十年，罷武成廟，獨尊孔子。

正統三年，禁天下祀孔子於釋老宫。

嘉靖九年，改大成殿爲先師廟，戟門爲文廟之門，天下學宫通撤像，易木主。

邱濬曰：塑像之設，中國無之，至佛教入中國始有也。三代以前，祀神皆以主，無所謂像設也。彼異教用之，無足怪者。不知祀吾聖人者何時而始。觀李元瓘言：顏子立側，則像在唐前已有之矣。郡異縣殊，不一其狀，長短豐瘠，老少美惡，惟其工之巧拙，就令盡善，亦豈其生時盛德之容，甚非神而明之，無聲無臭之道也。

釋奠

漢高帝十二年，過魯，以太牢祀孔子。

東漢光武建武五年，幸魯，遣大司空以太牢祀孔子。十月，還宫，幸太學。

明帝永平十五年，幸魯，詣孔子宅廟，以太牢致祀，及七十二弟子。親御講堂，命太子、諸王說經。

章帝元和二年，過魯，詣闕里，祀孔子，作六代之樂。帝升廟，西面，羣臣中庭，北面，皆再拜。帝進爵，而後坐。大會孔氏男子六十三人，命儒者論難，賜褒成侯損等錢帛。

安帝延光三年，過魯，祀孔子，率循元和之軌。

靈帝建寧三年，詔祀孔子，依社稷出王家穀，春秋行禮。

魏主芳正始七年，令太常釋奠，以太牢祀孔子於辟雍，以顔淵配。

晉武帝泰始二年，令太學及魯國四時備三牲以祀孔子及七十二弟子。

七年，皇太子親釋奠於太學，講孝經，通也。自是，咸寧三年，講詩通；太康三年，講禮記通，並親釋奠，以顔子配。

東晉明帝太寧三年，詔四時祀孔子，祭宜如泰始故事。

成帝咸康元年二月，帝講詩通，親釋奠。

穆帝升平元年三月，帝講孝經通，釋奠於中堂。

孝武帝寧康三年二月，帝講孝經通，釋奠於中堂。時議以太學在水南懸遠，依穆帝故事，於中堂權立太學，釋奠。禮畢，會羣官六品以上。

宋文帝元嘉二十二年，皇太子釋奠，舞八佾，設軒懸之樂，牲牢、器用悉如上公，從裴松之之議也。

齊武帝永明三年正月，詔立學。是年秋，集有司議禮。冬十月，皇太子講孝經，親臨釋奠，車駕幸臨。尚書令王儉議，周禮：春，入學，釋奠，合舞；學記云：始教，皮弁祭菜，示敬道也；又云：始入學，必祭先聖先師。中朝以來，釋菜禮廢，今之所行，釋奠而已，金石俎豆，皆無明文。陸納、車胤謂宣尼廟宜依亭侯之爵；范甯欲依周公之廟用王者儀；范宣謂當其爲師，則不臣之，釋奠日，備帝王禮樂。車、陸夫（失）於過輕，二范傷於太重，引用上公，卽事惟允，宜設軒懸之樂，六佾之舞，牲牢、器用悉依上公。

明帝永泰元年三月，復孔子祭秩。

梁武帝天監八年九月，皇太子釋奠。

大同七年，皇太子釋奠國學。

敬帝太平二年，訪孔子後修廟堂，備四時祭。

陳宣帝太建三年八月，皇太子釋奠於太學。

陳後主至德三年，親行釋奠禮，畢，設金石之樂宴王公卿士。

北魏主拓跋珪天興四年，命樂師入學習舞，釋奠於先聖先師。

北魏主燾太平真君十一年，南伐至鄒山，以太牢祀先聖。

北魏主濬詔宣尼廟，別勅有司行薦享之禮。

北齊顯祖天保元年，制：春、秋二仲，釋奠於先聖先師；每月朔，祭酒領博士以下及國子諸學生、四門博士、升堂助教及太學諸生階下拜孔聖，揖顏子；其郡學，則博士以下每月朔朝。隋文帝制：國子寺每歲以四仲月上丁釋奠先聖先師；州、縣學以春、秋仲月釋奠。

唐高祖武德二年制：國學釋奠禮，先師籩十、豆十、簠一、簋一、登三、鉶三、俎三，從祀籩二、豆二、簠一、簋一、俎一；州、縣釋奠先聖、先師，籩、豆各八，簠二、俎二。

武德七年二月，帝親臨釋奠，以周公爲先聖，孔子爲先師。皇太子、王、公皆從，祭酒以下説經。

太宗貞觀二年，尊孔子爲先聖，顔子爲先師。皇太子親釋奠。

十四年，帝親釋奠於國子學。

二十年，詔皇太子詣國子學釋奠先聖、先師。皇太子初獻，國子祭酒張復胤亞獻，光州刺史趙弘智攝司業終獻。

二十一年，制：先聖神坐於廟堂内西楹間，東向；先師於先聖東北，南向；餘弟子及二十一賢以次，東陳，南向，西上。春、秋上丁行事前享一日，奉禮郎設三獻位於東門之内道北，執事位於道南，西向，學生位館官之後，皆重行北上，觀者位於南門之内道之左右，重行北向相對，爲首設三獻門外，位於東門之外道南，執事位於其後，每等異位，北向，西上，館官、學生位於三獻東南，北向，西上。釋奠：令祭酒初獻，司業亞獻，博士終獻。辭稱皇帝謹遣某官行禮，以爲永制。

高宗乾封元年，過曲阜，以少牢祀孔子。

睿宗太極元年，製宣聖贊。皇太子釋奠，開講筵。

玄宗開元七年，詔皇太子、諸王入國學行齒胄，謁孔子。

十三年，封禪還，詣孔子宅，奠祭。又遣使以太牢祀墓。
二十六年，詔諸州貢舉人就胄監，謁先師，官爲開講。
二十八年，詔以春、秋二仲月上丁祭先聖、先師。
代宗永泰二年，修國學祠堂成，行釋奠禮，宰相及參軍官、六軍將軍皆就觀焉。自肅宗以來，初復二京，宫懸不具，至是乃奏宫懸於祠堂。
德宗貞元二年，釋奠，詔宰相以下畢集於國學。
後唐明宗長興三年，詔文宣王廟四壁諸賢，每釋奠，各設籩二、豆二、簠、簋各一、爵一。
後周高祖廣順元年，詣闕里，奠孔子。左右曰：天子不當拜異代陪臣。帝曰：孔子，聖人也，百王取則，安得不拜。
宋太祖建隆元年二月，視國子監，詔加飾祠宇，親製文宣王及兖公二贊，十哲以下分命宰臣兩制譔。
真宗大中祥符二年，幸闕里，謁廟。有司以人主議止肅揖，帝特再拜。六月，頒諸州釋奠儀注祭器圖。
是年，就文宣王廟立像，養孔氏子孫。
仁宗天聖元年，視國子監，奠謁先聖。退，閲七十二賢贊，觀東序及禮器。
景祐元年，詔釋奠用登歌。
徽宗政和六年五月，賜堂上正聲大樂一部及禮器於闕里。

高宗紹興七年，有司請文宣王殿釋奠加鉶鼎三、登一，十哲從祀共用羊、豕各一，每位籩二、簠一、簋一、爵一。

十年七月，復釋奠文宣王，爲大祀，祀前誓戒，加籩豆十二，禮如社稷。幸太學，駕止戟門外，登降步趨，執爵灌獻。

十四年三月，視太學，謁先聖。製像贊及七十二子贊，刻石。

孝宗淳熙四年二月乙卯，視太學，御崇化堂。

理宗淳祐元年，祀太學，以所製伏羲、堯、舜、禹、湯、文、武、周、孔、顔、曾、思、孟十三贊就賜國子監，宣示諸生。

元世祖至元十年，頒釋奠文宣王祭器。又詔：外路提學教授官春、秋二丁不變常服，於禮未宜，自今執事官各依品序服公服，執手板。

元成宗大德十年，命浙江行省製宣聖廟樂。秋八月，用於廟祀。其樂歌，仍宋之舊。又令翰林新譔樂章，不果用。

武宗至大三年，置曲阜宣聖廟登歌樂。

明洪武元年二月，以太牢親祀孔子於國子學。八月丁丑，遣官釋奠於先師孔子。時禮官言：周制，凡始立學者，釋奠於先聖、先師；凡學，春、夏釋奠於先師，秋、冬亦如之。漢儒以先聖爲周公，若孔子先師，爲詩書之官。若禮有高堂生，樂有制氏，詩有毛公，書有伏生，可以爲師者，蓋四時之學，將習其道，故釋奠，各以其師，而不及先聖，惟春秋合樂，則天子視學，有司總祭先聖、先師，是則漢時釋奠，亦畧可知矣。嗣後，歷代宋元，因古禮而損益之。今宜定制，以仲春、仲秋二上丁日，降香遣官，祀於國學，以丞相爲初獻，翰林學士亞獻，國子祭酒終獻。從之。

四年秋，更定孔廟釋奠祭器禮物。初，孔子之祀，像設高座，而器物悉陳於座下。至是各置高案，籩豆、簠、簋、登鉶悉用瓷，牲用熟，酒三獻，並祭酒行禮，樂六奏，擇監生及文臣子弟在學校者充樂舞生，預教習之。

宋濂上孔子廟堂議曰：世之言禮者，皆取法孔子，不以古禮祀孔子，是褻祀也。褻祀不敬，不敬則無福。古者將祭，主人朝服卽位於阼階東西面，祝告利成，主人立於阼階上，西面，尸出入，主人降立於阼階東西面，此皆主人之正位也。祝先入，南面，主人從户内，西面，祝酌奠，主人西面，再拜稽首，皆爲几筵之在西也。漢晉春秋載：章帝元和二年，幸魯，祀孔子，帝升廟，西面，再拜。開元禮亦先聖東向，先師南向，三獻官皆西向，是猶未失古禮也。今襲開元二十七年之制，遷神於南面，而行禮者北面，則非神道尚右之義矣。古者造木主以棲神，天子、諸侯之廟皆有主，大夫束帛以依神，士結茅爲蕝，無設像之事。開元禮亦設先聖神坐於堂上西楹間，設先師神坐於先聖東北，席皆以莞，則尚埽地而祭也。今因開元八年之制，摶土而肖像焉，則失神而明之之義矣。古者灌用鬯臭，鬱合鬯，臭陰達於淵泉。既灌，然後出迎牲，致陰氣也；蕭合黍稷，臭陽達於牆屋。既奠，然後焫蕭合羶薌，蓋求神於陰陽也。今用薰薌代之，庸非簡乎。古朝覲會同郊廟祭饗，皆設庭燎，司烜共之，火師監之，天子百，公五十，餘三十，不若是，則不嚴且敬也。今以秉炬當之，庸非瀆乎。古之有道有德者使教焉，死則爲樂祖，祭於瞽宗，謂之先師。若漢，禮有高堂生，樂有制氏，詩有毛公，書有伏生也。凡始立學者，必釋奠於先聖、先師。釋奠必有合，有國故則否，謂國無先聖、先師，則所以奠者，當與隣國合。若唐、虞有夔、伯夷，周有周公，魯有孔子，則皆自奠之，不合也。當是時，學者各自祭其先師，非其師，弗學也；非其學，弗祭也。學校既廢，天下莫知所師。孔子集羣聖之大成，顔回、曾參、孔伋、孟軻實傳孔子之道，尊之以爲先聖、先師而通祀於天下，固宜。其餘當各及其邦之先賢，雖七十二子之祀亦當罷去，而於國學設之，庶幾弗悖禮意也。開元禮，國學祀先聖孔子，以顔子七十賢配，諸州但以先師顔子配，今也雜置而妄列，甚至荀況之言性惡，揚雄之事莽，王弼之宗老莊，賈逵之忽細行，杜預之建短喪，馬融之黨勢家，亦厠其中，不知其何説也？古者立學，專明人倫，子雖齊聖，不先父食。故禹不先鯀，湯不先契，文、武不先不窋。宋祖帝乙，鄭祖厲王，猶上祖也。今顔回、曾參、孔伋，子也，配享堂上；顔路、曾皙、孔鯉，父也，列祀廡間；張載則二程之表叔也，乃坐其下，顛倒彝倫，莫此爲甚，又不知其何説也？古者士之見師，以菜爲贄，故始入學者，必釋菜以禮其先師。其學官，四時之祭，乃皆釋奠，今專用春、秋，亦非禮矣。釋奠有樂無尸，而釋菜無樂，二者之輕重，繫乎樂之有無也。今用魏漢津所製大晟之樂，乃亂世之音，其可乎哉？古釋菜、釋奠，名存而儀已亡，開元禮彷彿儀禮饋食篇，三獻各於獻後飲，卽尸酢主人、主婦及賓之義也。今惟初獻得行之，其可乎？若夫廟制之非宜，冕服之無章，器用雜乎雅俗，升降昧乎左右，固更僕難言也。或曰，建安熊氏，欲以伏羲爲道統之宗，農、軒、堯、舜、禹、湯、文、武，與皋、伊、望、旦、稷、契、夷、益、傅説、箕子，皆秩祀於天子之學，而孔子則通祀於天下，不識可乎？昔周立四代之學，先聖者，虞庠以舜，夏學以禹，殷學以湯，東膠以文、武；復以左右四聖成其德業者，爲之先師，此固天子立學之法也，何不可也？議上，謫濂爲安遠知縣助教。貝瓊遂希旨，建議斥濂爲邪説焉。五年，作文廟成，遣官以太牢祭。遂視學、釋奠。

七年正月，定上丁遇朔日日食者，改仲丁致祭。

十五年四月，令天下通祀孔子，賜學糧，增師生廪膳。

五月乙丑，幸國子監，謁先師，行釋菜禮。

十六年正月，令祭酒朔、望行釋菜禮，郡邑長以下詣學行香。

二十六年，頒大成樂器於天下府學，令州、縣學如府式，始定舞用六佾，樂用登歌。

永樂四年三月辛卯朔，視太學，服皮弁，四拜。

正統九年春，新建北京太學成。三月，臨視，行釋奠禮。時吏部主事李賢言：國家建都北京以來，所廢弛者莫甚於太學，所創新者莫多於佛寺，舉措舛矣。若重修太學，不過一佛寺之費，宜諭修舉，以致養賢，及民之效。從之。

成化元年，視學，行釋奠禮。

十三年閏二月丁丑，釋奠，初用八佾，籩豆各十二。先是，祭酒周洪謨請加籩豆、佾舞；又言：古者鳴球、琴、瑟在堂上，笙、鏞、柷、敔在堂下，干羽舞於兩階。今舞羽居上，而樂器居下，非古制也。禮部尚書鄒幹駁之。詔以尊崇孔子，國家盛典，從洪謨之言，而羽舞始居下云。

弘治元年三月，視學，釋奠先師，用太牢，加幣。改分獻爲分奠，從吏部尚書王恕之請也。

嘉靖十年，以釐正祀典，服皮弁謁廟，用特牲，奠帛，行釋奠禮。迎神、送神各再拜，樂三奏，文舞六佾。配享從祀及啓聖祠分奠用酒脯。亦遣官致祭於南監及闕里，從大學士張璁議也。郊祀以祖而配天，功在一代者也。大社稷之祭，功在養民者也，其籩豆、佾舞，皆與祀天同。夫子功在萬世，享祀天之禮，孰曰不宜？如以位，則六佾，亦僭也；苟以德，則八佾，非泰也。張璁去王爵，易木主，祀叔梁，皆諸儒已陳之議，惟殺籩豆禮樂，乃其已說耳。王世貞欲復禮樂之舊，且謂璁之爲此也，謂師之不敢與君抗也，斯誅意之論矣。

崇禎戊辰春，躬行釋奠禮。辛巳八月，復行釋奠禮。禮部先以八月初四請，已報可。是日丁未，適與丁祭相值，舊例丁祭遣閣臣行禮，乃改是月十八日躬行釋奠，而初四日仍遣閣臣行禮。

辛巳八月十八日卯初刻，駕從長安左門出，自崇文街至成賢街入廟，祭酒、司業吉服率學官諸生於成賢街左跪迎駕，至櫺星門外降輦，禮部與鴻臚卿導上步入門，登大成門中階，入御幄。坐定，具皮弁冠服，出。太常寺官導由大成門中道入，盥洗，詣先師廟中陛上，奏迎神樂，上兩拜，遂行釋奠禮。太常寺卿跪進帛於上右，上搢圭立，授帛，獻。畢，少卿跪進爵於上右，上立授爵，獻。畢，上出圭，奏送神樂。上復兩拜，而禮畢。上仍至御幄，更翼善冠、黄袍，幸彝倫堂。諸生列於堂下，祭酒各官列於諸生之前，跪候駕過，起，北向立。上至彝倫堂，百官行一拜三叩頭禮，祭酒以下及諸生五拜三叩頭禮。有頃，内贊贊進講，祭酒南居仁從東階陞，由東小門入，至堂中北向立，執事官舉經案於御前。禮部官奏請授經於講官，祭酒跪，禮部以經立授祭酒，置於講案，復至中北向立，一拜三叩頭。上諭：講官坐。祭酒承旨就講案邊坐。上諭：官人每坐。百官承旨，武官都督以上，文官三品以上及學士，一拜三叩頭，坐。祭酒講臯陶謨。講畢，退出堂外。司業羅大任從西階陞，由西小門入，一如祭酒禮。講易咸卦。講畢，傳制。官稱有制，宣諭云：聖人之道，如日中天，凡四語。祭酒、司業、學官習禮，公、侯、伯、諸生五拜三叩頭。尚膳監進茶。上諭：官人每吃茶。茶畢，出。百官一拜三叩頭。上賜五府、六部、都察院及衍聖公羊、酒、甜食盒。上入彝倫堂後敬一亭，觀世宗所立程子四箴諸碑。又令將廟學内各碑及石鼓俱摹榻進覽。

十七年甲申二月春祭，遣大學士魏藻德行禮。是日天氣晴明，臨祭各官甫就拜位，大風忽起，殿上燈燭盡滅，庭下松檜作怒號聲，黄沙如雨下，竟不能成禮而罷。按元世宗以宋小黄門李邦寧爲左丞相釋奠孔廟，方就拜位，亦有異風之變。夫子在天之靈，赫奕如此。

從祀

東漢章帝元和二年，祀七十二賢。

靈帝光和二年，祀七十二弟子畫像。

魏主芳正始七年，使太常釋奠孔子於辟廱，以顔淵配。

唐太宗貞觀二十一年二月，以左邱明、卜子夏、公羊高、穀梁赤、伏勝、高堂生、戴聖、毛萇、孔安國、劉向、鄭衆、杜子春、馬融、盧植、鄭玄、服虔、何休、王肅、王弼、杜預、范甯二十一人代用其書，垂於國胄，自今有事於太學，與顏子俱配，並爲先師。

高宗總章元年，贈顏回太子少師，曾參太子少保，並配享孔廟。

睿宗太極元年二月，加贈顏子太子太師，曾子太子太保。

玄宗開元八年，詔十哲爲坐像，悉從祀。曾參坐十哲之次，圖七十弟子及二十二賢於廟壁。時國子司業李元瓘言：準禮，授坐不立，授立不跪，顏子配像，合從坐侍，又四科弟子閔子騫等雖列像廟堂，不參享祀，按何休等二十二賢猶霑從祀，豈升堂入室弟子獨不霑配享之餘。望春、秋釋奠，列享於二十二賢之上。又七十子之像，文翁之壁尚不闕如，豈有國庠遂無圖繪，請命有司圖形於壁，兼爲之贊。又曾參孝道可崇，獨受經於夫子，並望從祀。從之。上復以顏子亞聖，親爲贊，書刻於石。令當朝文士分爲贊，題於壁焉。

蘇洵曰：貞觀、顯慶稱二十一賢，太極、開元卽稱二十二賢，服虔下之賈逵，不知何年附入。

馬端臨曰：聖，作之者也；師，述之者也。述夫子之道，以親炙言之，莫如十哲、七十二賢，以傳授言之，莫如子思、孟子，必如是，而後可以言先師。今舍是不録，而皆取於釋經之諸儒，姑以二十二子言之，左邱、公、穀猶曰受經於聖人，至於高堂生以下，則謂之經師可矣，非人師也。至王輔嗣之宗老、莊，賈景伯之附讖緯，已非聖人之學矣，又況戴聖、馬融之貪鄙，今乃俱在侑食之列，而高弟自顏子外，反不得與焉。雖李元瓘言之，僅陞十哲、曾子於二十二子之列，而七十二賢俱不霑享祀，蓋拘於康成之註，以訓詁耑宗爲盡得聖人之傳也。

二十七年，追贈顔子爲兖公，閔子爲費侯、伯牛鄆侯、仲弓薛侯、冉有徐侯、子路衛侯、子我齊侯、子貢黎侯、子游吴侯、子夏魏侯，曾子等六十七人爲伯。

後唐明宗長興二年，以顔子配坐，閔損等十哲從祀堂上。又准太常禮院言，敕：四壁圖畫英賢，各陳脯醢以祭。

宋真宗大中祥符二年五月乙卯，追封閔子以下爲公，曾子以下爲侯，命宰執、兩制、館閣撰贊。初，帝閲崇文院檢定七十二弟子，案史記、唐會要凡七十七人，帝曰：何故不同？王旦曰：國學經太祖定議，今曲阜宜准國學畫像。七月戊寅，復封左邱明等二十一人爲伯。

仁宗明道元年八月，詔國子監修七十二賢堂，左邱明以下二十一人，並以本品衣冠圖之。

神宗熙寧七年，令諸州釋奠，通祀十哲。

元豐元年五月，封孟子鄒國公，同顔子配享，又封荀況、揚雄、韓愈爲伯，並從祀。時晉州教授陸長愈請春、秋釋奠孟子，與顔子並配。

徽宗大觀二年，詔繪子思像，從祀。從通仕郎侯孟之請也。

四年，追封公夏首等十人爲侯。議禮局言：史記弟子傳曰：受業身通六藝者七十有七人；家語曰：七十二弟子皆升堂入室者。唐會要則宗史記，開元禮則宗家語，本朝斷以七十二人，取琴張等五人，而去公夏首等十人，今益定公夏首、后處、公肩定、顔祖、鄡單、罕父黑、秦商、原抗、樂欬、廉絜皆有伯爵，載於祀典，請追贈侯爵，使預祭享。從之。

政和三年，以王安石配享，封舒王，子雱從祀，封臨川伯。時新儀成，以孟春元日釋菜，仲春、仲秋上丁日釋奠，以顔、孟、安石配享，俱東坐，西向，在閔子十哲上。

五年春，詔樂正子克配享孟廟，公孫丑至子叔十七人從祀，各加封爵。

欽宗靖康元年，罷王安石配享，猶從祀。右諫議大夫楊時言：安石學術之謬，請追王爵，明詔中外，毁去配享之像，使邪説詖行，不爲學者之惑。詔落配享，猶依鄭康成例，使從祀。

孝宗淳熙四年，去王雱畫像，從趙粹中之言也。

理宗淳祐元年正月，視太學，贈周敦頤、張載、程顥、程頤爲伯，與徽國公朱熹並崇祀孔子廟，黜王安石。

景定二年，贈張栻、吕祖謙爲伯，俱從祀。時皇太子謁孔廟還，言栻、祖謙與朱熹切偲講磨，有功聖門，故有是詔。

度宗咸淳三年，以顔回、曾參、孔伋、孟軻並配享，進封爲公；改封閔損至卜商九人爲公，躋顓孫師於十哲，亦封公，祀泗水侯鯉位於郕城侯忠之次，贈邵雍爲伯，與温國公司馬光並從祀。

元仁宗皇慶二年，以許衡從祀。

文宗至順二年，加顔子復聖公，曾子宗聖公，子思述聖公，孟子亞聖公。

明洪武五年，罷孟子祀。雷震謹身殿。踰年，以孟子辯異端，闢邪説，發明孔子之道，有功於天下後世，宜配享如故。

王禕議：漢儒從祀者十四人，而猶闕者一人，董仲舒是也；唐之從祀者一人，而猶闕者一人，孔穎達是也；宋之從祀者九人，而猶闕者四人，范仲淹、歐陽脩、真德秀、魏了翁是也。漢諸儒宗經翼傳，局於顓門，惟董仲舒號稱醇儒，所以告其君者如天人性命，勉强遵行正誼明道之論。至其罷黜百家，表章六經，使道術有統，異端息滅，功殆不在孟子下。荀況言性惡，揚雄事新莽，猶獲從祀，而仲舒不及，何也。唐初，孔穎達受詔撰定諸經之疏，號曰正義，凡不本於是者，謂之異端，誠學者之宗師也。何休註公羊，黜周王魯，王弼註易，專尚清虛，然在祀列，何獨至穎達而遺之。聖人之道，或著事功，或著文章，用雖不同，實則一致。三代以下，能以聖人之道爲己任，而著之行事者，范仲淹而已，首以中庸授張載，以爲道學之倡。蓋其爲學，本乎六經，而議論無不主於仁義也。世儒徒知章句以爲事，而孰知聖人經世之志，固不專在是也。歐陽脩與仲淹同時，明聖賢之學，而著之文章，世之淺者每目之以文人。夫文以載道，雖經天緯地者，亦謂之文，而顧可少之哉？自朱熹作五經四書傳註，集賢聖之大成，中更學禁，真德秀、魏了翁力以尊崇朱學爲己任，而聖賢之學復明。真氏所著有大學衍義、讀書記，魏則所著有九經要義，皆足以續朱氏所傳之緒，二人者當繼起而列於從祀者也。又按聖孫孔伋，故列孔鯉之下，而曾參亦在曾皙後，咸淳三年，始陞配爲四侑，東坐而西向，父祀廡下，子配堂上，尊卑舛逆，莫此爲甚。聖道在明人倫，而先自廢，何以詔後世。昔魯祀僖公，躋之閔公之上，傳者謂子雖齊聖，不先父食，以爲逆祀。今父子失序，非逆祀乎？夫禮有似緩而急、似輕而重者，以有關於名教也。祀有宜備，而禮有未稱者，固不得置之而不議也。

二十九年，黜揚雄，進董仲舒從祀。先是，待制王禕建議，至是行人司副楊砥復請，從之。

宣德十年四月，以吴澄從祀。時慈利教諭蔣明建議，楊士奇主其事，從之。

元之大儒許衡，其學一本於程、朱；其仕也，爲行道也。一有不合，奉身而退，化行鄉里，其人純乎其爲君子也。吴澄學主陸氏，謂朱子道問學之功多，尊德性之功少，豈知朱子者哉？且爲人諛墓，起家鉅萬，核其實行，不及魯齋遠矣，從祀之舉，楊文貞以香火起見也。

正統二年，以宋儒胡安國、蔡沈、真德秀從祀。

何孟春曰：七十弟子門人有公孫尼子者，作樂記、緇衣矣，吐辭爲經，宜列從祀，敏政乃不之及，何耶？

八年八月，以宋儒楊時從祀。祭酒謝鐸言：時息邪放淫，廢安石新經，有衞道功，請祀時。禮部尚書傅瀚沮之，大學士溥主鐸議，乃祀時。

嘉靖九年，釐正祀典，以申黨卽申棖、存棖去黨，罷公伯寮、秦冉、顔何、荀況、戴聖、劉向、賈逵、馬融、何休、王肅、王弼、杜預、吴澄十三人，林放、蘧瑗、鄭衆、盧植、鄭玄、服虔、范甯七人各祀於其鄉，增后蒼、王通、歐陽脩、胡瑗、陸九淵從祀。

張璁議：歐陽脩所著本論，實有翊衞聖道之功。蘇軾曰：自漢以來，道術不出於孔氏而亂天下者多矣，五百餘年而又得韓愈，學者以配孟氏，蓋庶幾焉。愈之後三百有餘年而得歐陽子，其學推韓愈、孟子以達於孔氏，故天下翕然師尊之，曰歐陽子。韓愈既已從祀，歐陽脩豈可少乎？

張永嘉之議，人以爲歐陽公之濮議相合也。然歐陽公濮議豈戾於正乎？澤按朱子嘗稱歐陽子用力於文字之間，而泝其波流以求聖賢之意，則於易、於詩、於周禮、於春秋皆嘗反覆窮究，以訂先儒之謬，而本論之篇，推明性善之説，以爲息邪距詖之本，其賢於當時之號爲宗工巨儒，而不免於祖尚浮虚，信惑妖妄者，又遠甚。其於史記善善惡惡，如唐六臣傳之屬，又能深究國家所以廢興存亡之幾，而爲天下後世深切著明之永鑒者，固非一端。其他文説，雖或出於遊戲翰墨之餘，然亦隨事多所發明，而詞氣藹然，寬平深厚，精切的當，韓公所謂仁義之人者。觀朱子之所推重，則歐公之論定矣。

陸九淵之從祀，不能無議者。九淵雖資性高明，然六經皆我註脚之説，非孔門博文約禮之旨。彼其疑程子，詆朱子，開後來心學一派，與伊、閩諸賢同坐一堂，似非所安也。

隆慶五年，以薛瑄從祀。

萬曆十二年，以王守仁、陳獻章、胡居仁從祀。禮部尚書請獨祀居仁，大學士申時行等内主守仁，揭薦之，因三人一時併祀。

明儒以薛文清（瑄）爲第一，胡居仁次之。陳獻章爲巡撫朱永所薦，授官檢討，以母老辭歸。當時尹直謂其作詩稱頌太監梁芳，固未可輕信；至歸途乘轎張蓋，列槊開道，張元禎載之實録。至賀欽，篤行君子也，獻章謂其無所見，勸之讀佛書，此何説也？章懋、胡居仁、羅欽順、崔銑諸人，皆深於理學者，斥之爲禪，非過矣。王守仁之學，以陸九淵爲宗，其無善無惡，心之體一語，前人已力駁之；至襲孟子良知之説，自謂發千古之秘，然聖人中正之道，寧有遺行，而獨言知者，其門人王畿輩益肆其説，遂使儒禪混雜。李贄輩大爲世道人心之蠹，當議從祀時，陸宗伯堅持不覆。陶大臨曰：朝廷不難以伯爵酬之，何況廟祀。陸宗伯曰：伯爵，一時之典；從祀，萬世之典。人不能奪柄臣，乃以中旨與之，此輿論之未定者也。

嘉靖中，王守仁總督兩廣，以病，擅離信地。事聞，上大怒，令廷議會議。云：守仁事不師古，言不稱師，欲立異以爲高，則非朱熹格物致知之論。知衆論之不與，則著朱熹晚年定論之書，號召門徒，互相唱和。才美者樂其任意，或流於清談；庸鄙者借其虛聲，遂敢於放肆，傳習轉訛，悖謬日甚。其門人爲之標榜，至謂杖之不死，投之江不死，以上瀆聖聰，幾於無忌憚矣。若夫勦捕畬賊，剪除逆濠，據事論功，誠有可録。是以當陛下御極之初，卽拜伯爵，雖出于楊廷和豫爲己地之私，亦緣黄榜有封拜侯伯之令。夫功過不相掩，宜免奪封爵，以彰國家之大信；申禁邪説，以正天下之人心。上曰：卿等議是。守仁放言自肆，詆毁先儒，號召門徒，虛聲附和，用詐任情，壞人心術，近年士子傳習邪説，皆其倡導。至於逆濠之變，與伍文定移檄舉兵，仗義討賊，元惡就擒，功固可録。但兵無節制，奏捷誇張，近日掩襲塞夷，恩威倒置，所封伯爵，本當追奪，但係先朝信令，姑與終身，其没後卹典，俱不准給。都察院仍榜諭天下，敢有踵襲邪説、果於非聖者，重治不饒。當日申飭，嚴切如此。及入祀時，何無一人言及，以彼時良知之説盛行也。

崇禎十四年八月，諭：朕覽我聖祖命儒臣纂輯五經四書大全，其中作述、傳註、引證等項，惟宋儒周子、兩程子、朱子、張子、邵子爲多，可見理學大明於宋，而周、程諸子大有功於聖門，然與周、秦、漢、唐諸儒，並稱先儒，竊爲不安。兹欲特加崇隆，是否可行，著禮部、翰林院、太常寺、國子監、禮科等衙門會同詳議來説。十月，部議以周、程六子宜稱先賢，並請漢儒董仲舒、隋儒王通俱稱先賢。

按以六子宜加隆稱，此誠明主之特見，部中議及董、王，則贅詞矣。又從祀議及吳與弼、王艮等，而反不及曹端、羅欽順、高攀龍、馮從吾諸公，則昧於聖學之正傳矣，宜其事遂中閣也。國家祀典，二丁之祭，宜與郊社、宗廟並重，其典制乃太學志中缺焉不備，故詳稽而備録之。且考歷代之所加禮隆殺當否，可以知其君焉，知其臣焉，並可以知其世焉。

春明夢餘録卷之二十二

三皇廟

三皇廟，在太醫院之北，名景惠殿，永樂中建。前爲景咸門，門東爲神庫，西爲神厨，中奉安伏羲、神農、黄帝，皆南向，以勾芒、祝融、風后、力牧氏配，以僦貸季、鬼臾區、天師岐伯、俞跗、白高、少俞、少師桐君、太乙、雷公、馬師皇、伊尹、神應王扁鵲、倉公淳于意、張機東廡，王叔和、華陀、皇甫謐、巢元方、抱朴子葛洪、真人孫思邈、藥王韋慈藏、啓元子王冰、錢乙、朱鋐、劉元素、張元素、李泉、朱彦修西廡從祀，歲仲春上甲日，甲屬東方，木取生氣。太常寺題請遣禮部堂上官行禮，太醫院堂上官二員分獻，仲秋上甲如之。嘉靖初，復建聖濟殿於内，以祀先醫，春、秋祭同三皇，而以太醫官主之。二十一年，以太醫院廟制湫隘弗稱，命展拓今廟，隨從禮官議增從祀僦貸季等二十八人。隆慶四年，禮部侍郎王希烈議：三皇既祀于帝王廟，請罷太醫院廟祭，專遣太醫院官祭先醫，不允。

南宫奏議：臣等稽諸禮曰，聖王之制祭祀也，法施于民則祀之，能禦大災、捍大患則祀之，非此族也，不在祀典。蓋聞上古聖神，繼天立極，開物成務，壽世福民，其功尤繫於醫。伏羲觀天文，明歷氣；神農嘗百藥，制本草；黄帝與岐伯問荅，而有素問之書，醫道蓋昉于此矣。周禮・小宗伯：兆五帝于四郊。説者謂祭以天帝，配食以五人帝，春以太昊，夏以炎帝，季夏以黄帝，秋以少昊，冬以顓頊。然此主于五方之位，未有醫藥之專祀也。至於有元，自國都以至郡縣，皆立三皇廟于醫者之學，如宣聖釋奠禮，太昊伏羲氏以勾芒氏之神配，炎帝神農氏以祝融氏之神配，黄帝軒轅氏以風后、力牧氏之神配，及黄帝臣俞跗以下十人姓氏載於醫書者，從祀兩廡，有司歲春、秋二季行事，而以醫師主之。其臣虞集有言：三聖人之所以惠利生人者，不必以醫之一技，而求夫爲醫之道，不上達於三聖人，則不足以盡其至聖之能事。是其祭雖專爲醫而設，然偏于郡縣，則又不免失之黷矣。肆我成祖御宇，諏經稽典，正名定祀，尤以醫道關係民生至重，乃卽太醫院立廟，以崇祀三皇。正統間，重加修葺。聖祖神宗，先後一揆，咸欲躋斯世斯人于仁壽之域，而永貽燕翼之令圖也。洪惟皇上膺正凝命，上法祖宗，謂修合御藥，保和聖體，實惟兹所廟制湫隘，則祀典弗稱，欲恢拓而一新之，創矩以盡度，備物以章虔，斯其佑享昭假于三皇在天之靈，而宣滯保和，以迓乎萬壽無疆之慶，臣等敢不祗承德美，用樹宏基。臣等切惟廟必有制，祀必合法，不爲畫一之制，則恐襲前時之故轍，而無以稱，觀瞻不正，從祀之名則恐失醫聖之心傳，而無以垂法。守臣等謹將合行規制，恭擬上進，伏乞裁定施行。

都城隍廟

都城隍廟，在都城之西，永樂中建。中爲大威靈祠，後爲寢祠，左右爲二司，兩廡爲十八司。前爲闡威門，外左、右爲鐘鼓樓。又前爲順德門，又前爲都城隍門。廟中有石刻北平府三大字。按洪武二年，以周禮有司民之祭，封京師都城隍，祭之。三年，正城隍神號，去封爵，命春、秋從祀于山川壇。三十年，改建廟。詔劉三吾曰：朕設京師城隍，俾統各府、州、縣之神，以監察民之善惡而禍福之，俾幽明舉，不得僥倖而免，其書所由于石。二十一年，復以從祀大祀殿，罷山川壇奉祭，惟仲秋祭。嘉靖九年，罷山川壇從祀，歲仲秋月，遣太常官祭。

城隍之名見於易，若廟祀，則莫究其始。唐李陽冰謂城隍神祀典無之，惟吴越有爾。宋趙與時辯其非，以爲成都城隍祠，太和中李德裕建；李白作韋鄂州碑，有城隍祠；又杜牧刺黄州，韓愈刺潮州，麴信陵刺舒州，皆有城隍之祭，則不獨吴越然矣。而蕪湖城隍祠建于吴赤烏二年，則又不獨唐而已。記曰：天子大蜡八，伊耆氏，始爲蜡。注曰：伊耆氏，堯也。蓋蜡祭八神，水庸居七。水，則隍也，庸則城也，此正城隍之祭之始。春秋傳：鄭災祈於四鄘，宋災用馬于四鄘，皆其證也。庸字不同，古通用耳。由是觀之，城隍之祭，蓋始于堯矣。

漢壽亭侯廟

漢壽亭侯廟，在宛平縣東，成化十三年建，俗呼白馬廟，蓋隋之舊基也。每歲五月十三日，遣太常官致祭。按洪武二十八年，建廟于鷄鳴山，祭漢壽亭侯，永樂中，始載祀典。

公于後主景耀三年追謚壯繆侯。宋徽宗崇寧元年，追封忠直公。大觀二年，加封武安王。宣和五年，敕封義勇武安王。高宗建炎二年，加封壯繆義勇王。淳熙十四年，加封英濟王。敕曰：生立大節，與天地以並傳，没爲神明，亘古今而不朽。荆門軍當陽縣列神壯繆義勇武安王，名著史册，功存生民，一方所依，千載如在。凡有禱于水旱雨暘之際，若或見于焄蒿悽愴之間。英烈巖巖，可畏而仰，廟貌奕奕，雖遠益新。爰啓王封，仍加美號。豈特顯爾神威德之盛，亦以慰此邦父老之情。尚祈靈助，服我休顯，可特封壯繆義勇武安英濟王。奉敕如右牒行。淳熙十五年十一月二十一日。萬曆四十二年秋，奉敕晉封三界伏魔大帝神威遠震天尊關聖帝真君。雲長本字長生，雲長其別字也。公忠貫一時，氣蓋千古，封之爲王，豈公之志。至曰真君，益不可聞于公也。明翰林焦竑正陽門廟碑文曰：正陽門廟者，祀漢前將軍關侯作也。侯廟祀徧天下，而稱正陽門者，爲都城作也。侯名在百世，封號在累朝，而稱漢前將軍者，侯志也。斯得之矣。

宋司馬智玉泉寺壽亭侯印記。紹興中，洞庭漁人獲壽亭侯印，競以爲金，報于官，納長沙庫中。時有光焰，吏不敢留，移文公安，送還侯廟。印徑二寸，其制甚古，印鈕有連環，四面兩相貫，上有一大環總之，所以佩也。淳熙四年冬，元庵真慈摹畫印狀，具本末，將獻于東宫。是夕，印留方丈，光發于函，煇燭楹廡。寺有仁宗皇帝所賜龍眉、龍角二物，宜與印同藏名山，永爲鎮寶焉。予與元庵爲方外遊，遠訪靈跡，悉所經見，故得而詳之。據此，則公固壽亭也。嘉靖十年，南太常少卿黄芳以漢壽封邑，而亭侯者爵也，止稱壽亭侯，誤矣。乃改稱漢前將軍漢壽亭侯。

關前將軍贊：嗚呼，篡漢者瞞也，成瞞篡者權也。瞞，名漢臣也，實漢賊也；權，陽瞞敵也，陰瞞翼也。公批亢于前，而不虞姦于腋，七軍甫淹，六師隨厄，使永安之恨不在許昌而在公安，建興之師不出樊城而出祁山，安樂之牋與歸命之璧而相後先，惜哉！雖然，不以間關而廢兄弟，不以亂離而廢君臣，其峙如者山嶽，澄如者川流，而炳如者日、月、星辰。嗚呼！此其所以亘萬古而猶神也耶？

宋丞相文信國祠

宋丞相文信國祠在郡學西，乃元之柴市，公授命所。永樂六年，太常博士劉履節奉命正祀典，謂天祥忠于宋室，而燕京乃其死節之所，請祠祀，從之。祠堂三楹，前爲門，又前爲大門。祠之西爲懷忠會館，江右士夫歲時集會于此，以祭公者也。宣德四年，保定李庸爲府尹，重拓其祠。信國所著，有日録、吟嘯集、指南録、集杜二百首，並刊板祠中。

元人王惲云：至正（元）十一年十二月十四日，國兵自陽邏洑渡江。明年十二月，臨安降。度宗二庶子爲陳宜中、文天祥、張世傑擁入許浦江口，時有黑龍見，因改號景炎。十六年，爲帥臣張弘範滅于崖山口。執文天祥至大都，囚之。上屢欲赦出相之，竟不從。十九年十二月初九日，戮于燕南城柴市。

元人吳萊曰：頃予嘗從鄉先生學，見福唐劉汝鈞貽書括蒼吳思齊子善論文丞相宋瑞事，云：自江西初起時，崎嶇山谷，購募義徒、畊甿、洞丁，造轅門，請甲仗，不啻數萬，而尹玉實爲驍將。文衣冠指麾，衆皆詣闕感泣求死。已而，當國二揆交沮用兵，師無宣諭，卒無犒賞，盤桓月餘，僅令守姑蘇一路。張彦提重兵居毘陵，且有叛志，尹玉竟以絶太湖弔橋，首尾不救，而溺死。未幾，獨松告急，朝廷四詔，政府六書，趣弃聊攝，援根本。一日一夜，倉皇就道，及至行都，而獨松隨已破陷。復令駐兵餘杭，守獨松。朝議不一，衆心離散。會有尹京之命，餘慶遽奪其印不與。漢輔遁，德剛遁，北軍入城，與權又絶江遁。乃卽日拜樞使，又拜右揆，補與權處，且令往軍前講解，毅然請行。及被囚以北，中道奔迸，收集亡散，無兵無糧，天下大勢去況當滄海橫流之際，而彼乃以異姓，未深得朝廷事權，欲隻手障之，至死不屈，微、箕二子且有愧色於宗國矣。帝霸交馳，正僞更作，是不一姓，當世之爲大臣元老者，視易姓如閲傳郵，矣。其書大畧如此。趙弼作文山傳云：公既赴義，其日大風揚沙，天地晝晦，咫尺不辨，城門盡閉。自此連日陰晦，宫中皆秉燭而行，羣臣入朝，亦爇炬前導。世祖問張真人而悔之，贈公特進金紫光禄大夫太保中書平章政事廬陵郡公，謚忠武，命王積翁書神主，灑掃柴市，設壇以祀之。丞相孛羅行初奠禮，忽狂飈旋地而起，吹沙滾石，不能啓目。俄捲其神主于雲霄中，隱隱雷鳴，如怨之聲，天色愈暗，乃改前宋少保右丞相信國公，天俄開霽。元人鄧剡贊：目煌煌兮疎星曉寒，氣英英兮晴雷殷山。頭碎柱兮璧完，血化碧兮心丹。嗚呼！孰謂斯人不在世間。

明大學士楊士奇重修文丞相祠記：孟子曰：我知言，我善養吾浩然之氣。知言者，盡心知性，而有以究極天下之理；浩然之氣，卽天地之正氣，具於吾身，至大而不可屈撓者。知之至，養之充，而後足以任天下之大事。天下之事，莫大于君父。文丞相甫冠，奉廷對，卽極口論國家大計。未幾，元兵渡江，又上書乞斬嬖近之主遷幸議者，以一人心，安社稷，固已氣蓋天下矣。自是而斷斷焉殫力竭謀，扶顛持危，以興復爲己任。雖險阻艱難，百挫千折，有進而無退。不幸國亡身執，而大義愈明。蓋公志正而才廣，識遠而器閎，浩然之氣以爲之主，而卒之其志弗遂者，蓋以天命去宋也。雖天命去宋，而天理在公，必不可已。故宋亡，其臣之殺身成仁者不少，論者必以公爲稱首。公事具宋史，而公鄉人劉岳申摭公所著日録、吟嘯集、指南録、集杜二百首，及宋禮部郎官鄧光薦所述督府忠義傳，以作公傳，視史加詳實焉。北京之有公祠，洪武九年，前北平按察副使劉崧始建于教忠坊，今順天府學之右，而作塑像焉。永樂六年，太常博士劉履節奉命正祀典，始有春、秋之祭于有司，歲以順天府尹行事。宣德四年，府尹李庸始至，謁公祠下，顧瞻祠宇敝陋弗稱，遵用詔旨葺而新之，凡祀神之器，靡不備具。又求劉傳刻石，將使人人皆知世之爲臣者，光明震動，焜焜烈烈有公也。於戲！忠孝，人道之大節，治化所先，而崇禮先賢，表勵後人，尤守令之急務，庸其達爲政之本與。庸字執中，保定唐縣人，寬厚明敏，自太學生授工科給事中，上親擢爲順天府尹。愛人之心，剸繁之才，上下皆稱之，而盡心學校，敬賢尚德，如飾昌平之狄梁公、劉諫議祠，而嚴其祀事之類，皆其知本之務，皆可書也。因並書之，以示來者。

明韓雍請謚宋臣文天祥、謝枋得疏：竊見宋丞相少保信國公文天祥弱冠狀元，立朝盡節，臨危拜相，許國不疑，志專恢復，屢折挫而不移，心切匡時，蹈艱危而不變。既而國亡被執，繫獄累年，誘之以大用而不從，脇之以刀鋸而不屈，卒之南向再拜，殺身成仁，收三百年養士之功，立千萬載爲臣之極。有指南録以著其忠愛，有集杜詩以寄其憂傷，其精忠大節，與日月爭光，與天地悠久，誠足以正人心而扶世道也。及宋禮部侍郎謝枋得，登科對策，力詆權奸，發策漕司，極攻時政，受任于運去祚移之後，抗敵于兵罷民散之餘；力已盡而不支，志有爲而不果。後元臣程文海等交章累薦，恥仕二姓，懇辭不屈。參政魏天佑强逼北行，誓死不食，終于燕京。著爲文章，高邁奇絶，發明道學，羽翼聖經。其清論無愧于先賢，有功于後學。文天祥，江西廬陵縣人；謝枋得，江西上饒縣人，二賢歿後，贈謚未加，子孫有在，録用未及，及順天府府學之西舊有文天祥祠堂，塑像尚具儒者衣巾，未復丞相冠服，皆爲缺典。臣切惟伯夷、叔齊死于殷、周之際，至宋而追封之；諸葛亮、顔真卿忠于漢、唐之時，至元而加封之。古之君天下者若兹，所行蓋有所見，而非苟焉無益之舉也。如蒙准言，乞勅禮部、翰林院儒臣會同考議，量加文天祥、謝枋得贈謚，取其子孫，量才録用，并將順天府學之西文天祥祠堂塑像，改塑丞相冠服，行令有司，仍各春、秋祭祀，庶使天下之人知爲臣而能死忠、死節者，雖百世之後，亦得暴白顯揚，垂休後嗣，以增志士仁人之氣，沮亂臣賊子之心，其於綱常誠非小補。

附載

宋遺臣謝公枋得至燕，死于憫忠寺。按謝公爲福建參知政事，魏天祐强之北行，自離嘉興，輒不食，二十餘日不死，乃復食。比至燕，居憫忠寺，問太后及瀛國公所在，再拜慟哭。疾甚，留夢炎使醫將藥雜米飲進之，怒擲于地，不食，五日死。子定子護骸骨歸。燕京少公一祠。

張千載，字毅甫，文公友也。隨公至燕，僦居公寓小樓之傍，日以美食進之。公既受刑，潛造一櫝，藏其首；訪歐陽夫人于俘虜中，得其尸火之，拾骨並櫝南歸，付其家。張公宜附祀祠中。

汪元量，亦來大都，居公囚所，每日作詩相倡和。元量善鼓琴，世祖命奏琴，喜之。因力求去，賜爲黄冠師人。贈之以詩，云：三日錢塘水不波，子嬰繫組納山河，兵臨魯國猶絃誦，客過殷墟獨嘯歌。鐵馬渡江功赫奕，銅人辭漢泪滂沱，知章喜得黄冠賜，野水閒雲一釣蓑。謝翺，曾以布衣杖策參信國軍事，未幾，善哭如唐衢，過姑蘇，望夫差之臺，慟哭終日；過勾踐行禹窆間，北嚮哭；乘舟至鄞，過蛟門，登候潮山，感夫子浮海之歎，則又哭；晚登子陵西臺，以竹如意擊石，歌招魂之詞，歌闋，竹石俱碎，失聲哭。趙孟僩，宋之宗室。年十七，文丞相辟爲參謀。文北去，居吴，依親友以居。越十年，爲道士，名道淵，居松江北道堂。又五年，爲僧，名順昌。因自名三教遺逸，改道堂爲本一庵。臨終，手詞以訣，有曰：文山之客，千古忠貞。

于少保忠肅祠

于少保忠肅祠，在崇文門内東裱背巷，公故賜宅也。祠三楹，祀少保兵部尚書于謙，塑公像，危坐。歲春、秋，遣太常等官致祭。

公被刑于天順元年，復官于成化二年，賜謚肅愍于弘治三年，改謚忠肅于萬曆十八年。

公被刑日，陰霾翳天，京師婦孺無不灑泣。夫人流山海關，夜夢公，曰：吾形殊而魂不亂，獨兩目黯然，借汝眼光見形于皇帝。次日，夫人目失明。會皇極門災，英宗臨視，公現形火光中。上悚然，知公寃，詔：放夫人歸，眼明如故。

當時殺公，誣以迎立外藩，王文極口辨，公但云：召親王，非金符不可。符在，何必辯。時印綬監諸璫檢閱各府金符俱在，獨無襄府者，驚懼欲死。問一退閑老監，云是宣廟上賓時，老娘娘以國有長君，社稷之福，欲召襄王取入。三楊議不合而止，符留後宫。老娘娘，張太后也。于是啓而得之，符在暖閣，塵積寸餘矣。

公之養子于廉，好聚書畫，天順中，自邊赦還，坐裱背衚衕，見負畫售者，忠肅夫婦像在焉。蓋公家與内臣盧永同時籍没，盧尋宥，給還籍物，而畫像誤還盧所，持以出售。廉乃負之歸錢塘。

公之改謚，撫臣傅孟春疏請，宗伯于慎行題覆者也。先是傅疏未入，少宗伯黄鳳翔夢一偉男子持書來，有空山孤魂之句，覺而惡之。詰晨，接傅疏，乃悟夜夢者公也，生氣不泯如此。

李薦祭東坡文云：皇天后土，鑒生平忠義之心；名山大川，還萬古英靈之氣。後追録坡公，制詞中全用之。憲宗朝追録于少保，亦全用此語，尤確。

陳繼儒云：土木之變，裕陵北狩，公痛哭抗疏，止南遷之議，召勤王之師。也先擁帝至大同，至宣府，至京城下，皆登城謝曰：賴天地宗社之靈，國有君矣。此一見左傳，楚人伏兵車，執宋公以伐宋，公子目夷令宋人應之曰：賴宗社之神靈，吾國已有君矣。楚人知雖執宋公，猶不能得宋國，于是釋宋公。又一見廉頗傳，秦王逼趙王會澠池，廉頗送至境，曰：王行，度道里會遇之禮畢，還，不過三十日，不還，則請立太子爲王，以絶秦望。又再見王旦傳，契丹犯邊，帝幸澶州。旦曰：十日之内，未有捷報，當何如？帝嘿然良久，曰：立皇太子。三者，公讀書得力處也。

春明夢餘録卷之二十三

内閣一

大學士直舍，所謂内閣也。在午門内東南隅外，門西向，閣南向。入門一小坊，上懸聖諭。過坊卽閣也。初制，規模甚狹。嘉靖十六年，命工匠相度，以文淵閣中一間，恭設孔聖暨四配像，旁四間各相間隔，而開户于南，以爲閣臣辦事之所。閣東，誥勅房，裝爲小樓，以貯書籍，閣西，制勅房。南面隙地添造捲棚三間，以處各官書辦，而閣制始備。其職掌：入内閣，預機務，出納帝命，率遵祖憲，奉陳規誨，獻告謨猷，點簡題奏，擬議批答，以備顧問，平庶政。不得專制九卿事，九卿奏事亦不得相關白。凡上所下：一曰詔，二曰誥，三曰制，四曰勅，五曰册文，六曰諭，七曰書，八曰符，九曰令，十曰檄；凡下所上：一曰題，二曰奏啓，三曰表箋，四曰講章，五曰書狀，六曰文册，七曰揭帖，八曰會議，九曰露布，十曰譯，皆審署而調劑焉，平允乃行之。凡東宫出閣講讀，領其事，敍其官，而授之職掌；凡脩實録、史、志諸書，充總裁官，實録成，呈上，焚其草禁中；凡宗室請名、請封及諸臣請謚，並擬上焉；凡圖書繕寫、讐較，皆課而察之；凡郊祀、巡狩、親征，巵行；凡累朝御筆、實録、寶訓、玉牒之副，古今書，皆籍而藏之；凡會勅，稽其由狀，而敍述上請焉；凡禮部會試，廷試貢生、國子生，月課歲貢生，廷試夷館譯生，皆總領之。其屬：制勅房書辦制勅、詔旨、誥命、册表、寶文、玉牒、講章、碑碣、題奏、揭帖、一應機密文書及王府勅符底簿；誥勅房書辦文官誥勅、番譯勅書並夷書、揭帖、紀功、勘合，皆稽按典故，起草進呈，若漏洩、稽緩、遺失、妄誤，皆有罰。凡入内閣曰直文淵閣。官至三殿、二閣、二坊大學士。無入内閣者，不得與機務。雖編修、贊善等官有入内閣者，亦得預機務。

閣門聖諭

機密重地，一應官員閑雜人等不許擅入，違者治罪不饒。

宣德御製箴：廷有司言，自周則然，後世襲用，愈密而重。策命所出，講學所資，幾務之嚴，于度于咨。代有賢哲，博聞明識，克勵翼之，用光厥職。咨爾儒臣，朝夕左右，必端乃志，必慎乃守。啓、沃之言，惟義與仁，堯、舜之道，鄒、孟以陳。詞尚典實，浮薄是戒，謀議所屬，出恖乎外。心存大公，罔役于私，昔人四禁，汝惟勵之。獻納論思，以匡以益，以匹前休，欽哉無斁。

文淵閣落成，駕幸視，謝表：具官臣楊榮等，兹者欽蒙聖駕臨幸文淵閣，周視臣等寓直之所，特頒恩命，增益室宇，兼賜飲饌器用，周悉備至。聖恩廣大，感戴惟深，謹上表稱謝者。臣等誠懽誠忭，稽首頓首上言：伏以日月光華，當大聖龍興之運，車書混一，正文明天啓之時，鑾御幸臨，儒紳遭遇，恭惟皇帝陛下，聖神天錫，剛健日新，典章法度之弘脩，功成理定，華夏蠻貊之率俾，近説遠來，萬幾餘閒，怡神稽古，六龍捧御，寵顧延英。上深軫于天心，頫垂矜于寒士，廣其室宇，遂凉燠之攸宜，給以饔飱，兼什器之咸備，凡百所用，靡一弗周，同乾坤覆載之恩，踰父母生成之賜，是皆皇上聖仁廣大，明睿照臨，溥德澤于萬方，施由侍從，昭禮文于千載，高出古今，所以致海宇之雍熙，所以隆皇圖于永久。臣等深慚末學，幸際明時，被沐恩榮，匪名言之可罄，策勵駑鈍，豈報效之敢忘，端秉寅誠，恭陳申謝。龍翔鳳翥，瞻五彩于中天，春育海涵，祝萬年之聖壽。

列輔起家考

洪武九年（人），先置中書省，十五年，始置殿閣。胡惟庸以上俱中書省。

李善長　徐　達俱翊運勳佐

汪廣洋令史　胡惟庸寧國縣知縣

吳　沉（沈）待制　　吳伯宗禮部員外，名祐，以字行

宋　訥助教　　劉仲質宜春縣訓導

朱　善豐城縣訓導

按十五年徵耆儒鮑恂、全思誠、余詮、張紳、張長年詣闕，俱命授文華殿大學士，固辭，僅列銜，未入閣，故不載。

永樂七人

解　縉中書庶吉士　　黃　淮中書

胡　廣修撰　　楊　榮編修

楊士奇吳府審理，名寓，以字行　　金幼孜給事中，名善，以字行

胡　儼華亭縣教諭，鄉科

洪熙五人

楊　榮見前　　黃　淮見前

楊士奇見前　　金幼孜見前

權　謹樂安縣知縣

宣德五人

楊　榮見前　　金幼孜見前

楊　溥編修　　張　瑛寧州訓導

陳　山奉化縣教諭，鄉科

正統八人

楊　榮見前　楊　溥見前
陳　循修撰　曹　鼐修撰
馬　愉修撰　苗　衷編修
高　穀庶吉士　張　益庶吉士

景泰九人

陳　循見前　高　穀見前
彭　時修撰　商　輅修撰
俞　綱郕府審理　江　淵編修
王一寧吏部主事　蕭　鎡編修
王　文御史

天順八人

彭　時見前　徐有貞庶吉士
許　彬庶吉士　薛　瑄御史
李　賢吏部主事　吕　原編修
岳　正編修　陳　文編修

成化十人

彭　時見前　　李　賢見前

陳　文見前　　商　輅見前

萬　安庶吉士　　劉定之編修

劉　珝庶吉士　　劉　吉庶吉士

彭　華庶吉士　　尹　直庶吉士

弘治六人

劉　吉見前　　徐　溥編修

劉　健庶吉士　　邱　濬庶吉士

李東陽庶吉士　　謝　遷修撰

正德十四人

李東陽見前　　謝　遷見前

焦　芳庶吉士　　王　鏊編修

楊廷和庶吉士　　劉　宇上海縣知縣

曹　元工部主事　　劉　忠庶吉士

梁　儲庶吉士　　費　宏修撰

靳　貴編修　　楊一清中書

蔣　冕庶吉士

毛　紀庶吉士

嘉靖二十七人

楊廷和見前

費　宏見前

蔣　冕見前

毛　紀見前

楊一清見前

謝　遷見前

袁宗皐興府長史，弘治庚戌進士

石　珤庶吉士

賈　詠庶吉士

翟　鑾庶吉士

張孚敬南刑部主事，原名璁

桂　蕚丹徒縣知縣

方獻夫庶吉士

李　時庶吉士

夏　言行人

顧鼎臣修撰

嚴　嵩庶吉士

許　讚大名府推官

張　璧庶吉士

張　治庶吉士

李　本庶吉士

徐　階編修

袁　煒編修

嚴　訥庶吉士

李春芳修撰

郭　朴編修

高　拱庶吉士

隆慶八人

徐　階見前　李春芳見前
高　拱見前　陳以勤庶吉士
張居正庶吉士　趙貞吉庶吉士
殷士儋庶吉士　高　儀庶吉士

萬曆二十人

張居正見前　呂調陽編修
馬自強庶吉士　張四維庶吉士
余有丁編修　申時行修撰
王錫爵編修　許　國庶吉士
王家屏庶吉士　陳于陛庶吉士
趙志皐編修　張　位庶吉士
沈一貫庶吉士　朱賡（賡）庶吉士
沈　鯉庶吉士　于慎行庶吉士
李廷機編修　葉向高庶吉士
吳道南編修　方從哲庶吉士

泰昌三人

方從哲見前　劉一燝庶吉士

韓爌庶吉士

天啓二十一人

方從哲見前
韓爌見前
何宗彦庶吉士
沈㴶庶吉士
史繼偕庶吉士
丁紹軾庶吉士
朱國祚修撰
魏廣微庶吉士
顧秉謙庶吉士
張瑞圖編修
施鳳來編修
劉一燝見前
葉向高見前
孫承宗編修
孫如游庶吉士
周如磐庶吉士
朱國禎庶吉士
朱延禧庶吉士
馮銓庶吉士
黄立極庶吉士
李國𣚴庶吉士

崇禎五十人

韓爌見前
黄立極見前
李國𣚴見前
孫承宗見前
張瑞圖見前
施鳳來見前

來宗道庶吉士

李　標庶吉士

周道登庶吉士

成基命庶吉士，字靖之，以字行

何如寵庶吉士

温體仁庶吉士

鄭以偉庶吉士

錢士升修撰

何吾騶庶吉士

張至發知縣

孔貞運編修

賀逢聖編修

劉宇亮庶吉士

楊嗣昌教授

方逢年編修

范復粹推官

張四知庶吉士

楊景辰庶吉士

劉鴻訓庶吉士

錢龍錫庶吉士

周延儒修撰

錢象坤庶吉士

吴宗達編修

徐光啓庶吉士

王應熊庶吉士

文震孟修撰

林　釬編修

黄士俊修撰

傅　冠編修

薛國觀推官

程國祥知縣

蔡國用中書

姚明恭庶吉士

魏炤乘知縣

謝　陞知縣　陳　演庶吉士
蔣德璟庶吉士　黄景昉庶吉士
吴　甡知縣　魏藻德修撰
李建泰庶吉士　方岳貢主事
范景文推官　邱　瑜庶吉士

文淵典故

洪武元年，改中書省左、右相國爲左、右丞相，左、右丞各一人，參知政事二人，以宣國公李善長爲左丞相兼少師，統六部事。三年，召山西參政楊憲爲右丞相，陝西參政汪廣洋爲左丞。已，善長封韓國公，進太師，廣洋封護軍忠勤伯。後以胡惟庸敗，善長等皆坐累。上御奉天殿，敕文武羣臣，言：自古三公論道，六卿分職，自秦始置丞相而亡，漢、唐、宋因之，雖有賢相，然多小人專權亂政。自今罷相，設五府、六部、都察院、通政司、大理寺，分理天下庶務。彼此頡頏，不敢相壓，事皆朝廷總之。以後嗣君，不許立丞相；臣下敢有奏請設者，文武羣臣即時劾奏，處以重刑。命翰林、春坊官入看詳諸司奏啓平駁之，平允則列名封進，署曰翰林院兼平駁諸司文章某官某進。其時召耆儒鮑恂、張長年、俞銓至，命爲文華殿大學士，三人辭不就，而命吏部尚書邵質、檢討吴伯宗爲華蓋、武英殿大學士，翰林學士宋訥、典籍吴沈爲文淵閣、東閣大學士，皆侍左右，備顧問，然不得平章軍國事。永樂入踐極，始開内閣于東角門，簡翰林待詔解縉爲侍讀，中書舍人黄淮、王府審理楊士奇爲編修，進修撰胡廣爲侍講，編修楊榮爲修撰，户科給事中金幼孜、桐城縣知縣胡儼爲檢討，入直文淵閣，諸六部大政咸共平章，秩五品，而恩禮賜賚與尚書等。至洪熙初，設謹身殿大學士，既又建弘文閣，諭大臣曰：卿等各有職務，朕欲得學行端謹老儒數人，日侍燕閑，備顧問，可咨訪以聞。楊士奇等以翰林侍講王進、蘇州儒士陳繼對，命學士傳旨：繼授五經博士，掌閣事；進佐之。尚書蹇義舉學録楊敬、訓導何澄敦實，即授敬編修，澄給事中，皆直弘文閣。於是華蓋、謹身、武英三殿，及文淵閣、東閣，俱有大學士。

永樂初，建内閣于東閣門内，以解縉等七人在閣辦事，以備顧問。永樂之世，楊士奇、楊榮官止五品，是時尚沿國初之舊。至仁宗朝，陞士奇爲禮部侍郎，㝷（尋）加少保，轉少傅，兼華蓋殿大學士；榮爲太常卿，進太子少傅，兼謹身殿學士；溥爲太常卿，兼翰林學士，蓋以東宫舊恩，非例也。後楊榮陞尚書，授以工部，蓋不欲以兼官壓六卿之上。楊溥丁憂起復，不入閣，宣德間，以九年考滿，陞禮部尚書，至英宗時，復命入閣。故宣德以前，内閣與外九卿爲平交，執禮持法，不相顧忌。宣德以後，三楊眷重，漸柄朝政。英宗以九歲登極，凡事啓太后。太后避專，令内閣議行，此内閣票旨之所由始也。及楊榮卒于正統五年，楊士奇卒于正統九年，楊溥卒於正統十一年，則漸改於其舊。及景泰易儲之後，雖天子亦藉内閣以爲己用。但其官品，如蕭鎡、江淵、許彬、王一寧、商輅等，皆不脱學士之銜。天順初，李賢始以兵部侍郎陞吏部尚書兼翰林學士入閣，薛瑄由大理卿陞禮部侍郎兼翰林學士入閣。成化、弘治，多由侍郎陞尚書入閣。若先陞尚書，則無入閣之命。至正德初，劉瑾以其私人焦芳吏部尚書入閣，蓋以外寮之首而入主中秘之權。至張孚敬、張居正，則直以相體自尊，危坐諸卿之上，而名委之，然兩文忠雖好高不懼，絶利一源，乃其具美。

閣員初無定額。洪武初，吳伯宗以武英殿大學士復爲翰林院檢討。永樂初，王文忠以庶吉士入翰林，未幾召同王直入内閣，書機宜奏疏，五年，陞脩撰，十四年，進侍講，入閣在先，授官在後。嗣後，始以翰林院銜直文淵閣。然惟胡文穆靖修撰，楊文敏榮編修，彭文憲時、商文毅輅以修撰，其他黄文簡淮以中書舍人，楊文貞士奇以齊王府審理副，陳汝静敬宗、張子玉瑛以鄉舉，金文靖幼孜以給事中，胡若思儼以桐城知縣，俞綱以審理，權謹以光禄署丞，徐武功有貞以都御史，李文達賢以主事，王毅愍文、薛文清瑄以御史，高文義穀以中書舍人，劉宇、曹元以知縣，袁榮襄宗皐以長史，楊文襄一清以總督，張文忠璁、方獻夫、桂萼二文襄、霍文敏韜以主事，席文襄書以户侍，許文簡讚以吏書，夏文愍言以給事中，皆不由館選。自兹會推内閣，冢宰掌院必列名。至崇禎朝，遂定爲故事，每次枚卜，必内外兼推。

初設内閣，楊文貞士奇歷二十三年，官止五品，後加至少師，止兼兵部尚書、華蓋殿三官。時蹇忠定義以少師爲冢宰，朝廷不欲文貞班居其上，以存冢宰之體也。陳芳洲循雖兼五官，亦止户部尚書。後李文達賢以吏侍領吏部尚書，而彭文憲時、商文毅輅、萬安相繼領吏部尚書，自後遂爲首輔故事。

内閣外出者。永樂中，解縉爲廣西參議，胡儼爲國子祭酒；宣德中，張瑛、陳山以干請諸司，改瑛爲南禮部，山專教内書堂；景泰中，江淵出爲工部尚書，俞綱出佐兵部，許彬出爲陝西參議，徐有貞出爲福建參政；天順中，岳正謫爲欽州同知，後復官，止於翰林供事，皆不復再入。

預閣務不居其職者，蹇義以吏書，夏元吉以户書，朝夕備顧問，擬旨，然不與閣職。以他官兼大學士者，如楊士奇以禮侍兼華蓋，金幼孜以户侍兼武英，陳山以户侍兼謹身，張瑛以禮侍兼華蓋，黄淮以通政使兼武英，楊榮以太常卿兼文淵，徐有貞以武功伯兼華蓋。殿閣大學士自相兼者，如陳循以華蓋兼文淵，高穀、王文以謹身兼東閣，胡廣、楊榮、金幼孜以文淵兼翰林院學士。其内閣諸殿次第，自正統間始定，其兼銜次第，自天順間始定，然或以所兼保傅爲等級，或以部分爲後先。如楊榮以太子少傅謹身位少保黄淮武英下，陳山無兼官，以謹身位少保黄淮、太子少保金幼孜武英下，少保黄淮、太子少保金幼孜以户部尚書位少傅兵部楊士奇下，金幼孜又以户部、楊溥無兼官以禮部位工部楊榮下，王文以少保吏部位户部陳循、工部高穀少保太子太傅下，皆取所兼保、傅爲次序也。張瑛以禮部華蓋殿位户部謹身陳山下，此則以部分爲次序也。

内閣之職，同於古相，而所不同者，主票擬而不身出與事。如高公拱之兼掌吏部，趙公貞吉之兼掌都察院，孫公承宗兼掌兵部，俱出而啓事，入而調旨。然惟高爲首相，二公皆非也。事寄雖重，然猶判然兩署。獨天順間命徐公有貞考察方面，嘉靖間命李公本分别尚書至大小九卿去留，張公璁奉敕肅清百寮，韓公爌分别逆黨，則政自閣出矣。然張公權掌都察院事，李公因冢宰李公默得罪去，亦未可全謂之政出於閣也。政出於閣者，獨前武功與後韓蒲州。内閣出爲六卿者，皆不帶閣銜。即出將如楊公一清，自家起，改兵部尚書、左都御史、總督三邊，奉詔而出，閲九邊。如翟公鑾，亦改兵部尚書兼右都御史。唯華蓋殿大學士張公瑛，以原官掌南京吏部，然詘之也。文淵閣大學士孫公承宗，則亦以原官督理遼、薊、津、登軍務，自邊累官至少師中極殿。則出將入相者，本朝惟中山、高陽二公而已。然中山帶相銜而實不與機務，則又似高陽獨也。

文淵閣未有言掌者。徐武功有貞以勳臣領之，遂改爲掌文淵閣，王世貞譏之，以謂文淵閣不可掌也。吏部左侍郎李賢，爲本部尚書，兼翰林院學士，掌文淵閣事，則又不止武功也。又考解大紳縉入閣居七人之首，其繫銜亦曰掌文淵閣事，則又不始於武功也。

經筵大典，初惟勳臣一人知之，至李文達賢，始與勳臣並列。至同知經筵，閣臣亦不盡與，如景泰初，江淵、商輅與陳循、高穀同在内閣，陳、高二人同知經筵，而江、商二人止稱兼經筵官。

票擬事有關兩部者，必明標之，三部以上，始曰該部。至天啓而後，無人知此典故矣，每有一部而亦稱該部。

凡事有兩罪應處，始曰從重。如一事，自有正議，何曰從重。高新鄭每以此戒同列。

票旨稱卿，隆、萬間惟二品得之，而中亦有不能得者。天啓中，凡腰犀者，盡卿之。考天順間，祭酒吴節以滿九年，加從三品俸，又三年，以老請。上曰：國學師傅，正須老成，卿宜懋稱無愬辭，是四品而三品亦卿矣。朝廷優其人則稱之，原無定例也。閣中有文淵閣印章，玉箸篆。凡封進、詔草、題奏、揭帖用之，不得下諸司。卽下諸司，以翰林院印行；諸司行内閣，亦止稱翰林院。

凡内閣題本，用小揭帖，楷書，斜摺。其本僉官銜，則發科抄行；止稱臣某，則不送科發抄。禁密文書，一小匣在几上，鑰之而不合。大學士暮出，鑰其門，匙懸門上，恐禁中不時有宣索也。舊規，不得舉火，皆出食於外。宣德時，始令置厨庖，會食中堂。

舊制，輔臣在直，辰入申出，率以爲常。崇禎壬申後，必二鼓始出。及己卯後，遂至四鼓始出，間有徹夜者。周宜興至，始議輪一人宿精微科，候傳票。精微科九間，在午門外西廡，其南兵科直房也。

舊制，紅本到閣，首輔票擬，餘唯諾而已。崇禎中，御史倪元珙疏請分票。其後，本下，卽令中書分之。首輔之權雖稍分，然水火之端啓，而中書之弊種種矣。

孫高陽承宗曰：閣體重首輔，其圖事揆策，主之首輔，當予陪末綴，每見上傳首輔主裁，語不及次。首輔卽賢，次輔以下豈無一得當。上或間與首輔相參差，而兩意各主，朝士之從意者隨分。蓋自古分合之議，竟與國運相隨也。

王司寇世貞曰：閣臣于體至貴倨也，視百司乃無重相壓，何以相稱焉。其喜怒借上意，故上不嫌逼也；威福間己意，故下屏息也；創白由六曹，故難不與也；裁取以詔行，故衆無敢訾也。賢者當之，不見跡而治；不肖者當之，不及敗而亂，此在人主擇矣。

孫高陽承宗曰：朝廷生殺予奪之權，閣臣不顯操，而賢者得君以行其公，遂能任生殺予奪而天下治；不肖者得君以行其私，亦能竊生殺予奪而天下亂。故閣臣不必有其權，而有其任。

何良俊曰：唐宋設官，並置三省，三省皆宰相也。一曰中書省，二曰門下省，三曰尚書省。中書省則置中書令，而中書侍郎、左丞、右丞、左右司郎中、中書舍人皆其屬也。門下省則古唐虞納言之官，今之通政司是也。省中則置僕射、侍中、門下侍郎、中常侍、武騎常侍、散騎常侍、給事中，皆其屬也。尚書省則置尚書，而六曹皆設於部，其屬則選部、考功、儀部、駕部、金部、倉部、比部、虞衡、水部之類，皆設郎中、員外郎是也。凡朝廷有大政令，則由門下省奏上，發中書省看詳，仍發門下省下尚書省施行，故尚書拜相則曰同中書門下平章事者是也。當時政體互相鈐轄，事權常分，使門下、尚書二省堅持官守，不相阿縱，則宰相之權初亦甚輕。但看詳由於中書，則主張庶事皆由其手，其權安得不日漸隆重哉。故唐、宋時卽有宰相如元載、盧杞、秦檜、賈似道者，蓋由此也。近時各部之事，皆聽命于閣下，所不待言，雖選曹有員缺，亦送揭與閣，然後注選，此不知胡、汪當國時有此事否？夫威權日盛，則謗議日積；謗議日積，則禍患日深。故自世宗以來，宰相未有能保全身名而去者。

于文定慎行曰：漢、唐以來，宰相之任，往往起家郡邑，未有以文學侍從，不出禁門，而進宅揆任天下之重者。漢宣以蕭望之才任宰相，欲試以政事，乃從少府左遷爲馮翊，曰：所用皆更治民以考功，故試之于三輔。此人主任相之法也。許衡因論阿合馬之奸，請解機務。元世祖命舉一人自代。衡曰：用人，天子之大柄，臣下汎論其賢否則可，若授之以位，則斷自宸衷，不可使臣下有市恩之漸。此相臣事主之法也。

先正模範

票擬宜密

大學士劉健疏：臣等仰見皇上委任腹心，慎重機務，開決壅蔽，防閑漏泄之意。易曰：君不密則失臣，臣不密則失身，幾事不密則害成，正爲此也。臣等俱以庸駑謬承簡任，輔導無狀，尸素有年，聖諭下臨，捫心知感。竊惟内閣之職，所以承德弼違，獻可替否，輔佐朝廷，裁決政務，與百司庶府職掌不同，中間事情，誠爲秘密。在祖宗朝，凡有諮訪、論議，或親臨幸，或召見便殿，或奉天門，或左順門，屏開左右，造膝面諭，以爲常制。臣等不暇遠引，且如宣宗章皇帝屢幸内閣，御座所在，至今臣等不敢中坐；英宗睿皇帝視朝將罷，不時面召李賢；憲宗純皇帝亦常召李賢、陳文、彭時，或遣司禮監太監如牛玉、懷恩一二人到閣計議。上有密旨，則用御前之寶封示；下有章疏，則用文淵閣印封進，直至御前開拆，此臣等耳聞目見者也。因循至今，事體漸異，朝參、講讀之外，不得復奉天顏；雖司禮監太監，亦少至内閣。朝廷有命令，必傳之太監，太監傳之管文書官，管文書官方傳至臣；内閣有陳説，必達之管文書官，管文書官達之太監，太監乃達至御前。至于謄寫之職，例委制敕房中書一二人，臣等雖時常戒飭，而經歷太多，耳目太廣，豈能保無漏泄。宜有如皇上所諭者，臣等自當滌慮省躬，盡忠補過，以副聖心。但内閣文書，多係機密，凡事關得失利病，職在輔導，不敢阿順緘默，未免有所陳奏。緣臣等不習楷書，字畫鈍拙，恐不能一一自寫，除事理重大者自行書寫封進，以聽聖裁，其餘仍乞容令中書代寫。臣等亦當申嚴戒飭，勿致漏泄。皇上若有諮議，仍乞照祖宗故事，或召臣等面諭，或親賜御批數字封下，或遣太監密傳聖意，使臣等有所遵奉，庶情得通達，事無漏泄，實爲便益。

代言不易

大學士張孚敬疏：兹者内閣員缺，臣已上請簡命節行足以報主、道義可以服人者以爲首臣，以表百僚，實以内閣之官，居密勿之地，任代言之責，有難勝任故也。臣連日思維，又有不能自已於言者，敢復冒昧上請，惟聖明垂察焉。臣伏讀聖訓，内一款云：自古三公論道，六卿分職，並不曾設立丞相。自秦始立丞相，不踵旋而亡。漢、唐、宋因之，雖有賢相，然其間所用者多有小人，專權亂政。今我朝罷丞相，設五府、六部、都察院、通政司、大理寺等衙門，分理天下庶務，彼此頡頏，不敢相壓，事皆朝廷總之，所以穩當。至太宗皇帝，始設内閣。臣謹按太宗皇帝實録，永樂二年九月，上御右順門，召翰林學士解縉，侍讀黄淮、胡廣、胡儼，侍講楊榮、楊士奇、金幼孜，諭之曰：朕即位以來，爾七人朝夕相與共事，鮮離左右，朕嘉爾等恭慎不懈，故在宫中亦屢言之。然恒情保初易，保終難，朕固當存于心，爾等亦宜謹始如終，庶幾君臣保全之美。縉等叩頭言：陛下不以臣等淺陋，過垂信任，敢不勉勵圖報。上喜，皆賜五品公服。按此，太宗皇帝時内閣止設翰林學士及講讀、編修等官，備顧問而已。及宣宗皇帝朝，楊榮、楊士奇等始專任之，有代言擬旨之責；其官漸加至尚書、師、保，後不復變也。夫内閣有聲者，稱三楊而已。後楊榮曾孫業（曄）坐事抄没，家資鉅萬，況其他乎。故内閣設官，太宗之時，用之固未嘗不善，及未加以代言擬旨之責，且任使多非其人，遂至犯贓壞事。臣歷數從來内閣之官，鮮有能善終者。蓋密勿之地，易生嫌疑；代言之責，易招議論，甚非君臣相保之道也。古人謂：人君勞于求賢，而逸于得人，苟所得非其人焉，反致君勞，而實無益于國矣。臣切惟人君之德，莫大于仁明武，仰惟皇上聖神，邁古帝王，三者之德，無一不備，誠無假于代言之官者也。伏乞體念祖宗之制，宜有所處，或下廷臣集議，以建國家久安長治之策，以全君臣始終相保之道，臣不勝恐懼，願望之至。

任用宜擇

大學士張孚敬疏：臣伏讀聖諭：朕思民間疾苦，情狀或未盡知，則匹夫匹婦猶有不被其澤。於此見我皇上真存心天下，加志窮民者也。夫有君有臣，然後政舉。今上有是君，臣恐下無是臣也。昔伊尹以天下爲己任，思天下之民，匹夫匹婦有不被堯、舜之澤者，若己推而納之溝中。惟成湯能用伊尹，故伊尹能相成湯。夫人君以論相爲職，宰相以正君爲功，伊尹不可得而見矣。唐楊綰清儉簡素，代宗相之，制下之日，朝野相賀。郭子儀方宴客，聞之減坐中聲樂五分之四；京兆尹黎幹騶從甚盛，卽日聞之，止存十騎；中丞崔寬第舍宏侈，亟毁之。宋秦檜陰險深阻，誣陷善類，結納内侍，伺上動静。高宗相之，祖、父、孫三世皆領史職，開門受賂，富敵於國，外國珍寶，死猶及門。一時忠臣、良將，誅鋤略盡。其頑鈍無恥者，率爲之用，卒致外裔内横，禍延國祚。二宗任相得失，明驗如此。況皇上有堯、舜知人之明，而欲民被堯、舜之澤者乎。我太祖高皇帝，懲前代宰相專權，不復設立，而今之内閣，猶其職也。皇上責以調元贊化，可謂得任輔相之道矣。臣不知其宜何如爲人也。今之部院諸臣，有志者難行，無志者聽令，是部院乃爲内閣之府庫矣。今之監司，苞苴公行，稱爲常例，簠簋不飭，恬然成風，是監司又爲部院之府庫矣。撫字心勞，指爲拙政，善事上官，率與薦名，是郡縣又爲監司之府庫矣。司馬光曰：天之生財，止有此數，不在官，則在民。今在官者恒多矣，如之何民不窮且盗也？夫人君之尊如天，明日月也，威雷霆也。近者，皇上畏天修省，責臣下自陳。待命之日，莫不震疊。既而無毁無譽，黜陟不聞，旅進旅退，幽明無别，臣恐上下雷同，非國家之福也。孔子曰：事君，敬其事，而後其食。今之事君者，其不爲宫室之美、妻妾之奉者鮮矣。夫營巢養子，禽獸皆然，不敬君事，何以别乎？孟軻氏告齊君曰：王欲行王政，則盍反其本矣。臣切惟皇上宣德流化，必自近始，近必自内閣始。夫人君用人，固未嘗借才於異代者也。今内閣擇其人焉，責之以擇九卿；九卿擇其人焉，各責之以擇監司；監司擇其人焉，各責之以擇守令。守令，親民者也，守令得人，斯匹夫匹婦莫不被其澤矣。不然，則上下交征，掊克在位，皇上雖有憂民之心，而澤民之政爲遏絶，如之何其可也？

行政事宜

大學士高拱疏：一、祖宗舊規，御門聽政，凡各衙門奏事，俱是玉音親答，以見政令出自主上，臣下不敢預也。隆慶初，閣臣擬令代答，以致人心生玩，甚非事體。昨皇上於勸進時，荷蒙諭答，天語莊嚴，玉音清亮，諸臣無不忭仰。當日卽傳徧京城，小民亦無不懽悦，則其所關係可知也。若臨朝時不一親答，臣下必以爲上不省理，政令皆出他人之口，豈不解體。合無今後令司禮監每日將該衙門應奏事件，開一小揭帖，明寫某件不該答，某件該答，某件該某衙門知道，及是知道了之類。皇上御門時收入袖中，待各官奏事，取出一覽，照件親答。至於臨時裁決，如朝官數少，奏請查究，則答曰：着該衙門查點；其糾奏失儀者，重則錦衣衛拏了，次則法司提了問，輕則饒他，亦須親答。如此則政令自然精彩，可以繫屬人心，伏乞聖裁。

一、祖宗舊規，視朝回宮之後，卽奏事一次，至申時又奏一次。內侍官先設御案，請上文書，卽退出門外，待御覽畢，發內閣擬票，此其常也。至隆慶初年，不知何故，不設覽本御案，司禮監官奏文書，先帝止接在手中畧覽一二，亦有全不覽者。夫人君乃天下之主，若不用心詳覽章奏，則天下事務何由得知，中間如有奸詭、欺罔、情弊，何以照察。今後，乞命該監官查復舊規，將內外一應章奏，除通政司民本外，其餘盡數呈覽，覽畢送票，票後再行呈覽，果係停當，然後發行，庶下情得通，奸弊可弭，而皇上亦得以通曉天下之事。臣等又思各衙門題奏甚多，難以通篇逐句細覽，其中自有節要之法。如各衙門題覆，除前一段係原本之詞，不必詳覽，其擬議處分，全在案呈到部以後一段，乞命該監官每日將各本案呈到部去處夾一小紅紙籤，皇上就從此覽起，則其中情理及議處當與不當，自然明白。至于科道及各衙門條陳，論劾本章，則又須全覽，乃得其情，伏乞聖裁。

一、事必面奏，乃得盡其情理。況皇上新政，尤宜講究，天下之事始得周知。伏望于每二、七日臨朝之後，一御文華殿，令臣等隨入叩見，有當奏者，就便陳奏，無則叩頭而出。此外若有緊急密切事情，容臣等不時請見。其開講之時，臣等皆日侍左右，有當奏者，即于講後奏之。如此，則事得精詳，情無壅蔽，不惟睿聰日啟，亦且權不下移，而諸司之奉行者當自謹畏，不敢草率塞責矣，伏乞聖裁。

一、事必議處停當，乃可以有濟而服天下之心；若不經議處，必有差錯。國朝設内閣之官，看詳章奏擬旨，蓋所以議處也。今後伏望皇上將一應章奏俱發内閣看詳擬票上進，若不當上意，仍發内閣再詳擬上。若或有未經發擬，自内批者，容臣等執奏明白，方可施行，庶事得停當，而亦可免假借之弊。其推陞庶官，及各項陳乞，與凡一應雜本，近年以來，司禮監徑行批出，以其不費處分，而可徑行也。然不知推陞不當，還當駁正；其或情事有欺詭，理法有違犯，字語有乖錯者，還當懲處。且内閣係看詳章奏之官，而章奏乃有不至内閣者，使該部不覆，則内閣全然不知，豈不失職。今後，伏望皇上命司禮監除民本外，其餘一應章奏，俱發内閣看詳，庶事體歸一，而奸弊亦無所逃矣。伏乞聖裁。

一、凡官民本辭，其有理者，自當行；其無理者，自當止；其有奸欺、情弊者，自當懲治，未有留中不出之理。且本既留中，莫可稽考，則不知果經御覽而留之乎，抑亦未經御覽而有留之者乎？是示人以疑也。又或事係緊急密切而有留中者，及至再陳，豈不有悮。今後，伏望皇上於凡一切本辭，盡行發下，倘有未下者，容原具本之人仍具原本，請乞明旨；其通政司封進外來一應本章，每當日將封進數目開送該科備照，倘有未下者，科官奏討明白。如此，庶事無關隔，而亦可以遠内臣之嫌，釋外臣之惑，其於治理所關非細，伏乞聖裁。

治平要務

大學士張居正六事疏：一、省議論。謂宜掃無用之虛詞，求躬行之實效。欲爲一事，須審之於初，務求至當，斷而行之，如唐憲宗之討淮蔡，百方沮之而不摇；欲用一人，須慎之於始，既得其人，則信而任之，如魏文侯之用樂羊，謗書盈篋而不動。一切章奏，務從簡切，是非可否，宜明白直陳，毋得彼此推諉，徒託空言。

一、振紀綱。謂情可順而不可狥，法宜嚴而不宜猛。近來紀綱不肅，模稜兩可謂之調停，委曲遷就謂之善處，宜勅執法諸臣，秉持公論，振揚風紀，刑賞予奪，一歸之公道，政教號令，必斷於宸衷，以勵明作之治。

一、重詔令。近日朝廷詔旨多廢格不行，抄到各部，概從停閣，至於應勘、應報，奉旨下地方官，輒視爲故紙，有一事而數十年不完者，文卷既多沉埋，干證半登鬼録，漏網孰問，覆盆誰伸？望勅下部院，凡奉旨事務，數日之内卽行題覆，其地方合行覆奏，要嚴立期限，從實查覈，吏部卽以此科課其能否。

一、覈名實。器必試而後知利鈍，馬必駕而後知良駑。今用人則不然，稱人之才，不必試之以事，任之以事，不必更考其成。椎魯少文者以無用見譏；大言無當者以虛聲竊譽；倜儻伉直者以忤時難合；脂韋逢迎者以巧宦易容。加以更調太繁，遷轉太速，資格太拘，毁譽失實。或舍其職業出位是思，或條陳累牘而職守茫然。願慎重名器，愛惜爵賞，用人必考其終，授人必求其當。内、外官三年、六年考，吏部必實覈其稱職、平常、不稱職，毋眩於愛憎毁譽以臆爲殿最。

一、固邦本。方今風俗侈靡，蠹敝横生。外之豪强兼併，賦役不均，詭寄逋欠，偏累小民；内之官府造作，侵欺冒破，假公濟私，損上刻下。凡此耗財病民之大者，若求其害而去之，何必索之窮困之民，以自耗國家之元氣乎？前項催督，御史事完，宜令回京，勿復再差。其屯鹽各差，亦當取回，但責成撫按清理可也。如此，則蠹害剗除，民生甦而邦本固矣。

一、飭武備。今議者皆曰：兵不多，食不足，將帥不得人。臣謂三者不足患也。夫兵不患少而患弱，今軍伍雖缺，而糧籍具存，若按籍清查，隨宜募補，着實訓練，何患無兵；捐無用不急諸費，併其財賦以撫養戰士，何患無財；懸重賞以勸有功，寬文法以伸將權，則忠勇之夫孰不思奮，何患無將。臣願皇上先自治之圖，屬任謀臣，不求近功，不忘遠畧，選擇邊吏，團練鄉兵，併守墩堡，則無事可以守，有事可以戰矣。臣又考之古禮、祖宗故事，俱有大閲之制，以習武事，而戒不虞。乞勅戎政大臣，申嚴軍政，間請聖駕親臨較閲，一以試將官之能否，一以觀軍士之勇怯，爲磨勵勸懲，亦轉弱爲强之一機也。

疏入，上曰：覽卿奏，具見謀國忠猷，該部院看議以聞。於是都御史王廷等，及兵、户二部，各覈議覆奏。上令各如議遵行。宗伯黄汝良稱：張江陵此疏綜覈，信必振積年委靡之頽風，新一代精明之神氣。隆慶、萬曆間號太平，實藉其謀國忠猷，允稱救時賢輔矣。

以去格主

大學士王家屏疏：竊臣聞漢臣汲黯有云：天子置公卿輔弼之臣，寧令從諛承意，陷主於不義誠使安之毒是懷，競業之衷潛替，郊廟不享而仁孝之念疎，堂陛不交而君臣之誼隔，天災物異之警罔徹宸聽，民生國計之憂不關聖慮，皇上試省此心，敬耶怠耶，於治道得耶失耶？臣備員輔弼，既不能婉導密規，防君志未萌之欲，又不能明諍顯諫，扶乾坤將壞之機，曠職鰥官，久當退避，所以逡巡未去，徒以被恩高厚，毫髮靡酬，庶幾殫竭愚忠，漸次匡正。乃今數月之間，請朝講不報，請元旦受賀不報，請大計臨朝不報，臣犬馬微誠，不能感回天意，已見於此矣。至於升儲大典，九廟神靈，共屬萬方，想望惟殷，卽册立之期，或可少待，而豫教之舉，委宜蚤圖，科臣所言未爲差謬，皇上卽惡其瀆擾，報罷足矣，甚則罰俸足矣，何至降調外任乎？旨意一出，遠近驚疑，使道路之猜議横生，宫闈之讒搆交作，其於虧損聖德，動揺國本，非細故已也。揭請寛宥，未賜允俞，且復遷怒申救諸臣，概加譴謫，臣誠不忍明主蒙咈諫之誚，清朝有横施之罸，部科罹無妄之罪，宗社蓄不測之憂也。循省虚庸，終靳匡救，若復依違保禄，洩沓苟容，正汲黯所謂從諛承意，陷主不義，貽辱朝廷者耳，死且有餘僇焉。伏乞聖恩，亟賜罷歸，俾全晚節。

第二疏：頃因科臣劉獻可等疏請豫教，蒙旨降罸，臣不揣輕鄙，冒昧封還。意事係宫闈，不宜盛怒，以損天親之愛，言出臺省，不宜峻斥，以塞忠諫之門，乃爲聖德慮，爲國體慮，非爲獻可一人也。揭請寛宥，未蒙俞允。方當退而補牘，再瀝悃誠，而科道諸臣申救獻可者，若鍾羽正、張棟、陳尚象、鄒德泳等，又已得罪。兩日之内，嚴旨疊出，或奪其俸，或謫其官，方一旨調南京，又一旨調外任，方一旨降邊方雜職，又一旨削籍爲民，以至於孟養浩之廷杖一百，則更慘矣。雷霆横擊，風日凄陰，凡舉朝士紳，遠方選吏，見者無不喪氣，聞者無不摧心，誠不意聖哲之君有此舉動，平明之世，有此景況。而原其釁端由起，則自臣揭救獻可始。是臣惜諤諤之一士，而反累濟濟之羣英，爭降罰之輕刑，而反搆放逐之重典，善類之罪人，清時之戾氣也。用是自陳愚戇，疏乞罷歸，庶幾感悟宸衷，消融聖怒，霎然開霽，赦宥諸臣，使之復還舊官，勉圖報稱，則始雖因臣咸累，罹無妄之災，終乃以過見原，獲自新之路。臣雖退居壟畝，尚可以一去謝諸臣耳，何圖席藁累日，未奉處分。詢之同官，乃知爲臣具揭。伏奉聖旨，謂臣希名不遂，托疾故症。臣聞言惶悚，負罪彌深。竊念名非臣之所希，實非臣之敢棄。臣所希者，期皇上爲堯、舜之主，而臣爲堯、舜之臣，此之謂名垂千載有餘榮，故足希也。若犯顔色，觸忌諱，抗爭債事，被譴罷歸，此何名之可希乎？必不希名，將使臣身處尊官，家享厚禄，主德愆違而莫之救正，刑政壞亂而罔克匡維，此可謂不希名之臣矣，而國家將奚賴焉。更使臣棄名不顧，將逢迎爲悦，阿諛取容，雖許敬宗、李林甫之奸佞無不可爲，是九廟神靈所陰殛，天下萬世所唾駡也，不但得罪於劉獻可、鍾羽正諸臣而已，豈當一日立於堯、舜之朝哉！伏望皇上察臣戇愚，本爲禍始，將臣特賜罷免，以示首事之懲，仍召還降謫諸臣，以釋株連之累，庶善類無枉，羣情不摇，臣感戴生成，環草難報。

第三疏：臣頃以救科臣致干聖怒，兩疏乞罷，未奉允俞。忽蒙聖諭：邇年以來，喜事小臣，狂肆不道，逞臆激擾，姑以薄罰。卿爲佐治，見此要名，不義之徒自宜調旨厝處，緩詞解諫，却乃逕駁御批，故激朕怒，甚失禮體。及朕怒起，卿又不忍受，假疾具疏，又言求去。朕想卿真欲以此挾君廢政，沽名逸卧，豈人臣之義哉。且卿輔朕燮理贊襄佐治有年，況今國務多艱，卿趦然高卧，其心可安乎？卿既有疾，准暫假數日，卽入閣辦事。欽此。臣謹焚香叩頭祇領訖。伏念犬馬猶能報主，葵藿亦克傾陽，物類且然，況臣受皇上作養生成之大德，十年講幄，六年政府，卽天地父母，未足比其恩慈，雖粉骨碎身，莫能伸其報塞，豈不知將順聖意，鎮戢羣囂，可以全君臣喜起之休，養中外和平之福，而止以册立一事，爭議數年矣。在皇上欽定册期，已有確然不易之信，則小臣數生激擾，殊無帖然聽命之恭。聖諭谓其喜事逞臆，此誠諸臣之罪不可掩也。幸蒙薄罰，臣但當委曲調停，從容緩解。而封還御批，致激聖怒，聖諭責臣甚失禮體，此臣之罪，臣亦不敢辭也。但皇子於皇上，父子之親也，册立與豫教，典禮之大也。言涉至親，不宜有怒，事關典禮，不宜有怒。臣與諸臣但知爲宗社大計慮，以盡言爲效忠而已，豈意其激皇上之怒哉？使臣與諸臣預知皇上之怒，必不敢封還内降，逞臆激擾。而所以敢激聒、敢封還者，正恃皇上之聖明，無一言之不納，皇上之寬大，無一物之不容也。及今數日之内，嚴旨叠出，斥逐紛然，臣乃始錯愕銷魂自恨，以爲忠非素蓄，志未上通，而謬襲引裾之跡，期收補衮之功，以致一言不投，萬事瓦裂，譬之僨轅之犢，不可復乘，敗羣之羊，所宜亟斥，自不能一日安於其位，而豈敢文言求去，挾君廢政哉？伏荷天言切責，謂沽名逸卧，大非人臣之義所宜，且温旨慰留，念贊襄有年，當以國務之艱爲慮。華衮斧鉞，總屬皇恩，雨露雪霜，何非至教。惟是孤忠獨立之身，抱下愚不移之疾，俯循深痼，恐非數日之假可痊，望乞生全，寬以一朝之褫爲幸。

封還上諭

大學士王家屏疏：今日文書官李相到閣，蒙發下御史傅光宅本爲撫鎮吏調繁數事，口傳聖意，謂近來吏部用人遷轉太頻，欲行降勑宣諭。隨蒙文書官劉宣將下勑稿令臣等觀看，臣等捧誦再三，仰見皇上留心吏治，加意官材，申久任責成之規，戒輕紛易更之擾，誠不勝欽服。第吏部之職，名曰銓衡，其資序一定之中，亦不能無斟酌轉移之法，或才望特著，或人地相宜，彼此互更，意存器使，容有不得不然者。竊見吏部尚書陸光祖老成練達，鯁介精嚴，其一念進賢退不肖之心，真有孜孜汲汲、夙夜匪懈者。但其綜覈太鋭，故更置稍頻，乃其意則爲公非爲私，任怨非任德也。皇上卽欲責使慎重，但於其回覆疏中出一嚴旨，彼自當愓然警省，將順不遑，若頒降綸音，特加戒諭，不惟志意銷阻，隳其任事之心，將且體貌摧傷，難居表率之地，其何以甄叙衆職而壓服人心也。伏望皇上念係大寮，姑寬嚴督，恕其既往之咎，開其補過之門，庶幾崇重天言，不至於褻玩，保全國體，共荷其優容矣，所有勑諭一道，乞准停止。

舉賢報効

大學士沈鯉疏：臣往伏田間，蒙非常知遇，召以弓旌，而處之輔弼之地，迄今四載，無能有涓埃報効，私心常用爲憂。已而求之古人，則公叔文子之臣大夫僎，與文子同升諸公，而孔子稱其爲文，臧武仲知柳下惠之賢而不與立，而孔子譏其竊位，乃知閣臣之所爲盡職者，不在乎自賢自能，而在舉天下之賢以爲賢，舉天下之能以爲能，而以人事君然後爲大，不但以一身區區也。臣等於是始交相勸勉，乃各以盈尺之幅，摺爲手簡，納之懷袖，凡有聞四方之賢者、能者，輒濡毫而識之，用比於昔人之夾袋，以備遺忘。積之既久，遂以盈幅，方擬諏吉齋沐具奏以聞，用比於芹曝之獻，尋又思臣等各兩耳兩目爾，今主上方且明四目，達四聰，豐蔀幽隱無不畢照，卷阿車馬無不具陳，何需此道聽塗説爲，乃遂削其牘而不敢奏，而但請命於上，敕下該部及九卿科道各舉所知，亦各務以人事君。如所舉而與臣等之所私擬者無不符合也，則臣等之言已行矣，雖削牘可也；或亦有意見稍殊，大同小異，則以相參酌而補苴罅漏，以共成斯舉亦可也。蓋臣等以一念之公心，而付之舉朝之公論，夫是以不敢先，亦不敢後也。抑臣等之所以爲此者，豈目前是爲，亦竊有深長之慮焉。何以故，爲人才長養之難也，爲遺大投艱之不易也，爲戡亂反治之不可無人也，故爲是私憂過計也，請一一熟慮之。聖神在御，菁莪棫樸，作人於三十四載之間，而後有雲蒸豹變，如斯之盛，向惟其用之不早，而使之沉淪於山阿、海澨、蓬門、蓽巷之中，乃多化爲異物，而不得其半臂之力，今之存而未泯者，十之二三耳。若更不及時賜環，漸以澌滅，於作養人才之謂何。蓋樹人猶樹木，當種樹之初，其殷勤撫摩培灌者，拱把柔條也，何望之甚殷也，豈既成參天之材，而棄爲溝中之斷乎？亦殊覺前勞之可念矣，故臣等爲是惜。何言乎遺大投艱之不易也，一榱、一桷，可隨地而求之，亦可以隨手而得之，彼巍乎隆棟，如今搆三殿之材者，其安可驟得乎？蓋必其險阻艱難，無不閱歷，而後能增益其德慧，此在千百中一二也，故以爲遺大投艱之不易也。然此猶論其常也。自古及今，事變之高高下下，驚心駭目者安有定形，其芟薙荆榛，蕩滌邪穢，廓陰曀而耀光明者，亦何代蔑有也。故在唐則狄仁傑薦五王，在宋則王旦薦寇準，乃卒能定難呼吸，成旋乾轉坤之烈，假令其臨渴而掘井，亡羊而補牢，亦何能有濟於事。故臣等區區愚見，以爲世有一奇偉非常可排難解紛之人，當及無所可用之時，布在周行，備一旦緩急之用，乃不致臨時無措，以戡亂反治之不可無人也。抑又有不止於此者，賢才不在朝，則在野，其所在有多寡，則國家之氣象亦自有不同者。故野無遺賢，而史必書之曰：慶曆之盛，君子滿朝，即詩書所稱濟濟師師，不加於此矣，不亦榮乎；其不然者，則書曰：賢才偏野，將百世而下有遺議矣。夫由前三事則關係在當時，由後一説則是非在來世，皆臣等遠慮也，故不敢不盡焉。雖然，此對君公言也，尤竊有私願於會舉諸臣者，亦不敢不盡其愚。威福，人主之大柄也，人臣其誰敢干之。苟當會舉時，而稍着一意，澄汰不公，則其所舉者即爲市恩。市恩，與作福一意也，科道官得指名糾劾，以防冒濫，亦更宜仰體聖心與天地同廣大，與父母同恩勤，即先年放逐諸臣，有偶觸詿誤，而困衡已深者，自不妨從衆公舉，一體叙録。於以昭王道蕩平，無作好惡，亦卓絶古今一事也。

國是宜定

大學士葉向高疏：臣惟天下之治亂必有其形。治者，非豐亨豫大之謂也，朝政清明，庶官輯睦，即謂之治；亂者，非禍變擾攘之謂也，法紀凌遲，人心囂競，即謂之亂。皇上視今之天下，法耶，亂耶？臣不敢言其他，即如近建言諸臣，意見稍分，門户遂立，藩籬既樹，而隙釁彌開。始而臭味，繼而參商，又繼而水火矣；始而旁觀，繼而佐鬭，又繼而操戈矣。株連蔓計也。夫天下議論，有一時而定者，有一時未必定而俟之日後則又自定者；有爭辨而明者，有愈辨不明而置之不辨則又自明者。揚湯止沸，不如去薪，可謂善喻，諸臣何不思乎？然此爲諸臣言耳。朝廷者，臣下之紀綱威令所自出也，故言一事，則必決一事之從違，毋因一事而滋盈庭之議；言一人，則必斷一人之用舍，毋因一人而開羣枉之門。今皇上一切涵容，無所可否，當去不去，當留不留，當斷決不斷決，聚之使爭，養之使鬭，奏牘日多，事端日起，職此之故。夫人主之明如日月，威如雷霆也。日月之明以其常運，雷霆之威以其迅速，非運非速，則毋乃自傷其明而威幾頓乎。自古忠邪不分，朋黨爲害，多見於叔季之世，庸愚之君。今聖明在御，乾綱獨攬，豈容有此。誠宜盡發諸臣之疏，勅下部院評其是非曲直，以聽聖裁。言當則行，不當則止，中有顛倒謬戾之甚者，量處一二，以警將來，則人心振肅，議論分明，而朝宁之間廓然有天清地寧之景象矣，皇上亦何憚而不爲乎？臣嘗爲相知者言：天下事非一家私議，自譽爲君子無益也，天下後世以爲君子則真君子矣；見詆爲小人未傷也，天下後世以爲小人則真小人矣。小人、君子界限甚嚴，公論甚晰，自古及今未之能逃，念及於此，將客氣自消，而爭論自息矣。此又臣一得之愚，而欲爲諸臣忠告者。臣與諸臣比肩事主，無嫌無疑，亦無一毫偏護私意，但目擊世界紛紜至此，而處輔弼之任默無一言，安所逃責，故敢直陳其愚，惟聖明少加意焉。

遇災引罪

崇禎十六年二月，大學士公疏：臣等因風霾，具疏引罪，適蒙發下欽奉御批：連日風霾大作，朕心悚惕靡寧，深自省察，總因朕寡德所致，卿等弘謨藎志，安内攘外，朕深切倚賴，不必合詞引咎。至於教誨以至誠感格等語，尤覘悃忱。朕謹凜天戒，敢懈誠修，益望輔弼大臣多方匡救，其折轉一應扼擊盡殲，功罪賞罰，屢旨已詳，行間文武諸臣，俱著殫智竭力，奮勵掃除，必期成功，該部卽日馳飭，欽此。臣等叩頭恭頌，不勝感激，不勝惶悚。竊惟我皇上敬天之威時保不懈，錫民之福歲省惟勤，昨者兆示風霾，咎惟臣下，而乃以悚惕省察，嚴洪範五事之徵，以匡救誠修，謹春官十煇之戒，實與我聖祖露坐郊壇，顧諟雷斧之意，先後同符。在昔周宣王雲漢示警，南征北討，赫然中興，彼猶中主也。矧以堯、舜之資，而當天心仁愛之會，滅敵平寇，日可俟矣。所愧臣等才識疎庸，罪愆叢積，若律以輔理無能之效，正當在災異策免之條，而猶過荷矜原，暫稽恩譴，俯循衾影，彌切淵冰；統俟兵事稍寧，再圖合詞控請。其行間督撫諸臣，復經批諭嚴飭，當益祗遵臨事，奮勵成功，以仰副宸算。除臣等另報名廷謝外，謹先具揭，回奏恭謝，伏祈聖鑒，臣等不勝激切悚息之至。崇禎十六年三月二十六日晚上。二十七日，奉御批：覽先生每奏，朕知道了。朕警凜天威，勉法祖德，此揭奏裨益良深，并前疏著命所司書於殿壁，時存警戒，不虛先生每訓誨至意。該衙門知道。

閣員宜推

吏部尚書陸光祖疏：本月十五日申時，伏蒙皇上召臣光祖與志臯至會極門傳奉勅諭。初，未知爲何事，恭捧到於朝房，然後知爲陸趙志臯禮部尚書，張位吏部左侍郎，俱入閣辦事。始，臣等微聞申時行等密薦二臣，今乃果然。臣等素知二臣之賢，士論稱爲正人君子，望其柄用。今皇上信納閣臣之言，用之輔理，良協輿情，臣不勝欣躍。但事關職掌，有不容不言者。夫爵人於朝，與衆共之。祖宗定制：凡大臣員缺，吏部與九卿會推，請旨簡用。至推吏、兵二部尚書、各邊總督及内閣大臣，則九卿之外，復益以六科、十三道，蓋其任愈重，則舉愈當公，詢謀僉同，方敢推用，實所以廣忠集衆，而杜偏聽之奸，絶阿私之患也。自大學士張居正用事，閣臣進用，始有不由會推者，意在市恩，蔑棄成法，天下共言其非矣。今時行等所薦，固爲得人，卽使會官廷推，二臣資望，安知不在所推數中，奚庸私薦哉。臣愚以爲會推大典，祖制決不可廢；私薦内降，其端決不可啓。伏望皇上俯納臣言，以後閣臣員缺，仍勑吏部九卿、科道官照例會推，疏名以請。廣衆大庭之中，孰敢蔽賢，亦孰敢私所厚？庶朝廷有大公至正之體，而所舉之臣，亦有光榮，得以殫心而任事矣。若一聽之獨舉密薦，誠恐異日狥私植黨之禍殆有不可勝言者。臣待罪銓衡，不敢不爲國家存深長之慮，冒昧上言，伏望聖明裁奪。謹題請旨。萬曆十九年九月十八日具題。二十日奉聖旨：新簡閣臣你每既説士論稱服，元輔所薦足見至公，今次斷自朕心，原不爲例，以後還着會推，按爵人於朝，所以示公也。自傳奉行，而官品亂矣。當時閣員缺，公議起王山陰，閣中恐妨己，遂行揭薦。蘭溪不足言，而礦税之禍實自新建開之，則平湖一疏，豈可少乎。

春明夢餘録卷之二十四

内閣二

卜輔于天

崇禎元年，輔臣施鳳來等以枚卜請，上允之。吏部會推十員。翌日，召閣臣與吏科河南道至乾清宫前殿。上諭輔臣曰：内閣公孤大臣倘得其人，社稷之福，朕不敢自定，欲求之天。施鳳來對曰：海内多事，望皇上多點數員。上頷之，命内臣設香案，上舉香，一拜三叩，隨設小桌，置筆硯于香案之左，前出紅紙十方，各書一名爲鬮，入金瓶内。上舉匙拈之，每拈一鬮，遍示侍臣，然後舉筆點之。再拈如前，共點錢龍錫等六員。上復拜叩。禮畢，還御座，侍臣趨入叩頭謝。來宗道，浙江上虞人，任禮部尚書；楊景辰，福建晉江人，任吏部侍郎；李標，北直高邑人，原禮部侍郎，起自請告；錢龍錫，南直華亭人；劉鴻訓，山東長山人；周道登，南直蘇州人，原禮部侍郎，起自削奪，俱加禮部尚書、東閣大學士。

起用舊輔

崇禎元年戊辰三月，上諭吏部：朕勵精化理，注意端揆，近日政本諸臣，維朕特簡，雖庶幾和衷師濟之盛，但主持國是尤藉老成。舊輔韓爌忠謹直節，淵識宏猷，勛勤績著，寅亮望隆。方今時事多艱如斯，良弼豈宜長違禁地，兹特從閣臣及臺省諸臣所請，以原官起用入閣，特正揆席，式資和燮之功，期佐蕩平之治。爾部卽遣官到家敦請，俾刻期就道，用副朕側席延竚至意。欽哉，故諭。

特召密對

崇禎二年己巳，上御文華殿，遣内侍特召禮部侍郎周宜興獨對，移時，漏下一鼓始出。御史李長春、毛羽健等上言：聖主舉動宜慎，一臣獨召非體，我國家設閣臣以備顧問，設九列以課職掌，設臺省以資糾彈，主封駁，大小相維，壅蔽不生。皇上之意，得無謂舉朝不足信、不堪用，惟延儒一人可信、可用乎？如此，宜以所問答明布中外，宣付記注，毋徒使人揣摩於不可知之域。不報。未幾，同温體仁入閣。

辭召不赴

崇禎七年甲戌二月，温體仁借内監王坤逐宜興去，意在攫其首輔也。三月，上特召舊輔何桐城入朝。在道屢引疾，不許。給事中黄紹杰奏：從來君子小人不能並立如寵，徘徊、瞻顧，則次輔體仁當知所自處矣。自體仁爲相，水旱洊臻，盜賊滿路，燮理固如是乎。秉政既久，窺旨必熟，中外諸臣，承奉其意，用一人則曰此與體仁不合也，行一事則曰此體仁所不樂也，凡此皆召變之由，乞命體仁引咎辭位，以回天心，慰民望。上責其率妄。

不傳首輔

首輔温體仁病去時，張至發爲次輔，例應傳爲首輔，乃半載不傳。或勸張宜請病。張曰：無奈賤體頗健。時傳以爲笑。一日，上偶有宣賜稱首臣，張翌日廷謝。吳編修偉業上疏云：前事者，後事之師。今日首輔之鑒，取之温體仁而足矣。體仁學無經術，則當講求仁義，練達朝章；體仁性習險詖，則當矢志光明，立身公正；體仁狎暱宵人，則當嚴杜諂（翕）訿之輩；體仁護持逆黨，則當力繼孝忠之經。毋如體仁之泄沓偷容，毋如體仁之游移餙詐，庶乎聖恩可副，衆望可塞也。乃積習未化，近日盛稱體仁之美，曰孤執，曰不欺。夫體仁有唐世濟、閔洪學、蔡奕琛、吳振纓、胡士粦之徒參贊密謀，有陳履謙、張漢儒、陸文聲之徒驅除異己，何謂孤？庇樞貳，則總理可不設，而事敗乃設；庇鳳撫，則鎮府可不移，而事敗乃移，何謂執？皇上之決去體仁正謂其善欺耳。家窩巨盜，産徧苕溪，自詭曰清；孽子招權，匪人入幕，自詭曰謹，何謂不欺？然則首臣真以爲孤執不欺乎。夫使聊爲嘗試之言，寔作更新之計，臣何敢議。如其不然，則必因私踵陋，盡襲前人所爲，將公忠正直之風何以復見，而海宇禍患何日得平也？

閣試票擬

崇禎八年乙亥六月二十八日，上御中左門，召詹、翰、九卿各官入見，發御前章奏，試以票擬。至七月初三日，傳諭吏部：將尚書等官姜逢元、陳子壯、文震孟、張至發、蔡奕琛、張元佐、馬之鑛、閻仲儼、張居年籍履歷開寫來看，在籍各官有品望超著寔堪閣員者，也從公會議幾員來。上諭吏部：召在籍禮部左侍郎林釬、禮部尚書孫慎行、順天府府尹劉宗周作速來京。越三日，上命文震孟、張至發俱陞禮部左侍郎兼東閣大學士，入閣辦事。時震孟以註籍，未與票擬，蓋特典也。

御試閣員

崇禎十一年戊寅，上于中極殿御試閣員策題：年來天象頻仍，今年爲災甚烈，且金星晝見，已逾五旬，將謂主兵耶？今方在用兵。四月，山西大雪，凍斃人畜，將謂邊地耶？然時已入夏，何所致歟？朝廷腹心耳目，托寄臣工，今應擔當者嫌怨在念，司舉劾者情賄繫心，以致釁尤易起，直枉難分，何所憑歟？欽限屢違，寇尚未滅，處分則勦局更張，再寬則功令不信，況勦兵難撤，敵虜生心。邊餉欠多，蠲留未已，民貧既甚，正供猶難，侵剋旁出，如火益熱。至于重利尚欺，分畛去公，近多比比，即有操守清謹者，又自傲睨，遂非必也。俱令處置得宜，禁戢有法，卿等忠能體國，才足匡時，其悉心以對。至六月十八日，上命楊嗣昌以兵部尚書改禮部尚書，程國祥以户部尚書改禮部尚書，方逢年以禮部侍郎陞禮部尚書，蔡國用以工部侍郎陞禮部尚書，范復粹以大理寺少卿陞禮部侍郎，俱兼東閣大學士，入閣辦事。

同事水火

都給事中許譽卿應以資俸陞京堂，吏部尚書謝陞糾之，謂其爭官講缺也。譽卿辯疏，言：臣屢劾輔臣温體仁，觸忌已深，日思所以中臣，陞爲體仁所舉，欲逐臣以報舉主體仁，竟票旨革譽卿職爲民。文震孟亟挽之不得。體仁出一疏稱病求去，云前冢臣謝陞參許譽卿疏，蒙發票擬，時同官中有與譽卿密交者，以臣擬有殊干法紀一語，意甚不平。次日，又蒙御批改票，商之同官，士升述吾騶、震孟之意，謂當擬聽勘，或令回奏，臣不敢徇及擬革職爲民。震孟忽然曰：

科道官爲民，是天下極榮的事，以心膂股肱之臣，爲悖理蔑法之語。臣不知其解。上怒甚，勉令入直。令何吾騶致仕，文震孟冠帶閒住，回籍。

特用閣員

崇禎十三年庚辰，殿試後，上召諸士問：邊腹交訌，何以復讎雪恥。進士魏藻德對曰：以臣所見，不離明問之中，内外諸臣，皆知所恥，則才能自生，功業自建。累數百言，朗朗可聽。上爲傾耳久之，特定一甲一名。至壬午十一月，上疏陳兵事。次年三月，上召對，大加稱獎，遂陞禮部右侍郎，兼東閣大學士，入閣辦事。藻德辭侍郎之銜，上改爲侍讀學士。再辭，下閣議，乃以少詹兼大學士。

聞警求去

崇禎十七年甲申正月，賊氛已逼。二十一日，上諭閣臣陳演等：宜調三桂馬兵助勦，餘兵尚多，乘賊三邊新安頓未定之時，此着似不可失。原言用間係兩事，即督臣王永吉請召見所言，或亦不出，兵餉兩匱，關、寧不能互援之意。此等重大軍機，應行與否，原應先生每主持擔任，未可推諉誤事。上意諄切如此。閣臣演持一寸山河一寸金之説，猶豫不決。樞臣縉彦曰：三桂之調不調，視寧遠之棄不棄兩言而決耳。計臣吴履中亦以爲然，而閣臣不任也。上復諭：寧城一事，前已經廷議，宜速斷，未可猶疑，單修中前，移寧士馬，收守關之效，成蕩寇之功，雖屬下策，誠亦不得已之思。先生每即擬旨來行，如必須再議，先生每即刻會官密議妥確來奏，仍將各官議語，各行親書備覽。諭下，内閣集部堂臺省于德政殿之傍而議之。閣議如初，力言寧遠當棄，三桂當調者數人，吏科都給事中吴麟徵爭之尤力。演等乃請行督撫鎮再議，寧遠棄後，關門作何守法，軍民作何安頓，總欲完其不敢任之局也。未幾，賊陷宣、雲，京師震動。演以病請，允去。督臣王永吉上疏劾之。演入辭，謂贊理無效，臣罪當死。上怒斥之曰：汝一死，不足盡其辜，蓋深恨關寧一事也。薊遼總督王永吉疏曰：爲乞誅亂賊，以正人心，以謝天下萬世事。本月初四日，職行次玉田，閱邸報，該閣臣陳演題爲痛念時艱事。奉聖旨：卿公忠敏練，佐理有年，朕方倚望輔弼，宏濟時艱，乃因國事多虞，又兼有恙，屢行面陳引退，兹特允所請，以成恬讓，仍賜路費銀五十兩，綵緞四表裏，馳驛歸里。卿還善攝，以待後用，該部知道，欽此。職讀未終，憤懣欲絶。異哉，奸輔敢于欺皇上，復忍于背皇上，至此極矣。方今邊烽正急，寇禍甚張。豫、楚、秦、晉，開門揖盜，望風納欵；川、廣、黔、滇，政令不通，貢賦不入。問兵，則士馬凋殘，戰守坐困，甚且戕撫殺將，反操同室之戈；問餉，則泉府耗竭，本折兩枯，實則財盡民窮，久無樂生之趣。要害不守，咽喉將斷，疆宇漸蹙，禍變日多，此乾坤何等時乎，志士飲泣以長號，忠良籲天而無路。我皇上宵衣旰食，焦思勞神，正不知若何憂勤，若何憤歎矣。匡時定亂，全在臣工，有力者竭其力，有財者輸其財，各辨赤心，共襄大計。或運籌帷幄，銷日月之光，或盡節疆場，作山河之氣。人人同仇，處處敵愾，勢如救焚，情同拯溺，卽未必轉弱爲强，轉禍爲福，立見太平，亦曰主憂臣辱，主辱臣死，分固無所逃，情亦不容已也。乃首輔陳演者，不聞建策定謀，輸忠排難，俄作賦以歸來，忽飃然而颺去，既非年已遲暮，何曾病入膏肓，引退無因，殊駭觀聽。或者逆料神京孤危，急思全身遠害，遂不暇爲社稷宗廟計乎。若然，既明且哲，演誠多筭矣，其如皇上何。當此危急存亡之秋，付理亂于不聞，方將築沙堤而緩步，開緑野以怡情，尋秋壑（壑）之芳踪，享郿塢之樂事，天理良心，滅絶已盡，尚謂有人臣禮哉。且國家全盛之天下，一旦破壞，幾于不可收拾，皆演之罪也。恭繹明旨，佐理有年，則非若百執事之効一官，辦一職，不獲與聞樞密者比矣；又非若新經簡任，得君行政之未久者比矣。此數年中，若肯公忠體國，將天下兵馬錢粮、文武將吏經心着意實實打筭一番，如何禦邊，如何辦寇，如何清兵，如何措餉，如何用人，早早商量，急急整頓，何遂貧寡決裂至此！乃一味欺蒙，一句不肯直説，一事不肯擔當，把持朝綱，變亂成法。職爲外吏，寵賄奸狀不及深知，卽如順撫趙惟岳急欲抽身，遂謂密撫可裁，巧爲出脱；保督呂大器貪緣卸擔，遂謂保督可撤，曲計彌縫；江楚寇警，留都振動，高倬求去，何遂併操江而裁之？計典嚴重，已露彈章，邱祖德不謹，何反舉東撫而畀之？以至江督甫任，遽登司馬之堂，則呂大器之神通大也；催餉不繼，忽奉回部之旨，則莊祖誨之線索靈也；他如李兆之貪汚而優陞，胡世賞之庸鄙而起用，諸如此類，不可縷指，只此香火情深，顛倒任意，目中何曾知有聖明在上乎？及見事勢傾危，委而去之，危而不持，顛而不扶，則將焉用彼相哉？皇上方下罪己之詔，演爲首臣，可得脱然事外，告無罪于先皇耶？近來草木皆兵，遠近風鶴，到處倡逃，藩王不守封疆，州縣不守城社，所以狡賊乘之，勢如破竹。京師爲四方根本，正當鎮静堅定，以安人心，演乃先去，以爲民望所稱腹心手足不二心之臣，固若是歟。演，元輔也，以臣背主則不忠，又元子也，以子棄君父則不孝，不孝不忠，罪並當誅。伏望皇上數演之罪，立正刑章，俾天下萬世之人皆知悮我皇上者有陳演在，庶無損于天地之大，日月之明耳。職爲邊臣，討賊禦侮，皆職之責，豈因天步多艱，紀綱頓廢，遂令亂臣賊子肆無忌憚，輕朝廷而傷忠臣義士之心哉。疏入，不報。

會推二變

崇禎元年十一月初六日癸亥，上召輔臣并五府、六部、都、通、大及禮部尚書温體仁、侍郎錢謙益、翰林院記注官二員、吏、禮等科、河南等道掌印官、錦衣衛堂上官來文華殿召對。上御煖閣，先召輔臣李標、錢龍錫及冢臣王永光入，商確移時。三臣出，上御文華殿。諸臣行禮畢，召入。諸臣肅立，召温體仁曰：卿參錢謙益受錢千秋賄，以一朝平步上青天爲關節，結黨欺君之罪，可是實的麽？體仁奏曰：字字都是實的。上又問：疏中語欲卿貳則卿貳，欲枚卜則枚卜，是怎麽説？體仁奏：此番枚卜，都是錢謙益事體，不曾結，不該起陞，如何起陞，如今枚卜，不該推他在裏面，他就是要枚卜了。上召問錢謙益曰：温體仁參卿，可是真的麽？謙益對曰：臣才品卑下，學問荒疎，濫與會推之列，處非其據，温體仁參臣極當。但錢千秋之事，關臣名節，不容不辯。臣于辛酉年典試浙中，與科臣暴謙貞矢公矢慎，一時號稱得人，初不聞有錢千秋之事。臣到京，方聞其事，當時具有疏參他，勘問明白，現有卷案在刑部。體仁奏曰：錢千秋逃了，徐時敏、金保元過付之人，提到刑部，如何賴得過。謙益曰：不敢多辯，現有刑部卷案。上召問刑部，喬允升奏曰：此事在天啓二年，臣三年纔到刑部，現有卷案。體仁曰：錢千秋並不曾到官。謙益曰：其實到官，豈敢欺皇上。上召部臣科道曰：據體仁奏説，不曾結，據錢謙益奏，結了，卿等奏來。王永光奏曰：錢千秋事臣已經奏過皇上，錢千秋到官結案了。吏科章允儒奏曰：臣當日待罪在科，曾見招稿。上曰：招稿上是甚麽人納賄。體仁曰：錢千秋未曾到官，只是照提。上命禮部卷子並刑部招稿俱取來。體仁曰：當時還有科道參他，臣在田間，失記姓名。謙益曰：疏在錢千秋未參之前，後來魏忠賢用事，見臣與楊漣道義相交，崔呈秀使臺臣陳以瑞誣疏陷臣。體仁曰：前疏在，魏忠賢未用事之前，難道也是崔呈秀。上命辯疏與參疏俱取來。體仁奏：會推不與，臣應避嫌引退，不當有言，不忍見皇上孤立于上，是以不得不言。上命諸臣暫退。少頃，復御殿，命諸臣入。召體仁曰：卿參神奸結黨，奸黨是誰？體仁曰：錢謙益之黨甚多，不敢盡言。上問王永光：刑部招稿怎麽説？永光曰：臣不曉得，原招是允儒看見。允儒出跪，奏曰：臣先任華亭知縣，壬戌行取，蒙先帝拔入諫垣，臣見同官顧其仁參疏有錢千秋的事，問結了。以後假滿回京，見刑部有招稿刊本，不記得刑部問官姓名，今蒙召對，頃聞温體仁有疏參錢謙益。冢臣云：這是我們會推中之人，曾見招稿未。臣云：家中偶有一個刊本。因命人取與冢臣看。體仁曰：可見諸臣在外商議來的。允儒奏曰：枚卜大典，諸臣矢公矢慎，天日臨之在上，皇上臨之在上，臣等何敢有私，温體仁資雖深，望原輕，諸臣不曾推他，如謙益有穢跡，何不糾之於枚卜之前，今會推疏上，點與不點一聽上裁，温體仁以不與會推，熱中鞅鞅。體仁曰：科臣此奏，正見其黨。允儒曰：黨之一字，從來小人所以陷君子，皆是這等説。臣猶記得，當日魏廣微欲逐趙南星、陳于廷諸臣，于會推吏部尚書汪應蛟、喬允升刑部尚書缺，使魏忠賢加一黨字，盡行削奪。大抵小人爲公論所不容，將公論之所歸者指之爲黨，留傳至今，爲小人害君子榜樣。上怒叱之，曰：胡説，拏了。錦衣衛扶出。上命王永光奏：從公會推，至于結黨，臣實不知。上命：部臣科道過來，朕先傳旨枚卜大典，會推要公，如何推這等的人，是公不是公？房可壯奏：臣等都是公議。上曰：推這等人還説公議！輔臣奏：關節實與錢謙益無干。上曰：關節是真，他爲正考，如何説不是他。輔臣曰：據刑部招，是光棍騙錢的，千秋文才原是可中的，光棍知道他可中，所以去騙。上曰：光棍作主考麼，光棍中他的麼。體仁曰：分明滿朝都是一黨。輔臣奏：前事招問明白。上曰：招也是閃爍的。輔臣曰：千秋後來拿到了。上曰：卿等卽去與在外文武諸臣從公會議，不可狥私。良久，輔臣持疏回奏：錢謙益既有議論，回籍聽勘；錢千秋下法司再問。上曰：是公議的麼？輔臣李標奏曰：臣等確是公議。臣等共事堯、舜之主，如何敢黨？上曰：朕豈敢當堯、舜，只願卿等爲皐、夔。輔臣錢龍錫奏曰：這所推諸臣，品望不同，也有才品，也有清品。如清品，人説他偏執；有才識學問的，又説他有黨，安得人都道好，還望皇上就中點用。上曰：通關節是有才麼？又責令二班奏。禮部右侍郎周延儒奏曰：錢千秋硃卷招案，已經御覽，關節已有確據，不必又問諸臣。上又詰諸臣曰：今後會議要公，若不公，不如不會議。延儒曰：大凡會議會推，只是相沿故套，原無許多人，只是一兩個把持住了，諸人都不敢開口。就開口，也不行，徒是言出而禍隨。上目視延儒，令奏職名。上曰：只有這官奏了數句。李標奏曰：關節原是與錢謙益不相干，錢千秋原是名士，中得的，只是其人希圖僥倖，被人騙了。標又奏曰：吏科章允儒奏事，言語牽纏，心實無他，他是言官，望皇上寬宥。錢龍錫奏：允儒是言官之長，處之恐言官結舌。上曰：如何結舌，他是吏科，會推是他的事，他豈能辭其責，他是挾私多言，卿等看不出麼？龍錫奏：言官，皇上只要優容他。上曰：朕有過失，科道官奏來，朕不憚改，只是不可挾私。上命諸臣起。覽思片時，批旨：錢謙益關節有據，受賄是實，又且濫及枚卜，有黨可知，祖法凛在，朕不敢私，着革了職。九卿科道從公依律會議具奏，不得狥私黨比，以取罪責。其錢千秋，着法司嚴提究問，擬罪具奏。上曰：卿等怎麼説？輔臣奏：皇上處分，自然至當。又曰：卿等直言，如何説自然。輔臣曰：會推是一件好事，如今就處分一個，恐於大典不光。上曰：會推好事，如何推這樣人，往時閣中，也只是一員，雖如今多事，卿等居中擔當，首輔韓爌到日，三員也，殻辦事了，會推且停。卿等不必奏。上命諸臣出，諭内臣收前案，傳入閣，時漏下二鼓餘矣。

崇禎十五年壬午，内閣魏照乘、謝陞、張四知先後去，賀逢聖亦以告得請止，首輔周宜興延儒、次輔陳井研演在直。一日，上允閣請，下吏部枚卜。吏部尚書李日宣令選郎盧化鰲約會吏科都給事章正宸、掌河南道張煊，照例内外兼推，以蔣少宗伯德璟、黄詹翰景昉、姜南璽卿曰廣、王少宗伯錫衮、倪大司成元璐、楊少詹汝成、楊宫諭觀光、李少宗伯紹賢、鄭大司寇三俊、劉少宰宗周、吴少司馬甡、惠少司寇世揚、王總憲道直，于五月十六日列名上請。至六月初一日，旨令再推幾員通列來看。吏部仍持前單，令選郎商之掌科、掌道，再次第得十人：林宗伯欲楫、謝少詹得溥、邱詹翰瑜、王南司成廷垣、閻宫庶仲儼、徐少司寇石麒、房副院可壯、宋少司空玫、沈大銀臺惟炳、張廷尉三謨，于六月初四日上請。初十日，召會推諸臣入對。

既至，上賜饌，傳免。上遊西苑，召二輔臣隨。宜興以足疾辭，獨井研在焉。先是井研有親廖于義爲御史及考實授，井研託房副院爲之地，房堅拒之，而掌道張煊持之益力。廖于義上疏糾憲臣及掌道不公。疏下吏部，將于義降調，井研銜之。是日，侍宴舟中，上問及枚卜諸臣。井研力奏此番枚卜，冢臣濫狥，掌科、掌道把持，以不堪房可壯等情面，濫推。上屏左右，令之再奏。十一日，上諭吏部會推，有未到者，宜促來陛見。十九日，召對諸臣中極殿。至則仍賜饌。上先召輔臣延儒、演及已允告賀逢聖入德政殿，賜坐。賀忽放聲大哭。久之，上召兵部尚書陳新甲入，詢邊事，先出。又召吏部尚書李日宣，諭：順天巡撫王文清爲巡按，梁士濟言其病狀，誰可代者？日宣以大名道魏公韓對。又召都察院王道直，諭將新授御史王燮、蘇京、王漢差分監軍援豫，亦命二臣先出。上卽移駕過中左門，入中極殿。三輔臣亦入殿坐宴，而賀復放聲大哭，拜跪至數十不止。上命之出，及出殿檻外，行五拜三叩頭禮，復絮哭不止。上召會推諸臣入對。至二十一日，奉旨：蔣德璟、黃景昉、吴甡俱陞禮部尚書，入内閣，同首輔延儒等辦事。會推大典，當矢公矢慎，勿濫勿遺，況係輔弼重臣，宜何如敬慎，乃任意稱詡，狥情濫推，内如房可壯、宋玫、張三謨等，是否皆堪斯任，着吏部回話來。二十二日，吏部具疏回話。二十三日，召五府、九卿、京營總協及科道掌印來中左門召對。首輔延儒以病辭不入。賜饌畢，上衣青袍，皇太子、定王、永王皆衣紅侍案前。行禮畢，上喚吏部尚書李日宣來，其聲甚厲，上曰：用人爲致治之要，用人不當，吏部不得辭其責。如今封疆多故，督撫屢易，天下安望治平？記得兩年前曾面諭諸臣，有寧背君父，不背私交，寧隳職業，不破情面，而今還是這等照管情面，那能濟事？昨者枚卜閣臣，是何等事，如何也狥情濫舉，任意揚詡，這事如此，何況他事。日宣伏地。少許，上曰：何不奏來。日宣曰：用人是臣部職掌，臣入嚴地兩載，無小無大，無不兢兢從事，如督撫不得人用，天下不得治平，臣嘗以爲愧。至會推督撫，則樞臣科道具在，不是臣一人能獨行其意。但用之而當，臣不敢居功，用之不當，臣不敢辭罪。昨者枚卜一事，臣不啻萬分兢業，卽臣微賤，姓名亦不敢循例輕入。若諸臣才品，原具在聖鑒中，止是臣才識疎淺，未及詳確，臣該萬死。上曰：吏科章正宸、河南道張煊來。又曰：房可壯、宋玫、張三謨來。上曰：你看三臣是否堪任閣員。日宣奏：臣初推十三員，猶以爲多，後奉旨再推，科道諸臣皆欲仰體立賢無方之意，廣收博採，以聽聖裁，如房可壯之峻節練識，飽歷風霜，宋玫之英資邃學，諳于典故，張三謨之風節凛然，能持正論，三臣之事業在後日，非臣所敢知，今日之用否在皇上，非臣所敢必，臣但知三臣原不愧枚卜。上曰：章正宸、張煊如何說。二臣奏：冢臣凡事相商，臣等亦相規勉，如此事有一毫狥私納賄，臣等可必其無，三臣才品，原俱可用。日宣又奏：此事臣亦要説個明白，科臣此奏，殊爲不是，今日之事，只宜論其人之應否堪用，如何只把不狥私納賄等語向皇上瑣瀆。臣自入吏部，凡事一任虛公，有何規勸，每遇會推，必先令選郎與掌科、掌道商妥，然後約會九卿上推。至于枚卜，尤不比尋常，所推之人，掌科必商之六垣，掌道必商之十三道，大家敲推，但有一不當，臣部卽不啓事，從中酌定，不敢纖毫任意。臣事皇上三十年，自爲御史至今，精白一心，若有一毫狥私背公，今文武諸臣具在，皇上一一可問，廷臣一一可參。良久，上曰：六員都着錦衣衛堂上官拿了。次早回話，奉旨：俱革職，刑部提問。七月初二日，部用貢舉非其人，律擬杖，具狀上請旨，竟以吏部掌垣、掌道發戍邊遠，與推三人贖罪爲民。是日，上初欲行大法，賴冢臣奏對詳明而止。猶記是年余楚闈事竣，遇賀公對揚于九江，問以近事，賀曰：大臣謀國不忠，主上振作無緒，天下事萬不可爲矣。余亦言楚中之事，禍在眉睫，相對灑泣。在路，聞余以户科左轉刑科都。比至都，自念身爲刑垣，朝廷失政，孰有如枚卜一案者，遂補牘上諫。奉旨：疏内吞聲荷戈，士論共惜，是成何語，孫承澤着吏部議處，原疏發垣。見疏上硃抹二行，然抹處用紅紙貼之，紙痕尚在，始知非上意也。冢宰李公遇知，持之不肯處。久之，聞上稍悔其事，僅獲罰俸。

綸扉藥石

吏科給事中章允儒閣臣忠告疏：從來内閣票擬，必有專屬，凡有得失，六科得而駁之。自魏廣微交結逆黨，專擅票擬，一時輔臣依阿淟涊，而中旨奪封駁之權，至黄立極專取易者與己，難者與人，而票擬乃分，後遂爲固。然假令票擬未當，甲乙可移，臣等又何據封駁乎？臣謂目前韓爌未至，宜專責居前者擔當，而更不廢參酌，庶一旨出而是非曉，然輔臣亦不得交諉，則幾宜一也。皇上親裁庶政，動法祖制，輔臣當取祖宗典故，禮、樂、兵、刑、用人、理財，大端一一講求，凡遇召對，如叩洪鐘，毋以不知，仰謝明問，蓋輔臣平章軍國，苟云不知，誰當知者。昔姚崇事中主，尚能設十事以堅上意，況遇聖明，可無偉畧。所謂重救時之相，則識宜練也。先臣薛瑄爲御史，三楊爲相，求識面不可得，若是乎言路之不敢與政府親也。猶憶臣昔典試入朝，罪輔廣微令人至臣寓，求臣往見，臣堅拒之，乃賈試録奇禍。今實封具奏，自矢勿欺，循例送揭，已非古道，況可踵門乎。即或未有此事，然漸不可開也。願輔臣以集思廣益爲心，勿以疎亢而抑嘉猷，勿以親近而增褒賞，庶幾作忠鯁之氣，披吐握之誠，則心宜虚也。臣所爲輔臣忠告者以此。

兵部員外華允誠可惜可憂疏：竊見三、四年來，皇上焦勞于上，羣百工執事鞅掌拮据于下，勿勿孜孜，日不暇給。而法令滋章，臣民解體，人材蕩盡，根本受傷，此臣所謂可惜可憂者也。以皇上聖德，加之勵精，何難手握大權，坐躋至治。乃當事者借皇上剛嚴而佐以舞文擊斷之術，借皇上綜核而騁其訟逋握筭之能，遂使和恒之世，競尚刑名，清明之躬，浸成叢脞。以皇上圖治之盛心，爲諸臣鬬智之捷徑，可惜者一。人臣典幹展采，止此精氣，今但以窺瞯微指爲盡心，抉擿細瑕爲快意，乃至率屬大僚，驚魂于回奏認罪，封駁重臣，奔走于接本守科，直指風裁，徒徵事件，長吏考課，惟問錢粮，遂使官守言責，止歸牒牘之繁，吏治民生，盡成鈎較之務，以多士修職之精神，爲小夫趨辦之能事，可惜者二。今何時乎，非大小臣工同舟遇風之時乎？而廟堂不以人心爲憂，政本不以人才爲重，四海漸成土崩瓦解之形，諸臣但有角户分門之見，意見互觭，議論滋煩，遂使倦勩倦撫，等于築舍，忽用忽舍，有若舉碁，以興邦啓聖之日時，爲卽聾從昧之舉動，可惜者三。國家所據以總一天下者，法也。今雷霆所及，幾莫知其方矣。喪師誤國之王化貞，何以與楊鎬異辟，潔己愛民之余大成，何至與孫元化並逮，甚而一事偏誤，一言偶咈，執訊隨之，反使輕猾者不以扞罔爲懼，而矜矯者且以對吏爲榮。刑罰不中，鈇鉞無威，可憂也。國家所恃以爲元氣者，公論也。今直言敢諫之士一鳴立斥，指佞薦賢之章非訐（訐）則黨，不惟不用其言，并錮其人，不惟錮其人，又加之罪，遂使諸臣相戒拱嘿，喑塞求容，是非共蔽，忠讒互淆，可憂也。國家所賴以爲防維者，廉恥也。今大臣握重權，大官而有徒隸之心，小臣惟望氣占風，而鮮特立之操。近者中使一遣，妄自尊倨，與之抗衡者僅二三人耳，其餘奔走期會，惟恐後時，諂曲趨承，猶虞獲戾。皇上以爲近臣可倚，而不知倖竇已開；以爲内臣可惟吾操縱，而不知其屈辱士大夫已如此矣，貪競成風，羞惡盡喪，可憂也。國家所藉以進賢退不肖者，銓衡也。古者宰相之職，實兼今之閣部，權太重而易以爲奸。國家罷設丞相，于是用人之職吏部掌之，而閣臣不得侵焉。今次輔與冢臣以同邑爲朋比，惟異己之驅除，閣臣兼操吏部之權，吏部惟阿閣臣之意，綫索呼吸，機關首尾，造門請命，夜以爲常。統均大臣，甘作承行之吏，加膝墮淵，惟其所欲，黜陟大柄，衹供報復之私。卿貳美官，兩手握定，而私人遍布脉暗，通乎南北；封疆重寄，一味游移，致覆轍相尋，憂獨遺于君父。其至庇同鄉，則逆黨可公然保舉，而白簡翻爲罪案；排正類，則講官可借題逼逐，而薦剡遂作爰書。皇上惡諸臣之欺，欺莫大于此矣；皇上怒諸臣之擅，擅莫專于此矣；皇上厭諸臣之黨，黨莫固于此矣。威福下移，舉錯倒置，權焰薰灼，正氣消靡，可憂也。臣區區之心，願皇上尚德緩刑，用賢去佞，勿以至聖至神之資爲臣下所誤，勿以治人治法之大爲奸回所牽，勿過用嚴而使士氣人心日趨于頑懦，勿偏爲任而使名流善類永錮于清時。使臣言得行，即加臣以出位僭言之罪，有餘榮矣。

給事中馮元颺政本名實宜稽疏：臣惟今日邊氛未熄，寇焰旋張，涓涓江河，馴致大感，所恃聖明哀痛，率土同讐，卧薪枕戈，誼無再計。然以臣私憂過慮，固非一端，積痼未瘳，爲患方大，則獨謂政本一席，治亂所繇，實以表率之司，而爲弛諉之首，尤而效之，其禍安極，當此主憂臣辱，災並剥膚，豈復微臣畏咎怵威喑默不言之日耶？每見一二孤戇之流，遇事抒忠，時多齒路，顧皆糾繩欺誤，摘及細微，斯則國人之所皆知，明主之所必察，但關名節，無繫安危，臣所鰓鰓，竊不在此。特以今日政本，大臣往往居實避名，受功辭罪，平時養威賈重，是其固然，一至朝廷有事，如漢制所謂天地大變，天下大過者，輒云昭代本無相名，吾曹止供票擬，上則諉之聖裁，下則推之六部，持兹片語，遂叢百欺，安得復有定識訏謨，爲中外文武倡其忠懇者乎。夫中外之責，則誰復有大于票擬者，卽以皇上神明天縱，每出獨裁者，以輔臣所擬，視之諸曹條奏，其爲俞咈，不啻倍蓰。果若所云必如國初之制，或以疎逖，遽補訪咨，或自綸扉，仍還卑秩，可云事權不在，肩任爲難。今則體絶百僚，任兼庶事，有漢、唐宰相之重，而更代天言，有國初顧問之榮，而特隆位號，地親勢峻，言聽志行，是從古柄用之專且重莫如今之輔臣矣。若以經自上裁，便可過歸君父，則凡百司庶府，遠近巨細，所見施行，固無有不取進止，得自矯擅者，使其得失盡諉朝廷，紀官以來未聞斯義。臣以爲票擬一事，輔臣生平人品，心術邪正公私，于此畢露。皇上第静以照之，嚴以程之，某事爲某輔所誤，某事爲某輔所撓，某人爲某輔所奬，某人爲某輔所抑，他日某票而當則某宜任功，某票不當則某宜任罪，揭其肺肝，公諸耳目，不許以閃爍游移之故智陰陽其詞，不許以刻忮險仄之深機高下其手，則議任自清，謀斷自定，恩讐自不得狥，功過自無所逃，庶已棼之土宇，猶可復萃，所以慰祖宗之恫怨，酧聖主之焦勞，端無有踰此者。治亂之分，是在今日，若仍悠悠忽忽，佹謝佹承如頃者，所以謀流寇，載胥及溺，當不知所底止矣。昔唐太宗命諫官隨宰相入閣議事，有失輒諫，所以貞觀之治聲施不泯，豈其事至今日猶可更忌。人言區區，誠無所避，伏望皇上留意垂察。

御史詹爾選輔臣以去明心疏：頃臣具疏駁陳啓新，因而責備冢臣與諸輔臣，蓋爲大臣擔荷不力、循默不言而發也。乃近閲邸報，大學士錢士升有微臣職分看詳等事一疏，奉旨詰問，不勝驚異。及得輔臣與李璡疏合觀之，而後知輔臣有不忍不言之情，且有不得不疾呼之勢也。俄而輔臣引咎求斥矣，俄而遽奉回籍調理之旨矣，明乎輔臣之以票擬去，執爭去也。夫大臣所以不肯言也，其源在不肯去耳。今輔臣肯言矣，去矣，上可對九廟之式憑，下可質後世之清議，隱以去就悟明主，顯以氣節風百僚，臣實榮之，而獨不能不爲朝廷惜此一舉也。蓋皇上所不滿于輔臣者，爲其以心膂之臣，而致疑于聖明之主耳。臣則有説焉，孔子曰：君有諍臣，父有諍子。夫臣子之有諍，皆從疑起也，不疑而又何諍。古來一德之世，孰如唐、虞，維時臯陶矢知人安民之謨，而禹輒曰：惟帝其難之。然則千古以上之能疑其君者莫如禹，而舜未嘗以此貶聖且鰓鰓焉，惟恐禹言之不盡也。故從顯處諫者小臣之事也，而從疑處諫者是謂幾諫，此真大臣事，而不意其以過慮無當于皇上也。且輔臣所言者爲何事乎，李璡不識皇上爲堯、舜之君，而敢導以非情、非法，荼毒富民鄉紳，從來庸主所不屑爲之事。此闗一錯，大亂將興，正輔臣憂心如焚之時，而忽又奉有改票之命，因是揣摩未當，亦由驚懼愈深，遂不覺抗章之汲汲耳。竊謂輔臣此舉，差强人意，皇上方嘉許以示鼓舞之不暇，顧以爲相疑，以爲要譽耶？夫人臣無故而敢疑其君，非忠也，若乃全不敢疑，謂吾君爲萬舉萬當，以是爲信其君也，恐只容悦之借名，亦非忠也。人臣而習于沽名，義所不敢出也，乃人主不以名譽鼓天下，使其臣爭爲尸位保寵，習成寡廉鮮恥之世界，又豈國家之利也？況今天下疑皇上者恐亦不少也。何哉，以天下人對皇上者，皆中材以下之品也，知常而不知變，知平而不知奇，知法後王而不知遵遠代。如尚方劍不靈，將卒驕懦日甚，聖意恩禮，感激威于斧鉞也，而人見億萬之生靈，徒以供韎韐之逗遛，則或疑過于右武。穿札與操觚並課，非是者弗録，聖意取聰明才技，分注于騎射，以助武臣之不振也，而人見賣牛而買馬，絀德而齊力，徒使强寇溷跡于道途，而父兄莫必其子弟，則疑緩于敷文。免覲之説行，上意在暫甦民困，臣亦以爲甦民困也，而或疑朝宗之大義，不值數萬路費之金錢。駁問之日煩，上意在痛懲姦頑，臣亦以爲懲姦頑也，而或疑明啓之刑書，能當幾番加等之紛亂。其君子憂驅策之無當，其小人懼陷累之多門，明知一切苟且之政，或拊心愧恨，或對衆欷歔，種種隱情，有難殫述。輔臣不過偶因一事代天下而發憤耳，而竟齎志而去也。輔臣之去以言，而自後之大臣恐無復敢言矣。大臣不敢言，而小臣愈難望其言矣。所日與皇上言者，惟此苛細刻薄不識大體之徒，似忠似直，如狂如痴，售則挺身招摇，敗則潛形逋竄，駭心志而熗耳目，毁成法而釀隱憂，天下事尚忍言哉！伏乞皇上以遠大宅心，以簡靜率憲，責大臣弼違之義，作言官敢諫之風，嚴勑下内閣部院大臣不得以去輔臣士升爲戒，寧獻可替否，無藉口聖明獨斷，掩皇上之謙沖；寧進禮退義，無藉口君恩未酧，飾自家之濡滯，務期上下交格，志氣聿新，于以覩廓清平治之猷，成綱紀風俗之美，庶幾有日矣。世廟中書陳龍正特闡揆職疏：本朝不設宰相，然今之輔臣，上效啓沃，下倡寅恭，職無不統。夫明實訓云：此官雖無相名，實有相職。洋洋聖謨，至矣哉。古人每言：如某者，宰相才也。相職，然後可辨相才。相職云何，居恒，則位置六卿；有事，則謀定大將是也。英宗皇帝諭輔臣李賢曰：今六部尚書，庶皆得人，蓋知天下治安由六卿，而獨與賢面商，正謂賢之職事宜與聞乎此也。他日，又曰：吏部乃天下人物權衡，命舉左右侍郎。賢遂舉姚夔，舉崔泰，是則六卿稱職，皆賢之能。使當年六卿有不稱，而賢狥顧情面，不以入告，皆賢罪也。故位置六卿者，揆職也。世宗皇帝諭輔臣張孚敬、李時曰：六部須要得人；吏部、都察院尤爲緊要。因傳諭分別諸臣才品。他日，又因吏、兵二尚書缺，與時及翟鑾面議其人，遂以王瓊居冢宰，王憲居本兵，蓋深明致治得人之綱領。而獨與輔臣議者，以輔臣又吏、兵、部、院之綱領也。下至羣僚賢否，草野逸才，皆輔臣所宜留心，而不得專以票擬章疏，遂足盡帷幄論思之職業也。所謂謀定大將，亦以近事驗之，正、嘉之間，有楊廷和、張孚敬，則能信本兵王瓊，能一再起用王守仁，而南昌定，思田平，諸苗盪矣。萬曆初，有張居正，則能委王崇古專制，而俺答帖尾數世矣；能委戚繼光修守禦，而諸邊十八年不聞警矣。故能定大將，然後可以爲輔臣。史遷云：興聖統在擇將相，特爲孝武言之。其實天子之事，惟在擇任輔臣。輔臣得，則諏謀大將者亦輔臣事，而天子無煩拊髀也。李敬告世宗皇帝云：人君以論相爲職，謂此也。頃者，輔臣常數人，不爲不盛，然未聞有以搜訪異才，足民裕國，安内攘外爲己任，而分至尊之憂者。豈真無心報主，退然甘讓，古名臣亦多謂票擬之外無他司，習慣而安耳。臣愚以爲今後凡遇卿貳、專閫員缺，會推既上，宜各以保舉之事責之，俾得各出目力，各吐赤心，并其平日胸中所識，不拘大小文武，山林隱逸，但係真才，悉令分別行能，堪何事之任，堪居何職，隨時開奏。歲月之間，皇上總計其所薦孰當，所當孰多。多稱職，即某輔也知人；少稱職，即某輔也不逮。將得人而兵戢寇弭，即某輔也功；將非才而兵驕寇熾，即某輔也咎。宋儒程頤言：天下治亂責宰相。而孚敬疏謂今之内閣，宰相職也。宣流德化，必始自内閣，謂此也。至于他事小有得失，未足以定輔臣之優劣也。如此，不惟朝廷可得多才，又可因薦才以别輔臣；不惟已用諸輔，分量因兹較然，卽欲求良輔于方來，亦可以此法預試而儲之矣。取人圖治，豈不至簡至要歟？所謂謀定大將，亦須先辨大將之才。將才有二，要能戢士也，能用間也。夫士卒戢之平日甚易，臨陣驅之必死甚難。諉其易而能其難，萬不然之數也。今客兵所過，淫殺慘于寇賊，豈兵真不可禁也，將不能御耳。故曰，將才以戢士卒爲第一義。至于軍中機要，則在用間。年來我屢爲寇賊所間，而我曾未聞一人能間寇賊者。敵爲客而反明，我爲主而恒暗，潰師失守，曷足怪乎。蓋知己莫先戢士，知彼無過用間，所謂智、仁、勇、信、嚴，與一切因時因地出奇合變之道，舉包其中。輔臣與樞臣論辨將才，爲推轂之綱領，惟宜精考于斯二者。或曰本朝權歸六部，遴擬文官吏部事，推舉將帥兵部事，孰敢冒侵官之嫌。不知擬推文武，原出銓樞，但所當推，則宜入告，爾后允而行之；不當，則宜入告，爾后駁而更之，惟夙昔注心，臨時始能辨其當否。設銓樞所推終謬，雖輔臣自舉所知可也，更議銓樞亦可也。至自舉之，更議之，而必無不當，則非。古人之論相，所云一心正，兩目明者，孰能堪其任哉？襄密勿，忠國家，惟斯事爲最大，不然，以用人得失直委銓樞。輔臣一身超然長立于是非擔當之外，盍思蒙鑑賞獨深，受恩數獨隆，其于報禮酧知，究竟所主者何事耶？伏見我皇上十餘年求治，謀兵謀餉，憂勞萬端。竊謂宜且勿憂餉而憂兵，兵精則餉自省；又且勿憂兵而憂將，將良則兵自精；又且勿憂將而憂輔臣，輔臣賢則銓樞部院多賢，而良督撫、良將帥自出。故特闡揆職，以爲明主聚精會神地，而治效可歲月計矣。

再闡揆職疏：竊惟票擬一事，未足盡輔弼大臣之職。而今日輔弼大臣，果欲就票擬一事以盡厥職，則亦有道焉。凡諸司章奏，其言非當則違，其事非可卽否，其意非私卽公，未有介于兩者之間，茫無定持，而可低昂二三其斷者也。所藉於票擬者，正謂爲誠心觀理，折衷求平。使票擬果當，雖偶值發改，亦宜詳悉敷陳某事理合何如。天心至虛，必能轉圜，是則票擬之中，具有啓沃之道。若隨發隨改，至于再三，謂原擬者非耶，豈其始有未竭之心；謂原擬者是耶，繼何以不堅其信。皇上孜孜求治，無問巨細，槩期精詳，所以一再發改者，不過欲事理得平，曉然見其斟酌裁處之故，原非必盡更初擬，始可允愜聖懷。且以外間事理，喻之郡縣詞訟申報撫按，其稍重大者，撫按必一駁再駁，蓋亦致詳致慎，豈欲槩翻初招。郡縣抱公心持定見者，覆報明確，原招允行，十固八九。以聖明天縱，豈有輔臣能覆申前説，果平如權衡，洞若指掌，而不逌然樂從者乎。説命曰：后從諫則聖。皇上于羣臣葑菲，時賜裒收，況委以股肱心膂之重，論道經邦，又非若親臣小臣補闕拾遺之難爲力者耶。唐宰相李絳有云：知而不言臣負上，言而不用上負臣。今願諸輔臣皆以絳之志爲志可也。頃自行人司司副倪元珙疏稱，閣臣票擬，各自註名。料今日諸輔，已無不殫厥心之患，惟念可否有一定是非，無屢遷，謂宜深體聖明發改之心，求至是于初擬，矢至誠于復奏，則諸輔品識各可自見，而皇上亦得洞見諸輔之能，明良交賡，庶事康哉。孟子曰：責難于君謂之恭。臣以堯、舜期君，因以益、稷期輔臣。今一日而再效責難之説，固臣所以致其恭也。若乃本朝相業，首稱三楊。三楊當日惟以保舉衆才，商確六卿爲務。如掌院劉觀貪，士奇與榮劾去之，而舉顧佐代，卒爲名臣。自後，楊一清、翟鑾共舉胡世寧掌院，而請罷原擬王時中。費宏亦舉姚鏌爲兵部尚書總制三邊，世宗即傳諭行，不待部推。是輔臣之克舉其職者，于中外大僚，時時仰贊廟斷，固不止票擬爲司明甚，而況或少曠于票擬之内，其可哉。臣再考國初罷中書省，歷朝止稱閣臣，欲名與事相符也。邇者，閣員有缺，廷臣章請，恒借枚卜爲名。詳稽禹謨，枚者，指大功臣，卜者，謀及龜筮，非謀及乃心卿士也，與今推點閣臣事體非類。語稱舜、湯選于衆，舉臯陶、伊尹。帝典曰：使宅百揆。于此參酌其間，因義定名，自有攸當。或云選輔，猶簡在帝心之義也；或云命揆，猶俞往汝諧之義也；或徑云推舉閣員，則爵人衆共之義也，務使名與事符，以仰追聖祖不設宰相本意，并備末議，供採納焉。

御史吳履中攻補闕失疏：皇上仁明威斷，鋭意幾康，好學勤政，敬天法祖，嘉猷懿德，史不勝書，有何闕失尚需攻補。雖然，皇上虚己責躬，臣子罄心獻誠，則惭負聖明之甚矣。臣謂皇上之失有二：一曰大奸之罪狀未彰，而身爲受過；一曰圖治之綱領未挈，而用志多分。皇上臨御初年，天下猶未大壞也。特簡一温體仁，顯托嚴正之義，陰行媢嫉之私，凡正人君子，必百計摧折，以致賢士解體，救過不遑，使朝廷不得任人以治事。而釀成大亂之源者，體仁之罪狀也。專任一楊嗣昌，以欵撫爲忠謀，以四事爲實政，加練餉以刘割海内，致使民怨天怨，災旱頻仍，四海困窮，盗賊蠭起。而結成大亂之勢者，嗣昌之罪狀也。皇上所信任，無如此二人。二人恃皇上之信任以售其奸欺，不知如何忠愛，如何匪躬，以自結于皇上，迨深信不疑，然後得爲所欲爲，無不如意。其所欲爲者，先做成一不得不爲之機彀，待皇上發一意旨，而遂見諸行事。有執以罪彼，彼不任受，曰：皇上自爲之。皇上亦曰：彼實未嘗專擅也。乃益深信不疑。是以二奸誤皇上而反卸責于皇上，皇上爲二奸所誤而反爲二奸代受過也。夫臣子爲君父受過，分也，誼也，豈有君父爲臣子受過之理。皇上自君臨以來，無一念不善，無一事不善，而奸邪輙借以濟其惡。如治尚嚴明也，而引之于苛刻；刑欲當罪也，而引之以從重。皇上念與事之善無由見于天下，而亂臣賊子、無知小民遂見爲朝廷闕失，敢于非議而叛背之，孰知皇上固十五年如一日哉。今卽下罪己之詔，俾父老扶杖往觀，相顧流涕，亦祇曰：天子至今日始翻然悔悟。孰知其十五年如一日哉。誠以兩奸罪狀暴白于天下，使天下皆知皇上爲二奸所誤，而未嘗自有闕失，則聖明之戴翕然無間，亦收拾人心大機括也。至于圖治，自有綱領，聖人撫世酧物，因時制宜。世治則潤色太平，爲制治保邦之計；世亂則幹濟屯蹇，爲撥亂興治之謀，要惟相天下大勢緩急而輕重布之。如今日者，亂極當治之會也。内治缺而後戎馬生，民生促而後寇盗起。向者烽急于外，而政治愈棼；寇起于内，而賦歛愈急，是以生亂策救亂，何惑乎亂無已而益甚也。近始反其所爲，省躬厲翼，治有紀緒，蠲租解網，民有生機。亂源已塞，急宜求治兵之人，真能禦邊者任邊隅，真能勦寇者辦内地，先了此兩大事，而治功可次第舉矣。選賢自輔，敦勉臣工，司調燮者以平格理陰陽，秉樞衡者以公忠董僚屬，庶官蒸乂，百職交修，漸至天心降順，大有書年，便可整頓皇猷，恢張化理，將國家數百年之紀綱法度陵夷而壞亂者，悉行修舉，千百世之基圖統緒缺畧而廢墜者，從此創垂，皇上爲法今傳後之主，羣工爲幹蠱開泰之臣，千古盛明，拭目可俟。若委托非人，紛絲求理，臣未卜成功于何日也。皇上以天下爲一身，其精神當無所不周貫，以古今爲一堂，其學問當無所不并包，兢業萬幾，間值閒暇，何可用心于玄虚無益之事，況釋宗道派不過爲我兼愛之源流，孟子所謂無父無君之教，聖人之徒所當禁而闢之，皇上慎不可惑志于此也。唐貞觀中，引學士番宿更休，與討論古今。宋亦令名儒夜直禁中，不時召對。蓋聖賢義理，所以栽培，此心神明之地，時加灌溉，則與天地民物自然不相間隔，而精神默運無弗貫通，時復翻閲經史，觸發理趣，考証事變，無事而靜，有感輒通，闕失無自來矣。

吏科都給事中章正宸忻聞下濟疏：履端肇慶，羣寀呼嵩，有喜天顔，忽遣中使宣閣臣入殿，時鵷鷺咸愕，眙爲希有盛事。引竚良久，導駕導表，同官班散，臣始竊聞梗概，不勝手額曰，有是哉，端冕以臨之，折節以下之，調和以望之，師保以稱之，股肱心膂以託之，志同道合以叮嚀之，學焉後臣，帝王盛軌，而不世遭逢也，顧閣臣何德堪此，以矢報我皇上哉。今時勢最大且急者，兼裕公私，澄清吏治，内平流寇，外制四裔，孰非閣臣仔肩，能不亟商辦此四者之法，而訪求辨此四者之人乎。若夫感孚帝衷，贊襄廟謨，宏開言路，收拾人心，此四者不由閣臣身親爲之，更誰任乎？以漢陳平猶知理陰陽，順四時，遂萬物之宜，鎮撫四夷、諸侯，親附百姓，使卿大夫各得任其職爲相務也，而況親見堯、舜者乎？昔商宗之命傅説也，首言啓心沃心，今閣臣所造膝請者，必無敢有祖述刑名媢嫉之説、掊克聚斂之文者矣，而夙夜靖共，其果藏身以恕乎。從來先格君而後事功可建，亦必先積誠而後君心可格。何以故，凡人主菲薄左班朝士，必因外廷無一人一事足稱意旨。苟能不與中官作緣，不憑恩怨起見，不以寵利居成功，不以爵禄私親暱，而任一二大事不驚，料一二大事不惑，自足以起皇上敬信。敬信，則宫府通，委任專，而百事辦矣。閣臣事辦，總在知人。吕公著見士大夫，以人物爲意者，必問其所知所聞，參互考實，以達于上。王淮問楊萬里先務，萬里曰：人才。因疏朱熹以下六十八人。虞允文爲相，嘗籍人才爲三等，有所見聞卽記之，號材館録。是國計邊防非不喫緊，揆之用人，似猶第二義。而所用之人，惟吏、兵二部尚書最亟。如皆賢也，則閣臣當與同心共理；有不賢者，則必更置之，何悠悠忽忽爲也。其次講官，其次諫官，其次督撫，其次提學，其次總鎮。至于文選、職方兩郎，須精擇而久任焉。更得賢掌院，注意巡按御史，嚴爲殿最，則州縣長吏孰不化枉爲直。若是者，然後百姓親附，羣才奮庸，而諸事就理矣。以今扆宁配羲軒之德，社城絶狐鼠之緣，時際道行，躬逢聖作，贊平章而翼協和，俾天下猶有納溝饑溺，閣臣豈不抱恥，實欲式酧天奬，惟在以人事君，謦伊、吕之衷，踖臯、夔之軌，奏太平之績，斯真萬世一時也。臣方齋祓繕疏，間又有惕于天人之際焉。是夕也，同雲忽合，雨雪載塗，道路歡呼有年，叶卜和氣致祥，于兹徵信，臣惟日祝皇上以天自處，下濟光明而已。

給事中傅朝佑論内臣不宜參閣臣疏：夫公論，國之元氣也。故爲臺諫者，以天下公論爲主。臣讀王坤一疏，爲岌岌乎有履霜堅冰之懼也。昔太祖高皇帝垂訓，有曰：爲政必先謹内外之防，庶得朝廷清明，紀綱振肅。大哉王言，實萬世治平之鑑。歷漢、唐、宋，以暨我朝，其間治亂相尋，往轍未有或易之者也。我皇上慮周邊境，用王坤監視宣大，而未嘗令其操彈劾之權，司中朝之議論也。乃一參再參，近且浸淫，幾于閣臣，試思閣臣之上，更有何人日進不已，長此安窮，是幾于輕朝廷矣。易有之：由來者漸。言不可不辨之蚤也。縱令閣臣有過，朝廷有缺，上有典章，下有清議，今朝廷耳目之司不乏人，乃令中官漫言天下事，書之史册，其何以示子孫而傳後世哉。臣于是乎不能不爲首輔咎焉。當遣内臣之始，滿朝諫官，何不近援祖制，遠援漢、唐、宋之覆轍以力諫，即不然，相率以去就爭之。皇上神聖聰明，當必轉圜而聽，而奈何泄泄沓沓，坐視其至此極也，臣于是乎又不能不爲諸輔咎焉。當令票擬王坤之疏，曷不直言奏上，正義責坤，爲皇上遵祖制，爲朝廷持大權，爲天下昭公論，而奈何唯唯以聽也。失今不爭，後將何及矣。臣蓋不意王坤爲此言也，廷臣僉謂爲此言者非必王坤也。其文詞練達，機鋒挑激，是必有陰邪憸人附之而起，而借王坤爲發端，以嘗試皇上。此臣不特爲閣臣一時惜，而深爲國體惜，深爲天下治亂之大關惜也。夫臣之言，迂言也，亦正言也，祈皇上幸聽臣言褫（褫）斥之。生死之惟命，乃臣之心區區憂國之心也。臣不惟愛朝廷，愛世道，并愛中官。夫中官權盛，亦非中官之福也。方今搆結者漸起，中外皇皇，無敢爲皇上言者，天下事不堪再壞矣。詩云：不愆不忘，率由舊章。書曰：鑒于先王成憲，其永無愆。願皇上遵祖訓，提公論，以上稽往古，正責王坤，而撤回内遣，于以清議論而正國體，消隱禍而課實功，其于治平之計豈細故哉。

春明夢餘録卷之二十五

六科

六科直房在午門外，東西相向。初在掖門内之西，與内閣相對，所謂六科廊是也。以災移外直房。洪武初，統設給事中。六年，始分爲六科。二十二年，改給事魏敏、卓敬等八十一人爲士源。先是，上以給事中數符元士，改爲元士，至是以六科爲政事本源，又改爲士源。未幾，復爲給事中。都給事則二十四年所增也。吏、户、禮、兵、刑、工科各都給事中一人，左、右給事中各一人，給事中吏科四人，户科八人，禮科六人，兵科十人，刑科八人，工科四人，蓋隨事煩簡而設員也。凡章奏出入，咸必經由，有所遺失、牴牾，更易紊亂，皆得封駁；事有關係，抄發過部，略用參語，謂之抄參。部覆録入疏中。凡朝政之得失，百官之賢佞，皆許聯署以聞，實兼前代諫議、補闕、拾遺之職也。

六科卽唐之補闕、拾遺。宋改補闕爲司諫，拾遺爲正言。唐制，諫官隨宰相入閤，此最得爲政之要。至明，革中書省，乃並諫官裁之，惟設六科以掌封駁。宣德中，廷臣請設諫官，不允。于是諫無專職，此爲缺典。

昔言官、察官截然二項，如宋時亦尚如此。監察御史初亦言事，後惟察事。至諫院左右諫議大夫、左右司諫、左右正言，此專爲拾遺補闕之官，凡奏疏涉彈擊，上卽戒諭而不納。故觀唐、宋言官奏疏，綽有可觀，後世有糾劾而鮮規正，蓋以言官、察官渾之爲一也。

明初省臣以所定官制班次圖進，上覽畢，因論及選諫議之官。曰：論道經邦，輔弼之臣；折衝禦侮，將帥之職；論思獻納，侍從之任；激濁揚清，臺察之司。此數者朝廷之要職也。至於繩愆糾繆，拾遺補過，諫諍之臣，尤難其人。抗直者或過于矯激，巽懦者又無所建明，必國爾忘家、忠爾忘身之士，方可任之。不然，患得患失之徒，將何所賴。

洪武十七年九月，給事中張文輔言：自九月十四日至二十一日，八日之間，內外諸司奏劄凡一千六百六十，計三千二百九十一事。上諭廷臣曰：朕代天理物，日總萬幾，豈能一一周徧，苟政事有失宜，豈惟一民之害，將爲天下之害；豈惟一身之憂，將爲四海之憂。卿等能各悉心封駁，則庶事自無不當。此六科稽查號件、封駁章奏之例也。

永樂元年十一月，諭都給事中朱原貞等曰：朕慮天下之民有失所者，爲爾曹未能盡知，故選郡縣考滿官職達事體者，俾於六科辦事。如朕有所欲聞，卽可知，彼有所欲言，卽可達，而久無一人言者。夫郡邑之間豈都無一事利害可言。今在朕左右，尚默默然，況遠千里，其肯言乎？爾等退，以朕意申諭之。此俸滿有司授科之例也。

永樂二年，召都給事馬麟等諭曰：爲治貴得大體。比爾等疏駁奏牘，一字之誤，皆喋喋以言，瑣碎甚矣。吏治文書，叢脞積累，其精力有時而敝，豈免錯謬。自今奏内有數目、日、月等字錯謬者，皆令從傍改注，用印蓋之，不必以聞。　此抄參不具題，用印鈐蓋之例也。

宣德二年，諭六科曰：朝廷慮刑獄有寃，下情不能達，故設登聞鼓。然前代置院設官，託耳目于一人，非兼聽廣覽之道。我國家命六科給事中輪直，最得其當。爾等無畏權勢，無忽孤煢，惟其所言，卽時爲達，庶幾事無壅蔽，幽隱畢聞。況給事中爲朝廷近侍，誠能效職，當顯用。爾，無或阿比，以忝所任。　此六科直鼓院之例也。

正統中，給事中張固言：六科都左右給事中員缺，乞選各科年深者以次陞補。英宗謂吏部臣曰：給事中乃近侍之官，凡朝廷政令得失，軍民休戚，百官邪慝，舉得言之，況都左右給事中爲之領袖，非識達大體者不可畀也。固乃欲循資而用之，不亦舛乎。　此都科不循資俸之例也。

成化中，諭六部臣曰：天工人其代之，若事當行而緩于覆奏，是忽天工也，其可乎？自今各衙門一應奏題旨意，卽明白覆奏發落，毋得稽緩，五日内不覆奏者，該科劾之。　此科抄發部定限之例也。

弘治六年，諭：人才難得，事貴得實，人貴改過。祖宗愛惜人才，凡百官考滿，初任有平常不稱者，俱令復職，必待九年，然後黜降。方面知府年老，未滿六年，有疾不妨管事。素行不謹在陞任之先，及見任不謹，罷輭無爲，非本部訪有實跡，或有巡撫、巡按只是一處開報，并其餘官員到任未及二年，非老疾貪酷顯著，俱留辦事。今後三年朝覲之年，先期行之，布、按二司考合屬，巡撫、巡按考方面，年終具奏，行下該衙門立案，待來朝日從公詳審考察。如有不公，許其伸理。其科道官必待吏部考察後，有失當，方許指名糾劾。　此計後拾遺之例也。

崇禎二年，上諭六科：邇來戎馬倥傯，機務煩劇，明旨非不森嚴，奉行尚多遲慢。欲令計時集事，法當委任責成。爾等表裏六曹，舊有註銷之規，今合再行申飭，各掌印官選委給事中一員，查理六曹奉旨應行事務，某項某日做起，某日完結，次第情節，勒限奏報，少有違玩，立付白簡，定行責治。如爾等自隳職掌，玩忽不遵，或議論紛囂，致令掣肘誤事，一併究處，特諭。　此六科註銷之例也。

崇禎元年二月，上傳諭：祖宗設立部、科衙門，各有職掌，內外覺察，法甚明備。乃近來人情玩惰，廢弛成風，卽如各項章奏，或奉旨而科抄久不到部，或已抄而該部久不題覆，以致緊要事務率多稽遲，殊非政體。除已往不究，今後各衙門務將已發未覆事件作速覆奏，不許違誤。自元年二月爲始，一切發行內外章奏，俱限十日內題覆。該衙門仍各立考成，着實遵行，部、科互相查勘具奏。

崇禎元年九月，諭：朕惟祖宗設置科道，上弼主德，下警官邪，寄耳目之司，廣聰明之用，其爲國家毗倚甚重。慨自逆璫用事，屠戮忠良，一時直言敢諫之士動遭屏斥，遂令諸臣忠懷莫吐，鬱懣有日，思一發舒，譬之川然，壅而必決，勢固然也。朕卽位以來，宏開此路，諸臣條奏，不憚再三省覽，日御文華，講求商確，發奸指佞之疏，朝上夕下，多見施行。乃諸臣抒忠體國者固在，朕鑒沽譽營私者未盡無人。薦舉屢戒無濫，輒累牘以市恩，糾奏每諭覈真，或游移而鮮實。初閲封章，侃然忠讜，及朕詰問，諉之風聞。至不辨忠邪，概行論劾，使大臣不安其位，誰與共理，甚非朕虛懷樂諫、推誠茹納之初意也。今朕特諭爾諸臣，以後務捐積習，各偕大道，一秉公忠。敷陳條奏，必鑿鑿可行，勿剿襲而徒紛聽覽；彈奸劾佞，必事事有據，勿逞臆而盡抹生平。諸臣身膺風紀，尤宜先自（祓）祓濯，處於無瑕之地。其有任意誣揑，藉口風聞，甚或持己不嚴，官常先裂者，朕得鑒察定，下部院勘實，嚴處論人不當，按以反坐之條，決不少貸。使居言路者誠無錯雜之是非，豈患司官守者倘有混淆之名實。治亂在兹，各宜毖飭。欽哉。

崇禎三年九月，諭：朝廷設官，原爲治國，故分敍爵秩，優任才能。近來人心日競，銓政詭隨，卽如陞轉京堂，本以酬勞奬賢，今則科道吏部司官視爲固有，不論賢否，循例必得。至於監司、知府體統官階，均屬隆重，祖宗時特選朝臣有才望者爲之，何以今日輕鄙若此，背違舊制，恬習囂風，莫此爲甚。若不亟加挽正，濫觴日久，又將輕視京堂，希營卿貳矣。今將添註閏陞，一概停止。以後科道中及吏部司官果有才品兼優者，准陞監司；其或操守無疵，風力稍遜者，準陞知府；若才品勞勳並茂，及司道卓異特著者，準倣正陞例與陞京堂。部院該科永遵爲令，敢有朦朧奏行，必置重典。其考選科道，及推舉吏部司官，必須慎擇于先，方便後來陞轉，不許輕狥濫用，混列清華。今後科道吏部有不稱職者，着該部院特行糾參處分，毋得姑與量陞，別滋藏垢。各令力行，愼勿玩違取咎。

大學士商輅薦春坊林聰改吏科疏：竊照見任春坊司直郎林聰，原籍福建人，由正統四年進士，歷任刑科都給事中，陞今職。本官學識優長，操持端潔，存心公正，遇事敢言。先在刑科，衆皆推服。今任司直郎，固是美職，但卽目政務頗簡，未免以有用之才置于閑散之地。況今吏科都給事中張某久病不出，如蒙降特旨，着林聰兼吏科都給事中管事，如此則恩出于朝廷，非惟本官益竭忠誠，勉圖報稱，凡有言責者，亦皆聞風感激，各思自效矣。且今春坊官員多係翰林等衙門兼職，林聰原係都給事中，今令以司直郎兼之，俸禄無增，品秩仍舊，于事體無損，於政務有益，且使中外人聞之，皆謂陛下誠于求言，善于用賢，所謂用一人而千萬人悦，豈不美哉。臣職居近密，偶有所見，不敢緘默。

吏科都給事中鍾羽正科中事宜疏：臣惟吏科之不振甚矣，建議者招尤，彈劾者反噬，出使者蒙辜，疐後跋前，動輒得咎，閱十餘載，免訾議者十人一兩人耳。其餘材品不同，久速或異，而皆横被口語，無能以良去者。卽去爲他官，猶從後仆之，豈吏科則固不善哉。責備之殷，形跡之嫌，當是非交騖之中，而清議難干，瑕疵易起也。臣極暗陋竊，自謂臣下當其末流，揣己自劾，不蒙俞允，思所以全硜硜之節，無負此官者，輒爲妄議，披瀝而陳之。夫取子辭受，士人之大節也，文選以當銓扃户，誠重之矣。吏科卽不關黜陟，而是非之權在焉。交通逢迎，坦然而不忌，于是有冠裳擁集、筐篋交錯之疑。此小臣耳，人何至奔走以奉之，然而瓜李之嫌無解也。臣請一如文選，杜門而謝客，可乎？飲食徵逐，昏夜沉酣，經明禁者屢矣。臣自入仕途，卽苦此事，時時蹙額應之，不能過三爵去耳。近出差者，又以此得罪。聖朝寬大，原非以醉飽過繩人，要之非正務也。而不經申飭，則人反謂臣矯。臣請一切謝絶，息交而省費，可乎？大臣之去留，一惟宸斷，而吏科恒置疏保留。保留，非諛也，而有時乎爲諛，則雖不諛而以諛視之，宜矣。上不足爲大臣重，而反招植黨之疑，何益也。繼自今如岳正、李賢之被誣，劉健、謝遷、韓文等之被逐，何妨倡議留之。而非是類也，吏科罷保留之舉，可乎？人材遺佚，誠爲可惜，乃無故發端而突然爲薦揚之舉。薦揚，非私也，而有時乎爲私，則并其不私者而私窺之，宜矣。既不足爲知交重，而反有市德之嫌，亦何益也。繼自今惟夢卜之求，拊髀之歎，奉旨公舉者，舉之。而非是類也，吏科杜薦舉之端，可乎？以至科中内外之轉，原非選擇，而一陞之後，低昂頓隔，内者不數年而建節，又不數年而卿貳，而外者栖遲藩、臬，或至十數年，鞅掌浮沉，而且有風波之險。卽人臣效忠，無宜擇地，於政體未爲平也。臣請循内遷之典，兩司之卓犖者，時時入爲京卿，歲必進五六人；而爲卿寺者，亦使回翔南北，少遲其轉，使内外久速略相等也，意亦可乎？陞轉之途，本緣資俸，而少有更變，則訾議叢生。有將轉而告疾、先期而給假者，其心非有趨避也，而形跡之間，誰則諒之。請自今掌印者，非有真疾，不許告病。使其卽告也，吏部于覆本中徑云以今資俸合是某官，回日不問接補何科，陞時止照今時之次。使其真病，軀命之不恤，何暇計官，使非真病，或假託，不墮其術，以杜僥倖而安義命也，意亦可乎？是數者，皆科中事體之當議者也。而臣又聞衙門先進曰吏科失職掌者二：其一，堂上官赴科畫本，此累朝舊例也。各科能守之，卽各部亦不以爲屈，而吏科獨廢，豈以吏部尊而不宜來乎？然此朝廷之公事，非給事中所得專，亦非給事中所得廢也。宜復其舊，可也。其一，大選事完，科臣與部堂比肩而受賜，此自來舊禮也。兵科能守之，兵部亦不以爲亢，而吏科獨下坐，人以爲自陳三讓始。然此朝廷之公禮，非給事中所得改，亦非給事中所得讓也。宜復其舊，可也。至于衆言淆亂，意見懸殊，則天理自明，人心不遠，諂下諂上，病則一般，求利求名，同歸不義，臣不敢置一毫私意于其中也。

管志道論言路疏：國初，言路甚廣，而復專其責于科道，使之封駁諸司，風聞言事，凡以防壅蔽而遏禍源也。其始，以三途類選給事中，等於中書舍人，而御史多陞各部主事，待之若不甚重，而當時顧多直節敢言之士，厥後漸重其選。至弘治中，令于博士、行人、推官、知縣、教官中選其歷練老成者除補，而躋之部屬之右，其重比國初加倍，而直節敢言之風殺不如前，何也？先朝不重官而重言，故人爭奮于言；近代不重言而重官，故人爭保其官，其所由來者漸矣。據臣釋褐以來，所有彈章奏牘，非出于科，卽出于道，曷嘗無言。第見其劾一官，則人必竊疑曰是有所觀望而借以立名者也；建一議，則人又竊疑曰是無所觸冒而藉以塞責者也。其中固多賢者，往往以是非之心而奪于利害，以挺特之見而繫于雷同，卒歸於與時浮沉，違其初志。倘芒穎稍稍表著，則同列便不相容，而飾邊幅，立崖岸，則賢否同囿于其中，而牢不可解。卽如拾遺一節，京堂方面俱秩之，尊於科道者，拾之是矣，部屬與科道相埒也，乃科不拾道，道不拾科，而獨拾部屬之易動者，豈言官宜互相掩蔽乎。此猶謂同居言責，不欲相殘以撓氣也。至于科道之已陞京堂方面者，自當從公論之矣，乃復彼此相約，多寡相持，凡六科拾御史之已陞者一人，則十三道亦拾給事中之已陞者一人，迹似調停，實爭門户，豈言官宜久庇其黨乎。此猶謂言路相攻，不令偏勝以遺奸也。至如平時論劾，凡官自科中陞出者，自方面至于侍郎，縱有過惡，科中以先僚之故，永不糾彈，是寧負朝廷，不負先僚也。御史巡歷地方，自府佐以至州縣正官，一經保薦，則終其身尊之曰老師，而自稱曰門生，有以厚幣相酬者，是寧負朝廷，不負舉主也。抑又有甚者，如高拱之在先皇帝朝，自擅吏部之權，而廣布腹心于科道，於是有爲之排擊同列輔臣者，不幾於律之所謂姦黨乎；有爲之交章稱述救解者，不幾於律之所謂上言大臣德政乎？雖賴聖明亟逐，潛杜此風，而言路是非之難憑可概見已。此無他，大臣惟憚言官之能劾己，而輕視諸司；言官惟恃大臣之能庇己，而蔑視公論也。臣讀卧碑，有許諸人直言無隱之條。祖宗朝内外大小臣工種種嘉謀讜論，不可悉紀，臣姑舉外僚之最卑者：馮堅，一典史也，洪武中，條陳開國政體，太祖嘉納之；潘叔正，一州同知也，永樂中，建言會通河事宜，而成祖採用之。豈獨科道之言爲重哉。自隆慶以來，各衙門之言事者始寡，而科道之言又未必盡出於公道，臣恐耳目之漸壅也。以陛下之明達，誠宜追祖宗朝盛事，開張聖聽，博求讜言，仍命大臣公其心以參訂之。言苟不當也，不以出于科道而遂議覆行；言苟當也，不以出于各衙門而遂寢不覆。如上所陳，一切積弊，嚴勅言官洗心易轍，有弗悛者，聽各官核舉坐罪。至於疏下該科，不問其覆與不覆，行與不行，刻期俱送史館編輯，敢有匿一疏者，亦聽檢舉坐罪，俾公論大明，朋比永杜，豈不蕩蕩平平，稱皇極之世哉。臣又以爲不除言官之廷杖，言路終不得而開也。人臣進言，孰非爲國，言雖過當，心亦可原。歷覩祖宗盛朝，未嘗有杖言官者。夫忠臣誠不愛其身以報國，而其身則依然父母、妻子、兄弟所仰賴之身也，曷忍其萬死一生於箠楚之下哉。此非所以全天地之和，而慰祖宗在天之靈也。願陛下永勿以廷杖加諸言官。而鎮撫司亦非拷掠言官之地，即有以言得罪者，下諸法司，鞫問情實，如其罪不可宥，律例自有明條，死且瞑目，況生者乎？如此不惟言路大開，而和氣且薰蒸宇宙間矣。

夏言請考選疏：六科額設都、左、右給事中、給事共五十八員，中間事有煩簡，故員有增損，然以司諫諍，備獻納，則六科之職均也。祖宗以來，額員俱備，後來乃有不盡補者。然遇都、左、右給事中缺五員以上，則必奏請陞補，各科給事缺十五六員以上，則必奏請選補，永著爲例。在先朝，五十八員一時補足，當時侈爲美談。蓋增置諫垣，自是盛代之事。今六科在任，止二十一員，不及額數之半。吏科缺左給事中一員，給事中四員，户科缺給事中七員，禮科五員，兵科九員，刑科七員，工科四員，共缺三十七員。六科除都、左、右給事中之外，惟給事中四員而已，供事趨走，日不暇給，欲求優游侍從，以盡文墨論思之長，從容退食，以致寅恭謀議之實，不可得矣。然其間言事者連輒被斥，忤時者又多外遷，歲消月減，以至于今，莫可復也。考之祖宗舊規，凡給事中有缺，止于進士年三十以上者考選奏補。弘治間，始以行人、博士兼選。正德間，始以在外推官、知縣照御史例選補。正德末年，大臣畏忌新進敢言，乃始盡廢進士考選之例。陛下登極之詔，命今後照依舊例，給事中有缺，于進士考選奏補；御史有缺，進士與行取人員相兼考選。然應詔于一行，而旋復寢。吏部亦嘗奏請，廟堂大臣陰行格阻，往往以未嘗經歷世故藉口，是不過欲得脂韋婞婳、愛身固禄之流，取其不爲己害而已。司馬光曰：凡擇言事官，當以三事爲先：一不愛富貴；次則重惜名節；次則曉知治體。今當用光言，以爲取人之則，將見在各衙門辦事進士，及歷俸二年以上行人、博士，并推官、知縣三年考滿到部者，查照舊規，及見行事例具奏，從公考選。

文選司員外范景文救科臣周朝瑞疏：伏讀聖諭内閣：朕昨覽文書，見有吏科給事中周朝瑞條議仰獻慎初三要内停止金花銀兩。朕卽位之初，言路方開，礦税已撤，如何擅行瀆擾。此項銀兩，原係舊制，進内以備萬壽聖節，并典禮等項，及各宫賞賜、武職軍官俸糧之用，難以停減。周朝瑞這厮要譽妄言，本當拿問。朕哀思皇考、皇妣梓宫在殯，姑從輕降一級，調外任用。卿可傳示該部，這銀兩還遵照舊規行，特諭卿知，欽此。隨該内閣大學士方從哲揭帖，奉聖旨：覽卿所奏，朕已悉知。周朝瑞這厮不諳事體，逞臆妄言，擅行議減内庫金花，阻絶國用，好生可惡。周朝瑞已有旨了，卿不必申救，該部知道，欽此。欽遵。竊念周朝瑞忤觸宸嚴，夫何敢言。但周朝瑞職居言路，遭際明時，未忍自負以負主上，慷慨發舒，故不覺慮之過，語之戇耳。至所條奏留停金花，以寬民力，而光上德，酌祖制而裕國儲，亦忠于皇上之職分也。乃皇上罪以要譽妄言。夫主聖臣直，名在皇上，下亦何譽之可要。若因此而罪之，則適成其名耳。夫當容言之時，而有拒言之事，恐未免爲聖德累也。日見皇上用人行政，下如流水，舉朝相慶，皆謂袞職不闕，補救無事。臣工此時，止宜將順德意，彼目覩大渙王居，不殖貨利，已明知上意所嚮矣。正所謂善將順者，而何深罪乎？雷霆一震，已惕不測之威；雨露旋施，彌彰有容之度。知聖德如天，諒必出此也。伏祈聖慈免其降謫，照舊供職，使下有犯顔敢諫之士，足見盛世之有人，使上有刻印銷印之舉，愈覘聖心之無我，其所裨益，豈渺小者哉？

給事中劉斯琜言路漸輕疏：蓋聞英主受言，取象於轉圜流水，而末季拒諫，貽譏于轉石拔山。

夫人主豈有不慕受言之名，而甘爲拒者。或偶因猜而府疑，遂積疑而生厭，猶豫之過，未免開停閣之端，此誼辟所以慎其初，而忠臣必防其漸也。我皇上首增考選之額，以開言路，而又勤召對，以通下情，可謂求言若渴矣。然積輕之漸，臣不無鰓鰓過計者，則以虚言之日煩也，流言之日滋也，辯言之日嚻也，聽言之未虚，而納言之未速也。何也，臺諫之設，以封駁爲義，以觸邪爲職。其于兵、刑、財用之屬，惟察其舉否，而白簡繩之，庖祝不相代也。今任者少，而議者多，章滿公車，强半借條陳爲職掌矣。而皇上亦若認職掌在條陳，諸如套疏，輒被温綸，豈以此娓娓者真足濟時艱而奏安攘乎？臣以爲有治人無治法，條陳而當任者，未卽議者之心，陳而非議者，反掣任者之肘。試觀年來紙上之兵糧，口角之節省，畢竟無濟于脱巾之變，而況乎窺上意之所向，借條奏爲逢迎者且比比也。議論多而成功少，所謂虚言日煩者此也。百司庶尹各有司存，而獨臺諫稱言官，此豈惟明職掌之專，亦杜紛嚻之漸。今乃廢弁而輕凟天聽，貲郎而妄奏空談，冷署閑曹而時生見事之風，謀出位之政，不可訓矣。甚有嫉賢妬正，索瘢無從，遂爾編造歌謡，揑成單欵，無頭帖子遍布于街衢，匿名揭帖暗投于宅巷，覽之則鑿鑿有據，按之則語語無端，欲何爲者。想不過二三小人，謂皇上明目達聰，妄意得流傳大内，便可當射影含沙耳。雖皇上視明見遠，萬無旁寄之聰明，而此市虎之紛紜，抑豈輦轂之下所宜有耶，所謂流言日滋者此也。昔稱言官指及乘輿，則天子改容，言及政府，則宰相避席，豈以君相之勢，遂爲言官屈哉。亦以糾劾不避，職在則然，而聞言引愆，道固應爾。乃今彈文甫上，隼未下于高墉，利口高張，狼反横于當道。或以有據之事，敢于侈口而爭，亦有自認之辜，究且支吾不應。此糾一事也，而彼且牽籐引蔓，别尋節外之枝；此論一人也，而彼又東拽西扳，至欲空人之國。朝端同于聚訟，黑白聽其溷淆，且風聞有進密疏以惑聖聽，而中傷善類者，雖道路之口虚實不可知，總之神羊結舌，而鴟鴞鼓喙，成何世界也，所謂辯言日嚚者此也。任賢勿貳，去邪勿疑，固哲后之芳規，而舉不避親，劾不避讎，乃諫臣之職掌。乃今推鄭莊之轂者，不曰薦賢爲國，而以爲市恩；效鷹鸇之逐者，不曰除惡務盡，而以爲苛詆。欲補牘而再請，既有挾私求勝之嫌，迨不約而相同，又有隨聲附和之指，是容聲啟口，盡結疑團，而梧掖柏臺，皆畫蛇足，恐非推心置腹之誼也，所謂聽言未虚者此也。至于皇上勵精求治，一應章奏批發從不逾時，而今亦有遲至旬日，漸至數月者矣。向猶許諸臣催請，而近且有暫留詳閲，或有不應批發之旨矣。夫議論無過是非兩途，而聖斷亦止從違二字。言而是，自應虚受，以彰都俞之休；言而非，亦當抉出，以成吁咈之雅。若但束之高閣，漫不部分，徒長局中之葛藤，更生事外之控揣，況暫之爲呼吸不應，久之將蠹弊叢生，我皇上魁柄手操，要終原始，豈其慮不及此，而猶曰姑以此神不測之用也，所謂納言宜速者此也。臣非不知睿斷自有權衡，于言官未嘗厭薄，但防其積漸，勢必至此。且此時人面日頑，人情日競，身叢衆鏑者，尚披顏甲而請繫賊之纓，裹足巖牆者，又借清卿以當愈病之藥，向使白簡有靈，寧遂敢悍焉無忌一至此哉。臣憤此頑鈍之成風，而益傷言路之徒設，望皇上之力行之也。

給事中辜朝薦用人聽言疏：皇上御極以來，任人圖治，納諫聽言，自三代而後未嘗有也。而邊腹之患，日深一日，羣力羣策，罔見實效。古未有聖明在上，殷憂若此，而不能削平禍亂，坐臻上理者。臣嘗反覆思之，豈當世遂無可用之人哉。夫知人則哲，惟帝其難，言貌取人，宣尼猶失。惟皇上求治之心愈急，則浮薄喜事之人愈易飾詭而釣奇；惟皇上破格之意愈殷，則巧言孔壬之徒愈易乘機而鬬捷。昔漢臣周勃、張相如號爲長者，言事吶吶，不能出口，然安劉却虜，必屬其人；吕蒙之舉陸遜也，第曰意思深長；而張釋之之阻嗇夫，李沆之惡梅曾，皆惓惓以捷給爲戒，蓋利口之禍邦家，聖有明訓，臣子任事，決無不出于樸誠而能克濟時艱者。然樸誠之人，多得之老成練達，蓋歇歷既深，自臨事不苟。遠不具論，邇來督撫中所稱足任者，如洪承疇、盧象昇、史可法等，亦祇實心實做，何嘗縱横滿紙，動求人知。向令此數人者與楊嗣昌、顏繼祖、張若麒等粉飾虚張，爭鬬才辯，必不能遠過。由是觀之，其在此而不在彼明矣。況今日口舌相高，攻訐滋勝，老成日就凋謝，典型漸若晨星，自此以往，將恐諸臣精神不用以實圖職業，而用以揣摩筆端。雖皇上召對時勤，無所逃于電照，然既察其才辯，又當察其朴誠，若徒以小才喋喋，付之事權嘗試，追悔何及，所謂用人貴審者此也。書曰：有言逆于汝心，必求諸道；有言遜于汝志，必求諸非道。夫臣子連篇累牘，掇拾浮詞，誠易生厭，然聖帝明王鞀鐸以求之者，蓋舉一事，欲知其利，又欲知其害；用一人，欲知其短，又欲知其長。非反覆諮詢，曲意審度，終無以通達情僞，深悉事理也。昭皇帝嘗以弋謙言事過直，免其朝參，逾月而言者不至；乃復令朝參如故，且降勅以奬勵羣臣，故言雖無當，終不深罪。皇上邇來于言事罪譴諸臣，屢召賜環，雖越數載，猶惓惓聖懷，因是羣臣無不感激，思奮其間。卽有狂瞽過當之語，終可以諒其無他，卽有僉壬敗類之徒，終未可以概天下，要以不求遜志而求逆耳，則聽言之道斯得矣。近如陳燕翼所論中州一案，臣以守汴之勞，與決河之罪，原不相掩，在皇上深憫之所，以作勞臣之氣，在言官正言之實，以存萬世之公。又如熊開元本無言責，而論列大臣，亦可以銷後來雷同之漸。至於姜埰置詞舛謬，百喙何贖，乃懲創之，則臣子之罪已明，生全之則，覆載之德更大。況聖明孝治天下，埰家遭兵火，父罹慘禍。彼亦人子也，臣非謂諸臣之去留生死有關輕重，但恐將來言者遂有所趦趄而不敢盡，煩囂雖息，讜論亦捐，所謂聽言貴廣者此也。臣四載里居，再入班行，寇虜驚心，一籌莫効，而終以用人聽言爲今日治平之本，故不避瑣瀆，冒昧上陳。

刑科右給事中左懋第詳察密封疏：臣接錦衣衛所傳紅本，乃逃帥楊德政奉旨正法也，臣密緘同駕帖，還之矣。次又捧御筆緘函發科者，卽此本也，臣又密緘藏之垣中矣。然自逃帥正法西市，道路之口皆素恨此帥妄議練總，以毒害天下，又知其驕横剥軍，怯猾善逃，罪不容于死，人人快之。而明旨人皆未見也。凡係密封，皆不發抄，若不請明，誰敢宣布。而臣思此本之爲密封者，原恐此機一洩，罪帥或自引裁，而不得行法。今其人已誅，自當明正其罪，使國人知之，以昭國人殺之之義，并使九邊聞之，知朝廷有殺一人而三軍震者，殺之之心也。語云：信賞必罰，必于耳目所聞見。則所不聞見者，莫不陰化，豈如此可聞可見之事，而反閉天下之耳目哉？伏乞勅下發抄，以便遵行。而臣因思各垣之密封似此者多也。臣愚以爲有必當密者，有不必密者，有可密于事先而不必密于事後者，有當密于今日而不必密于明日者。如事關兵機，方且動于九天，藏于九地，何可不密也？如警報何邊寇擾某地動静之情，勝敗之事，廷臣知之，以便各獻芻蕘；各要害知之，以便共圖備禦，何必密也。況邸報之抄傳有定，道路之訛言無端，疑揣轉甚，張皇孔多，廷臣縱有所聞，未免因而箝口，何可密也。如制邊之策，諸臣有密奏，密之，可也。邊已安矣，仍當使廷臣共知其何策以安邊。勦寇之謀，諸臣有密奏，密之可也。寇已平矣，仍當使廷臣共知其何策以勦寇。此可密于事先，而不必密于事後者也。如逮有罪之人，不密，恐其人將遁。人已獲矣，則必昭布其所以逮之故。如誅有罪之人，不密，慮其人將自裁。人已正法矣，則必昭布其所以誅之實。此當密于今日，而不必密于明日者也。蓋人臣事君，原無不可使天下共知之言；而朝廷行事，更無不可使天下共知之事。慎密，原爲成事，事成，便復昭然。所謂理本相成，變而不失其常也。臣今日不言，而使朝廷一時慎密之事，因循沿爲故例，甚至科録史館皆不能啓什襲之藏而筆之。而一時之疑信猶其小者，後世之信史何所取裁。且謂壅蔽綸綍，自臣等封駁之臣始矣。臣用是虢虢然懼，敢因請旨發抄，而并及之。

刑科給事中孫承澤請復接本之規疏：竊照本章者，臣工所以代面對而陳其衷悃也，一經聖斷，大政大法于是寄焉，事綦重也。臣于辛未觀政户部，猶見紅本發下，各部司官輪流候接。日當晡時，内臣捧至會極門東廡，各官鴈行序立，挨次接領，體統嚴肅，制甚稱善。及臣初入垣掖，事猶如故。邇因機務殷繁，發無定時，于是六曹不復接本，或早或暮，但憑會極門内臣發之錦衣直房，直房散與各垣吏役，遂失當年之制。臣按祖宗朝，凡紅本發科，猶必令部堂一員親至垣中畫本，尾署小押，所以防姦杜弊，如此其嚴也。況未到科之前，收授一憑下役，豈所以重王言而尊典制。臣並有請者，皇上勵精圖治，寒暑罔渝，凡係緊要本章，無不朝上夕報，亦有不能卽奉綸音者，或以事體稍緩，無妨徐發。但拜疏之人，計日而數，賫奏之使，延頸以望，時日稍稽，妄生揣臆。當此中外多艱，正賴臣工黽勉效職。儻因此而署位開因循之漸，事體生叢脞之端，防患於微，貽憂滋大。況天下事無大小，以敬心持之，則小者亦大；事無緩急，以精力圖之，則緩者亦急。此大，易所以重行健而自强不息也。並望採納施行。得旨：各部司官接本，并部堂到科畫本，原有舊規，如何竟廢，着察議具奏。據稱紅本收發，一憑下役，殊非典制，今當何法傳接，并議妥奏來。本内敬心持之、行健不息等語，説的是。知道了，該部知道。

户科左給事中孫承澤章疏日繁疏：臣辦事垣中，察本科發抄底簿，見邇日章疏較崇禎初年增十之五，較萬曆中年增十之七，一科如此，别科可知。夫議論日多，則事功自應日集，乃近年中外景象，無論不及神廟時，並不及崇禎之初多矣。蓋議論多者，精神之薄也，意念外浮，則力量中歉，理所必然，無足怪也。故密奏日多，則邊防愈壞；籌計日多，則財用日虧；啟事日多，則人才愈錮。此其病在議論多，虚飾亦多也。皇上勵精圖治，鋭意太平，第一急務，無如課實效。課實效無如省議論，省議論須從六曹大臣始。蓋六曹者，事功之府也，朝廷之大政寄焉。諸臣果能公忠體國，殫力救時，不顧利鈍，不避勞怨，天下事豈遂不可爲。抄發到部，或卽具覆，不必諉之别曹，不必推之撫按，或不必覆，照例存案彙銷，一力擔當，大家實做，如此則章疏之省不知凡幾矣。由此而論，臺諫之臣，是以言爲責者也。畜狸欲捕，養鷹欲擊，言誠不厭煩數也。若浮泛之條議，市恩之奏薦，與據風聞而糾在外之小吏，則宜禁，亦省章疏之一端也。至于各曹之官，自有職掌，黽勉圖之，日不遑給，何暇出位而紛紜建白。凡事無關係，率妄沽名，則宜禁，此亦省章疏之一端也。在外撫按，于重大情事自應時時奏聞，若錢糧之起解，參罰之開復，官員之更調，行間之零級小捷，事關該部者，應行咨達部，若瑣事概行褻瀆，則宜禁，此亦省章疏之一端也。通政之司職在封駁，邇因廉恥道喪，人希進取，游説不根之徒有如聚訟，凡此者宜禁，此亦省章疏之一端也。又如内外臣工，凡經論劾，當如祖宗朝舊事，平心静聽，上俟皇上之鑒裁，下俟舉朝之公論，聞言曉曉激辯者則宜禁，此亦省章疏之一端也。有此數禁，議論日減，皇上批答之暇時，御文華殿召大臣商確政事，講道求理，務令朝奉命而夕行，從此而政不清簡，功不畢集者未之有也。得旨：朝廷廣聽求言，欲收實益，其浮議繁雜，虚飾罔功，允宜禁飭。這本内各欵，着議具覆。建白係言官本職，若當言不言，以致旁觀出位，乘間紛囂，科道官殊難辭責。又向來中外各衙門循例奏報及邊鎮攢造文册，察覆登答等項，有係應行的，亦有套混、妨擾無益，可省的也。着詳酌奏奪，該部知道。

户科左給事中孫承澤註銷疏：竊照邇來民艱用詘，度支一曹，關係甚重。臣今歲身歷三垣，皆管註銷之事，而歎積弛之狀，至户部而極也。每逢註銷，呼羣吏持牘鴈行，而前司司比之見、赴比之簿，大半遺漏不全，所銷號件，不具文牒，但憑吏役口報爲故事。且吏役皆雇覔代身，問其緣由，茫然不知也。臣往返申飭，繼之以夏楚，稍稍就緒。然每當五日一銷，則報完者仍復寥寥。該部嘗行之本，雖盈篇疊幅，要不過循例題知，依樣具覆。而事稍重大，則堂行司，司付吏役，束之高閣，不則卸之撫按，漫言行查，任其稽延，未幾官遷吏换，前事不復記憶，有同故紙矣。臣試言其略，如各直省新舊兩餉，及金花、漕折、輕賫、茶、蠟、歲絹等項，拖欠以億萬計，猶曰逋負在民，時荒難急也。至官吏之侵那，畿輔之透支，關差之欠額，銅本之侵没，奸解之吞隱，運弁之盗賣，數至成千成萬者固纍纍也，何至經年累月，不一問之。夫户部，民部也，以急民爲事，固不止以辦餉考成見能也。乃積年興屯開荒、求蠲報災之疏，一切沉閣，有如秦人視越人之肥瘠。即如臣前因江北私派，小民鼎沸，具疏直糾，奉旨經年有餘，尚未見覆。諸如此類，不知凡幾，欲求閭里康阜，婦子恬熙，胡可得也？以如此關係甚重之地，而如此因循苟且，每對部吏，見其呼應不靈，不知幾爲扼腕矣。臣前待罪兵垣，見該部有摘參計次議罰之例。兵農並重，事可通行。伏乞皇上勅部議定規則，俾知遵守，以警玩振靡，庶有裨矣。奉聖旨：民間舊欠，近諭已明，其官胥侵那、透支、隱盗等項，作何追賠，并摘參未完欽件，作何分别罰治，通着該部遵照近旨，詳核另議具奏。這本直糾江北私派一節，經年未覆，是何緣故，并着奏明。

刑科都給事中加俸二級孫承澤熱審疏：臣捧讀聖諭，于熱審大典，按期舉行，臣不勝加額。仰見陛下如天好生之德，時廑于懷，不以軍旅倥傯而或輟也。該部雖當專遣閣臣清理，之後夙案甫清，新案又積，事如春草，芟而復生，弊似落葉，掃而愈集，其所煩斟酌蕩滌者，至不易矣。應審人犯，臣已催部造册，細加參覈，恐候審者急此緩彼，又將未審人犯再四移催速結。然當註銷之日，每見各司前件多開已題候旨，蓋近因戎馬生郊，聖人有憂，值此機務殷煩之時，遂致批答之停閣。臣歷察往例，凡係未結人犯，不得造審，今爰書雖成，而明旨尚靳，事體一時未結，是當泣罪解網之日，猶有羈魂向隅之悲，亦大造所難獨遺也。況事無重輕，一屬候旨，概從羈縶，饑渴困苦，溽熱蒸煎，遲速之間，生死所關。伏乞聖慈俯察該部各本，盡數批發，俾纍纍新犯，輕者遽獲生還，重者幸荷送審，將見和氣所嘘，獄蟲不紅，圜草增緑矣。至于司寇一席，久已塵虚，雖署篆之臣不敢以傳舍視事，然領袖部務必得正官，並乞勅部就近推用，務令朝簡而夕就，于以溥皇仁而光大典，端賴之矣。奉旨：知道了。該部知道。

刑科都給事中加俸二級孫承澤摘參疏：竊照遣戍一罪，僅亞大辟一等，其問擬之也當慎，而處斷之也當嚴。蓋不慎則虞有寃人，不嚴則虞有縱奸也。今刑部見在戍犯，已經清理之後，贓銀量豁、情罪堪矜者准予納贖，以開一面，非過也。但戍犯不一矣，其中大奸巨蠹，使得一概收贖，僅以二百金縱虎出柙，是誨奸也，胡可爲訓。該部先經批准者，臣科移文署印，臣張忻當力爲駁正，無奈承行吏胥，朦玩如故也。謹先摘參其一二顯著者。一爲軍犯高瞻崑案。察瞻崑以誣詐問辟，追贓共二千二百兩，分毫不納，二次清理，俱爲除豁，減擬邊戍，此應速爲發遣者，乃移送納贖。是完贓無銀，贖罪有銀也。且以辟而減擬，胡得言贖。本犯宜速爲發遣者也。一爲軍犯鈕光先案。察本犯以積年奸書，描改印票，侵冒料豆、草束，事關軍儲，僅擬遣戍，有餘辜矣。乃該吏註銷，以爲業已發遣，及察之，則移送納贖。夫既納贖，何必諱言發遣。是明知不可贖，而代爲掩飾。況本犯以侵官之物爲贖罪之物，尤而效之，其何以懲本犯。

宜速爲發遣，其已納之銀，留爲充餉可也。一爲原任吏部侍郎軍犯蔡弈琛案。察本犯以十四年定罪，十五年正月咨送兵部發遣，至今尚未至兵科掛號定限，是本犯抗未赴衛，事已年餘，經承何不一問收管，僅以咨送了事。據法，違限一年，例應調衛改遣，似難爲本犯寬也。以上三項，係臣行察，據該司手本，循職參駁，伏乞勅下該部將高瞻崑、鈕光先責令當時起解，蔡弈琛違限年餘，例應改衛，速行察覆。至朦玩吏書，嚴加懲治。各司積弊，不止遣戍一事，容臣極力搜剔，以副職掌。統希聖鑒施行。奉旨：該部議奏。

禮科題陪祀疏：臣按臣科須知：一欵，每歲大祀天地，都給事中各一員入壇陪祀；又一欵，如左給事中署印，必先具題入壇。今歲皇上親郊，該科都給事中惠世揚奉命未任郊祀大典。臣垣職掌所關，而陪祀乏員，或于事體未協。今有左給事中魏大中見署科事，應否入壇陪祀，謹題請旨。奉旨：准照例陪祀。

兵科肅朝禮疏：照得臣等西三科輪直武職門籍，若遇朝參，調取長安左、右門守衛官收貯各衙門投到門籍簿扇，除公差患病外，中有不到者，會同題參。此從來舊例也。臣今細察武職各衙門簿籍，中有填註差病者，亦有止造見任者，或有差回病痊不填註者，又有止填痰嗽，不言註籍者，且有竟不移會直日該科者。臣等每月彙題，止據衛官繳到前月門籍簿扇填註差病字樣，恐假借參差，有難稽察。況聖壽、元旦諸大禮在邇，倍宜整肅。伏祈勅下該部申飭各衙門，嗣後凡有牙牌應朝參官員，務要明白詳註，一投長安門，一投直月該科。若有差回、病愈，故違不填，及以寒嗽溷入，希圖安坐者，臣等與直日該科指名參奏，庶朝禮肅而人心警矣。

科道互改

洪武中，給事中宋善、萬徵、彭通、王惟言、王漸，永樂中，吏科右給事中羅亨信、工科給事中周岐，正統中，給事中朱良暹、李運，工科都給事中張禬，俱改御史。洪武中，御史李熿改工科給事中。永樂初，山東道御史文郁改工科給事中，江西道御史汪俊明改刑科給事中。

戊寅考選紀。崇禎丙子冬，外計俸滿知、推，俱留部考察，候核在任錢糧。先是鄭友元、熊開元以錢糧之故，累及司農，下獄。至是慎毖有加，而吏書挾索之弊，亦從前所未有也。未幾，上御講筵，令諸詞臣條議政事。黃景昉薦候考者朱天麟、成勇之清，項煜因奏任濬爲首輔張至發姻親，有意黨護之。至發激辯不已。楊士聰並參沈迅、張若麒納賄，史𡎺囑託冢臣田惟嘉求選詞林，戈矛四起，纏連不結。史𡎺上疏言：此番考選，諸人薄科道而重詞林，凡考中詞林者，皆本衙門人援手接引，于是凡取中翰林者，以爲預定，分補各部主事，至上令吏部將咨訪單進覽，于是以圈獎濫狥各官傅元初、張第元、房之騏、韓源、趙繼鼎、馬兆羲，俱着冠帶閒住，許晉、林正亨、王猷降三級調用，劉含輝、楊振原、葉初春、劉興秀、辜胡薦、金蘭、葛樞、郭九鼎、凌義渠、何楷、褚德培，各降二級照舊。時臺省員缺，候考者至經年不補，而現在之臺省被累，幾至一空，人嗟以爲變局。至戊寅四月二十八日，上召在京候考及已推部屬各官俱來中左門。昧爽，上出御門，內閣及吏部、都察院諸臣行一拜三叩頭禮畢，候考諸臣行禮起，傍立，止令五人一班，面奏在任行過事實，上隨以筆註記。奏畢，上手書策問，云：剿寇需兵，養兵需餉，屯鹽、採鑄，難取近效，搜括、加派，民力已竭，將何策以處之。近報抵邊不犯而歸，是何狡謀，諸臣通悉已見條對，務期可行，不許勦襲故套，仍將履歷開寫明白。上令吏部將策問傳示各官，暫退。少頃，復出，收各官試卷，陸續而出。五月初十日，上親定曾就義、黄文焕、黄奇遇、張縉彦、李士淳、汪偉、虞國鎮、余象賢、馬剛中、朱天麟等爲翰林編檢官，王調鼎、熊維典、解學尹、張希夏、張作楫、耿始然、成仲龍、李清、孫承澤、吴希哲、張淳等爲各科給事中，李嗣京、秦廷奏、汪游龍、李春蓁、任濬、楊鶚、喻上猷、柯元伯、李雲鴻、涂必泓、左永春、宗敦一、張爾忠、黄諫卿、甘維爍、張茂爵、王章、蔡鵬霄、王範、陳天工、高名衡、郭景昌、徐養心、羅起鳳、張緒掄、王聚奎、鄧希忠、閻嗣科、林蘭友、葉樹聲、詹兆恒等爲各道御史，井濟、李拯、楊鼎甲、黄熙胤、楊詞鼎、王心純、葛逢夏、劉作霖、郭尚友、唐良懿、張若麒、沈迅爲户、禮、兵、刑、工五部主事，王昌時爲南部主事，韓友范爲兵馬。次日，諭内閣：發下曾就義等試卷十八卷，卿等傳與該部科將内中所對事宜，確酌可否奏奪。曾就義對中言：小民不苦于餉，而苦于有司之火耗、私派，誠嚴禁之，似不妨量行加額，以紓軍國之急。上稱賞之，拔爲第一。未幾，遂允楊嗣昌練餉之議，海内騷然。就義悔甚，鬱鬱而卒。

附載言官被言

候補兵部職方司郎中劉元珍論給事中錢夢臯疏：朝廷磨礪一世，伸正絀邪，以端揆大臣無樹私交，無作好惡，無蔽上而箝下，彰善癉惡，佐天子持衡焉。不意今日乃有罔上行私如首輔沈一貫者，又有頑鈍無恥如刑科給事中錢夢皐者。夢皐爲人，臣無暇毛舉瘢索，跡其推年例而妄奏求容，掛察典而乘機建議，壟斷如市，士林不齒。迨至兩蒙留用，因蠱惑聖衷，猜疑部院，併考察全疏亦中格矣，臺省被察諸臣概留用矣，國家代守之典章，屑越于一朝，朝野駭聽。僉謂夢皐之黨，陰謀叵測，將異日種種僥倖之門，從此闢也，甚可慮也。夫使夢皐羞惡未滅，亦宜驚彈射而斂跡，胡乃恣起風波，動駕言于楚事，含沙反射，蔓衍何極。僉謂夢皐之黨，機鋒叵測，將異日種種傾危之隙，從此開也，甚可畏也。夫使政府無私人，則奸慝寧壅于上聞，邪謀亦安能下逞，乃一貫實爲戎首。秉政以來，不聞輔佐皇上，救生靈于塗炭者何事，起忠良于擯厄者何人。年來比昵憸人，乖謬尤甚。即如考察一事，皇上豈有愛于夢皐而故暱之，豈有私于臺省諸臣而獨寬之，蓋由一貫曲庇私人。內則假公以朦上，外則挾威以箝下，既借皇上之權以伸其意，復竊皇上之德以固其交，使守法者抑勒無聊，席奥者高張無忌，將來誰肯爲皇上觸權要，持國是乎。一貫之敢于欺罔如此，所關治亂安危之竅會，良非細故，幸皇上自爲社稷計。南中諸臣糾錢夢皐、鍾兆斗疏云：頃接邸報，見考察留用科臣錢夢皐、年例外轉科臣鍾兆斗相繼有疏，其假托遮掩，中傷報復，中外所共知。即二臣倘有夜氣，豈不自愧，而乃無端蔓引，互爲欺罔，何哉？臣請略述始末，而皇上試垂聽焉。夫六年京察，年例外推，此祖宗定制，天下之公道所繇係也。銓部酌量，自有定評。往年夢皐曾以外推嘵嘵自辨，士論至今鄙之。及今奉考察，先五日，部院科道採訪已定，夢皐預知不免，乃乘御史林秉漢疏，至摭拾楚事，與京察疏併上，以存展辨之竇。夫楚藩之事，皇上排廷議而獨出神斷，天下誰不服之。然而楚事自爲楚事，京察自爲京察，兩者原不相蒙也。今亂宗之法且行矣，楚事無可言矣，夢臯猶借爲端，以動皇上之聽。試閲其疏，娓娓數千言，支離附會，全無的據，且其再疏曰：南都之論臣者必接踵而至，此其意必欲臣等寂無一言，任其横肆，然後爲快乎？夢臯既已假楚事攻都御史温純，以强自遮飾，又謂純逐鍾兆斗，以激發兆斗，而相與朋比爲奸。兆斗不念外出參藩，體非有損舊典，公論當自静聽，乃踵夢臯之故智，語語惟攻温純，而肆醜詆。是兆斗明以私怨攻純，不待人言而自言之矣。信如兆斗，將來銓臣束手，不敢推一年例，憲臣噤齒，不敢指一官邪，紀綱倒置，小人無忌，而祖宗二百年之令典，不幾于廢墜殆盡耶？臣謂二臣者均當亟行罷斥，毋使淆亂清議者也。抑臣猶有説焉。書曰：不賞私勞，不罰私怨，有覺德行，四國順之。元輔沈一貫平章天下，宜持大體，務公平，率由舊章。且考察鉅典，歷朝守之，用之勵世磨鈍。今科道數人，一旦留用，聖主以爲特恩，天下人心共相駭異，方望元輔以力爭。及考察命下，一貫不以爲規，而以爲頌，天下疑之。乃夢臯、兆斗巧辨横詆，又若陰有所恃而無所畏忌者，即元輔心不直。二臣靡有私勞之可念也，天下其誰信之？臣又以爲皇上不亟斥之，則輔臣之心不白也。語云：大臣以道事君，不可則止。都御史温純守正不阿，人所素知。然據其自疏，亦曰：管南北中外考察已五次，任勞任怨，嫌隙既多，今夢臯、兆斗又紛紜力攻其去，不遺餘力，揆之大臣進退之義，不去何待。臣又以爲皇上不聽純之引退，則大臣去就之節不明也。向當沈四明柄國時，與禮侍郭江夏爲楚事相左。會妖書變起，科臣錢夢臯受四明指糾江夏，波及沈歸德，幾蹈不測。海内唾駡之。温總憲矯矯正人，夢臯與兆斗合攻之。既而二人計處年例，四明矯旨俱留，一時議論鼎沸，士大夫黨禍，實始于此。

禮科給事中汪始亨劾兵科右給事中李魯生疏：竊惟國家設立言官，職綦重矣。必己之出處端正也，而後可以糾人之邪；必己之心事磊落光明也，而後可以摘人之險；必引扶善類，力禁苞苴，而後可以絶奔競之風，廣彙征之路；又必出詞吐氣，寧直勿倚，寧厚無刻，而後可以平情宣滯，培國家之元氣。乃險媚小人，毁禮滅義，其坊決矣；詰曲鉤棘，其心險矣；鋤異己而墜之淵，引私人而充其橐，其舉剌顛倒矣。甚至以筆墨逢迎，而使一方之山川蒙垢，遂至鑿削國脈，害不可勝言矣。欣逢我皇上聰明神武，殛兇除佞，逆璫、姦人，明正典刑，虎、彪而下，投之遠裔，逮行勘問，無不發之姦也。乃有三處投身，百足不仆，慣出不通文理之疏，大肆辱詈之鄉試録序，以取悦于目不識丁之魏忠賢，至今日月中天，諸奸遠竄，而猶靦首班行，玷污青瑣。如見任兵科右給事中李魯生者，臣安得不歷數其穢跡于皇上之前乎？夫魏忠賢所以盜竊主權，殺人爵人者，舊輔臣魏廣微授之柄。廣微所以傾陷善良，放開辣手者，門生李魯生之引其緒，此投身之第一處也。魯生始見忠賢、廣微，同謀殺人，魚水相歡，遂甘心爲廣微伏雛之犬。及見楊漣與左光斗酷刑垂死，廣微佯爲疏救，大拂忠賢之意。忠賢欲棄廣微，魯生遂亦棄廣微，而竄入于舊輔臣馮銓之門矣。臣見先帝枚卜，有老成幹濟之旨，蓋謂老成閲歷既深，識力夙鍊，而新進之人，其骨氣或未堅凝耳。魯生欲居銓之首功，遂出疏云：成卽爲老，而非老乎年，幹卽爲濟，而卽可以濟乎國，信如是言，則髫年後輩，卽當入贊黄閣，而黄髮皓齒，反當就編簡之列矣。如此不通文理之疏，自是魯生長技，寧第執中用中等語爲哉。求滿谿壑之腹，大肆封家之焰，欲不次超擢某某，卽超擢某某，是以長安有要官起，問二李之謡；欲逮某死某，卽逮某死某。是以一時一十七人次第就斃。彼時茅山人往來線索，銓亦借爲魯生所薦，此投身之又一處也。孰知逆璫喜怒無常，少年揆席不久，崔呈秀于是以美官白鏹市吴淳夫攻銓，而魯生飽颺飛去，又不肯事銓矣。呈秀則其死友也，魏良卿固其義兄弟也。良卿欲請托鷺青衿，魯生卽傳之學臣李蕃，而居間過付，圖漁人之利。其贓私狼籍，行道之人皆知之，此投身之又一處也。三處敗，而魯生之冏卿管兵科左給事中不敗；呈秀、淳夫等贓俱追助餉，而魯生之厚藏自若，于法爲不平，于鵷班諸賢趨蹌揖讓爲有玷。爲魯生者，當思所以自處矣。乃被參飾詞，又欲依附于君子之林，豈以投身三處，爲未足耶。想倏從倏背，蘧廬主人，諸君子鑒于前，而其孰肯納之也。至其典試臣鄉，見上年詞臣方逢年、科臣章允儒以五策暗入時事而削奪，魯生遂主于逢迎，又以止于不及時事，不足得逆璫之歡心，于是後序大肆辱詈，詆毁前賢，刼以積威，而使之懼。又誘哄臣鄉後進而使之效法乎彼，不但衡岳蒙羞，江漢流穢，其于我皇上楚材摧折最可憫惜之旨，何大背馳也。皇上憐楊漣之寃死，羣臣共快，而魯生序中詈漣曰：竊聖賢，盜豪傑，走天下如鶩，獨以爲漣固忠賢所恨，不得不駡。此外多士如林，蒸蒸蔚起，皆肅皇帝豐芑之遺，經數百年培養，而魯生詈之曰：楚士抱璞，堅于三刖，楚風趨上，捷于細腰。夫多士亦何寃而受此詈也。然猶曰不幸與漣同時，應當駡詈。至于前賢如屈原忠愛，宋玉風藻，千古齒芬，魯生辱駡之曰：楚所矜式，惟有屈、宋。宋玉稱神引夢，賦雨横風，媟褻蕩佚；屈子踔厲侘傺之感，哀悼悲些之調，變雅爲騷，亦何足道。推其語意，喋喋厭薄屈、宋，恨不起上官大夫與之把臂定交矣。若夫迫刼多士，令之股慄，則曰：規繩在前，斧鉞在後，士將焉往。意謂吾以斧鉞臨之，爾多士九十六人，寧不舍所學而從我。乃其誘哄臣鄉後進，使之迷所向往，則尤可訝焉。彼不教臣鄉以法孔、孟，亦不俯而教以學左史倚相輩，諄諄教臣鄉學魯生。其序曰：臣不必以楚衡楚，而以臣衡楚；亦不以臣衡楚，而以皇上之衡臣者衡楚。臣攄所欲言，疏朝上，夕報可，且褒諭有加：一則曰留心邊計，一則曰苦心計畫，以是爲呼吸上通帝座之驗，令諸士是步是趨。夫臣鄉卽令不達古，不能讀三墳、五典、八索、九邱之書，然義路禮門，童而習之，亦何至瞎引盲趨，甘學魯生也。臣鄉死者、戍者、削奪者，受忠賢之酷，止于天啓七年，而受魯生試録之辱，則無有窮期。皇上愛惜楚材，天語斐亹，一時三湘七澤之靈，頓覺纖塵淨洗，光焰燭天，魯生亦何能辱臣鄉？獨與子孫相繼，皆知魯生之醜，則不能爲魯生解矣。及見皇上浩蕩恩寬，魯生又改頭換面，爲楊漣等上疏免贓，希圖施恩臣鄉，爲自全之地，因依回留連需次，欲徼吏垣之長。夫吏長垣，六垣之冠冕，人才進退，實攸關焉，豈通身穢跡之人所可領袖。臣非不知初入班行，亦當隱忍，以昭同類之厚道，但皇上廣開言路，起廢維新，一時純忠亮節之英，濟濟梧掖，魯生以醜類混迹，舉世共棄，臣又安得嘿嘿處此。疏中臚列魯生劣狀頗悉，然尚有不盡者。當孫高陽視師薊遼，巡邊至近郊，欲一入覲，魏廣微誣逆賢曰：孫閣部興晉陽之甲，欲清君側。逆賢怖甚，使顧秉謙矯旨，令東還。既而謀所以處高陽者。魯生曰：閣部所恃，手握重兵耳。宜以缺餉爲名，大汰其兵，使敵來殺之，不則兵噪亦殺之。逆賢喜，于是下汰兵之議。此其設謀誠工，不知國事之謂何哉。

春明夢餘録卷之二十六

尚寶司

尚寶司，在午門外西兵科之上。初設符璽郎，後改今名。設卿、少卿、丞，職在禁庭，守寶璽、符牌、印章，而辨其所用。有事請於内，既事而藏之。凡寶十四：曰奉天之寶，以鎮萬國，祀天地；曰皇帝之寶，以册封賜勞；曰皇帝信寶，以徵召軍旅；曰天子之寶，以祭享鬼神；曰天子行寶，以封賜蠻夷；曰天子信寶，以調發番兵；曰制誥之寶，以識誥命；曰勅命之寶，以識勅命；曰廣運之寶，以識黄選勘籍；曰御前之寶，以進御座，從車駕；曰皇帝尊親之寶，以答賜宗人；曰敬天勤民之寶，以訓廸有司。凡奉寶，用寶，從寶，洗寶，與印綬監俱。凡扈守侍衛令牌之號六，以警夜巡；金牌之號五，以嚴守衛；凡半字銅符之號四，以稽巡守；凡銅牌之號一，以稽卒；凡牙牌之號五，以察朝參；凡祭牌之號三，以謹祀事；凡雙魚銅牌之號五，以肅直衛，以潔祀壇；凡符驗之號五，以給傳郵，通制命。

尚寶司題名記：尚寶司掌璽牌符之事。國初，建符璽郎，後改曰尚寶司，秩正三品。洪武元年，乃置卿一人，正五品，少卿一人，從五品，司丞二人，正六品。其後，大臣子弟以廕補丞者無常員。列署在右掖之内，其地至禁密也。寶璽之大者，曰奉天之寶，爲唐、宋傳璽，惟祀天地用之。凡詔若赦，則用皇帝之寶；立封及賜勞，則用行寶；詔親王大臣調兵，則用信寶；册上尊號，則用尊親之寶；勑諭親王，則用親親之寶；祀山川鬼神，則用天子之寶；封外夷及賜勞，則用天子行寶；詔外夷調兵，則用天子信寶；曰誥，則用誥命之寶；曰勑，則用勑命之寶；勑奬臣工，則用廣運之寶；勑諭來朝官員，則用敬天勤民之寶。凡寶之用，必請命而後發焉。天子饗祀郊廟，若視學、耤田，勳衛扈從及公、侯、駙馬、都督日衛，錦衣當直，則給金牌。牌之制：有龍者，虎者，麒麟者，獅者，雲者，以其官爲差。皇城金吾禁夜，五城夜巡，則給令牌；虎賁巡城，則給銅符；九門守衛，則給銅牌；錦衣校尉入直，則給雙魚銅牌；京官之朝參者，則給牙牌，勳臣以勳字，親臣以親字，文臣以文字，武臣以武字；文武官之與陪祀郊廟，及執事人，亦給牙牌，有圓花、長花、長素之别。凡諸得給牌者，有故則檢籍而納之。親王之國及文武大臣出撫鎮，則給符驗；御史出巡察，則給印。事竣則納之，稽出入之令，而辨其數，其事至重也。每大朝會，則二人以寶導駕，先立侍殿中；駕出幸，則一人以騎從寶行，其爲侍從至親近。國初，類以文學儒臣領其職，或兼秩爲尚書郎而下，非有才名者不得調；勳輔大臣子弟奉特旨，乃得補丞，他流所弗與焉，其選至慎也。尚寶司舊直廬頹圮，而題名亦闕焉。嘉靖丁未，尚寶諸君乃請於上曰：尚寶爲禁近臣，而待漏齋直無所，每風雨晨夕，雜處他舍中，弗便。詔以長安之閒署改爲之用，是興止有寧宇。既而，諸君復喟然曰：君子疾没世而名不稱也，況居其官而紀載弗備，姓名無傳焉，何以稽往而詔來哉。乃蒐諸故牒，自洪武而下，迄於今，凡有事於尚寶者，得若干人，刻其名氏、爵里，立石廬中，丐張治記之。記曰：寶者，人君所以信其命（令）於天下者也，名者，君子所以信其行於後世者也。人君之於寶，則設官以守之者，慎其令也。然則君子之於名，其賢不肖關於勸懲者至遠也，顧可以弗思慎乎哉！夫德者，所以慎名之具也。是故，人君有慎令，而後天下無邪政，是謂治法；君子有慎名，而後終身無邪行，是謂治人。以治人而守治法，則身安而國家可長保也。嗚呼，豈獨尚寶然哉。此諸君所爲題名意也。　長沙張治撰。

尚寶司卿劉日升議處公署疏：竊照本司設在掖門内西，收藏金銅牌面等件，俱係朝廷信物，機密所在，關係匪輕。國家創立衙門，必於禁地，誠重之也。伏讀聖祖賜臣等衙門誥詞：寶乃乾符也，昔列聖握而統寰宇，故爲神器，特謹以示信。又曰：事密而隱，機潛而深。洋洋聖謨，顯示以禁地之當慎矣。續奉欽依，凡一應閑雜人等，無事擅進尚寶司裏去的，錦衣衛着人拿。赫赫明命，嚴諭以禁地之當肅矣。臣等夙夜出入，仰王言之在上，瞻天威之伊邇，兢兢焉惟不能奉職是懼。不意一旦被燬，遂致辦事無所，臣等有不敢不亟請者。但大工方興，恐難遽及本司，有午門外直房三間，原係候朝處所，合無比照六科，勑下工部估計修理，暫容臣等辦事其中。候大工完日，次第興造，照舊入内，庶不失祖宗創建初意，而臣等職業亦不致曠廢矣。奉旨：是。該衙門知道。

西垣筆記

周官有典瑞、掌節二官，掌瑞節之事。秦、漢有符節令、丞，領符璽郎。文帝時與郡守有銅虎符、竹使符之制，皆屬焉。隋有符璽局，屬門下省。唐稱符寶郎，掌天子之八寶，及國之符節，並納於宮中。駕出幸，則二人以騎從寶行。明之各寶，皆内尚寶監，女官掌之。遇用寶，則尚寶司以揭帖赴尚寶監，尚寶監請旨，然後赴内司領取。歲用寶三萬餘顆。歲終，尚寶司奏進數目。唐人百官官職入朝，皆佩牙牌，其官職鐫牌上。拜官，則於尚寶領出；出京及遷轉，則繳還。唐人百官隨身魚符，一右一左，左者進内，右者隨身，皆盛以袋。宋賜金帶者，例不佩魚，惟兩府賜佩，謂之重金。

煎熬寶色法

大麻子油十八斤。一次下皂角四十五兩。二次下金毛狗脊九個。三次下白芨十八兩。四次下白礬九兩，蜜陀僧一兩八錢，黄丹一兩八錢，無名異九錢，茆香二兩。五次下藿香二兩，地蓮衣二兩，甘松二兩，山奈二兩，苓陵香二兩，麝香五個。

雙璽記：弘治十三年七月，陝西都司都指揮使楊敬等奏，據西安府鄠縣道安里軍人毛志學狀，本年六月二十二日午時，在本里趙綸村沿河邊澡浴，得一玉璽。臣等辨得篆文，係是：受命於天，既壽永昌八字。背有螭鈕，其色洗白，光彩異常，厚一寸，連鈕二寸，方圓一尺四寸四分。完全，篆文明朗，刻畫奇古，殊無瑕玷。巡撫右都御史熊翀會驗，此卽歷代傳國璽也。除璽該熊翀差官齎進外，謹具奏聞。

天啟甲子九月初四日，河南臨漳縣民邢一泰，於務本莊東去磁州八里漳河西畔得一玉璽，大如斗。縣令何可及驗其文，曰：受命於天，既壽永昌。方各四寸，厚三寸餘，重一百一十兩。報之都察院，副都御史巡撫河南程紹奏聞，曰：秦璽之不足徵久矣，今璽之出，適在臣疆内，道路喧噪，流聞禁闥。既不應還瘞地下，又不敢私秘人間，欲遣官恭進闕庭，跡涉貢媚，非臣誼所宜，亦恐皇上之所寶者在彼不在此。臣雖什襲進之，皇上且瓦礫置之也。謹先馳奏聞，候命進止。背（昔）者王孫圉不寶玉珩，齊威王不寶照乘，蠻裔偏霸，猶知尊賢寶善，輝耀史册，況於聖明之朝，全盛之世乎。今之大臣如總憲鄒元標、馮從吾，尚書王紀、盛以弘、孫慎行，侍郎曹於汴等，憂國奉公，白首魁艾，又有一斥不還之詞臣，久錮不起之臺諫，思皇多士，國之寶臣。臣不能挽回天聽，汲致明廷，徒獻符貢璽，效七十二代之故事，臣竊羞之。伏望皇上踐履大寶，克受貞符，怡神寡慾，親賢納諫。在朝之忠直，勿事虚拘，遺野之名賢，急爲登進。玉瓚毖於清廟，瑚璉貢於明堂，共襄大器，永固金甌，雖謂虞舜黄璽，夏禹玄圭，至今存可也。區區傳國璽，其真僞豈足論哉。

秦璽至漢已亡，後之僭竊多僞爲之，其不足重明矣。弘治中秦中所進，上令禮部察驗，謂與輟耕録所載秦璽規製不合，僅賞軍人毛志學銀五兩。此弘治之所以爲弘治也。河南省所報，上令賫進，天子親御文華殿，璽貯御前，逆閹魏忠賢手捧之，憑軒頒示羣臣，皆呼萬歲，傳制受賀而罷。此天啟之所以爲天啟也。巡撫程公紹一疏，烺烺千古矣。程公，德州人，崇禎初起爲工部右侍郎，四疏告歸，優游林泉，歿贈工部尚書。丁酉六月，曬書，得萬曆癸未中書謝從寧所搨璽文一紙，因書二疏於後，以爲山中閒玩。退谷手記。

按宋紹聖三年十二月，長安村民段義掘地得玉璽，正緑色，以獻於朝，蹇序辰、安惇等皆言此秦璽，漢以爲傳國寶，自五代失之，今爲時而出。尋詔禮部、御史臺、學士院、秘書省、太常寺議。於是蔡京等奏考之，璽文：皇帝壽昌，晉璽也；受命於天，後魏璽也；有德者昌，石晉璽也。今云受命於天，既壽永昌，其爲秦璽無疑。哲宗遂以五月朔御殿受賀，改紹聖五年爲元符元年云。此事與熹宗朝事極似。

春明夢餘録卷之二十七

光禄寺

光禄寺，在皇城東華門内。初爲宣徽院尚食、尚醴二局，繼改光禄寺。掌祭饗、宴勞、酒醴、膳羞之事，辨其名數，會其出入，量其豐約，以聽于禮部。凡祭祀，請眎牲，進飲福酒胙，凡薦新，共（供）品物；凡喪葬共（供）祭物；凡牲、果、嘉蔬，移上林苑。共（供）不給，市諸民，視時估十加一。凡市直，季支；凡貢獻果鮮厨料，省受之；凡器皿，移工部。若募工兼作之，歲省其成敗。凡宴待番夷貢使，差其等共（供）之。凡傳奉宣索，籍記而覆奏之，監以科道官各一人。其屬四署：曰大官，曰珍羞，曰良醖，曰掌醢。而司牲、司牧二局隸焉。

周官·天官：膳夫上士二人，中士四人，下士八人，府二人，史二人，胥十有二人，徒百有二十人，掌王之食飲膳羞，以養王及后、世子。卽今光禄寺官之職也。寺有四署：曰大官，卽周官庖饔之任；曰珍羞，卽周官籩人之任；曰良醖，周官酒人是也；曰掌醢，周官醢人是也。周官凡膳夫、甸師、酒正、宮人之屬，皆總于太宰。蓋太宰之佐王，將與之講論治道。而經綸邦國，則内必有以養其心，外必有以養其身，以一人而治四海，則必以四海而奉一人。若夫奉養有節，而交于萬物有道，則自有九式存焉，而侈非所慮也。故王日一舉，一太牢也；朔日加食一等，則二太牢也；齋之日三舉，則三太牢也。蓋朔之聽政，勞於常日，於是而有加於常食。祭祀將以致精明之德，自强於禮，而交於鬼神，不可以不備其養，於是而又有加于朔，反覆。膳夫一官，其所以奉至尊而助體氣之養者，一何其至也，必品嘗食乃食，所以謹其節；必侑徹以樂，所以導其和；必奉膳而贊祭，所以起其敬；必受祭僕、司士之福與摯，所以養其德。

元人王惲云：有旨講究光禄寺職掌。寺與卿，漢官也。應劭曰：光明，禄爵，勳功也。言光禄、典郎、謁者、虎賁、羽林舉不失德，賞不失勞，故曰光禄勳。郎中令，秦始置，掌宫殿門户，及諸郎在殿中之侍衛者，故曰郎中令。漢因之不改。北齊、隋、唐止掌饍。許左丞衡作新定官制圖，大抵以唐爲則，品從署與金同。

洪武初，禮部尚書牛諒上所考定進膳禮，奏言：古禮凡大祀齋日，宰犢爲膳，以助精神。上曰：太牢非當用之物，致齋三日，而供三犢，所費太侈。夫儉可以制欲，澹可以頤性，若無節制，惟事奢侈，徒增傷物之心，何益事神之道。諒曰：周禮是古人所定，非過侈也。上曰：周官之法，不行于後世多矣，惟自奉者乃欲法古，其可哉。

洪武元年正月初八日諭：今後但係光禄寺買辦一應供用物件，比與民間交易價錢每多十文。且如肉果之類及諸項物件，民人交易一百文一斤，光禄寺買辦須要一百十文，隨物貴賤，每加一分，賣物之人照依時估，多取十文利息。

宣德五年二月，行在光禄寺廚士告言光禄竊減外夷供給之弊。上命行在刑部侍郎施禮執而罪之，且諭禮曰：光禄寺之弊不止此。祖宗以來，飲食供給皆有定規，比聞擅自增減，應給之人率不能得，得者率非應給之人。惟虚立案牘，掩人耳目，宜究治之。因顧侍臣曰：毋謂飲食細故，不干大體。華元殺羊享士，羊斟不與，遂致喪師；勾踐投醪于江，與衆共飲，士心感悦，遂成伯業。以此而論，所係非輕。

寺額設銀二十四萬。先時，止用十二萬餘。至正、嘉時，用至三十六萬，猶稱不足。嘉靖中，廚役用四千一百名。

嘉靖中，光禄歲用銀計三十六萬，上疑有乾没，乃諭内閣：今無論祖宗時兩宫大分盡省，九嬪僅十餘，宫中罷宴設二十年矣。朕日用膳品悉下料，無堪御者，十壇供品，不當一次茶飯，朕不省此三十餘萬，安所用也。閣臣對：祖宗時光禄寺除米、豆、果品外，徵解本色，歲額定二十四萬，彼時該寺歲用不過十二三萬，節年積有餘剩。後加添至四十萬，近年稍減，乃用三十六萬，其花費情弊可知。而冒費之弊有四：一、傳取錢糧，原無印記，止憑手票取討，莫敢問其真僞。一、内外各衙門關支酒飯，或一人而支數分者，或其事已完而酒飯尚支者。一、門禁不嚴，下人侵盗無筭。一、每歲增買磁器數多。臣查得會典内一欵，凡本寺供用物件，每月差御史一員照刷具奏，内府尚膳監刊刻花攔印票，遇有上用諸物，某日于光禄寺取物若干，用印鈐蓋，照數支領進用，本寺仍置文簿登記，歲終會計稽查。此一例不知何年停罷，若查復舊規，則諸弊可革矣。乃切責該寺官。而添差御史，月籍該寺支費進覽。

神宗朝宮膳豐盛，列朝所未有，不支光禄錢糧。彼時内臣甚富，皆令輪流備辦，以華侈相勝。又收買書畫、玉器侑饌，謂之孝順。上惟歲時賞賜而已。至崇禎禁止，一日欲食米糖，内臣奏令御膳監製進。上問一料所費幾何。對曰：得銀八兩。上以銀三錢，令赴市買之。須臾捧一盒至。上分給各皇子、公主。笑曰：此寧須八兩耶。

崇禎十五年春光禄寺支用：

皇帝膳每日三十六兩，每月一千四十六兩。厨料在外，又藥房靈露飲用，粳米、老米、黍米在外。

皇后膳每日十一兩五錢，每月三百三十五兩。厨料二十五兩八錢。

懿安皇后同。

承乾皇貴妃、翌坤貴妃兩宮，每月各一百六十四兩。

皇太子膳並厨料，每月一百五十四兩九錢。

定王、永王兩宮，每月各一百二十兩。

光禄寺每月册奏一切内外諸費，約用二萬餘兩。

崇禎十六年癸未九月，上諭内閣輔臣：修省應有實政，庶幾挽回氣運，仰希天慈。如賊寇失事各案應速結，戰守有功應速敘，此二事全賴先生每秉公擔當。如錢糧不足，亟宜節儉，先自朕躬始。若祀典豐潔，仍舊不敢議減外，朕久服浣濯之衣，此無可議，惟日用膳品減去一半，各宮分減去十分之四，宮女内員桌銀減去十分之三，通俟平定之日照舊。在外衙門有可節裁者，亦著照此推行。再如兵火焚殺之酷，災變死亡之慘，朕皆不能拯救消弭，殊愧君師之位。今又添嬪御之奉，乃是增過增慚之舉，其選擇之事，竟宜停止，此亦節儉之一事。其章疏沉壓過多，朕不能朝上夕下，稽誤政幾，皆朕之過。當極力披閱發行，先生每即擬旨來行。

寺中典故

光禄卿蔚能，朝邑人。於成化初以吏員爲禮部侍郎，管光禄卿事，盡心職事。每宴會，躬自檢視，必求豐潔。在光禄三十年，未嘗持一臠還家。嘗率其僚請清查入内供應器皿，有旨逮問。能謂衆曰：上怒，不可測，某老矣，請獨任之。諸公方嚮用，不以相累也。既而獨受責降，調官南京。退無後言。

鄭宗仁，於正德中以太僕卿調光禄卿，凡供應俱照弘治初年例，日省百金。上幸光禄寺樓，呼之爲節儉管家。

永樂十三年十二月初十日，行在光禄寺卿張泌等謹奏：爲不遵舊制事。切照洪武年間，凡遇筵宴，禮部奏請合宴人數，坐派本寺造辦茶飯完備。鴻臚寺堂上官提督司賓、司儀分擺班次，序班搬放茶飯桌椅，斟酒遞湯，已有成規。近年以來，四夷使臣朝貢及遇節令筵宴序班，止是殿内斟酒遞湯，其餘搬放茶飯桌椅，斟酒遞湯等項，俱係本寺整理。臣等累對鴻臚寺官説知舊制事例，其寺丞丁鐸、高慶，司賓、司儀王神等視爲泛常，畧不究心照例改正，又不分擺與宴官人等依品序坐，致使攙越擠匝，難以供應，非惟背舊制，乖禮儀，實乃故違舊制，俱合拏送法司問罪。緣係京官，未敢擅便。 奉聖旨：且記他每一遭，都察院着御史看着，今後再不依舊制時，拏了問。當卽又奉聖旨：但有攙越班次的，再不許他入宴。

正統二年諭：比聞進宮中食物，所用器皿扛索，十還一二，重復造用，甚費財擾民。今後凡進食物，必須印信揭帖備書器皿扛索之數，與收領内官姓名，尚膳監如數還之。不足，卽以奏聞。敢隱瞞扶同者，悉坐以罪。復勑宮中六尚司知之。

隆慶初，詔罷寶坻縣等處採取魚鮮。自今薦新上供，俱令光禄寺備辦，毋得奏遣内臣，著爲令。

萬曆二年，光禄寺積米二十七萬石，倉厫滿盈，奏于東安門外買房一區，改爲外倉。

明初筵宴、祭祀，凡茶食、果品，俱係散撮，至天順後，始用粘。初每盤高二尺，用荔枝、圓眼一百二十斤以上，棗、柿二百六十斤以上。舊制各衙門堂上官皆支光禄寺酒饌，正統七年，以光禄寺卿柰亨言始罷之。六科給事中辦事科中，每日支用如故；寫抄監生，每人日給米一升，五日一支。

故事，自冬至後至春日，殿前將軍、甲士賜酒肉，名曰頭腦酒。

琉璃廠有牧羊地一十三頃四十一畝，舊屬尚膳監，後以光禄寺卿趙錦請，以羊發有司，而地遂荒廢。

朝廷每賜臣下筵宴，其器皿俱各領回珍貯之，以爲傳家祭器。

國子監監生寫倣紙，每季移送光禄寺作麵袋。

寺有鐵梨木酒榨，可盛醞三十石。洪武中籍没沈萬三家物，永樂移置寺中。

吏部選官于棕棚，賜宴必用糯米糕一盤。永樂朝，吏部説選，正值上用饌，掇御前米糕賜之，命光禄寺以爲例。

春明夢餘録卷之二十八

中書科

中書科直房在午門外之西。初，中書省設置省舍人，後革省爲科，定中書舍人二十人，無正貳，印屬資深者，掌書、誥、勑、册、符、鐵券。凡草請翰林院，寶請諸内府。左券、寶籍歸諸古今通集庫。凡誥、勑勘合籍，以急就章爲號。凡誥、勑之號四：曰仁，曰十二支，曰文行忠信，曰千字文。以千號爲滿，滿則續。

所典司天子詞命，親王、郡王、並妃初膺封號，合受金銀册，則書之；自郡王以下至奉國中尉，自王夫人以下至鄉君，合給誥命，則書之；凡公、侯、伯初受封爵，合給鐵券，凡勳戚、内外文武官應給勑命、誥命，則書之，其職掌至重也。每大朝會，則擬四員與翰林史官上殿，東西班對立。凡東宫節令朝賀，定擬二員，文華殿導駕侍班。凡會試，一員，入場收掌試卷。日給大官酒饌，與翰林、宫坊、尚寶司、六科同爲侍從之臣，諸司無相並者，其地勢至清也。其選用，自進士外，舉人與纂修書成被恩典者乃得之，監生生儒惟有勳勞大臣、曁宫僚講官有子孫宜承廕敍，奉特旨者乃得之。至文華殿門東房，别設中書舍人分直，職專奉旨書寫書籍等項；武英殿門西房，别設中書舍人分直，職專奉旨寫篆册寶圖書等項。内閣誥勅、制勅二房中書，不屬中書科。

中書所書告身，皆佐史體，無佳筆。隆慶中，司馬王崇古以泥金書軸請實，爲言者所糾。然唐制皆名手書，如顏魯公自書告身，朱巨川一人而顏魯公、徐季海俱爲之書，巨川賴此以傳。至宋，即當制者書，字兼真行，幸得歐、蘇，便奉爲瓌寶。

張文忠璁言：成化以前，誥勅之體，猶爲近古，其于本身不過百餘字，祖父母、父母、並妻不過六十字，言之者無費詞，受之者無愧色。近來藻情飾僞，張百成千，以萬乘之尊，下譽匹夫匹婦之賤，殊非政體，宜加釐正。詔：自今誥勅，務從簡實，不許競飾浮詞，致褻體制。夫立詞失體，固當申飭，而書法板俗，迄無言者。

邱濬曰：唐武德二年，改内史舍人爲中書舍人。臣案，此中書舍人設官之始。然是官也，故隸於中書省，故以中書舍人爲名。我朝罷中書省，尚仍其舊名，名雖同，而實則異也。蓋前代之中書，與翰林學士分掌内外制誥，以爲兩制，蓋屬文之官也。我朝之中書舍人，則專以書寫爲職耳。書者，六藝之一，漢人謂之小學，以試學童爲吏者也。夫人能之，無庸設官，設之始自今日。蓋以王言所係之重，前代乃屬筆于吏胥，殊無愼重之意。祖宗以此設官，蓋有深意，必得夫素通儒術，深明六書之義，心正筆端，如柳公權所云者居之，庶不汙王言耳。苟粗識偏旁，而學術無素者，尚不足以當此。況又粗率側媚，而流品非清者哉。

誥勅

唐最重誥命。開元二十三年，加皇子榮王以下官，詔張九齡、蕭嵩等十三人就集賢院，人書一通以進。三相各賜絹三百疋，餘官二百疋，其愛重如此。

唐制，拜官之日，卽給告身。其人先輸朱膠綾紬價錢，方准書給，卽今之誥勅也。宋之制亦然，每至宣麻誕告，鎖院演綸，詞頭已下，外人未知，其密且重如此。

明初，拜官之初，亦給誥勅。其後除授陞遷，止奉成命，吏部備書旨意，移以咨劄，以爲憑據。至考滿覃恩，方給誥勅，以奬其成。

宋、元封贈大父母降父母一等，封贈父母降本身一等，蓋推恩近重而遠輕也。然子孫之心終有不忍。明制：封贈三代，一如見爵。教孝之典，可謂大備。

封典有再醮不得受封之說，典制爲妻不爲母，引楊文貞事辨之，然正不必然也。按會典曰：洪武二十六年，定凡曾祖父母、祖父母、父母曾犯姦盜除名等罪，及例所封妻不是以禮娶到正室，或係再醮、娼優、婢妾，並不許申請。其昭然如是，乃有以母再醮不請封者，殊失考。

各中書考

石民外集曰：中書舍人以進士起家爲此者，有官而無署。其俗謂中書科者，乃因與六科聯署而借言之，實文移奏疏不入此字也。其職業唯用寶之時同符卿供事，蓋尚是政府之遺體，其他引班等職，則以補科臣不足，亦以聯署而及之耳，絶無繕寫之職。其以選入制勑房者，舊時進士亦爲之，今止以待舉人之高選。其職爲草武臣誥命、贈卹誥勑、諭祭文，此外制也，亦不與繕寫。其餘兩房史館，文華殿則以繕寫爲職，而武英殿辦事，及舊有仁智殿辦事，則且及于畫，卽古之書畫學，又不特繕寫也。至于貲入兩殿者，則借以帶銜，實無職掌。他銜皆可辦事，蓋在辦事，不在中書也，以中書多譌而爲兩殿中書耳。而兩殿資深者，亦有較理書籍之名。書不在殿，何以得較，此欲文其名，而失其實也。

誥勑房中書。永樂初，選翰林文學之臣六七人直文淵閣，參典機務，詔册、制誥皆屬之，而謄副繕正則中書分直更入，事竣輒出。宣德間，三楊始置厨饌于閣之東偏，而選能書者處以閣之西小房，謂之西制勑房；諸學士則居閣之東五楹，專管勑誥具稿，定正于閣臣，乃付中書繕進，謂之東誥勑房。而帶知制誥銜，則惟閣臣與諸學士而已。中書等官不敢僭也。時諸學士每早與閣臣會食乃退。正統九年，陳循入閣後，學士惟劉鉉一人，過自遜避，朝退止于東閣，不復會食、視誥勑。以後學士皆因之，至後誥勑悉委于中書，而中書稱爲内閣書辦。

萬曆元年，定兩殿中書九年考滿，官階陞至正五品止，如再有年勞，止得加陞服俸。

識餘録云：中書周令，温州人，嘗言成化年間授職，彼時中書與閣下如同僚，然投刺俱平交，蓋宣德以前，本一堂相處。今之西房，卽文淵閣也，閣臣居中，中書居東、西兩房，各辦其事。已撤内庫十間，以西五間居閣下，謂之文淵閣；以東五間藏書籍，而東房中書亦遷居之。故今以閣下稱中堂，而東、西非房矣，猶稱兩房者，沿舊名也。凡閣下到任，尚之兩房，答揖若六部之于各司，無是體矣。

附記

崇禎元年，上諭：近來誥勑文字，繁稱過情，殊爲非體。以後撰擬不由詞臣、繕寫不由中書者，俱與着實查駁。

春明夢餘録卷之二十九

宗人府

宗人府，在皇城之東，吏部衙門之上，坐東向西。洪武三年，置大宗正院，正一品。二十三年，改爲宗人府，設宗人令，左、右宗正，掌皇族之屬籍，以時修其玉牒，書宗室子女嫡庶、名、封、生卒、婚嫁、謚葬之事。初以秦王爲宗人令，晉王、燕王左、右宗正，周王、楚王左、右宗人。及建都北京，永春侯王寧，洪熙、宣德，武定侯郭玹署事。正統三年，始建府，西寧侯宋瑛；嘉靖中，京山侯崔元署事。寧、瑛、元，皆駙馬都尉，玹，仁宗貴妃弟。崇禎五年壬申，推掌印，以近代多用都尉諸戚畹，太康伯張國紀輩起而争之，然竟用都尉。至己卯再推，復力争，仍用都尉萬煒。

周禮少（小）宗伯：掌三族之别，以辨其親疎。此宗人立官之始，後世因之置宗正，然列于九寺之中。至明，特立宗人府于六部之上。玉牒始于宋大中祥符。其制：考定世次，枝分派别，而歸于本統者，爲僊源積慶圖；推其所自出，至于子孫，而列其名位者，爲宗藩慶系録；具其官爵、功罪、生死，乃若男若女者，爲類紀；同姓之親，而序其五服之戚疎（疏）者，爲屬籍；編年以紀帝系，而載其歷數，及朝廷政令之因革者，爲玉牒。

明之玉牒，至嘉靖重修，其總圖倣古史世表之法，以横格分代數，列書其名氏，而各派所出之子孫，則遞書于各派之下，仍餘下方以俟續書。其圖以帝系爲統，有雖係長出而在藩封，及國初加封爲王者，俱不以加書于帝系之前。有長出而殤，追授封號者，唯册内載之，不以列于圖。蓋從禮部之議也。禮部疏云：嘉靖二十四年九月初一日，内閣題玉牒事宜，臣等爲照玉牒紀載宗支，以垂萬世，係朝廷重事，其制不敢不倍加詳慎。其舊牒内有事當釐改者，理合開具上請。臣等看得第一册内例有總圖，備載天潢世系于首，所以表帝王之統，合同氣之親也。切因世代未遠，人數未多，有紙一面，列書代氏，而以硃線各系所出之子孫於下。但近年以來，宗派蕃衍，已倍於前，其數不下累萬，兹仍用前制，不惟紙狹不足備載，而字跡惟眇，硃線紛亂，難以尋檢，不無遺漏、混淆之弊。况將來天支萬代，愈難增續。臣等竊意略倣古史世表之法，以横格分代數，而列書其名氏于上，其各派所出子孫，則從而遞書於各派之下，庶世次不紊，一覽可見，仍餘下方以俟後來增入。臣等又思得玉牒之修，當以帝系爲宗統。其中有雖係出，但既殤而追受封號，如悼公太子、岳懷王、哀冲太子，惟當以册内載之，不敢列于圖之前。俱所以尊帝統也。其無可仿，如潁陽等王，則仍書之。又壽春王，熙祖之長子，仁祖之兄長出，但不有天命，位在藩封，如懿文太子，秦、晉二王，不敢以加於成祖之前。又有雖係長也，南昌諸王，仁祖之長子，太祖之兄也，俱在太祖有天下之後，追封爲王，今靖江王則南昌王之後也，以太祖之聖子神孫視之，則有堂從之分。舊圖以列于帝系之前，今移置本文之後，亦所以尊帝統也。

明太祖自叙世德碑：本宗朱氏，出自金陵之句容，地名朱巷，在通德鄉。上世以來，勤農桑。五世祖仲八公娶陳氏，生男三人：長六二公，次十二公，其季伯六公，是爲高祖考。娶胡氏，生二子：長四五公，次卽曾祖考四九公。娶侯氏，生子四：初一公、初二公、初三公、初四公。初一公凡四子。初一公配王氏，爲祖考妣，有子二人：長五一公，次卽先考，諱世珍。元初，籍淘金户。金非土産，市于他方。以先祖初一公困于役，遂棄田廬，携二子遷泗州盱眙縣。先伯考五一公十有二歲，先考纔八歲。先祖營家泗上，置田治産。及卒，家日消。由是五一公遷濠州鍾離縣，其後因至鍾離居。先伯考性淳良，務本積德，與人無疾言忤意，鄉里稱善人。先伯娶劉氏，生子四人：重一公、重二公、重三公生盱眙，重五公生鍾離。先考君娶陳氏，泗州人。長重四公，生盱眙，次重六公、重七公，生五河，某其季也。先遷鍾離，後戊辰年，先伯公有孫六人，兵興以來，相繼寢没。先兄重四公，有子曰文正，今爲大都督。重六、重七，俱絶嗣。曩者，父兄因某自幼疾，捨入皇覺寺中。甲申，父、母、長兄俱喪，次兄守業，又次兄出贅劉氏，某托跡緇流。至正二十四年，天下大亂，諸兄皆亡。淮兵大起，掠入行伍。乃招集義旅，兵力漸衆，因取滁、和。龍鳳三年，帥師渡江，駐兵太平。爲念先考君常言，世爲朱巷人，宗族俱存，平日每有鄉土之念，卽訪求故鄉宗族之所，遂調兵取句容。明年克金陵。而朱巷距城四十里，族父兄昆弟四十餘人至，始得與之叙長幼之禮，行親睦之道。但朱氏世次自仲八公之上，不可復考。今自重八公高曾而下，皆起家江左，歷世墓在朱巷，惟先祖葬泗州，先考葬鍾離，此我朱氏之源流也。爰自金陵、太平駐師開府，爲基本之地，實鄉郡焉。屢歲征伐，拓境吳、楚，甌越，方數千里，由是累有顯爵。乃龍鳳九年三月十四日，内降制書，曾祖考爲資德大夫、江南等處行中書省右丞相、上護國軍、司空、吳國公，曾祖妣侯氏吳國夫人；先祖考稱大夫、江南行中書省平章政事、上柱國、司徒、吳國公，祖妣王氏吳國夫人；先府君開府儀同三司録軍國事、平西右丞相、吳國公，先妣陳氏吳國夫人。以閏月十三日祇謁隴上，焚香告祭，遵舊典也。重念報本，禮行宜厚。今勉建事功，匪由己能，實荷先世靈長之澤，垂衍後昆，報恩三代，並爲公，以遂子孫者之至願。書曰：作善降之百祥。易曰：積善之家，必有餘慶。先祖父積功累善，天之報茂于厥後，凡我子孫，皆當體祖宗之心，蹈德存仁，以永其緒于無窮，是吾之所望也。于是備書于後，以傳信將來，有所考焉。

按明緒本顓項，周諸侯，國于邾，漢司空朱浮裔。太祖不肯冒附名族，惟以所知德祖爲始祖，其見過於漢、唐遠矣。

帝系

明高皇二十六子：懿文太子、秦愍王、晉恭王、成祖文皇帝、周定王、楚昭王、齊庶人、潭王梓、趙王杞、魯荒王、蜀獻王、湘獻王、代簡王、肅莊王、遼簡王、慶靖王、寧獻王、岷莊王、谷庶人、韓獻王、瀋簡王、安惠王、唐定王、郢靖王、伊厲王、皇子楠。

太宗四子：仁宗、漢庶人、趙簡王、四皇子。

仁宗十子：宣宗、鄭靖王、蘄獻王、越靖王、襄憲王、荆憲王、淮靖王、滕懷王、梁莊王、衛恭王。

宣宗二子：英宗、景皇。

英宗十子：憲宗、榮王、三皇子、許悼王、德莊王、秀懷王、崇簡王、忻穆王、吉簡王、徽莊王。

景皇一子：懷獻太子。

憲宗十三子：悼恭太子、孝宗、睿宗、岐惠王、益端王、衡恭王、雍靖王、壽定王、八皇子、汝陽王、涇簡王、榮莊王、申懿王。

孝宗二子：武宗、蔚悼王。

睿宗二子：岳懷王、世宗。

世宗八子：哀冲太子、莊敬太子、穆宗、景王、潁殤王、薊哀王、戚懷王、均思王。

穆宗二子：神宗、潞王。

神宗五子：光宗、福王、惠王、桂王、瑞王。

光宗二子：熹宗、崇禎帝。

崇禎帝三子：皇太子、永王、定王。

二祖公主

明太祖十六女：長女臨安公主、駙馬都尉李祺，寧國大長公主、梅殷，安慶公主、歐陽倫，汝寧公主、陸賢，懷慶大長公主、永春侯王寧，大名大長公主、李堅，福清公主、張麟，壽春公主、傅忠，南康大長公主、胡觀，永嘉大長公主、郭鎮，汝陽大長公主、謝達，寶慶大長公主、趙煇，餘未詳。

成祖五女：永安公主、廣平侯袁容，永平公主、富陽侯李讓，安成公主、西寧侯宋琥，咸寧公主、西平侯宋瑛，常寧公主、沐（沐）昕。又按：懿文江都公主，耿璿。

御定名次

懿文太子位下：允、文、遵、祖、訓、欽、武、大、君、勝、順、道、宜、逢、吉、師、良、善、用、晟。

秦王位下：尚、志、公、誠、秉、惟、懷、敬、誼、存、輔、嗣、資、廉、直、匡、時、永、信、惇。

晉王位下：濟、美、鍾、奇、表、知、新、慎、敏、求、審、心、咸、景、慕、述、學、繼、前、修。

燕王位下係帝系：高、瞻、祈、見、祐、厚、載、翊、常、由、慈、和、怡、伯、仲、簡、靖、廸、先、猷。

周王位下：有、子、同、安、睦、勤、朝、在、肅、恭、紹、倫、敷、惠、潤、昭、恪、廣、登、庸。

楚王位下：孟、季、均、榮、顯、英、華、藴、盛、容、宏、才、升、博、衍、茂、士、立、全、功。

齊王位下：賢、能、長、可、慶、睿、智、實、堪、宗、養、性、期、淵、雅、寅、思、復、會、同。

魯王位下：肇、泰、陽、當、健、觀、頤、壽、以、弘、振、舉、希、廉、達、康、莊、遇、本、寧。

蜀王位下：悦、友、申、賓、讓、承、宣、奉、至、平、懋、進、深、滋、益、端、居、務、穆、清。

湘王位下：久、鎮、開、方、岳、揚、威、謹、禮、儀、剛、毅、循、超、卓、權、衡、素、自、持。

代王位下：遜、仕、成、聰、俊、充、廷、鼐、鼎、彝、傳、貽、連、秀、郁、炳、燿、壯、洪、基。

肅王位下：贍、禄、貢、真、弼、縉、紳、識、烈、忠、曦、暉、躋、富、運、凱、諫、處、恒、隆。

遼王位下：貴、豪、恩、寵、致、憲、術、儼、尊、儒、雲、礽、祺、保、合、操、翰、麗、龍、輿。

慶王位下：秩、邃、寘、台、鼐、倪、伸、帥、倬、奇、适、完、因、巨、衎、隲、眷、發、需、昆。

寧王位下：磐、奠、覲、宸、拱、多、謀、統、議、中、總、添、支、庶、潤、作、哲、向、親、衷。

岷王位下：徽、音、膺、彥、譽、定、幹、企、禋、雍、崇、理、原、諮、訪、寬、鎔、喜、賁、從。

谷王位下：賦、質、僖、雄、敞、叢、興、闌、福、昌、篤、諧、恂、懌、豫、擴、霽、昱、禎、祥。

韓王位下：冲、範、徵、偕、旭、融、謨、朗、璟、逵、亶、韶、愉、顒、慥、合、緒、价、蕃、維。

瀋王位下：佶、幼、詮、勛、胤、恬、珵、效、廻、瑝、湜、源、諲、晳、暐、圭、璧、澈、澄、昂。

安王位下：斐、序、斌、延、賞、凝、覃、濬、祉、襄、恢、嚴、顓、輯、矩、縝、宻、廓、程、綱。

唐王位下：瓊、芝、彌、宇、宙、碩、器、聿、琳、琚、啓、齡、蒙、頌、體、嘉、歷、協、銘、圖。

郢王位下：偉、聞、參、望、奭、箴、誨、洎、臯、夔、麒、麟、餘、積、兆、奎、潁、曄、璿、璣。

伊王位下：顒、勉、諟、訏、典、褎、珂、采、鳳、琛、應、疇、頒、冑、選、昆、玉、冠、泉、金。

靖江王位下：贊、佐、相、規、約、經、邦、任、履、亨、若、依、純、一、行、遠、得、襲、芳、名。

舊有潭王位下：福、昌、忻、保、定、嘉、應、必、興、隆、啓、處、詢、從、式、尊、聞、汝、貴、中。以國除，祖訓不載。靖江王府不以五行爲拘。

封建

洪武元年，既立長子標爲皇太子。三年四月，詔封諸子爲王，分鎮各省：第二子樉，秦王，國西安；第三子棡，晉王，國太原；第四子，即成祖，燕王，國北平；第五子橚，周王，國汴梁；第六子楨，楚王，國武昌；第七子榑，齊王，國青州；第八子梓，潭王，國長沙；第九子杞，魯王，國兖州；第十子檀，蜀王，國成都；第十一子湘王，國荆州，絶後。又封子代王大同；肅王甘肅，後移蘭州；遼王廣寧，後移荆州；慶王寧夏；寧王大寧，後移南昌，國除；岷王雲南，後移武岡；谷王宣府，絶；韓王平涼；瀋王潞安；安王某處，絶；唐王南陽；郢王安陸，絶；伊王洛陽。又封兄子爲靖江王，國廣西。上親製祖訓，頒賜太子、諸王。親王歲禄五萬石，後定爲萬石。慶、肅諸王亦有二千石者。親王嫡長子襲封，餘封郡王。郡王嫡長子襲封鎮國將軍，鎮國子俱輔國將軍，輔國子俱奉國將軍，奉國子俱鎮國中尉，鎮國子俱輔國中尉，輔國子俱奉國中尉。郡王初封，禄二千石，嗣封一千石。其將軍、中尉，以次遞減至二百石。皇女爲公主，禄二千石。親王女爲郡主，郡王女爲縣主，郡王孫女爲郡君，曾孫女爲縣君，元孫女爲鄉君，禄亦遞減至二百石。其配駙馬、儀賓，宫室、服色、儀仗各有差，具載會典、玉牒。

削除

齊王榑，永樂四年，并世子、諸王俱削爵，錮南京西内。宣德三年，以嫌賜裁，少子賢爀存。谷王橞，永樂十五年，并世子、諸王俱削爵，錮西内。宣德三年，以嫌俱賜裁。漢王高煦，宣德九（元）年，并世子諸王俱削爵，錮西内，後俱賜裁。又齊、谷以反搆，漢以反，皆誅其子，故國盡除。荆王見潚，弘治中削爵，錮西内，尋賜裁。以弟之子和王嗣，國不除。楚世子英燿，嘉靖二十四年誅。庶弟恭王嗣，國不除。晉王濟熺，永樂十二年削爵，守恭園。弟濟熿立。宣德三年，濟熿削爵，錮鳳陽高墻。濟熺子憲王嗣，國不除。遼王貴焓，正統中削爵，守簡園。弟肅王嗣，國不除。寧王宸濠，正德十五年反，誅，國除。諸弟兄爵如故。徽王載埨，嘉靖中削爵，錮鳳陽高墻，國除。伊王典楧，隆慶中削爵，錮鳳陽高墻，國除。遼王憲㸅，隆慶中削爵，錮鳳陽高墻，國除。唐王，崇禎九年削爵，錮鳳陽高墻，國不除。

宗籍

玉牒所載，親王二十四，郡王二百五十一，鎮輔、奉國將軍七千一百，鎮輔、奉國中尉八千九百五十一，郡主、縣主、郡君、縣君七千七十三，庶人六百二十，而未封、未名者，與夫齊府之餘，高墻之庶，皆不與焉。

宗例

慶成王，晉恭王之曾孫也，弘治五年八月，山西巡撫楊澄等奏：王子女至九十四人，恐其中有收養異姓之弊，且爲子鎮國將軍奇瀐等增年冒支禄米，乞下禮部議處。并乞下各郡王以下定妾媵之數。禮部查勘覆奏，謂：王子女俱王妃夫人并宫人、室女所生，别無違礙，其冒支禄米，法宜追徵還官。得旨：王子女既無違礙，其冒支禄米不必追徵，准作以後年分該支之數。法司原奏有不許濫收子女事例，仍行各王府知會。自郡王以下妾媵多少之數，再會官定議以聞。禮部復會議覆奏，謂：郡王自正妃外，妾媵不得過四人，各將軍不得過三人，中尉不得過二人。從之，著爲令。

成化中，追降韓府漢陰王徵鍵（鍉）爲庶人；王母平氏，妃周氏及冒封郡王、縣主者，皆賜死；妃父周恂凌遲處死；妻妾子皆梟首，籍其家。仍貽書天下諸王。以王無子，將死，令宫人若有娠者以托。韓王及諸王既薨，妃父恂與王母及妃謀取其妾之女與他人男，前後令妾與子抱納宮中，既長，請于朝，俱受封。上惡其冒亂宗支，故特以異法處之。

天順中，命諸宗室：凡無子者，方許請繼室生子；至八歲者，方許請名；女至十五歲者，方許請封。

景泰時，岷王徽煣奏：蒙封臣子音埅爲長子，臣弟徽熉爲江川王，凡遇節令，及家庭行禮，班次不定。命禮部議，以宗子法言之，則以嫡長爲重；以家人禮言之，則以尊卑爲先。凡遇公禮，則當依宗子法，重在世子；家庭私禮，則當依家人禮，尊歸叔伯。

天順末年，楚府岳陽恭僖王薨，無嗣。其弟鎮國將軍堺嫡長子輔國將軍均鍠請嗣封，以奉恭僖之祀。禮部言：稽考近制，惟親王無嗣，有以郡王進封者，郡王無嗣，有以鎮國將軍進封者，無輔國將軍封郡王例。事遂止。

崇禎帝系

論德許士柔帝系不可略疏：臣備員史局，執事神廟、熹廟兩朝纂修之役，得于皇考實録大端目涉手鈔，反覆參定，尤加詳覈。竊以爲本朝實録一書，即古帝王本紀，史家編年遺意也。其間提綱振目，最重且大，莫若聖作明述，世系相傳之際。故總紀之，則父子母后之倫，書之必其備；分紀之，則兄弟同宮異寢之序，書之又必其明。惟明且備，乃爲實録，此定體也。以臣觀于皇考改録，世系獨略，萬不可解。此不可以當代闕文，傳疑後世。積慮于中，欲陳已久。今請爲皇上備陳之，而加裁察焉。臣謹按原録，萬曆三十三年乙巳十一月十四日，皇考第一子生，命廟諱，孝和皇后出，此熹廟篤生之自，所當書也。後三十四年丙午十二月二十八日，皇考第二子生，命某名，孝和皇后出，追封簡懷王；後三十七年己酉七月十五日，皇考第三子生，命某名，母選侍王氏出；後三十八年庚戌十一月十六日，皇考第四子生，命某名，母選侍李氏出。此諸皇子遞生之自，所當書也。迨至我皇上鳳乳龍興之瑞，孝純皇后捫天懷日之祥，亦實在萬曆庚戌間，則聖母氏族所自出，封號所自隆，録中固自當具載。皇上娠教之年，聖誕之日，命名之典，潛邸之號，録中尤自當表明。蓋必如是而後倫備而序明，可以見皇考當時，前有爲之作，後有爲之述，後宮多俔天之媛，五葉肇承乾之胤，暨乎聖母麟趾之並庥，王母葛藟之綏福，昭代盛烈，誠可以光示于天下萬世無窮也。亦必如是，始見我皇上帝立之最奇，天命之攸歸，三代以來所未有，而昭代二百餘年所僅見也。乃臣所閲改録，則考以皇上娠教之年，聖誕之日，不書也，命名之典，潛邸之號，不書也，臣不能解也。更考以聖母出何氏族，受何封號，不書也，臣不能解也。而且徧及諸王之生，與所生之自，花蕚相輝之美，鳲鳩並飼之仁，不書也，臣不能解也。所書者止三十三年乙巳皇考第一子而已。夫皇考實生五子，而何以獨紀其一，皇上實有四兄，而何以竟遺其三，臣不能解也。且臣同官文震孟所言，此改録所筆焉者也。筆焉而不信，天下萬世猶得按其筆而正之。若今臣所言，此改録所削焉者也，削焉而不著，則將使天下萬世讀皇考實録者，謂聖躬之誕降果何辰，謂聖母之發祥果何姓，謂其間花蕚輝映者又果幾何人，是使聖朝父子、母后、兄弟之大倫，皆缺而不具，晦而不辨也。

臣所謂不可解者，此也。或者爲之解曰：皇上之誕降，聖母之發祥，在皇考之録雖不書，而萬曆三十八年皇第五孫之生，當必書之也。臣則曰：自仁率親，上而至于祖；自義率祖，下而至于禰。祖廟尊而遠，何若禰廟親而近。以明明天子，不大書于禰廟皇子之列，而附書于祖廟皇孫之列，此何可爲訓也。又或爲之解曰：皇上之誕降，聖母之發祥，在皇考之録卽不書，而天啓初年皇五弟之冠婚、册號，當必書之也。臣則曰：父子相傳之謂世，兄弟相傳之謂及，總繇一本之繼體，須辨兩宫之各乳。況冠婚、册號，乃成立以後之典禮，誕降發祥，乃哲命初生之本原。本原蚤已不著，典禮何自而加。以明明天子，不蚤揭其天錫岐嶷之始，而雜見于藩邸婚封之列，又何可爲訓也。若此者，其在當日筆則筆，削則削，果無心耶，抑有心耶？其無心也，是玩帝系而輕削之，不可訓也；其有心也，是紊帝系而故削之，是可忍也，孰不可忍也？今原録雖不藏史宬，然聞當日之史臣，嘗挈而藏之閣中矣。皇上試命典籍搜取，詳加睿覽此段紀載，原録有是乎，無是乎？原録而有之，則原録宜復也；原録而無之，則改録何以不補也。況原録之成，在皇上潛邸之日，而統系之詳慎如此；及改録之成，在皇上御極之初，而統系之慢忽如彼，將何以傳信天下萬世也？而宫闈更有大典，今日不容不著明者。孝元貞皇后，皇考之元配也。遡青宫承飾之春，則當以萬曆二十年二月書大婚，以正其始。迨副褘掩緑之冬，則當以萬曆四十一年十二月書辭御，以正其終。而今録勿書也，天下後世考皇考元配之始末者，將何徵也？孝和皇后，熹廟之所鍾慶也。在承華懸矢之辰，業已于萬曆三十四年三月書封號，以著有初；至景殿驚葭之夕，亦當以萬曆四十七年三月書辭御，以著有卒。而今録又勿全書也。天下後世，考熹廟鍾慶之始末者，又將何徵也？至孝純皇后之辭御日月，已載著祀典，而其年亦不著于録中，此又所當詳載者也。臣所謂總紀之欲其備，分紀之欲其明者，此也。總之，今日之録，本紀編年之意微，而提綱振目之法泯，義例不問所重輕，筆削不衷所緩急。而臣于皇考實録尤獨註詳者，則以列聖實録，衹取當年之行事，分著本年之條目，而遂可備一王之書。皇考實録，必以一月之紀載，備舉四朝之大綱，而後可以成一代之史。此臣所以積慮于中，欲陳已久，不能不爲皇上備悉之，而仰祈聖裁者也。

又詳考補牘以效史職疏：臣前有帝皇世系一疏，仰祈聖鑒，挍（挍、搜）取原録，詳加參訂，以定信史。奉旨：實録體裁，自有累朝成例，不必復滋煩議。臣恭繹明綸，敢不敬懼奉持，無容再瀆。然臣終夜思維，平旦憬然，竊有不得已而言者，則臣嘗攷之累朝實録矣。臣未暇全舉，卽以我太祖高皇帝二十六子，憲宗純皇帝十有三子，其最盛也。而實録中書誕、書名、書婚、書封，母后著焉。仁宗昭皇帝十子，世宗肅皇帝八子，亦最盛也，而實録中書誕、書名、書婚、書封，母后著焉。次及妃嬪、公主，以至冠婚典禮，莫不燦列，昭如雲漢。是帝皇世系爲成例者也。但我皇考在位止是一月，其世系書法，既不能如列聖條析于編年之中，自當挈要提綱，統列于總紀之首。而臣閲改録，掛漏殊甚。卽我皇上聖母孝純皇后，並未紀載，其餘可知。且臣遡此録告成之日，在皇上元年二月，是皇上登大寶既半年矣。我朝列聖一帝止生一帝，而我皇考一帝而生二帝，則爲臣子者，以皇考總紀之首篇，紀皇上龍興之盛事，自是千古無兩之美業。而改録不然，反舉原録而刪削焉。則臣前疏所論列者，政謂夫改録與累朝成例有所不合也。如果合成例，臣又有何言。若原録總紀，則世系明備，仰祈我皇上試宜取詳覽，其是非得失，必有瞭然者。此臣前疏所謂原録宜復也。乃臣積慮詳訂，前疏有未敢深言，與未及悉言者，以聖明在上，臣安敢復隱而不吐，以朦徇滋戾。其一，曰高皇后之祭典宜書也。蓋禮莫大于祭，祭莫重于始祖。而國家以八月初十日高皇后忌辰，祭奉先殿，先二日奏祭，此萬世不祧之廟制，累朝實録所必書。而世宗肅皇帝以是日聖誕，議先期受賀，議同日舉行，實録所載尤詳。今皇考元年八月初十日奉先殿行禮弗書也。若曰不舉而不書，則以皇考之孝敬，必無此失節；若曰舉之而不書，是以臣子之忽玩，陷皇考于廢禮也。且是月初八日孝康皇后之祭則書，初二日先師孔子之祭則書，而何獨漏于高皇后也。其一，曰孝端顯皇后之爲嫡母宜書也。夫分莫尊於正嫡，而恩莫大于保聖。當孝靖皇后封號未加，我皇考青宮未定，而貴妃顯號先隆之日，國本幾危于震虩，天心幸託諸坤寧。商山之羽翼，曾未能轉日，而河洲之荇藻，乃可以補天。在當日調護之苦心，真萬古慈聖之極則。乃至今外廷尚論夾輔之功，而中宫不言顧復之德；即貴妃尚見封后之論（綸），而嫡母不著其恩勤之勞。此真天理所必不可磨，而人心所必不容泯者也。臣所謂未敢深言者此也。又其一，曰皇考之冠禮。夫冠禮成人之始，嘉事之重，與婚禮並書，累朝可攷也。況古者天子之子十五而冠，而皇考以二十而冠。即以二十而婚，視列帝嘉禮，後期已甚。此其危疑震撼，所關特重，今何以不書也。其一，曰皇考之公主。夫公主同氣之至親，内戚之至貴，與子並書，亦累朝可攷也。蓋古者男女異長，以辨内外。而皇考本育八女，所存三主，則寧德、遂平、樂安，其笄字于歸，皆骨肉毛裏。所係最親，今何以不書也。此臣所謂未及悉言者此也。凡此皆大經大法，典章首務，聖明在上，臣子所當有言無諱，而皇上孝思無窮，所當下明詔，令史局著之本録者也。至于書法之宜繁宜簡，則以列聖在位，多歷年所，其于編年既詳，則于總紀可約。而皇考在位止是一月。夫既不暇編年，自當詳於總紀。此史官之事，臣業已具揭閣臣，無容贅瀆聖聽也。臣職在史局，叨禄十有餘年，外無疆埸汗馬之勞，内無民社歯城之績，惟是討論故實，次第編摩，以供史職，庶無瘝官。故敢不辭數瀆，仰祈聖聽。

萬曆實録

萬曆三十三年乙巳十一月，皇太子第一子生，卽熹宗，選侍王氏出。神宗以元孫生，頒詔天下，諭宗藩。

三十四年十二月二十八日，皇太子第二子生，與元孫同母，命名由㰒，四歲薨。天啓二年，追封簡懷王。

三十七年七月，皇太子第三子生，命名由楫，母選侍王氏，八歲薨。

三十八年十月十六日，皇太子第四子生，命名由模，母選侍李氏，五歲薨。

十二月二十四日，皇太子第五子生，命名由檢。天啓二年，封信王。母選侍劉氏，追封貞静賢妃。

萬曆三十三年乙巳十一月，皇太子第一子生，即熹宗，選侍王氏出。神宗以元孫生，頒詔天下，諭宗藩。三十四年丙午二月，尊上慈聖徽號。是月，進封聖母恭妃爲皇貴妃。先是，羣臣屢請進封，皆不允。至是以宮闈喜慶，大典告成，特諭舉行，人情歡悦。三月，封元孫母王氏爲才人。時禮部議上封號，不稱神宗意，傳諭再議。隨出皇明典禮一書，内載皇太子正妻皆封妃，次皆稱才人，故禮部奉旨，定今封。

三十四年十二月二十八日，皇太子第二子生，與元孫同母，命名由㰒。四歲薨。天啓二年，追封簡懷王。

三十七年七月，皇太子第三子生，命名由楫。母選侍王氏。八歲薨。

三十八年十月十六日，皇太子第四子生，命名由模。母選侍李氏。五歲薨。

十二月二十四日，皇太子第五子生，命名由檢。天啓二年，封信王。母選侍劉氏，追封貞靜賢妃。

按光宗在東宮，生育頗多。崇禎初，追封皇兄齊思王等，皇姊悼淑公主等，至辛巳五月，御札皇六弟（定懿妃生）、七弟（敬妃生）、十妹（慎嬪生），皆殤，未追封。擬封六弟湘懷王，七弟慧昭王，十妹悼温公主。七月二十日，親定皇六弟名由栩，七弟名由橏，皇十妹名徽婝，又追賜九妹名徽婼，仍祭告奉先殿。

愍帝生母孝純皇太后，生于萬曆壬辰，而薨于甲寅七月十九日，享年僅二十有三。時帝甫四齡。及登極，詔曰：朕惟慶源有自，禮必隆于所生；孝思永言，施必由于親始。典闕教喿，誼切同心，彝章具存，肇稱宜亟。我皇妣貞静賢妃，芬降華宗，躬膺令德，徽音夙禀于女史，婉懿早著于青蒲。在昔皇考，毓我弟昆，蓋華蕚共輝於連枝，而顧復各勤于離裏。我皇兄纂承祧之重典，既篤于濬源，逮眇躬荷世及之休情，亦深於惓慕。欲酬罔極，宜備追崇。正儷體之鴻稱，舉遷祔之上典，庶永無窮之問，少伸不匱之思。於是禮部上尊謚孝純淵静慈肅毗天鍾聖皇后，遷祔慶陵。

崇禎丁卯九月二十七日，册立皇后。諭曰：朕聞太極元撰，首闢乾坤，天地合德，乃生萬物。則君之有后，固儷體于兩儀，而弼成於風化者也。朕昭受鴻圖，誕撫函夏，思順陰陽剛柔之道，茂衍室家君王之傳，嘉内德于安貞，稽懿徽于温惠，敬崇壼教，宜正隆稱。元妃周氏，揚芬華族，毓慶軫元，皇兄慎選以配朕躬。夙夜無逸，而闡敬戒。已受封章於潛邸，丕纘景命以維新，四德咸修，六宫著範，可册立爲皇后。女順蔚承乾之佑，坤寧協應地之符，特諭。於是遣禮部尚書來宗道持節，英國公張惟賢捧册，大學士黄立極捧璽，施鳳來行禮。

崇禎元年二月初四日，皇長子生。詔曰：朕惟帝王膺天歷而奉宗祧，首重元儲，尤隆世嫡。朕以眇躬嗣位丕基，夙夜祇念我皇祖皇考集慶發祥，源深緒遠，佇昌嗣續，仰慰貽謀。兹荷上帝居歆，宗祊垂祐，以今年二月初四日第一子生，係皇后周氏出。中闈開冢胤之先，萬國愜元良之祝。肆頒渥澤，覃被多方。

崇禎三年二月初十日，册立東宫。詔曰：朕惟自古帝王，嗣大歷服，長治久安，莫不首重建儲，所以定宗祧，隆國本，凝天眷，而繫人心也。我祖宗列聖相承，德祚綿洽，率繇茲道，以裕貽謀。朕祗紹丕基，兢懷付託，乃荷皇穹眷祐，胤嗣蚤開。長子慈烺睿託坤元，祥鍾震一，中外起敬承之頌，天人表協應之符，昨日文武臣民疏請再三，舉行册禮，而朕以子方襁褓，謙讓未遑。茲屆青陽載仲之辰，正值蒼巽誕彌之月，禮官復申前請，衆志誠難固違。爰考舊章，式諏吉日，祗告于天地、宗廟、社稷，授册寶，立慈烺爲皇太子，以仰繩累葉無疆之緒，俯慰兆人胥戴之情。大典告成，環垓同慶。

崇禎十四年九月十八日，册封第三子慈炯爲定王。十五年三月二十一日，册封第四子慈照爲永王。皇女樂安長公主，名徽娖。

春明夢餘録卷之三十

五軍都督府

五軍都督府在闕之西，皆東向。初置統軍大元帥府，後改樞密院，又改爲大都督府。秩正一品，設左、右都督、都督同知、都督僉事等官。洪武十三年，始分中、左、右、前、後五軍都督府。各府都督初間以公、侯、伯爲之參贊軍國大事。後率以公、侯、伯署府事。同知、僉事則參贊軍事。永樂元年，建行都督府於北京。後仍分五府，稱行在某都督府。十八年，定都北京，除行在字。在應天者，稱南京某府。洪熙元年，復稱行在。宣德三年，革行都督府。正統六年，復建五府。其職，分領都司、衛、所。凡武職襲替，及誥敕，旗役併鎗手、水陸步騎操練、俸糧、屯種、器械、舟車、賞賜，聲息軍情，清勾替補，邊腹畫圖貼説，薪炭荆葦之事，分移所司綜理之。

大都督府，因樞密院而改建之者也。樞密院之職，實古太尉、大司馬、諸將軍，而其名則循唐宦官之舊。五季託肺腑，其權寄宰相上。宋顓兵政，稍與宰相次，而號兩府，然皆縉紳大夫爲之。至元，而用其國人與漢人之以武功顯者，第往往參互一二縉紳以贊其謨畫。至明興，而截然武弁藪矣。高帝之下集慶，置中書省，即置行樞密院而自領之，功臣宿將，得序遷爲同知、僉院、同僉判官，其品秩皆仍元舊。至四年辛丑之三月，始改置大都督府，拜皇姪文正爲大都督，節制中外諸軍。尋增置左、右都督、同知、副使、僉事官，以中書參議李善長兼司馬，宋思顔爲參軍，經歷、都事皆極一時之選，而同知、僉院之在軍行者，尚仍其故，不改。吴元年甲辰正月，即王位。定大都督從一品，左、右都督正二品，同知從二品，副使正三品，僉事從三品。尋大都督坐罪廢，罷不設，以左、右都督爲長官。十月，進階俱正一品，同知從一品，副使從二品，僉事從三品。三年，革副使，陞僉事正二品。凡天下將士、兵馬大數，蔭授、遷除，與征討進止機宜，皆屬之。十三年，分大都督爲五軍都督府，見若以爲品秩如其故者，而兵部陰移之，其權漸分矣。至永樂而盡歸之兵部，所謂五軍都督者，不過守空名與虛數而已。其左、右都督以下至同知，皆以加邊將之有功者，其僉事，以待序遷者，而掌印、僉書之類，必以屬公、侯、伯，間有屬老將之實爲都督者，不能什一也。

封拜考

封建，古制也，而莫詳於周。周之天子僅稱王，而其下爲公、侯、伯、子、男，不能子、男者爲附庸。其命則自九而至五。其别則有同姓，有異姓。而其封則以功德，不以親疎。秦始并天下，創尊爲皇帝，廢封建，公、族無尺寸之土，而猶存侯爵，爲三等，以待有功者。列侯則如武城、通武之類，倫侯則如建成、武信之類，皆有邑名，而不稱國。下者則關中（內）侯，有封食而無邑名，然皆金印紫綬，而列侯、倫侯至位丞相上。丞相之尊重者莫如李斯，九卿之見幸有大功者莫如蒙恬兄弟，而皆不得沾，其慎貴可略推已。漢高豁達，裂天下以王諸子弟及大功臣，而其次則因秦之舊爲徹侯，亦有關内侯，凡二等。第功臣之爲王，雅非其意。至白馬之誓，而獨侯國存。武帝狹海宇，鞭誅四夷，不愛通侯之印，以待有功者，卽功雖尠細，或見録。天下之壤地不能侯，而國用則益侈。於是苛爲之禁，以伺其過，卽尠細，亦見削。而高帝身與共創業之臣，所餘無幾，封拜日下，而侯國不日益，漢地不小損。自武帝而後，拜封之與削亦漸寡，而終東、西二京，而制略相仿佛。中間雖有吕氏之擅王，與新莽之盜爲公，未幾輒罷。自魏氏之末，司馬擅制，始復爲五等：曰郡、縣、公、侯、伯，曰縣子，曰縣男，皆得稱開國，金印紫綬。而關内侯有不開國者，顧反居子、男下。晉氏以至齊、梁、陳，皆因之。若北魏之與北齊，皆崇設王爵，以待勳舊。而其更有功者，則别封郡公、侯，或一人而擔三四爵。然同姓、異姓皆不得爲國王，而郡、縣、公、侯益卑矣。後周宇文泰辭安定王，遂以安定公終其身，而其子篡魏，進封功臣晉、趙等大國，然皆稱公而不王。隋氏因之。至唐而始定以子弟爲親王，正一品，其稍疎而有功者爲郡王，功臣之有功者爲國公，皆從一品。郡公以至侯、伯、子、男，則遞降焉。如趙無忌、梁元齡之類，皆得世襲。而他以恩賜者，或世與否。自安禄山之爲東平王，遂毁周例而踰之。然中興以後，王公之格益輕，至有佩櫜鞬，捧酒炙，而趨走於節度之庭者，而封亦不復世矣。宋興，復唐初之制，以宗室之懿叙封王爵，而其疎者與文武大臣自國公而下至子男，往往以郊恩遞進，徒以熾其名而已，户不得言禄，爵不得言世，然猶斤斤守其靳焉。自蔡京之公兩國，而公制紊矣；童貫之爲王，而王制踰矣。南渡以後，所謂王者，遂冒於宰執，如檜、如侂胄，如彌遠矣。元承遼、金之後，王爵尤易，即將相非勳德，可以一嚬笑而得之，獨漢人至國公而止。明高帝下建業，草創未遑。吴元年，始拜功臣李善長、徐達、常遇春爲國公，而其他功臣之死勤事封疆者，有國、郡公、侯、伯、子、男之贈，然往往一循元舊。洪武三年，始大啟封建。皇帝之子爲親王，親王之從庶子爲郡王。而功臣則公、侯、伯三等，有世襲，有流爵，罷子、男不置。公、侯位正一品上，伯位正二品上，朝服進賢冠，加籠巾、貂蟬。世襲者領鐵券，流爵則否。當是時，封伯者僅二人，忠勤之禄僅當侯三之一，誠意至不能當六之一，而其輕可知矣。十年以後，封東莞徽先，禄遂與侯等。至永樂初，而始定居侯之下，正一品之上，其階勳皆與侯等，而伯亦重矣。凡公、侯、伯之任，入則掌參五府，總六軍，出則領將軍印，爲大帥，督留都筦鑰，轄治漕綱，獨不得預九卿事。

宋制，軍旅屬於樞密院，與中書省並謂之兩府。明以兵部掌兵政，而統軍旅，專征伐，則歸之五軍都督府。兵部有出兵之令，而無統兵之權；五軍有統兵之權，而無出兵之令。至將屬於五府，而兵又總於京營。合之則呼吸相通，分之則犬牙相制。

五軍都督府，總天下之戎政，國體具存，其所關者甚大。明初勳臣俱充參、遊，後止充兩廣、湖廣、漕運三總兵，又次第革，而惟戎政五府屬焉。五府僉書猶有以都督充者，至掌印則必勳臣。嘉靖八年，令五府掌印官都督有才望者一體推用，終不能行。都督有三等：曰左、右都督，曰都督同知，曰都督僉書，是爲世官。副都督則流官也。都督、都指揮等官，雖定於洪武初，然其稱謂，與後亦有不同。如稱都督府僉書曰某府僉都督；都指揮使司僉書曰某都指揮司左封印、右封印，皆見於張統（紞）雲南機務抄黄。嘉靖間，會議疏列五府銜，僉書與帶俸者槩稱管府事，卽錦衣衛堂上皆稱管衛事，亦此例也。

初制，總兵無專官，有事命將，事已卽歸。後因邊境多事，遂留鎮守。然或地方小警，調兵勦殺，非奉上命者，卽有功亦不稱捷，具疏聞而已。

明初，在外兵馬，盡是屯軍指揮千百户管領，而盡屬都司提調。其制，各都司掌印、僉書等官缺，本處有相應官，聽各鎮巡官保舉，兵部擬議具奏；本處無官，兵部查訪中外相應官員兼用，極重其選。

衛所之制

洪武中，設錦衣等上十二衛以衛宫禁，留守等四十八衛以衛京城。上十二衛爲親軍指揮使司，番直宿衛，不隸於都督府。永樂中，設五府各衛於北京，改前北平三衛爲金吾左、右衛，爲羽林前衛，改北平都司爲燕山左、右、[前]衛，爲大興左衛，爲濟陽[濟州]、通州衛，是爲上十衛，與騰驤左、右衛，武驤左、右衛四衛，亦得名親軍。其武功中、左、右衛，以匠役，隸工部。其諸陵設衛，不隸督府，亦不稱親軍。凡親軍衛，得直達兵部。其餘衛，分流官、世官、土官襲替，優給優養，所、衛、都司上之府，引奏送兵部。五府以中、左、右、前、後爲序。

南以總兵坐中府，北以總兵坐後府。凡舍人承襲，皆以五府試驗，必年至二十以上方許比試：初試不中者食半俸，再試不中者降充軍。蓋國初將材，皆儲於此，故其嚴如此。每衛設指揮使一人，指揮同知二人，指揮僉事二人，又設中、前、後、左、右千户所，分領軍士。其所領軍士逃亡者，計數論罰。如百户逃一人，減半俸；逃十人，全不給；至三十人，降總旗；至四十人，降小旗；至五十人，發充軍。其千户逃軍，十倍於百户；指揮逃軍，五倍於千户者，並減俸及遞降如百户例。蓋國初之兵，皆籍於此，故其嚴如此。

洪武初，諭五軍府曰：養兵而不病於農者，莫若屯田。今海宇寧謐，邊境無虞，若使兵但坐食於農，農必受弊，非長治久安之術。其令天下衛所督兵屯糧，庶幾兵農合一，國用以紓。又諭曰：天下衛所分民屯種者，咸獲稼穡之利。其令在屯軍士，樹桑、棗百株，柿、栗、胡桃之類，隨地所宜植之，亦足以備歲歉之不給。又諭：今年屯種，須於五月報禾苗長養何如，七月報結實何如，十月報所收籽粒若干，一歲三報。彼時留心屯政如此。故大寧都督僉事商暠奏：見在糧粟大寧三十一萬石，松亭關五十八萬石，會州二十五萬石，他鎮所報亦相若。至宣德時，所積之粟尤多。立法之善，古所未有也。

屯田原額：宣府屯軍八千六百七名，屯地四千三百三頃五十畝，各色籽粒二十五萬四千三百四十四石三斗一升。大同屯軍一萬六千七百名，屯地一萬五千八百三十頃，各色籽粒五十一萬三千九百四石五斗五升。山西屯軍九千四百九十名，屯地六千一百一十二頃一十畝，各色籽粒二十五萬七千七百四十六石五斗五升。遼東屯軍四萬五千四百五名，屯地二萬五千三百七十八頃二十八畝，額糧七十一萬六千一百七十石，其後減徵四十五萬四千石。固原、延綏二鎮，屯軍舍人二萬六千七百三十八名，屯地二萬六千一百一十八頃二十一畝，各色籽粒三十六萬五千一百四十石五斗四升六合。寧夏屯軍一萬一千一名，屯地五千五百二十七頃九十二畝五分，各色籽粒三十二萬二千七百二十二石二斗七升九合四勺。甘肅屯軍二萬三千八十三名，屯地一萬一千六百九十一頃五十畝，各色籽粒六十萬三千一百八十八石四斗二升五合。薊州屯軍五千八百七十五名，屯地二千八百二十八頃五十一畝，細糧六萬八千五百六十七石五斗九升。其制：每軍一名，受田五十畝，歲徵米二十四石。以十二石養贍其人，十二石入倉，給官俸並城操之兵。倉中所積，率足供數年之用。

天下屯牛二十五萬五千六百六十四隻。宣德之後，各處衛分牛隻數目，俱由五軍都督府照會工部立案備照，倒死者著令買補，孳生者查勘明白，年終依例造册，奏送該府，轉行工部知會。工部設屯田司，以司其事。

附記

洪武二十二年，兵部五軍府奉旨：衛所官員不肯教兒子弓馬。如今但有學唱的，割了舌頭；下棋、打雙陸的，斷了手；蹴圓的，卸了脚；做買賣的，發邊遠充軍。已而府軍左衛千户虞讓男虞端吹簫唱曲，將上唇連鼻尖割了。龍江衛指揮伏顒與小旗姚宴保蹴圓，卸了右脚。當時禁制極嚴，故一時將帥皆出其中，而無世冑紈袴之氣。後法禁弛，而應襲舍人驕惰成性，實稱乏才。宣德五年，正統八年，成化八年，始令天下保舉有謀勇者用之。天順八年，開武舉。成化四年，弘治十七等年，各有參定條例，然所取甚少，初止取二名，七年至十五名、三十餘名。及嘉靖後，非武舉不得陞調。於是世胄擁爲虚器，而功臣之澤斬矣。

凡要害之地，設官統兵鎮戍總鎮一方者曰鎮守，獨守一路者曰分守，獨守一城一堡者曰守備，有與主將同處一城者曰協守，又有備倭提督、提調等官。其官稱掛印，專制者曰總兵，曰副總兵，曰參將，曰遊擊將軍，俱於公、侯、伯、都督、指揮等官内推舉，後不然矣。明初立君子、舍人二衛，選文臣子侄居君子衛，武臣子侄居舍人衛，晝則侍從，夜則直宿更番。此即勳衛之始。後不用文臣子侄。

春明夢餘録卷之三十一

戎政府

戎政府在皇城之東燈市大街。永樂間，設二帥府于都城内之東西，以爲會議之所。後因敝壞，嘉靖二十九年，立戎政府，統以勛臣一員，曰總督京營戎政，佐以文臣一員，曰協理京營戎政。營制有三：中曰五軍，東曰神樞，西曰神機。五軍營又析而爲營者十有六，神樞營析而爲營者十，神機營析而爲營者九，總之爲三十一營。而五軍營設號頭營二，神樞、神機各一，皆領于總協大臣，而奉行其命令。每營將領一人，中軍官一人，千總官二人，把總官十有二人，管隊官六十人。每軍五十人爲隊，管隊領之。二十五隊爲司，把總官領之。十二司分隸于一中軍。二千總各得把總官四人，軍千人，共卒三千人，爲一營。故分之則三十一營，聯之則三大營，又聯之則總曰戎政府。

營　基

五軍營，卽舊團營。景泰初年，建立于安定、德勝兩關外之中。嘉靖二十九年，罷團營，始更于此南面建閲武門。閲武門起，至北土城止，長一千七百四十二步。設將臺一座，前設旗臺二座，石榜碑一座，鼓棚一座，石旗架二座，演武廳一座。

神樞營，即舊三千營。永樂初年，建立于安定關外之東。

神機營，即舊五軍營。永樂初年，建立于德勝關外之西。舊神機營在新立神機營之西。嘉靖二十九年，罷團營，將五軍營更團營，將神機營更舊五軍營，而舊神機營竟廢。

營制

洪武初定天下，訓練軍士，以衛京師，置京營，隸元帥府。已而改五軍營。曰中軍，曰左掖，曰右掖，曰左哨，曰右哨，是爲五軍，隸都督府。五軍都督握兵籍，而不與調發；兵部得調發，而不治兵。論者謂五軍營有六善焉：一軍有變，四軍足制，一善也；徒御既寡，訓練易施，二善也；人自爲將，各愛士卒，三善也；彼此相形，争先策勵，四善也；分數畫一，行伍不亂，五善也；彼此相依，聲勢相倚，六善也。大約開國之祖，身在行間，習于兵事，故制之善如此。後屢改，而大失其故矣。太宗遷都北平，一如太祖之制，則于中都、大寧、山東、河南附近衛所摘發官軍，輪班上操。營提督内臣一人，武臣二人，掌號頭官二人。大營坐營官一人，把總二人。中軍坐營官一人，馬步隊把總各一人。左右掖、左右哨官如之，此則高皇帝五軍之舊也。此外又有十二營，掌隨駕馬隊官軍。是營也，把總二人。此外又有圍子手營，掌操練、上直、叉刀手，及京衛步隊官軍。是營也，坐營官一人，一司、二司、三司、四司各把總二人。此外又有幼官、舍人營，掌操練京衛幼官及應襲舍人。是營也，坐營官一人，幼官營把總一人，舍人營一司、二司、三司、四司各把總一人。此外又有殫忠効義營，掌操練京衛報効舍人餘丁，舍人營曰殫忠，餘丁營曰効義。是營也，坐營官一人，把總各一人。此則五軍營之支分也。已又得受降虜達子一千，常立於龍旗寶纛之下，以爲三千營。營分五司：掌執大駕龍旗、寶纛、勇字旗，負御寶及兵仗局什物等件上直軍爲一司；掌左右二十隊勇字旗、大駕旗纛、金鼓等件上直軍爲一司；掌傳令營令旗、令牌、御用監盔甲、尚冠、尚衣、尚履什物等件上直軍爲一司；掌執大駕勇字旗、五軍紅盔貼直軍、上直軍爲一司；掌殺虎手、馬轎及前哨馬營，上直明甲軍、隨侍營隨侍東宫官舍，遼東備禦囬還軍爲一司，凡五司。是營也，提督内臣二人，武臣一人，掌號頭官二人，坐司官五人，見操把總三十四人，上直把總十六人，明甲把總四人。此則三千營之支分也。已征交趾，得其神機火箭之法，立神機營，掌操演神銃、神炮諸火器，亦分爲五軍。中軍坐營内臣一人，武臣一人。其下分爲四司，各監鎗内臣一人，把司官一人，把牌官一人。左、右掖軍如之，左、右哨軍亦如之。已又得都督譚廣馬五千疋，當時謂之譚家馬，復置五千掌操演火器及隨駕護衛馬隊軍。是營也，坐營内臣一人，武臣一人。其下分爲四司，各把司官一人。此則神機營之支分也。居常則五軍肄營陣，三千軍肄巡哨，神機軍肄鎗手。如大駕親征，則大營居中，營外五軍分駐，步軍居内，騎軍居外，騎卒之外爲神機營，營之外有長圍，周隣二十里，樵採其中間。此三大營之制也。永樂雖遵洪武五軍之遺，而各營添設内臣，已違内臣不許典兵之禁。未幾，王振用事，京軍五十萬一旦敗潰，遂有土木之禍，太宗貽之也。

嘉靖二十九年二月，命改舊内教場名曰内勇營，欲以團操内使。論所司建一祀所，並營舍數間，中立一臺，備御視。

團營

景泰元年，兵部尚書于謙建立京營團操法。謙以京師兵馬分隸五軍、三千、神機諸營，雖各有總兵，然不相統一，每遇調遣、選摘、凑撥，號令不同，兵將不相識，或至悞事。乃議揀選諸營馬步官軍十五萬，分爲十營，每營各以都督總領，每五千都指揮一員，每千指揮一員，每五百把總十員分管，每隊管隊二員，常領在營操練，體統相維，兵將相識。出征，就令原管都督等官統領前去，號令歸一，行伍不亂。團營之設自此始。

十二營

天順初年，反景泰之政，革罷團營。至八年而復。及成化初，又復革。二年又復。復則從兵部尚書馬昂議，抽選京兵八萬，外衛八萬。外衛之兵，分爲二班，班四萬，爲瓜代。合京兵爲十六萬，立十二團營操練之。營曰奮武、耀武、練武、顯武、敢勇、果勇、効勇、鼓勇、立威、伸威、揚威、振威營，各分五軍、三千、神機三營。五軍營領内外馬步官軍，三千營領内外馬隊官軍，神機營領内外步隊官軍，而三大營之數不與焉。是十二營軍名曰選鋒，不任選鋒者仍歸三大營，曰老家。而團營之法稍變矣。至于弘治、正德之後，又有兩官廳之制，其法就十二團營挑選精鋭，别立總兵參將統領之。此時十二團營可爲老家，而兩官廳可爲團營也。

設立戎政

嘉靖二十九年，京都戒嚴，大學士嚴嵩、李本請刷京營，圖善後，令兵部選武臣以充總督坐營之任，吏部選才望大臣專理之，令其揀練人馬。上是之，下兵部。兵部侍郎王邦瑞言：國初營兵不減七八十萬，元戎宿將常不乏人。嗣是三大營變而爲十二團營，又變爲兩官廳，雖浸不如初，然原額軍尚足三十八萬有奇。迄今承平既久，武備廢弛，見據在籍僅十四萬有奇，而在營操練又不過五六萬人而已。户部支粮則有兵，兵部調遣則無兵，比者虜入事棘，戰守俱虚，見在軍士，率老弱疾憊、市井遊販之徒，衣用、器械臨時取給，其爲耗弊，可謂至極。臣謂軍伍不足，其弊不在逃亡，而在占役；訓練不精，其弊不在軍士，而在將領。今之提督武臣，卽十二團營之總帥，坐營等官卽諸營之主帥，而號令、把總之類，又古之偏裨官。其間多屬紈袴，平時則占役營軍，予以空名之餉，臨操則四集市人，呼舞博笑而已。先是尚書王瓊、毛伯温、劉天和，皆嘗有意整飭。將領惡其害己，從中阻撓，陰壞正議；而軍士又驕惰厭律，輒亡匿涣散，倡爲流言。清理未半，事復中止。今皇上親見其害矣。臣願遣風力科道官議覈十二團營人馬之數，參攷户部粮籍，汰老弱，留精壯，逃亡者設法勾補，占役者悉徵着伍。然後人給衣甲、器械，擇謀勇將官，加意練習，而以科道官監視之。上是之，乃革去十二營兩官廳，第用京營總兵官一員，提督三營，以復國初之舊。時咸寧侯仇鸞方以兵事幸，上卽使爲之。于是兵部會議，條爲六事：其一，請革内臣。謂自古宦者不得典兵，今三大營内有内臣提督監鎗等項，不下二三十人，既不知兵，又專役占，所宜裁革。其一，請處班軍。謂河南、山東、大寧、中都等處原額班軍十六萬有奇，每年春秋，更番上班操備，往往爲合營借工私占之貲。自今請令于五月中旬赴京，各都司統率入營，一體操練，至十一月中旬掣回休息，不必兩班赴官。如此則每歲京營秋防之時，可得十五六萬人，比之召募，尤爲省費，上悉從之。于是罷團營兩官廳，以復舊制，更三千營曰神樞營，其三營司哨掖等名，及諸内臣並裁革，而統以大將一員，曰總督京營戎政廳，給印曰戎政之印，佐以文臣一員，曰協理京營戎政。

兵部尚書于謙置建團營疏：議得各營見操官軍，已選十萬，分作五營團操，以備出戰。每二萬人爲一營。每隊五十名，一人管隊；每二隊，又立領隊官一員；每千人，把總官一員；每三五千人，又立把總都指揮一員。其管隊、把總、大小總兵官員，各量其才器高下，謀勇如何而選用之。使之互相統屬，兵將相識。如遇下教場操練之時，臣等出其不意，量調一隊或三隊、五隊點視（閲）。但唤把總管隊官姓名，各官自行管領本隊軍士前來，内唤出軍士一二人，或三、五人，令管隊把總官識認是何姓名、衛所，却將軍人懸帶牌面上原開姓名、衛所、年貌查對（覈）。若有不同，就將管隊等官量情責罰。仍比較刀（弓）箭、牌刀、長鎗等項武藝，精熟者量爲奬勵，生疎者一體懲治。使管軍者知軍士之强弱，爲兵者知將帥之號令，體統相維，彼此相識，不致臨時（期）錯亂，難于調遣。大意前項團操軍士十萬，合則爲一營，分則爲五營，萬一賊寇侵犯，賊多則各營俱動，賊少則分調一、二營，或調一萬[或]三、五千，隨機應敵。其平日選定大小該管頭目已定，至交戰之時，多用則多調，少用則少調，止調該管頭目，則士卒自隨。平日相處既久，同輩之人易以期會（相機），管事之人易以使令，如手足之捍頭目，子弟之衛父兄。比之平日混同操練，不辨强弱，不知號令，將各營之人逐漸輳合者不同，庶幾可以成功取勝。又賊之所恃者，弓馬衝突而已。賊知我火器一發之後，未免再裝遲慢，以此我軍放罷火器，就便馳突前來。今若與之對敵，我軍列陣，外用鹿角遮護，持滿以待，賊若來緊，堅陣不動，（先）以弓弩對敵。神銃未發，先以火藥爆竹詐之，賊必謂我火藥已盡，不復畏避，馳馬來攻，則我軍火炮、火銃、飛鎗、火箭、弓矢齊發。若[賊]勢衝（不）動，又以大將軍擊之。待賊勢動，分調精鋭馬軍，用長鎗、大刀、勁弓射砍，步軍用團牌、腰刀一齊衝入賊陣，或刺射人馬，或砍其馬足。臣等以身率先，衝冒矢石，奬勵士卒，俾無退縮。如有退縮者，即以軍法治之。此則臣等愚見。操軍出戰，分合之勢如此。謹當用心設法，將各營已選團操，并其餘軍馬，一體操習，申嚴號令，務使人馬强盛，武藝精熟。除團營之外，另選次第精壯，以備緩急調用，以助團營軍威。每日除演習軍馬武藝外，仍令馬步官軍兼習陣法，及交鋒、衝突、安營、走陣，以爲戰鬬之勢，使之耳目慣熟，步驟輕健，能知進退、坐作之法，免至臨敵畏怯失措。至于固守之法，則今日士卒頗多，京師城垣堅固，又有戰車、鹿角、器具，賊縱勢衆，可以固守無虞。但用兵之法，不測如陰陽，難知如鬼神，貴在臨期應變，難以一定而求。況醜虜趫捷，去來之間，如飄風驟雨。應敵之際，非勇無以挫其鋒，非智無以破其敵，必謀勇兼濟，可以成其功。岳飛有言：陣而後戰，兵家之常，運用之妙，存乎一心。又曰：文官不愛錢，武官不惜死，天下太平矣。景泰三年十二月二十二日各官奏。奉聖旨：是，兵貴乎精，將在謀勇，卿等務要同心協力操軍馬。有事運謀，或戰或守，若無事則撫卹士卒，養其鋭氣。遇警急，易爲調用。這等，乃不負朕委托之重。

大學士趙貞吉論營制疏：照得我朝内外衞兵，分隷五府，乃高皇帝定萬世太平之計，俾免前代强臣握兵之害。其爲聖子神孫慮至深遠，其法制甚周悉也。永樂末年，因聚府兵北伐，旋師之後，遂結營團操，乃以三千、神機二營附之，因號爲三大營，其實皆爲五府之兵也。夫五府之兵，因調伐而聚之爲營，既歸即當散還各府矣。所以久聚團操而不散者，以當時常有戒嚴、征伐之事，故不暇耳，然猶以五軍名營，實未變五府之舊制也。沿至正統末年，嘗變爲十團營矣。弘治年間，又加爲十二團營矣。正德年間，又添置東西官廳矣。然舊營之中，尚存老家軍之籍，則五營之號未泯，而五府之意猶存也。夫我太祖分府以設將，則權任不偏，而得將將之法；我成祖分營以統兵，則分數易明，而得將兵之法。得將將之法，則無前代强臣握重兵之釁矣；得將兵之法，則合兵法御衆如御寡之方矣。此祖制之盡善，所當世守者也。至嘉靖庚戌，嚴嵩欲爲賊將仇鸞之地，遂請于先帝，特設戎政廳，括内外兵籍，鑄總督戎政之印，而授之于鸞。夫于五府之外，而别立一廳，則盡變太祖分府之意矣；以十餘萬之衆，而統于一人，則盡變成祖分營之意矣。時無骨鯁伐奸之臣，故賊臣得以肆覬覦之計，向使鸞遲于伏誅，則時事之危，未可測也。鸞誅，而以鎮遠侯顧寰代之。寰惟知退讓自守，以保勳名，以避嫌忌耳。然而，營兵則日弱矣。往歲戒嚴，官軍俱列營於城内，其怯弱可知，皆由輕變祖宗之法。遂至將强而如鸞，則有不執之虞；將弱而如寰，則有不振之弊。國家與强敵密邇，而兵將之不足恃如此，誠可爲之寒心矣。臣愚晝夜慮此，竊謂分府設將之制，未易卒復，而分營統兵之法，猶可遵行。況近日兵部會推總督戎政之將，武臣之中無堪任者。蓋才足以統御十萬之衆，而能變弱爲强者，非韓、白之流不能當之，求之今時，果難其人矣。若夫才堪將一二萬之衆者，猶或可選擇而使也。合無將見操官軍九萬，分爲左、右、中、前、後五營，各擇一將以分統之，責令開營教習，依法訓練，仍以文臣巡覈之。每歲春秋，遣官較閲，凡將官之能否，軍士之勇怯，技藝之生熟，紀律之嚴縱，皆得奏聞，而賞賚罰治行焉。務令五營齊成精鋭，先將戎政印收入内府，有事則領勅掛印，而命將于閫外，事完則繳勅納印，而歸將于營中。如是，則太阿之柄獨持于上，而輦轂之下常有數萬精兵，可戰可守，聽調聽成，隨所用，無不宜矣。轉弱爲强之道，實不外此。今若徒狃于戎政廳之設，而不遵祖宗分府分營之意，則將權重而避忌愈多，兵不敢練也；卒伍溷而分數不明，兵不可練也；責任歸于一人，而觀望推委者多，兵不能練也。夫與其握兵權於一人，坐視其廢弛，以趨于弱，孰若分其權於五人，令其各自操練，互相奮勉，而漸趨于强，以壯國威也哉。臣一得之愚，所見如此，伏望皇上俯賜採納。

兵部尚書張學顔京營議：以言今之兵制，當我高皇帝開天，合五府統隸之兵爲一營操練，有中軍，有左哨、右哨、左掖、右掖，故名曰五軍營。外以團子手、幼官、舍人、殫忠効義十二，凡四營附之。文皇帝繼極，以龍旗寶纛下三千小達子立營，故名曰三千營，外以隨侍營附之，又以神鎗及火器另立一營，故名曰神機營，外又以譚家馬附之。夫曰五軍，曰三千，曰神機，此所謂三大營也。景泰初，因己巳之變，遂于三大營中選立十團營。成化中，復增爲十二團營，以爲操練之兵，既未免權宜而非經。弘治中，又于十二團營中選立東西官廳兵，以爲聽征之兵，亦未免失多而携寡。至我先帝，當庚戌歲鹵騎長驅，大飭戎務，乃革十二團營及東西官廳之名，盡歸五軍，以光復我高皇帝之舊制。因神機爲神機，改三千爲神樞，以式增我文皇帝之宏規。總之爲三營，以盡其大；分之爲一總督、一協理、二巡視、四副將，三十二營，四百餘員千把總、旗隊，以盡其詳。實昭析太甚，固未嘗分數不明也。在先帝力復祖制，百方慎重之心，會于羣臣，告于祖廟，方耆定規畫，其詔旨昭如日星。有曰：這事體非輕，必復祖制，方可事權歸一；又曰：朕復祖制，三營修武，當時諸臣合詞稱頌；有曰：規模宏遠，修理精詳，上增二祖修攘之耿光，下垂萬世治安之成憲。臣嘗莊誦對揚，以爲我朝京軍三大營之制，是高皇創立于始，文皇增定于中，先皇完成于終，凡三聖人作爲，二百年遵守，誠祖孫作述，先後相成，萬世聖子神孫，當欽承無替。此正我皇上所謂分營練兵，係祖宗舊制。外此，固無所謂祖宗分營，亦非所謂祖宗舊制也。且先帝所克復祖宗成規，不獨臣與在廷諸臣以爲善，即歲前九月皇上勅諭營臣，有曰：國家設立京營，以養戰士，越我皇考，又更新戎政，申飭宏規，其制大備。今詔墨未乾，是皇上之心亦已灼見其善矣。夫既灼見其善，而復强欲更之，此固臣愚之所未解。

京營事例

官軍

每年正、二、三、五、六、七、八、九、十一、十二月俱支本色，四月、十月支折色。每米一石，折銀五錢。如是月米價騰貴，臨時仍題給本色。内正、二、七、十二月赴通倉支粮，餘月俱京倉。惟選鋒俱係京倉支領，亦無折色。各逃故應扣者，每月各該營造册投倉場，轉行下粮廳查扣。

軍選冬衣布花

每年每軍選各給綿布二疋，綿花一斤八兩，寶鈔二十五張。軍係各該衛造領，選鋒係各該營造領，如内庫布疋不足，臨期題給折色，每布一疋，折銀二錢五分。

外衛官軍口粮本折

每班山東、河南、中都上班官軍，以到京報名日爲始，除各該省解到各軍大粮銀，聽候兵部委官給散外，其口粮，每官軍每月造支四斗，雙月折色，單月本色。

官軍防秋口粮

車戰及標兵營官軍秋操，每月各造支口粮三斗，城守營各一斗三升，備兵營無。

火器選鋒口粮

萬曆二十七年，該王世揚條議，戰兵十枝，每枝六司，七司係火器選鋒。春操每官軍每月造支口粮一斗，秋操各造支一斗五升。各該營把總春秋二操，各該營動支犒賞銀各一兩充賞。

單粮選鋒器械銀兩

萬曆二十年，該京營科道郭士吉等條議，三大營單粮選鋒，春秋二季每季移文兵部，劄行太僕寺，每名給銀三錢，修整弓矢。

馬匹草料本折

每馬一匹，每月係大盡，支草三十束，料九斗；小盡支草二十九束，料八斗七升。四季每草三十束，俱折銀二錢二分，每料豆一石，春、冬折銀四錢，夏、秋折銀三錢六分，惟二月、十月係支本色月分，每草三十束，折銀四錢，料豆一石，折銀四錢六分。

城外信地

都城南有重城，事勢稍緩，不必設營外，東自東便門起，迤邐而西至西便門止，即于車兵十枝，酌量分布。大率東、北二面爲急，用八枝，西面稍緩，用二枝。每枝實營盤一處，虚營盤二處，去城不遠，不過二三里。其戰兵六枝，即于城之東、西、南、北關厢外，各副將一員率領，各屯一枝，聽兵部總協斟量，專備城内外調遣應援。餘下二枝，俱隨兵部總協，同駐適中去處，面相計議。後又增戰兵十枝。又于萬曆二十年添設標兵二枝，專隨總協。

乘城信地

都城正陽、崇文、宣武三門外有重城，每門止用軍二百名，各委號頭官一員督率，把總官管領；其餘六門，并重城七門，每門官軍五百名，與同各該守門官軍相兼把守。一、都城敵臺一百二座，每座軍十名；垛口一萬一千四百處，每口軍一名。一、重城敵臺五十七座，每座軍五名，垛口九千三百五十九處，每口軍一名。臨期，并内城信地如有事故，俱聽兵部總協，于班軍内照數撥用。每門將官一員，督率千把總管領。

充補單粮選鋒

凡單粮選鋒，或事故，或選補雙粮。其缺，各該營徑將精壯善射弓箭手取補。

收補祖募軍丁

凡三大營軍缺，如係逃故祖軍，本户弟男子侄赴兵部告替，驗發營操；户内無丁，方行原籍清勾。如係見操年老病疾，或久猾逃故召募軍役，近例赴總協軍門陳告，發營行查。每逢雙月，類送過驗，仍送科道衙門驗准。該科道衙門會同户、兵衙門覆驗，給票收粮。

原額馬匹

凡三大營，馬匹共二萬一千二百五十匹。標兵二枝，每枝馬七百五十匹，二司至十二司，每司馬四十一匹，惟頭司、四司、七司、十司各四十三匹，選鋒馬二百五十匹。

戰兵十枝，每枝馬一千二百五十匹，頭司至四司每司馬八十四匹，五司至十二司每司馬八十三匹，選鋒馬各二百五十匹。内惟神樞二營選鋒馬三百匹，因先年薊鎮秋防，以故較之别營選鋒馬多兑五十匹。

辨驗馬匹

五軍營并標兵兩營，每年新關領馬匹，太僕寺于本馬右胯上印烙一五字，到營仍將兩耳尖割去爲記。神樞馬匹左胯上印烙區字，到營仍割去左耳尖爲記。神機營馬匹右胯上印烙一八字，到營仍割去右耳尖爲記。每年終，三大營馬匹，該太僕寺會同巡視科道并車駕司，通行印烙一次，内有瘦損及倒死數多，照例參罰各經管官員，甚不堪者變賣。

倒死馬匹追樁年限事例

一年以上，都指揮七兩，指揮六兩，千百户五兩，軍四兩。二十七年，該太僕寺少卿陳應芳條議：倒死馬軍，半年已上加追六錢，半年以下加追三錢，指揮千百户仍舊。二年以上，都指揮四兩；五年以上，都指揮三兩；十年以上，都指揮二兩五錢；以下者，俱各遞減五錢；十五年以上，俱免追。樁銀走失者，被盗者，賠補。凡領馬一年以上倒死者，例仍解究，其餘免責。

題准分操

三大營官軍，先年俱在五軍營操練。萬曆二十年，該郭士吉等題准，分三營操練；至于合操仍歸五軍營。凡車兵輪演日期，亦赴五軍營，以軍就車耳。

盔　甲

凡三大營盔甲，題准俱三年一次交廠兑换；若選鋒明盔甲，每年一次送脩五百頂副。

安置軍器有局

凡三大營官軍選鋒，除弓矢各隨帶外，其一應軍火器具，俱安置于安定、德勝門裡二處京營局房内。遇該操日，赴局領用。操畢，仍交此局。各營派撥軍人看守。

造辦鉛子火藥

凡京營火器所用鉛子火藥，係工部王恭廠等預造，以備京營領用。每年二季開操，各營具册前赴總督衙門用印投廠。每五日，三大營共領火藥三千餘斤，中鉛子三千餘個，小鉛子三萬餘個。如遇風雨等項，傳免操演，則餘剩火藥、鉛子，具册仍鈐印，下次該操找領應用。中鉛子每個重一兩二錢，小鉛子每個重三錢五分。

各項閲射脩置箭把丈尺遠近

凡三年大閲，每年小閲，馬箭例設三把，每把遠離四十步。武舉場同。其大、小閲步把，俱高一丈五尺，濶七尺五寸，下濶八尺，以八十步爲則。其三年考試武舉官生，每年選射材官，并春、秋二季操軍，選補雙粮選鋒，步把俱高九尺，上濶四尺五寸，下濶五尺。若四衙門進營調閲官軍選鋒，步把則高一丈三尺五寸，上濶六尺五寸，下濶七尺。

內　臣

內臣舊有監鎗名色，嘉靖中盡革。至天啓中又復，竟名提督。崇禎三年革，至五年又復。

崇禎二年十二月，以司禮監太監沈良佐、內官監太監吕直提督九門及皇城門，司禮太監李鳳翔總督忠勇營，提督京營。

五年七月，以司禮監太監曹化淳提督京營戎政。

七年十二月，以乾清宫太監馬雲程提督京營戎政，撤南京守備太監胡承詔、張應朝，以司禮太監梁洪泰、內官太監張應乾協同守備。

十年正月，以御馬太監李名臣提督京城巡捕，王之俊副之，司禮太監曹化淳提督東廠。

十一年，以司禮太監曹化淳、杜勳等提督京營，孫茂林分守薊鎮中西三協，鄭良輔總理京城巡捕。

十四年九月，改東廠提督京營者亦稱總督。

十五年正月，罷提督京營内臣，從閣臣周延儒之言也。是年十月，誅司禮太監劉元斌。初，元斌監軍河南，羣盜在陝雒，元斌留歸德，不敢進，縱諸軍大掠，殺樵汲者論功。及論辟，未得旨卽奏辨。上怒，并誅太監王裕民。

十六年，閣臣周延儒逮至京，賜自盡。復以内臣王之俊提督捕營。諭内閣：捕營向來所重在捕，今必練得其法，而捕在其中，是首重在練，亟擬勅來行。時京營既有督察捕營，又有練捕，京城兵柄，盡在内操，閣臣不敢争也。八月，以司禮太監王承恩督察京營戎政，韓贊周守備南京。

十七年三月，李自成陷宣府，太監杜勳，同總兵王承胤降之。隨入居庸關，守關太監杜之秩亦降。京師戒嚴。上遣司禮監太監王承恩提督京城，又召前太監曹化淳等分守諸門。及賊薄京城，杜勳呼諸監縋之而上，科臣孫承澤請撤城守内臣，兵部奏縋賊上城，不省，門開城陷，王承恩殉難死。

附　記

崇禎十六年八月初九日，上諭兵部：京營居重馭輕，事權甚重。見今從新整頓，訓練亟宜得人。襄城伯李國禎着總督京營戎政，寫勅與他；恭順侯吳惟英着後軍都督府掌府事，宣城伯衛時春着暫解任，學習候用。

國禎少年紈袴，數上書言兵，又自請于京營外選練衛所官舍，上甚喜，即與勅行之。及議餉倖，歲費二十餘萬，又請内庫兵仗銃藥甚多，而乞上御書營額，因取勅内共武二字以請。上爲親書共武堂賜之。未幾，吳恭順罷，特以國禎代之，官舍皆併入京營。時已設有内臣察理，兵權盡在掌握，更以少不更事之人，一旦易將，於是兵制大壞。城陷，協理戎政侍郎王家彦死之。國禎棄城而逃，賊追而殺之。

春明夢餘録卷之三十二

翰林院

翰林院，在東長安門外，北向，其西則鑾駕庫，東則玉河橋，元之鴻臚署也。正統七年，始建爲院。初爲三品衙門，後改正五品。定學士一人，侍讀學士二人，侍講學士二人，爲正官。侍讀、侍講各二人，五經博士五人，侍書二人，待詔一人，爲屬官。修撰二人，編修四人，檢討四人，爲史官。而孔目爲首領官。其院事主于内閣大學士，而掌印則以學士或侍郎、詹事等官兼。學士或春坊官署掌内閣，行移用翰林院印，而各衙門章奏文移，亦止曰行翰林院。學士之職，掌詞翰禮文，草誥勅，詳正圖籍，考議制度，以文學備顧問，出入侍從，參謀議。凡經筵、日講、修書，皆承受而統領焉。講讀職專勸講經史，五經博士業專經，佐學士講讀。待詔主應對，以四體侍上書，於唐爲供奉官。典籍守古今四庫書籍。史官掌修國史，凡天文、地理、宗潢、禮、樂、兵、刑諸大政，上所下詔、勅、書、檄，謹籍而記之，以備實録。爲上心簡注者，得入内閣，預機務。

兩直隸鄉試、禮部會試充考試官。萬曆初，申飭日講史官從閣臣後記注起居及密勿謀議，別揀史官分曹纂諸司章奏題覆，月封送内閣藏之。當洪武初，設文華堂，擢張唯等爲編修。上政暇幸堂考業，而光禄日給饌，皇太子、諸王日迭主焉。賜冬夏衣，賜白金鞍馬，其敦崇如此。

翰苑考

周體，内史掌八柄之法，以詔王治。凡命諸侯及孤卿大夫則策命之。蓋八柄詔于冢宰，内史復掌以詔王。吳澂謂内史翰林之職，猶今學士院之草制詔也，然謂之史，乃掌文書贊治之名。今制併史館于翰林，其亦此意也。

唐文皇開天策府，而始有學士之目。武后中，復置北門學士，間以親暱充之，如漢鴻都而加重。其後，至德宗朝，始定設學士，繫銜于翰林，與中書舍人對掌内外制，然無定品，往往寄禄于他官。其資深者，至散騎諫議，而淺者僅拾遺、參軍，尚不能與舍人埒。獨其長一人最貴，曰承旨，往往竟拜宰相。其次，亦不失三司、觀察、卿、監。至宋一切因之，而益加重，然不爲定品如故。元豐制行，自是稍稍有恒秩。又按端明殿學士之設，起于唐明宗時。明宗目不知書，四方奏事，皆令安重誨讀之。重誨亦不能盡通，乃選文學之士與之共事。有宋因之，遂爲華選。唐、宋以來，名卿碩輔，多出其中，然不輕授，必敭歷中外，聲華大著者，始預其選。彼時，即殿試大元，亦必歷試民事，乃召入禁掖，故其得人爲盛。

元翰林國史院記：世祖皇帝中統元年，初設翰林學士承旨，官止三品。至元元年，乃建翰林國史院，而備學士等官。八年，院陞從二品。成宗皇帝大德九年；院升正二品。仁宗皇帝親攬，御筆點定，置立學士承旨六員，學士、侍讀學士、侍講學士、直學士各二員。皇慶元年，院升從一品，迄今永遵爲制。先是，蒙古新字及亦思替非並教習於本院，翰林國史、集賢兩院合爲一，仍兼起居注，領會同館，知秘書監。而國子學以待制兼司業，興文署以待制兼令，編修官兼丞，俱來隸焉。其後，新字既析置翰林院，而復立集賢院如故。今與文署已廢，本院于起居注、會同館、秘書監、國子學之事，悉無所預，回回學士亦省，而亦思替非以待制兼掌之。今上皇帝建宣文閣，而不設學士，詔以經筵、崇文監皆歸於本院，崇文監言其非便而止。惟於學士承旨而下，摘官判署經筵之文移，頃因纂修后妃、功臣傳，又以執政兼學士承旨等官，而無常員。此建置沿革之大畧也。

明太祖初下江南，庶事草創，有所聘擢，僅寓名以備顧問而已。元年五月，始置院，學士正三品，侍講讀學士正四品，直學士正五品，修撰、典簿正七品，編修正八品。二年正月，定學士承旨正三品，學士從三品，侍講學士正四品，侍讀學士從四品，直學士正五品，典簿正七品，待制從五品，修撰正六品，應奉正七品，編修正八品，典簿從八品。九年閏九月，詔：承旨與六部尚書同，然班在其上。十四年，罷承旨、直學士、待制、應奉、檢閱、典簿。十八年三月，始定置，學士一人，正五品，侍讀學士、侍講學士各二人，從五品，孔目爲首領一人，未入流。侍讀、侍講各二人，正六品，五經博士五人，正八品，典簿二人，從八品，侍書二人，正九品，待詔六人，從九品，皆稱屬。又修撰三人，從六品，編修四人，正七品，檢討四人，從七品，別爲史官，亦係屬焉。是歲，侍讀始列侍講前。建文初，大有所更置，然於職事無損益。永樂初，仍高帝舊。尋擢史官解縉而下七人入内閣預機密，典綸綍然。自學士王景卒，解縉、胡廣、楊榮輩猶相繼領院篆。洪熙之歲，大學士士奇等驟遷至三孤，踞六曹上，遂不復領院矣。第文淵内署與六曹異，文移往復，猶以翰林行之，今雖稍稍變革，而猶有一二存者。如史宬焚草，中貴傳旨，猶傳大學士爲翰林學士。翰林公署中，左設大學士三座、學士一座，而講讀學士東西對列，是也。

明改學士院爲翰林院。夫學士，代言之官；講讀，經筵之職；五經博士、典籍，則前代秘書之屬；侍書、待詔，則前代著作、起居之任也，併屬於翰林。至於陞轉之例，初明編修九年陞侍講，檢討九年陞修撰，既陞侍講、修撰矣，與狀元徑授修撰者，又皆九年方陞中允。成化二年，童緣以修撰陞諭德，後遂爲例。至弘治中，改正，必二十六七年方陞五品學士，此載在楊文襄召對録者，故當時詞臣迴翔禁林，曉暢典故，及至宣麻，卓有可觀。

學士一官，在唐居五品之上，直學士居六品之上。武后時，以宰相兼領。中宗景隆中，始置大學士，自是宰相皆帶弘文、集賢大學士。及宋，王欽若罷參知政事，真宗眷遇未衰，特置資政殿學士以寵之。時寇準在中書，定其班位，依雜學士，在翰林學士下。欽若訴於上，真宗爲特置大學士，班在翰林學士上。明設翰林學士及講讀學士，而殿閣則設大學士，其秩亦止五品，既重其任，而又輕其秩，遲其陞，設官良有深意。宣德後，大學士始加保、傅，非制也。

正統間，以學士一人在内閣，專管誥、勅，後久不設。弘治七年，復設，至用尚書兼學士如石瑶，侍郎兼學士如賈詠輩掌管。至嘉靖六年，以張璁議始停，不補。

翰林由別衙門改用者：如王子沂以御史改左春坊司直，陳顥、徐敬、李賢、劉子春、周幹、韓守善皆以御史陞中允，歐陽兼以御史改編修，金臯以給事中改檢討，張袞、胡經俱御史改編修，儀智以右通政改右春坊、右中允，許誥以南京右參議改侍讀學士，盛端明以南京尚寶卿改左庶子兼侍讀，鄒濟以吏部郎中改左庶子，王道、彭澤俱以文選司郎中改右諭德，任翰以考功司郎中改春坊司直兼檢討，鄒守益以南京考功郎中改洗馬，李維鼎以儀制郎中改贊善，劉球以儀制郎中、劉鉉以兵部主事俱改侍讀，尹昌隆以刑部主事陞中允，王一寧以工部主事改修撰，歐陽崇一以刑部郎中改編修，韓邦奇以考功郎中改左庶子。嘉靖十一年，唐順之、李學詩、陳束、虞淮、王汝孝、陳節之、屠應埈、葉察、吕懷、王慎中、金潞、楊淪皆以科道部屬改編修，王大任、姜儆俱以御史陞侍讀學士。宣德、正統初，陳叔綱、邵宏譽俱以與修實録，改修撰。

翰林陞改別衙門及外官者：除考察降調外，正統元年，劉永清以侍講學士陞廣東右布政，陳文升以侍講學士陞雲南右布政。弘治十六年，李州以侍講學士陞浙江右布政。後亦有以史官徑轉兩司者，不具載。洪武中，羅公願以編修改都水郎中，張顯宗以編修爲太常寺丞。宣德中，徐允達以中允陞鴻臚少卿，高巽志以侍講學士陞太常寺少卿，迮原霖以修撰陞通議，黄觀以修撰陞尚寶卿，盧原質以編修陞太常寺少卿，金問以修撰陞太常寺少卿。正統初，陳珣以侍讀謫安陸州知州，尋召爲大理寺少卿，巡撫大名。孔公恂以修撰改大理寺丞，巡撫貴州。天順中，林文、李紹俱以左庶子改尚寶司卿，李太以中允改尚寶司丞，柯愭以洗馬改尚寶少卿。成化中，羅璟以洗馬改禮部員外郎，孫賢、劉珝以中允陞太常寺少卿。弘治中，李繼以諭德陞南太常少卿，傅珪以中允陞太常少卿。正德中，靳貴以學士改光禄卿，黄諫以編修陞尚寶司卿，黄琮以左庶子改宗人府經歷，許彬以修撰陞大理少卿，徐穆以編修改南禮部員外郎。嘉靖中，張春以侍讀改南太僕寺丞，秦鳴夏以中允在告，起爲兵部主事。萬曆中，張一桂以諭德調兵部員外郎，范應期以諭德調南刑部郎中。崇禎中，以編修楊廷麟改兵部職方司主事監軍。

翰林兼科道者：洪武中，夏原吉、范顯祖以太子賓客兼治書侍御史。永樂中，李準以太子賓客兼吏科都給事中。嘉靖庚戌，趙貞吉以左春坊左諭德兼河南道御史。己丑，夏言以侍講學士兼吏科都給事中。萬曆己未，徐光啟以少詹事兼河南道御史。其實改科道者：永樂中，孔謤以中允改御史。洪熙初，侍讀李時勉、羅汝敬俱以言事改御史。正統中，金幼孜子檢討達改給事中。成化中，檢討李昊改南禮科給事中。洪武中，編修馬亮、任敬、王璉、王輝、陳敏、張唯俱改御史。正統己巳，徐珵以侍讀改浙江道御史，楊鼎以中允改河南道御史，檢討王玉改江西道御史。崇禎中，金聲以編修改御史，張縉彦以侍讀改兵科，俱以知兵改任。翰林改教授者：永樂乙未，進士第二人李貞以編修改高州府教授，第三人陳景以編修改福州府教授。

鼎甲不入翰林：洪武四年，狀元吴伯宗授禮部員外郎，第二郭翀、第三吴公達授吏部主事。丁丑，狀元陳郊謫戍，第三劉鍔補鴻臚寺司賓署丞，第二尹昌隆授禮部主事。嘉靖壬辰，第二孔天胤以王親授陝西按察司僉事。萬曆己未，莊際昌廷試卷誤書繆字爲膠，言者劾之，請告歸。

詞臣以諫諍著譽者：如修撰羅倫疏争李賢不宜奪情起復，貶福建市舶副使；編修章懋、黄仲昭、檢討莊㫤疏言上元張燈賦詩非盛德事，又時四方多故，乞將烟火一切停罷，以省煩費，充兵餉，忤旨，各廷杖，調外任。時稱爲翰林四諫。其後疏争張居正奪情，有編修吴中行、檢討趙用賢杖革時，許文、穆國爲庶子，鐫玉盃一，曰：斑斑者何卞生淚，英英者何藺生氣，追之琢之永成器，以贈中行。鐫犀盃一，曰：文羊一角，其理沉黝，不惜剖心，寧辭碎首，黄流在中，爲君子壽，以贈用賢。又其後疏争楊嗣昌奪情，爲少詹黄道周、修撰劉同升、編修趙士春，各降斥有差。皆翰苑中之祥麟、威鳳也。

成化間，鄒公智幼貧，居龍泉庵，焚葉照讀，或通宵不寐。丙午，領四川鄉試第一，郡人聚觀於會江門外。公馬上口占曰：龍泉山上苦書生，偶竊三巴第一名，世上尚多難了事，鄉人何用大相驚。時年方弱冠耳。及入庶常，因星變，抗章極斥宦官，遂下詔獄。其寫懷曰：人到白頭終是盡，事垂青史定誰真，夢中不識身猶繫，又逐東風入紫宸。其辭朝曰：盡披肝膽知何日，望見衣裳只此時，但願太平無一事，孤臣萬死更何悲。

舒公芬及第入翰苑，未幾，以建言出爲福建提舉，賦詩曰：金榜題名墨未乾，寸心耿耿向長安，九重殿闕金門鎖，萬里江山赤子寒。午夜人争摇狗尾，一封誰肯犯龍顔，生來戇直懷孤憤，不作盲聾喑啞官。

洪武中，諭侍讀張信等曰：官翰林者，雖以論思爲職，然既列近侍，旦夕左右，凡國家政治得失，生民利病，當知無不言。昔唐陸贄、崔羣、李絳之徒，在翰林皆能正言讜論，補益當時，顯聞後世。爾等當以古人自期。又諭詹同曰：古人爲文明道德，通世務，如典謨皆明白易知，無怪異險僻之詞；至出師表，誠意溢出，近文士卽過相如、揚雄，何裨實用。今翰林但取通道理，明世務，無事浮藻。

經筵

王文恪鏊疏（講學篇）：國家經筵之設，其盛矣乎。天子自正朝輦御文華，公、侯、九卿、大臣盛服侍列，羽林之士亦皆環列以聽。經筵一開，天下欣欣焉，傳之以爲希闊之典，故曰其盛矣乎。然一歲之間，寒、暑皆歇，春、秋月分，日不過三。三日之間，風雨則免，遇事有妨則免。講之日，夙具講章，至期講訖，綸音賜宴，儼然而退，上下之情，未見其親且密也。至於日講，可謂親矣，然體分猶過於嚴。上有疑焉，未嘗問也；下有見焉，未嘗獻也。昔傅説之告高宗曰：學於古訓，乃有獲；惟學遜志，務時敏，厥修乃來。遜者，遜其志，如有所不能；敏者，敏於學，如有所不逮。成王訪落於羣臣，曰：學有緝熙於光明，弼時仔肩，示我顯德行。緝熙者，繼續而光明之；示我顯德行者，冀羣臣有以開示之也。商、周之君，其學如此之切。夫人主一日萬幾，固不暇如儒生、學士日夜孜孜，然而帝王精一之傳治，天下之大經大法，古今治亂之迹，天人精微之際，自非遜敏緝熙，亦安望其有得。而今也，闊略如是，暴之之日少，寒之之日多，傅之之人寡，咻之之人衆，未見其能得也，且不獨商宗、周成爲然也。漢光武雖在軍中，投戈講藝，息馬論道，至夜分乃罷。唐太宗延四方文學之士，房、杜、褚、薛輩十八人分番直宿，討論經籍，或至夜分。今貞觀政要與魏徵所論，亦可見矣。宋世賢君，宮中消日，惟是觀書。居常禁中，亦有日課，翰林侍從，日寓直禁中，以備顧問。我太祖高皇帝甫得天下，開禮賢館，與宋濂、劉基、章溢輩日相講論。其後聖學高明，詔誥天下，皆出御製，睿翰如飛，羣臣拱視，今御製文集是也。仁宗皇帝臨御，建弘文館於思善門之右，文學之臣數人入直，時至館中講論。孝宗皇帝經筵之外，兼（每）觀永樂大典，又常（嘗）索太極圖、西銘等書於宮中玩之，尤嗜故學士沈度之書，日臨數過。夫自古帝王之學如此，祖宗之學如此，陛下睿哲自天，春秋鼎盛，講明聖學，正其時也。臣愚特望於便殿之側，修復弘文館故事，妙選天下文學行藝著聞者七八人更番入直，内閣大臣一人領之，如先朝楊溥故事。陛下萬幾有暇時，造館中，屏去侍從，特霽天威，從容訪問，或講經，或讀史傳，或論古今成敗，或論民間疾苦。間則游戲翰墨詩文之類，亦惟所好而不禁，蓋亦日講之義而加親焉，大畧如家人父子，上有疑則必問，下有見則必陳，日改月化，有不知其然而然者。時御經筵，所以昭國家之盛典；日造弘文，所以崇聖明之實功。如是不已，則聖德日新又新，高宗、成王不得專美於前矣。

楊守陳疏：陛下宜遵祖宗舊制，開大小經筵以講學，當御蚤午二朝以聽政。其大小經筵，則必擇端介博雅之儒臣侍班進講。陛下聽講之際，凡所未明，輒賜清問；若復有疑，更加詳詰。講官或訥，則侍班諸臣佐之而覆解詳釋，旁引曲喻，必待聖心洞然明悟而後已。凡聖賢之旨，帝王之道，與夫理欲危微之所以辨，知行精一之所以盡；以及人臣何者爲賢，何者爲否；政事何者爲得，何者爲失；天下因何而治亂，歷代爲何而興亡，若此之類，皆必講之明而無疑，乃可行之篤而無懈。凡四書五經，祖宗典訓，及歷代諸史，百官題奏，皆當聚文華殿，日輪内閣大臣一員、講官二員，使居前殿之右廂。陛下退朝，常御後殿或前殿以養心窮理，裁決庶務，一遇經書題奏，或有可疑奥義，則録講官，示之使解，或召問使對。一日之間，陛下居文華殿之時多，處乾清宮之時少，則慾寡而心清，惑少而理明。當夫萬幾閑暇之際，旦氣清明之時，湛然凝思，常恐欲心長而理心微，邪佞進而忠良退，以致政事多失，天下不安。凡一念之萌，一事之作，惕然警省，必務除人欲而循天理，遠小人而親君子，以致政事皆得，天下久治。心常得其正，事常執其中，則陛下之得於内者深，如堯、舜而出治之本立矣。

薛文清瑄疏：近有請開經筵，以緝熙聖學者，未見施行，蓋欲候軍旅事平之日以開講也。臣愚以爲當聖主中興之時，天步維艱之日，正講論爲學爲治之道，不可一日而緩焉者也。昔漢光武躬擐甲胄，討除羣兇，猶且投戈講藝，息馬論道，軍旅之間，未嘗一日廢學，故能除（舉）羣盜如鴻毛，復大業猶反掌，此講學所以有資於成大功也。唐太宗興義兵，掃除寇亂，一時潛邸從龍之臣，皆文學智謀之士。日夕相與論爲學致治之道，乙夜之覽，身忘其倦，故能剗刮僭僞，拯濟生民，此講學所以有資於戡大難也。近者漠北雖陸梁爲寇，而内外禦侮，各有其人，堂堂天下，號令一施，風行草偃，非至如漢、唐草昧之秋也，顧可以斯時而少緩講學之事乎？伏望皇上命廷臣集議經筵儀式，務從簡約，不尚奢華，仍博選公卿、侍從、文學之臣有學術純正，持己端方，謀慮深遠，才識超卓，通達古今，明練治體者一一十人，使之更代入直。恭遇皇上視朝之暇日御便殿，卽召各臣進講。其所講之書，先大學、論語、孟子、中庸，兼講尚書、春秋，諸史則資治通鑑綱目，務要詳細陳説聖賢修己治人之要，懇切開告帝王端心出治之方，以至唐、虞、三代、漢、唐、宋以來，人君行何道而天下致治，失何政而天下乖亂，與夫賞善罰惡之典，任賢去邪之道，莫不備陳於前。如此，則勸講之臣，庶可日修其職。講讀官之職既修，雖皇上聰明上智之資實由於天錫，而朝夕緝熙啓沃之力亦有益於聖心。聖學日新，聖德日明，於以修治道，則正心以正朝廷，正朝廷以正百官，正百官以正萬民，而治道有修明之效；於以攘外侮，則修軍政以簡將帥，簡將帥以練士卒，練士卒以討四裔，而四裔有殄滅之期。此講學有資於成大功，戡大難，宜急行之，而不宜緩焉者也。且漢光武、唐太宗一時英主也，猶能勤講學於搶攘之時，以收戡靖之績。伏惟皇上有唐堯、虞舜之聖德，將以立殷、周中興之大功。誠於此時舉行開講之事，以緝熙聖學，則神功聖德高出千古矣，又豈漢、唐二主之可比哉。

倪岳疏：近者伏聞聖旨勤御經筵，日講不輟，講明聖賢之格言，圖維治平之要道，緝熙之功，啓沃之益，於是爲大，三代之治端在，今日宗社之幸、生民之幸也。臣等竊惟朝廷日講之制，必以宋儒真德秀所著大學衍義次第進講。書云：知之非艱，行之惟艱。徒讀其書，而不求其意，亦無益也。考之衍義所載，首言格物致知之要，必以帝王知人之事爲先，其於辨人材之論尤惓惓焉。蓋任賢圖治，乃人君之職，故所任之得失賢否，則天下之治亂安危係之，非細故也。

伏望聖明因今日所講之書，驗之古人已行之事，獨運於聖心之微，以謹夫用人之道。於凡内外文武之臣，左右前後之職，其間果有忠實不欺，淳謹可託，特立而不爲黨與之私，勤敏而足爲治理之助者，俯推委任之誠，而不輕爲揺奪，曲施保全之恩，而不易爲間阻。其有立心私邪，制行奸詭，執左道以變亂，倡異端以熒惑，以土木營繕爲奉承，以禱祠祈禳爲忠愛，費財而不顧，勞民而不恤，以至依阿循默，以苟容而不知竊位之恥，奔競冒昧，以希進而不知枉己之辱，若是者，皆足以僨事而害政，違天而虐民，所宜迸逐而不留，扼絶而遠去，庶朝廷爲之永清，天意爲之昭格，災害可弭，政務可修，而太平之治必在此矣。

制誥

張孚敬疏：臣竊惟制誥者，王言也；知制誥者，臣職也。知制誥而使王言不重，則不得其職矣。臣按國初以來，成化以前，制誥之體猶爲近古，明敭履歷，宣昭事功，其于本身者不過百餘字，其覃恩祖父母、父母并妻室者不過六七十字，言之者無費辭，受之者無媿色。近來俗習干求，文尚誇大，藻情飾僞，張百成千，至有子孫讀其祖父母、父母誥勅，莫自知其所以然者，卒使萬乘之尊，下譬匹夫匹婦之賤，良可惜也。孔子曰：天下有道，則行有枝葉；天下無道，則辭有枝葉。今當聖明之世，可使制誥之文爲枝葉之辭哉？伏乞勅下内閣，自今以後，凡有誥勅，必須復古崇實，一切枝葉浮誇之辭盡行删去，庶王言重，而人知所勸矣。

張居正疏：竊照閣臣之職，專一視草代言，故其官謂之知制誥。若制詞失體，以致輕褻王言，則閣臣爲不職矣。謹按舊規，凡官員應給誥勅，該部題奉欽依，手本到閣，撰述官先具稿，送臣等看詳改定，謄寫進呈，候批紅發下，撰述官用關防掛號，然後發中書舍人寫軸用寶，此定制也。至於制命之詞，貴在簡嚴，莊重乃爲得體。查得成化、弘治年間，誥勅敍本身履歷功績不過百餘字，祖父母、父母及妻室不過六七十字。至於慶典覃恩，則其詞尤簡，蓋以恩例槩及，比之考績不同，故以賚被爲榮，不必詳其閲歷，此制體也。近年以來，俗尚干求，詞多浮靡，撰述官沿襲宿弊，往往不候進呈，先將文稿傳示於人。其中詞語，又過爲誇侈，多至數百千言。或本無實行，虚爲頌美；或事涉幽隱，極力宣揚。臣等方欲爲之更定，而本官已先得稿登軸矣。夫誥勅者，朝廷所以誥諭臣下者也。臣諛其君，猶謂之佞，况以上諛下，是何理乎？倪元璐姚翰長代言序：夫雲霞者，非天之爲也，山澤之氣，蒸而歸文於天，是地之忠天者也。後王法之，以使臣子代爲君上之文章，宋人曰：得知制誥一，曰足不恨。當宋之時，環玦雲泥，皆厘書命，道總褒誹，其義則史；今言絲萃於旌纁，字衮依其鞶帶，無譏有獎，以明至仁。且夫遇物稱佳，敷歡四座，毫毛茂茂，化爲醴脂，此氣士之難居者也。以孟堅之才，爲其大臣，上哦主德，猶病伊優，今使天子執平交之分，涌如泉之詞，媚於卿士，不亦悖乎？是故，觀夫百爾之道，察其難爲，雖調匕横戈，無如視草者矣。而以姚孟長先生爲之，其難益甚。先生之爲難者二：望峻而文行遠。望峻，則今之人必以其言爲山龍，不得則怨；文行遠，則後之人必以其言爲蓍蔡，不核則譏。近怨遠譏，此二者，不兩弭之術也。故使聖人今日以是事命臣，元璐必大怖，啼泣請辭，而先生居之。夫先生之居之，則亦天意也。往五、六年間，璫禍熾興，醜徒干紀，凌摵椒庭，冀離胏腑。黨鉤正士，不漏平原，褫脱纓組，如風擊籜。北寺填門，踵不得下，戎行牖下，等於三山。天地既冥，陵谷將變，聖人迺作，行其大僇。氛盡旭出，道介長消，奮椎黨碑，極命輪轂。萇弘之血，袚以膏蘭，胥靡閭氓，悉還車服。號紵並汗，木鳳爲疲，而先生方召自英州，再升玉局。聖人顧之，貴其峻整，以爲精微。前坐賈生，側陳里革，進則資其甘盤之學，退則役其燕、許之才。先生於是奮筆致能，體天貌物，章霆露之功，别愷凶之道，表方中之晷，揚大來之符，引伏戎之憂，厲揚廷之義，著首肱之愛，呼敬應之心，發言如雷，軒訇天下，若此者，非先生孰可使爲之乎。先生之與聖人通德，譬水合雨，而冠領正人，引衮發氣，如芝荃之并馨，斯能鼓吹大謨，青黄羣直，雖或光迴綺合，小命春華，而義鬚搴然，搴壯岸出，史狐之能，於斯不墜矣。昔蔡襄之謌景祐，陳瓘之論元符，非爲巽牀巫紛，歸榮一氏之業也。以先生之鯁，固多怪少可，使修譽命之辭，適及泰征之會，嚶鳴之求，託音節足，故曰：天意斯不誣焉。子瞻縱筆一世，唯爲五銘先生典制，二年亦不盈牘，端人之心，可以知已。詩曰：倬彼雲漢，爲章於天。又云：螮蝀在東，莫之敢指。夫以文人之淫氣，上干日星，螮蝀之與雲霞，豈得無其辨乎？

史職

大學士陳於陛疏：臣考史家之法，大者有二：一曰編年之體，以事繫日月，而統之年者是已。一曰紀表志傳之體，凡君臣事跡，朝家大政，各自爲始終者是已。左、馬以來，代有述作，兩者並行。而宋世去我朝爲近，制度尤彪炳可考。自建隆後，編年之書謂之日歷，即所稱採百司奏對事實爲時政紀，取柱下見聞爲起居[注]類，次而潤色之爲日歷，修而成之爲實録，以備史官之採擇者是已。其紀表志傳之書謂之正史。如真宗祥符間，王旦等撰進太、宗兩朝正史，爲紀六卷，志五十五，列傳五十九。仁宗天聖間，吕夷簡等增入真宗朝，名三朝國史，爲紀十卷，志六十，列傳八十者是已。此外又有輯録祖宗宏謨要政，分門析類，以便御覽。裨帝學之書，如王曾取三朝聖語政事，分政體、聽斷、謹災、省費等類，爲寶訓三十卷；范祖禹撰仁皇訓典六卷，自聖孝至愛物凡三百十七條，以備邇英進讀，與國史實録並行者是已。以上三書，體裁殊致，各有取義，乃有國之不可闕者。恭惟我朝建立法制，事事超越前代，而史書獨有列聖實録，藏之金匱石室，似只依倣宋世編年日歷之體，但可謂之備史，未可謂之正史。至於大明會典，屢修頒布，凡六曹政務因革損益之宜，雖已該載，而廟堂之謨猷（謀）、册誥，臣工之議論、文章不與焉，但可謂之國家典制，百司遵行之書，而非史家之體。蓋本朝紀表志傳之正史，經二百餘年來學士大夫踵襲因循，闕畧不講，在今日似不可不亟圖者。然斯事體固甚大，亦非有獨創特起之難。何者，國家著書自實録、會典外，玉版琅函，鏤之尚方，播在寰寓者，焜燿日星，未易悉舉。其諸朝野各（名）家撰次典故之書，高文竑議，可備正史採擇者，又無慮數十百種。臣本膚學，見聞寡陋，畧以耳目所覩記者言之：如實録，有聖德之總敍，寶訓皆列聖之淵猷，此外有御製文集，有聖政記，有皇明詔制，及諸臣所編如大政記、昭代典則、孤樹裒談、憲章録、鴻猷録之類，參以三朝聖諭録、前後北征録、天順日録、燕對、宣召、視草、宸章等録，更加採輯藻潤，卽可以爲列聖大紀；帝系、宗譜，有玉牒；公、侯紹封有兵曹底簿、封爵考，參以吾學編，同姓、異姓王侯、内閣典銓表，及列卿表之類，更加考訂增益，卽可以爲累朝年表；制書，如一統志、官制、大明律例、大明集禮、洪武禮制、明倫大典之類，諸司列布者，如宗藩、軍政條例、會計録、太倉考、漕河圖志、海運編、太學、馬政、鹽法志之類，四方形勢，如廣輿圖、九邊圖説、星槎勝覽、瀛涯勝覽、炎徼紀聞、殊域周咨録之類，折衷以實録、會典所紀載，參以衍義補、名臣經濟録、疏議諸書，吾學編中天文、地理、三禮、百官、四夷、北敵諸考述，卽可以爲國家諸大志；實録中有后妃事跡，廷臣自三品以上有小傳，益以開國、靖難功臣録、羣志備遺録、名臣言行録、名臣紀、殿閣詞林紀、琬琰録、文獻備遺之類，其諸高、逸、學、節等目，更採摭於郡國志，卽可以爲國史之列傳。特諸書散佚浩瀚，未經裒聚櫽括，茫無統紀，是以昭代久虚之典，必須聖明在上，力爲表章整輯，然後可以包（苞）舉藝文，總一流畧，勒成鉅編，垂著萬世，此真千載一時也。臣愚伏思本朝得國之正，功高千古，卜歷之長，將綿萬禩，聖祖躬造而臨御最久，列聖纘紹而謨烈重光，以是禮樂規模，明備閎遠，品式樞機，精詳周慎，掞天揭日之文，焕焉足述，銘鍾書帛之賢，不可勝載。今且二百三十年，奎章、玉簡傳之萬世者，卽在册府、麟臺之上，未得盡觀，遂使聖德鴻猷，辭多散見而無統，名賢舊德，事或湮墜而不收，豈所以昭聖朝之景鑠，宣國美於無疆哉。

大學士張居正疏：國初設起居注官，日侍左右，紀録言動，實古者左史紀言、右史紀事之制。迨後詳定官制，乃設翰林院修撰、編修、檢討等官，蓋以紀載事重，故設官加詳，原非有所罷廢。但自職名更定之後，遂失朝夕記注之規，以致累朝以來，史文闕畧。

一、議分管責成。照得史臣之職，以紀録起居爲重。顧宮禁邃嚴，流傳少實，堂廉遠隔，聽睹非真，則何以據事直書，傳信垂後。看得日講官密邇天顔，見聞真的。又每從閣臣之後出入便殿，卽有密勿謀議，非禁密不可宣露者，閣臣皆得告語之。合令日講官日輪一員，專記注起居，兼録聖諭、詔、勅、册文等項，及内閣題稿。其朝廷政事見於諸司章奏者，另選年深文學素優史官六員，專管編纂。事分六曹，以吏、户、禮、兵、刑、工爲次，每人專管一曹。俱常用在館供事，不許别求差遣，及託故告假等項，致妨公務。

一、議史官侍直。謹按禮儀定式，凡遇常朝，記事官居文武第一班之後，近上，便於觀聽，卽古螭頭載筆之意。今宜遵照祖制，除陞殿例用史官侍班外，凡常朝御皇極門，卽輪該日記注起居，并史官共四員，列於東班各科給事中之上；午朝御會極門，列於御座西稍南，專一記注言動。凡郊祀、耕耤、幸學、大閲諸典禮，亦令侍班，隨從紀録。至於不時宣召，及大臣秘殿獨對者，恐有機密，不必用史官侍班，但令入對大臣自記聖諭奏對始末，封送史館詮次。其經筵、日講，則講官卽記注起居，亦不必另用侍班。

一、議纂輯章奏。照得時政所寄，全在各衙門章奏。今除内閣題稿，并所藏聖諭、詔、勅等項，該閣臣令兩房官録送史館外，其各衙門章奏，該科奉有旨意發抄到部，卽全抄一通，送閣轉發史館。至於欽天監天文祥異，太常寺祭祀日期，各令按月開報，其抄本不必如題奏、揭帖格式，但用常行白紙密行楷書，不論本數多寡，併作一封送入。

一、議紀録體例。照得今次紀録，祇以備異日之考求，俟後人之删述，所貴詳核，不尚文詞，宜定著體式。凡面奉上諭，直書天語；聖諭、詔、勑等項，備録本文。若諸司奏報一應事理，除瑣屑無用、文義難通者，稍加删削潤色外，其餘事有關係，不妨盡載原本，語涉文移，不必改易他字，至於事由顛末、日月先後，務使明白，無致溷淆。其間事蹟可垂勸戒者，但俱據事直書，美惡自見。不得别以己意，及輕信傳聞，妄爲褒貶。

一、議開設館局。照得東西十館，原係史臣編校之所，密邇朝堂，紀述爲便。今合用東館近上四所，令史臣分直其中，一起居，二吏、户，三禮、兵，四刑、工，除典守謄録人役隨同供事外，一應閑雜人等不許擅入。其合用紙劄、筆墨、酒飯等項，俱照纂修例給。

一、議收藏處所。照得國史，古稱爲金匱石室之書，蓋欲收藏謹嚴，流傳永久。今宜稍倣此意，月置一小櫃，歲置一大櫃，俱安放東閣左右房内。每月史官編完草稿，裝爲七册，一册爲起居，六册爲六曹事蹟，仍於册面記年月、史官姓名，送内閣驗訖，即投入小櫃，用文淵閣印封鎖。歲終，内閣同各史官開取各月草稿，收入大櫃，用印封鎖如前，永不開視。

一、議謄録掌管。照得史館紀録所用謄録典守官吏，見今纂修實録，即可通融選用，合將各館謄録官選取勤謹善書者二員，專謄秘密文字，行吏部選撥善書貼寫辦事吏十二名，專寫各衙門章牘，撥當該吏四名專管文册，及朝夕啟閉館，常川供事滿日，各照常送部撥補，不給恩典。

一、議補修記注。伏覩聖明踐阼之始，即召見輔臣於平臺。二年之春，召見計吏廉能卓異者，面賜獎諭。邇者以吏、兵二部奏除文、武職官，又親臨選銓，皆古帝王之盛節。三年之間，鴻猷善政，不可縷數。兹者，曠典復修，亦合將二年以前事蹟追書謹録，用傳萬世。擬各官除每月照前供事外，兼將二年以前起居初政，亦照月分曹以次纂録，其詔、勅等項，内閣查付，各衙門章奏，行六科照月類抄一册，送内閣轉發。

焦太史竑修史四事

一、本紀之當議。國朝實録代修，如建文、景泰二朝，少者四年，多者七、八年，向無專記。景帝位號，雖經題復，而實録附載，未爲是正。夫勝國之君，人必爲紀，以其臨御一時，猶難泯没。所謂國可滅，史不可滅也。况在本朝，乃使之孫蒙祖號，弟襲兄年，名實相違，傳信何據。此所當創爲者一也。德、懿、熙、仁四祖，本朝發祥之始，列於高廟本紀之首，如漢高之述太公，光武之述長沙，已無可議。至睿宗獻皇帝，似當一遵此例，不必另紀。蓋位終北面，猶人臣之列，事屬追王，無編年之體。此所當附見者二也。或當分而不必合，或當合而不必分，蘭臺石室之中，自有定論。但須經聖斷，乃可遵行。

一、列傳之當議。竊聞舊例，大臣三品以上乃得立傳。夫史以褒貶人倫，豈論顯晦。若如所聞，高門雖跖、蹻亦書，寒族雖夷、鰌並詘，何以闡明公道，昭示來兹。謂當貴賤並列，不必以位爲斷，一也。世傳吾學編、名臣録之類，多係有名公卿，至權姦誤國之人，邪佞欺君之輩，未一紀述。今循此例，使巨惡、宵人幸逃斧鉞，史稱檮杌，義不其然。謂當善惡並列，不必以人爲斷，二也。累朝實録，稟於總裁，苟非其人，是非多謬。如謂方正學爲乞哀，于肅愍爲迎立，褒貶出之胸臆，美惡係其愛憎，此類實繁，難以枚舉。至於野史小説，尤多不根。今歷世既多，公論久定，宜乘此舉，亟爲改正，三也。

一、職官之當議。國初修書，多招四方文學之士，不拘一途。近日内閣題請，實合此意。但世道日衰，人情不美，未得學行之人，徒爲奔競之地。其於纂修無益有損，况今承明著作之廷，濟濟多士，供事有餘，寧須外索。中惟星歷、樂律、河渠三項，非專門之人，難於透曉。宜移文省直，訪有精通此學者，或召其人，或取其書，史官就問，大加删潤，以垂永久。此外决當謝絶，勿啓倖門。至史館兩房中書，本供繕寫，今始事之日，方繙閲遺文，蒐討故實。下筆之期，茫無影響，謄録之官，安所用之。似當暫爲停止，俟他日脱稿之後，經總裁改定，方可取用，量爲資給。不但冗費可裁，而亦僥倖少抑。

一、書籍之當議。古之良史，多資故典，薈萃成書，未有無因而作者。卽今金匱石室之中，當備有載籍，以稱昭代右文之治。臣向從多士之後，讀中秘之書，見散佚甚多，存者無幾。卽合班、馬名流，何以藉手。考之前漢，郡國計書先上太史，副上丞相。後漢公卿所撰，初集公府，亦上蘭臺。史官所修，於是爲備。國初聖祖伐燕，屬大將軍收秘書監圖書、典籍，太常法服、祭器、儀衛，及天文儀象、地理户口版籍。既定燕，詔求遺書散民間者。永樂初，從解縉之請，令禮部擇通知典籍者四出購求遺書。合無倣其遺意，責成省直提學官加意尋訪。見今板行者，各印送二部。但有藏書故家願以古書獻者，官給以直；不願者，亦抄寫二部，一貯翰林院，一貯國子監，以待纂修誦讀之用。卽以所得多寡，爲提學官之殿最。書至，置立簿籍，不時稽查，放失如前者，罪之不貸。此不但史學有資，而於聖世文明之化，未必無補。

董其昌薦李惟楨修史疏：天啟二年八月初五日，吏部一本，奉聖旨：董其昌題充纂修官，俟泰昌實録稿成，前往南京採輯邸報等册，以備參訂。供用就彼支給，完日回館供事。該部知道，欽此。臣聞命自天，感恩無地，於十月前往南京，將河南道所藏邸報，摘其未奉旨者一一録出。太常寺祠祭司督遣僧道助寫，僅得十分之三。緣事出創見，應天府例無工食，而其書充棟，就結爲難。臣仍歸里，大集書傭，給以紙筆，雖奉有支給之旨，不敢破用官帑。先差中書沈僎亦録七年，通共若干張，裝爲三百本。但據原本對録，以備史官取材徵實，無所點竄。隨蒙欽命翰林院待詔宋啟明、中書朱正色守催，實以私家作事，孑身獨力，侵尋歲月，不自知其罪莫逭也。但臣有删繁舉要之義，兹四十八年留中之疏，有事因疏而傳，言不以人而廢。凡關於國本、藩封、人材、風俗、河渠、食貨、吏治，邊防，議論精鑿，可爲後事師者，别爲選擇，倣史贊之例，每篇系以筆斷。而其他請朝講、請祭祀、請起遺佚、請罷礦税、請下章奏、請補廢官、請蠲内帑，昔之所急，章滿公車者，皇上勵精圖治，皆見施行。今之謀國，尤有進於此者，畧存一二而已。共四十卷，目録一卷，别表進呈外。抑史之所重者筆削耳，善人勸焉，惡人懼焉，所係匪細故也。每朝纂録，於三品以上大臣皆有小傳，寂寥數行，衮鉞斯在。如世廟實録，於郭希顔、胡宗憲、唐順之等，多有貶詞，未協輿論。夫正史所書不公，則私史之所記益雜，何以起信於萬世哉。計四十八年之中，大臣當立傳者何止百數，雖三長之史，詞苑如林，然生既後時，莫詳本末。竊見南京太常寺卿李維楨，出入四朝，囊括百代，且與諸臣同朝同世，習見習聞。若就陪京之日曆，抒腹笥之春秋，其文（史）直，其事核，非大典之光哉。臣又聞司馬光纂資治通鑑，受詔得自徵辟，故劉恕、范祖禹爲之佐，前後十九年，其書始成。成祖朝纂修性理大全，所聘名流百餘人，不以爲濫。况兹實録，比於通鑑、性理，孰重孰輕。而神祖作養之史材，皇上掄簡之髦士，顧多逸於事外。刻印銷印，聖人無我，賜環賜玦，又何成心。臣一念朴忠，所日幾幾望之者也。至臣五技已窮，二豎相迫，中道乞骸，情無矯飾。乞勅下吏部，允其休致。自此，與含哺鼓腹之民，戴堯天而永永矣。

倪元璐薦黄道周疏：奏爲學行第一詞臣，宜留史局。微臣自揣不如，懇恩换職，以全器使事。臣聞常才易得，奇士難求。故席前宣室，有吾久不見之言，賦奏上林，興安得同時之歎。彼皆中主，有此勤拳，况以陛下理學文明，首出千古，龍雲道合，適有其人，而坐使淹沈，實可惋惜。伏見原任右春坊右中允今聽降黄道周，學行雙至，今代所稀。觀其嫉俗多忤，至清絶塵禁近十年，日益貧寂，瓶鮮儲粟，厨或無煙，此皆中朝所共知。信執母之喪，廬墓摧毁，里衆見者，並云：曾、閔復生。其學原本六經，博極羣史，旁串百氏，澤於仁義，所爲文詞，宏深奇典，上凌數代，西漢而後，莫有其傳。然又精洞時宜，務爲經世有用之學。自天文、歷算、禮樂、名法、邊籌、財賦，往代今朝，典常興革，出其胸中，悉有成謀。陛下試以清讌之暇，召見文華，或給筆札，使條所蓄，自可倚馬萬言，坐躋董、賈。如道周者，誠天下奇才。天爲陛下生此一人，使之仰佐天章，黼黻一代，不可謂之偶然也。在今一時，聞臣此説者，或以爲疑，所謂世人貴耳賤目，若道周死後數十年，天下之推之，必有甚於臣言者。臣雖愚悖，豈敢以身觸雷霆，過情奬物。卽陛下釋之不誅，臣亦懼爲後世所非笑。所以推舉，本繇至誠耳。道周前因疏捄舊輔錢龍錫，忤旨降調，未幾而其言卒行，是則陛下之知道周久矣。當道周抗疏之時，同輩聞之，並爲危慄。而道周以爲惟聖主可與忠言，侃然進説，此誠至難。臣謂陛下今日用人，惟當取其伉直有氣者。今人多畏禍，重其身家，又間者中使啣憲四出，動以威倨上官之體，加於庶司，臣懼海内士大夫之氣，必化爲繞柔，陛下又可不式怒蛙，重摧折之乎？然自道周既獲罪，而一時論者，遂有摘其試録，議及科場，以其經史爲子書，以其精詳爲孟浪，此可歎也。又臣仰窺陛下勞於求賢，睿懷孜急，曰：安得不貪財，不愛官，不狥情面，實心任事之臣而用之。然以臣所知，道周而外，又有如原任順天府尹劉宗周，清恬鯁介，正類道周。而宗周居尹釐之職，盡力尹釐，道周守文史之官，致精文史，以此二臣，仰符側席，猶圭璋之合。而今宗周既以骯髒投閒，道周亦以蹇諤承貶，天下本無人，得其人又不能用如此，安望天下有爲陛下奮其忠能者乎。此皆諸臣之過，非昧則忮，不以告陛下耳。臣聞制世之道，非有他端，其上用必當材，使必稱器，其下愚者遜智，拙者推能，則天下自治。臣自量庸劣，遠遜道周。從道周蒙譴以來，臣内愧氣失，因其有科場事未結，縮默至今，頃經部覆奉旨，是臣披胸見心之日矣。誠以臣在詞垣，有如鳧鴈，若道周者，使之大承顧問，小效編摩，必有補益，度越時賢。陛下幸聽臣言，還道周原官，而出臣於外，承道周所應降官級，此猶棄珷玞得良玉也。昔孔璋請爲李邕代死，柳宗元以劉禹錫母老，願以柳易播。今道周所遭，不至死徙，而其才又遠過李、劉，卽臣自處，亦實羞出孔璋、宗元之下。且臣自爲聖朝用人及史局需材之計，非爲道周，惟聖明垂察。

庶吉士

洪武六年，詔天下鄉貢舉人，罷會試，開文華館禁中，命選舉人年少質美者肄業其中。河南解額內選張唯等四人，山東選王璡等五人，并各省共一十七名。上召見便殿，親命題賦詩，稱旨，皆擢翰林編修，命入堂中讀書。詔儒臣宋濂、桂彥良等分教之。

永樂三年正月，上命學士解縉等於新進士中選材質英敏者，俾就文淵閣進學。至是，縉等選修撰曾棨，編修周述、周孟簡，庶吉士楊相、劉子欽、彭汝器、王英、王真、余鼎、章敞、王訓、柴廣敬、王道、熊直、陳敬宗、沈升、洪順、章材、余學夔、羅敬汝、盧翰、湯流、李時勉、段民、倪維哲、袁天禄、吳紳、楊勉二十八人入見。上諭勉之，曰：朕不任爾以事，文淵閣古今載籍所萃，爾各食其禄，日就閣中恣爾玩索，務實得於己，庶國家將來皆得爾用，不可怠惰，以負朕期待之意。時庶吉士周忱自陳年少願進學。上喜曰：有志之士也。命增忱，二十九人。遂命司禮監月給筆、墨、紙，光禄給朝、暮膳，禮部月給膏燭，鈔人三錠，工部擇近第宅居之。

宣德五年，命楊士奇等曰：新進士多年少，其間豈無有志於古人者。朕欲循皇祖時例，選擇俊秀十數人就翰林教育之，俾進學勵行，工文章，以備他日之用。卿等可察其人選，文詞之優者以聞。於是士奇等選薩琦、逯端、葉錫、陳璣、林補、王振、許南傑、江淵八人以聞。上命行各與皂隸。上又顧士奇等曰：後生進學，必得前輩老成開導之。卿等日侍左右，無餘閒，其令學士王直爲之師，常提督教訓，所作文字，亦爲開發改竄。卿等或一兩月、或三月一考閱，使有進益。如一、二年怠惰無成，則黜。

弘治六年，准奏每科一選，不拘地方，不限年歲，待進士分撥辦事之後，行令有志學古者，各録其平日所作古文十五篇以上，限一個月裡投送禮部。禮部閲試訖，編號分送翰林院考訂。文理可取者，按號行吏部該司，仍將各人試卷記號糊名，封送内閣，照例於東閣前出題試之。每科取選不過二十人，留不過三、五人。

嘉靖八年己丑，大學士楊一清題請教庶吉士官。帝曰：改選庶吉士，命官教習，乃太祖之制，在當時固爲盡善。邇年以來，祇爲大臣市恩，無益於國。此後，不必選留，一體除用。中外諸臣果有學行卓異者，吏部訪奏，入翰林，以備擢用。方獻夫上言：館閣乃儲材之地，賢相、名臣多出其間。邇年以來，選留不能盡公，所教或非其道，樹恩立黨，於國無益，誠如聖諭所云者，吏部訪收，信得其要。編修、檢討，於主事、御史、給事中、評事、中書、行人、博士、助教、推官、知縣、學官、進士内訪補；講讀、修撰，於郎中、員外都（郎）、左右給事、寺正、寺副、太僕、光禄丞、同知、知州、通判内訪補。其學士、諭德、庶子、贊善、洗馬等官，亦論資序遷，庶事體畫一，經久可行。帝從之。

崇禎四年辛未，考館後因内閣票擬疏中有何況二字，誤以爲人名，票出，上摘而詰讓之，遂有翰林内外兼用之旨。甲戌、丁丑，皆不選館，以俸深候考知、推選授編、檢等官。至庚辰廷試，召對，親拔趙玉森等，授以檢討，命蔣德璟、王錫袞教習之。

崇禎癸未十一月十五日，召輔臣陳演、蔣德璟、魏藻德來德政殿。先是，集九卿、科道於文華殿，令舉堪任户、兵二部官。是日，出各臣薦單，欲用何楷爲兵部堂上官。及襄城伯密奏，欲鄭芝龍捐餉等事畢。陳演奏：今日閱考館試卷，業奉明旨，矢公矢慎。臣等會同吏、禮二部，在東閣設立高皇帝牌位，同誓：如有私狥，天誅地滅。上默然者久之。曰：須選得文行兼優的方好。演對：士先器識，而後文藝。上曰：正是。演奏：今次俱經各九卿、翰林、科道開送，必有學行的，方敢開來。今既糊名，只憑文取進。上曰：也有私記。德璟奏：既糊名，實無從知。上曰：即知，亦何妨。魏藻德奏：前工部尚書范景文有疏，奉旨：兩畿並重。今考廣西只二人，雲貴亦只二人，如照壬戌例，則廣西一名，雲貴一名，似太濫。或照工臣奏添北直一名。德璟奏：且看廣西、雲貴卷如何，如不佳，即以一名增北直。上曰：然。是科北直與南直俱四人。大學士徐溥疏云：庶吉士之選，自永樂二年以來，或間科一選，或連科屢選，或數科不選，或合三科同選，初無定限。每科選用，或内閣自選，或禮部選送，或會吏部同選；或限年歲，或拘地方，或採譽望，或就廷試卷中查取，或别出題考試，亦無定制。自古帝王，皆以文章關乎氣運，而儲才於館閣以教養之。本朝所以儲養之者，自及第進士之外，止有庶吉士一途。凡華國之文，與輔世之佐，咸有賴於斯。然而，或選或否，則有才者未必皆選，而所選者又未必皆才。若更拘於地方、年歲，則是已成之才，或棄而不用，而所教者又未必皆有成。請自今以後，立爲定制，一次開科，一次選用。待新進士分撥各衙門辦事之後，俾其中有志學古者，各録其平日所作文字，如論策、詩賦、序記之類，限十五篇以上，於一月之内赴禮部呈獻。禮部閲試訖，編號封送翰林考試。其中詞藻、文理有可取者，按號行取，本部仍將各人試卷記號，糊封姓名，印送。照例於東閣前出題考試。其所試之卷，與取投之文相稱，卽收以預選。若其詞意鈎棘而詭僻者，不在取列中。間有年二十五以下，果有過人資質，雖無佰搆文字，能於此一月之間，有新作五篇以上，亦許投試。若果筆路頗通，其學可進，亦在備選之數。每科不必多選，所選不過二十人。每選不必多留，所留不過三、五輩。如此，則所選者多是已成之才，有所論撰，便堪供事。將來成就，必有足賴者。如是，則預列者無狗私之弊，不預者息造言之謗。臣等皆出自此途，引進後賢，儲之館閣，以報國厚恩，乃其職也。

萬曆中管志道疏：二祖始選庶吉士，皆令肄業文淵閣，讀中秘書，常親視校試，驗其進修，務在通達國體，薰陶德性，以儲異日之用。自正統以後，掄選多非出自聖意，而從閣臣議請舉行，亦不得讀中秘書，而以唐詩正聲、文章正宗爲日課，不知將來所以備顧問，贊機密者，果用此糟粕否乎？事固有以祖宗宏深之美意，而翻成末流偏重之敝習者，此舉是也。臣謂自今以後，如復選庶吉士，則當求二祖作養之初意。若止如今日之所教所習，則莫若停止此途一二十年。翰林員缺，亦如先朝將各衙門之有器識者對品改入，假以歲月，明習典章，何患侍經筵、典制誥、及纂修校士之乏人哉。嘉靖中曾曠十餘年弗選，聖慮良遠。且今以偏重而暫止，後以特旨而復開，猶善法祖宗鼓舞豪傑之便計也。

崇禎初，給事中瞿式耜疏：竊聞昔賢云，天序日月星辰以自光，聖人序爵禄以自明。天子之置三公，蓋法上天之三光也。臣嘗稽古之三公論道而不與政，漢之三公治事而不論道。惟我朝之設閣臣，既論道，而又與政。入則論思啟沃，關君德之污隆；出則定事決疑，首百官之善敗，任莫重焉。然臣見近日政府，立身非禮，公論共排，譏刺滿身，顔甲以出，横口潑詈，等於市徒。竊嘆官至揆席，豈復更有加之者，縱不爲一身名節惜，獨不爲官常愛大體乎。反覆尋繹其故，蓋由發軔之途不清，樹藝之種不慎也。臣考國初宰相，不專拔於翰林。累朝相沿，途徑猶寬。至世廟以來，則枚卜之舉，大抵俱屬翰林矣。是庶常之官，即他日平章軍國之人。今日卽慎選行修言道之士，尤恐他年晚節未愜初盟，豈有始進之時先叢物議，而異日立朝能爲國家樹光明俊偉之業者。臣初入班行，卽聞長安自殿試之後，其介然不苟之士誠不乏人，而一種躁競之夫，日夜講求謀所以必得館選之法，鑽求百出，敗檢難言。或機關預設，妄希張鷟之青錢，或根柢先容，冀受和凝之衣鉢。又排人益己，無風作波，伏影射於含沙，利相持於鷸蚌，甚有以心期共許之友，祇以眉睫之得失，顯作猜疑，陰相傾軋。世風如此，良可感嘆。孔子曰：尊賢則不惑，敬大臣則不眩。以翰林而漸臻講讀師傅，不可謂不尊矣，以翰林而馴至宅揆亮采，不可謂不敬矣。夫豈己惑未清，而能清紫宸之惑，己眩已甚，而能定國是之眩者乎。以是人而當是非溷淆之日，必將佐非亂是，主持之擔誰肩？以是人而當陰陽相戰之時，必將扶陰抑陽，燮理之能誰寄？凡諂臣媚子之態，翻出於禮宗，而稱功頌德之詞，遞見於元老，皆此患得患失之人貽之也。且今之時，何時也，聖人出御，天地清寧，值龍飛之首科，尤萬方之瞻仰，豈可不蕩一時之陋習，端始進之臣心。臣謂今年館選，宜照殿試法，皇上臨軒而試之。令考試諸臣，即於御前定其去取。正額之外，多備副卷，以聽聖裁。其轂外諸卷，亦當盡數函呈。間有遺珠，不妨特拔。凡若此者，所以抑躁進之人。知此番之試，無畫然必得之法，又所以來高潔之士，使知聖天子之雅意求賢，當振筆一吐胸中之奇，不必拂衣遠引，避館試如浼也。其試士之題，臣愚謂宜倣古制，考以今日吏治、民生、經邦、强國之策，不必盡依舊例，以風、雲、月、露之詞，費精神於無用也。濟濟多士，豈無有董仲舒、賈誼之流，以應皇上眷求者乎。臣考洪武癸丑，命翰林張唯等入禁中文華肄業，詔宋濂爲之師。高皇帝聽政之暇，輒取其文，親評優劣。可見選俊儲才，簡自帝心，聖祖已有行之者矣。又古者左史記言，右史記動，凡以天子一時言動，即萬世法程。慮或湮遺，故以史臣必專其事。凡天子召見羣臣，商議時政，則史臣必隨之。今皇上再舉召對，海宇欣瞻，而臣等侍從之臣，反有未能詳知者。雖閣部大臣於陳謝疏中微有條敍，亦似約畧言之。伏乞今後凡遇召對，即令史臣二人簪筆入侍，記注詳核，隨於次日具疏奏呈。一面發抄，一面宣付史館，庶四海快若親承，而萬世垂爲永憲，并望俞詔施行。

大學士徐階示新庶吉士條約

一、君子之道，必本諸身。今朝廷作養諸士，固將責以治平之業。使非卓然以古聖賢爲師修身，以立其本，他日何由措諸政事，光佐治平。故諸士宜致力於此，辨義利，審好惡，使此心純乎天理之公，庶幾他日事業有可觀者。

一、文章貴於經世。若不能經世，縱有奇作，已不足稱，況近來浮誕鄙庸之辭乎？故諸士宜講習四書、六經，以明義理；專觀史傳，評隲古今，以識時務。而讀文章，正宗唐音李杜詩，以法其體制，並聽館師日逐授書稽考，庶所學爲有用。其晉、唐法帖，亦須日臨一二，副以習字學。

一、每月館師出題六道，内文三篇，詩三首，月終呈稿斤正，不許過期。初二日、十六日，仍各赴内閣考試一次。

一、入館之後，各宜謝絶人事，專心學問，以求進益。

附記

學士李東陽、程敏政教庶吉士，至院閲會簿，悉註病假而去，乃賦一絶，云：回廊寂寂鎖齋居，白日都消病歷餘，竊食大官無寸補，瀛洲亭上勘醫書。

館選散授，不拘内外，如永樂乙未，沈暘，知縣。戊戌，莫珪、孔友諒，知縣。宣德癸丑，傅綱，知縣。正德甲戌，王邦瑞，知州。嘉靖丙戌，李元陽、王格、張鐸、連鑛，知縣。己丑，孫光輝，推官；楊祐、安如山，知州。其爲行人評事者，不可勝計。